古代歷史文化 研究輯刊

十 編

王明蓀 主編

第 31 冊

司馬遷《史記》義利觀研究

晉鈺琪 著

國家圖書館出版品預行編目資料

司馬遷《史記》義利觀研究／晉鈺琪 著 — 初版 — 新北市：
花木蘭文化出版社，2013〔民 102〕
目 2+236 面；19×26 公分
（古代歷史文化研究輯刊 十編：第 31 冊）
ISBN：978-986-322-360-3（精裝）
1. 史記   2. 研究考訂
618   102014457

ISBN-978-986-322-360-3

9 789863 223603

古代歷史文化研究輯刊
十 編 第三一冊   ISBN：978-986-322-360-3

司馬遷《史記》義利觀研究

作 者 晉鈺琪
主 編 王明蓀
總 編 輯 杜潔祥
出 版 花木蘭文化出版社
發 行 所 花木蘭文化出版社
發 行 人 高小娟
聯 絡 地 址 235 新北市中和區中安街七二號十三樓
          電話：02-2923-1455／傳真：02-2923-1452
網 址 http://www.huamulan.tw 信箱 sut81518@gmail.com
印 刷 普羅文化出版廣告事業
初 版 2013 年 9 月
定 價 十編 35 冊（精裝）新台幣 62,000 元

司馬遷《史記》義利觀研究

晉鈺琪　著

作者簡介

晉鈺琪，臺灣高雄市人，國立臺灣師範大學國文研究所碩士，現任台北市立松山家商國文教師。

提　　要

　　本論文以「司馬遷《史記》義利觀研究」為題，針對《史記》百三十篇進行司馬遷義利觀的分析與探討，全文共六章（含參考文獻），凡二十三萬七千餘言。

　　第一章　概論歷史上對司馬遷義利觀的討論與批評，並論述研究司馬遷義利觀之動機與目的、範圍與材料和方法與步驟，並對已有之相關研究文獻進行剖析與分類。

　　第二章　先秦義利觀探析，重點在回溯先秦儒家、墨家、道家、法家的義利觀點，一方面對先秦義利觀稍作爬梳，另一方面對司馬遷《史記》義利觀之內容找出承繼淵源。

　　第三章　司馬遷義利觀的基礎，著重分析司馬遷之自身經歷、先代思維和時代風氣等內容，為司馬遷義利觀形成的原因，提出相應的內、外緣因素。

　　第四章　司馬遷義利觀之開展，以司馬遷受到先秦諸子義利觀的薰陶，和家庭、社會、文化的影響為基礎，整理建構出《史記》中司馬遷獨具一格的義利觀點──義利並重、斥責勢利、稱揚有義、義以為上。

　　第五章　司馬遷義利觀對後世的影響，嘗試延伸司馬遷義利觀的討論範圍，從政治、經濟、修養、文學四方面看司馬遷《史記》義利觀對後世的啟迪與影響。

　　第六章　對本論文作出結論，確立司馬遷《史記》義利觀之內容與架構，總結司馬遷《史記》義利觀的地位與價值。

誌　謝

自大學畢業投入教職工作三年，再次回到學術的殿堂學習、進修，我內心充滿欣喜與珍惜。歷經四年的學海徜徉，終能滿載收穫並完成論文。回首本論文得以順利付梓，實得力於師長、學友與家人的支持與鼓勵。

首先，感謝林礽乾老師的指引、教誨、解惑與勉勵，老師學識淵博，治學謹嚴，指導論文時循循善誘，傾囊相授，無論是論題構思、資料蒐集、大綱擬定、論述鋪陳，乃至遣詞用句，都得老師的促發啓迪，悉心叮嚀。師恩浩蕩，謹獻上我最誠摯的敬意與感激。

其次，感謝劉兆祐老師與莊雅州老師，兩位老師術業有功，學無所遺，在口試時給予我許多珍貴的意見，使本論文更臻完備；同時亦感謝研究所就讀期間教導、提攜我的師長們——高秋鳳老師、顏瑞芳老師、賴貴三老師、鄭圓鈴老師、亓婷婷老師，老師們為我開啓了既深且廣的學習視角，建立了積極正向的治學態度，使我具備學術研究的能力與信心。

再次，我要感謝松山商職的張耀中校長，校長對於我再度拾起學生身份，始終抱持著支持與鼓勵，使我能夠順利完成研究所課業，以更堅實的教學知能，更豐沛的教學熱忱，為教育園地盡己之力。

另外，我要感謝督促、陪伴我成長的學友們——念慈助教、定隆學長、慧鈴學姐、雅慧學姐、美儀學姐、紫琳學姐、金諼學姐、啓志、姵君、怡岑、杰穎、艾伶、映靜、雅雯、鍑倫，諸位的幫助與關懷，使我受益良多，倍感窩心。

最末，我要感謝我的家人，尤其是我的母親——彭國麗女士，每當我論文寫作落入「山重水複疑無路」之境，母親的安慰與傾聽，總能讓我重新振作，勇往直前，終能撥雲見日，柳暗花明，謹將此論文獻給我最親愛的母親。

目
次

第一章　緒　論

第一節　研究動機與目的

一、研究動機

　　義利問題是中國哲學思想上一個互古彌新的議題，在傳統思維中，「義」代表道德、倫理；「利」代表物質、利益。由於義利之取捨往往決定人們在生命活動中的價值取向，指導人們在社會生活中的行為表現，從而在政治、經濟、文化等方面產生重大的影響，故自先秦以來義利的配置、去留就是思想家們著力講論的議題，如：孔子講「見利思義」〔註1〕，孟子講「捨生取義」〔註2〕，荀子講「以義制利」〔註3〕，老莊講「義利皆無」；亦或以義利思想作為學說中心，如：墨子認為「義就是利」〔註4〕，發展出兼愛、非攻等理論，法家講求功效實利，延伸出法的概念與應用。由此可知藉由義利觀的探究，

〔註1〕　〔南宋〕朱熹著《四書集註・論語》（台北：漢京文化事業有限公司，1983年），卷七〈憲問〉第十四，頁348：「子曰：今之成人者，何必然？見利思義，見危授命。」
〔註2〕　〔南宋〕朱熹著《四書集註・孟子》（台北：漢京文化事業有限公司，1983年），卷十一〈告子章句上〉，頁803：「生，亦我所欲也；義，亦我所欲也，二者不可得兼，舍生而取義者也。」
〔註3〕　〔戰國〕荀子著，北大哲學系注釋《荀子新注》（台北：里仁書局，1983年），〈正論〉十八，頁352：「聖王在上，決德而定次，量能而授官，皆使民載其事而各得其宜。不能以義制利，不能以偽飾性，則兼以為民。」
〔註4〕　〔春秋〕墨翟著，〔清〕孫詒讓注，〔日〕小柳司氣太校訂《墨子閒話》（台北：驚聲文物供應公司，1970年），卷十〈經上〉，頁3：「義，利也。」

不但能對於思想家其人、其書的思想更為了解，更可以對思想家學說的形成
脈絡有所架構與釐清。

　　《史記》做為中國歷史上第一部正史，吸引了許多學者對它其中的思想
加以研究與闡析，關於《史記》義利觀之評論起始於《漢書‧司馬遷傳》，傳
中稱司馬遷：「是非頗繆於聖人，論大道則先黃老而後六經，序游俠則退處士
而進奸雄，述貨殖則崇勢利而羞貧賤」〔註5〕，開起了數千年來對司馬遷義利
觀點的批評與討論。有一類人承《漢書》之說，認為司馬遷重利輕義，危害
道德，如：金朝的王若虛在《滹南遺老集‧史記辨惑》中說：「〈貨殖傳〉云：
『無嚴處奇士之行，而長貧賤，好語仁義，亦足羞也。』貧賤而羞，固已甚
謬，而好語仁義者又可羞乎？遷之罪不容誅矣！」〔註6〕直指司馬遷在〈貨殖
列傳〉中羞辱了貧賤之士和仁義之士，罪大惡極；又如：南宋‧葉適《水心
別集》中之言，說〈貨〉傳中的思想「使後世之士溺於見聞而不能化，蕩於
末流而不能反，又況殘民害政之術盡出其中哉！」「異端之說遂以大肆於後，
與聖人之道相亂。嗚呼，天下之人所以紛紛焉，至今不能成德就義而求至於
聖賢者，豈非遷之罪也！」〔註7〕可見葉適認為將豪商大賈寫入〈貨殖列傳〉
並加以讚揚，是敗壞社會風氣、殘民害政之所為。另一類人雖承認司馬遷「重
利」，卻認為這是因為他的身世遭遇使然，如：宋代秦觀，他辯駁《漢書》中
「述貨殖則崇勢利而羞貧賤」之語，將司馬遷「崇勢利」之舉，解釋為他因
貧困無以贖罪而慘遭宮刑的一種抒發〔註8〕，不能代表他真正的義利觀，而指
責《漢書》的斷章取義；明代董份則曰：「遷〈答任少卿書〉自傷家貧不足自
贖，故感而作〈貨殖傳〉，專慕富利，班固譏之是也」〔註9〕，雖不否定班固

〔註5〕　〔漢〕班固著，〔唐〕顏師古注《漢書》（北京：中華書局，1965年），卷六十
　　　　二〈司馬遷傳〉，頁2738。

〔註6〕　〔金〕王若虛《滹南遺老集‧史記辨惑》（台北：臺灣商務印書館，1979年），
　　　　卷十二〈議論不當辨〉，頁74。

〔註7〕　〔南宋〕葉適《水心別集》（台北：新文豐出版股份有限公司，1989年），卷
　　　　六，頁833。

〔註8〕　〔北宋〕秦觀《淮海集》（台北：臺灣商務印書館，1979年），卷二十，頁72：
　　　　「漢武用法刻深，急於功利，大臣一言不合，輒下吏就誅，有罪當刑，得以
　　　　貨自贖……遷之遭李陵禍也，……以陷腐刑，其憤懣不平之氣，無所發洩，
　　　　乃一切寓之於書……蓋遷自傷砥節礪行，特以貧故不免於刑戮，以此言『崇
　　　　勢利而羞貧賤』，豈非有激而云哉！彼班固不達其意，遂一為『是非謬於聖
　　　　人』，亦已過矣。」

〔註9〕　〔漢〕司馬遷著，〔明〕凌稚隆輯校，〔日〕有井範平補標《補標史記評林》（台

之譏，卻也認為司馬遷崇勢利是際遇之故，似有不得已的理由。

根據上述學者所言，似乎司馬遷便是一無視道德、專意好利之人，然而司馬遷在《史記‧太史公自序》中載其父司馬談之遺言，勉勵其效法「孔子修舊起廢，論《詩》《書》，作《春秋》」〔註 10〕的精神寫作《史記》，以載述「明主賢君忠臣死義之士」，司馬遷不但「俯首流涕」應允之，亦真切地將父親的囑託付諸實現，他撰〈五帝本紀〉、〈孝文本紀〉、〈吳太伯世家〉、〈齊太公世家〉、〈魯周公世家〉等讚揚明主賢臣，寫〈魯仲連列傳〉、〈刺客列傳〉、〈游俠列傳〉等稱頌俠義之士，又論載〈禮書〉、〈樂書〉、〈孔子世家〉、〈儒林列傳〉等宣揚儒家思想；此外，司馬遷在面對征伐匈奴失利，朝廷對李陵一片撻伐的聲浪中，以忠誠的心思、客觀的立場分析李陵平素為人與氣節，認為漢軍雖敗、李陵雖降，卻不能將敗落之責全數歸責於李陵一身，他為正義挺身而出的作為不能不視為一種義行。由此看來，司馬遷沒有不重視道德節義，相反的他為了實踐道義能夠在所不惜，惟不能否認的是，司馬遷對於利的追求與讚揚亦屢屢出現在《史記》中，那麼司馬遷對於義、利究竟是抱持怎麼樣的態度呢？宋代晁公武曾說：

> 班固嘗譏史遷……「述貨殖則崇勢利而羞貧賤」，後世愛遷者以此論為不然，謂遷特感當世之所失，憤其身之所遭，寓之於書，有所激而為此言耳，非其心所謂誠然也……固不察其心而驟譏之，過矣！
> 〔註 11〕

這段文字中透露出一個重點，即欣賞、認同司馬遷之人，便認為司馬遷重利輕義是對自己遭遇的感忿而刻意為之，並不是他真心的想法，至於像班固那樣的批評者，則是因為司馬遷的思想與己不一致，而對其作出過於苛責的評斷，兩者皆有失平之處，這不但是很中肯、貼切的評語，也點出了司馬遷義利觀研究的盲點所在，即以個人之愛憎來看待司馬遷的義利觀，使得司馬遷義利觀至今沒有一個相對客觀、較為全面的論斷，此即本論文起而研究之動機所在。

北：蘭臺書局，1968 年），卷一百二十九引〔明〕董份語，頁 1 左。

〔註 10〕〔漢〕司馬遷著，〔南朝宋〕裴駰集解，〔唐〕司馬貞索隱，〔唐〕張守節正義，《史記》卷一百三十（北京：中華書局，1959 年），頁 3295，以下引《史記》之文皆出此本。

〔註 11〕〔南宋〕晁公武《郡齋讀書志》（台北：廣文書局，1967 年），卷二，頁 447～448。

二、研究目的

　　基於司馬遷義利觀仍有待整理爬梳，尚無完整系統的情況下，本論文嘗試在分析、探討司馬遷義利觀後，達到如下目的：

（一）為司馬遷《史記》中義、利的內容做出梳理與解釋

　　歷史上對司馬遷「重利輕義」的評價，起自於他撰寫〈平準書〉、〈貨殖列傳〉，其中對物質利益、商賈之人大加讚美，並有意無意的奚落部分士人大夫，然而這樣的評斷是來自於評論者主觀的認定，缺乏對司馬遷其人、其環境的了解，故在本論文中，期望以司馬遷之立場，梳理、解釋他心目中的「義」、「利」思維，做為他義利觀研究之基礎。

（二）為司馬遷《史記》架構出一客觀公允的義利觀系統

　　目前對於司馬遷經濟觀、道德觀等研究甚眾，但這些研究有著觸及面太小的問題，無法對司馬遷義利觀有著全面性的認識，故本論文將在釐清司馬遷《史記》義、利內容的基礎之上，歸納統整現有與《史記》義、利思想相關之散論，化零為整，進一步為司馬遷《史記》架構出一客觀公允的義利觀系統。

（三）為司馬遷《史記》義利觀對後世思想之影響做出繫聯

　　司馬遷《史記》作為中國歷史上第一部正史，其體例、風格和思想等，都成為後人有意學習之典範，本論文嘗試從政治、經濟、修養與文學四方面，發掘司馬遷義利觀對後世之影響，從而開拓對司馬遷思想研究之範疇。

第二節　研究文獻之探討

　　有關司馬遷思想之研究文獻，可分為直接資料與相關資料兩部分。直接資料即《史記》和〈報任安書〉。〔註12〕《史記》十二本紀、八書、三十世家、七十列傳，以及自序，共百三十篇為司馬遷所傳，而〈報任安書〉是司馬遷寫給任安之書信，其中談到許多司馬遷的經歷與心情，是以《史記》與〈報任安書〉皆為了解司馬遷其人和其思想珍貴的第一手資料。〔註13〕至於相關

〔註12〕收入〔漢〕班固著，〔唐〕顏師古注《漢書》（北京：中華書局，1965年），卷六十二〈司馬遷傳〉，頁2725～2736。
〔註13〕林師礽乾〈太史公牛馬走辨析〉：「它（〈報任安書〉）內蘊的豐富，筆法的雄

資料又分爲古代評點著作與近現代學術成果。古代研究法傾向於對司馬遷《史記》篇文的說解與糾異，如：劉宋‧裴駰《史記集解》、唐‧司馬貞《史記索隱》、唐‧張守節《史記正義》、金‧王若虛《史記辨惑》、明‧柯維騏《史記考要》、清‧牛運震《史記評注》、清‧梁玉繩《史記志疑》、日‧瀧川龜太郎《史記會注考證》等；縱使是對司馬遷的思想有所闡發，也僅只於某段落或某篇章，討論範圍較小，且內容上往往不單純爲《史記》研究，還包含了作者抒發己意的部分，這類型的作品，如：宋‧黃震《黃氏日抄》、宋‧葉適《習學紀言》、明‧凌稚隆《史記評林》、明‧茅坤《史記鈔》、明‧郝敬《史記愚按》、清‧李晚芳《讀史管見》、清‧尚鎔《史記辨證》等，故本節在研究文獻探討上，將偏重於近現代學術研究之結果，一方面近現代研究比較能夠嘗試以宏觀角度剖析、論述司馬遷之思想，另一方面近現代研究是建基在古代研究之上，亦涵蓋了前人的努力與結晶，作者展現自己成果的同時，亦能陳述、論證前人研究的心血。目前的司馬遷義利觀研究，依司馬遷對義與利的偏重程度，可分爲「重義」、「重利」、「重義輕利」、「重利輕義」、「先利後義」和「義利兼重」六大類，以下分類說明之。

一、認爲司馬遷重義者

　　認爲司馬遷重義的研究論述，比較偏重將「義」解釋爲「正當的行爲」，因此「義」可以包括道德倫理、自我實現、順應心志。張添丁《司馬遷春秋學》探析司馬遷《史記》論載春秋時事，所採錄於三傳史科及其經義之跡，藉明司馬遷春秋學之梗概也，並於結論中提出司馬遷《史記》的撰寫，標舉出儒家仁義道德之理想。〔註 14〕金苑《史記列傳義法研究》第二章「史記列傳所顯示之精神」中，明列司馬遷「追求仁政」、「崇尙禮義」以及重視人格、功名實現的積極精神。〔註 15〕鄭圓鈴《司馬遷黃老理論研究》第二章「司馬遷黃老理論之依據——漢初黃老之治」中，認爲司馬遷受黃老無爲思想的影

奇，……千載之下，無數讀者仍可想見司馬遷的爲人，理解他，敬佩他，……它是研究司馬遷生平、思想和解讀《史記》極爲珍貴的材料」，載《中國學術年刊》，1999 年第 20 期，頁 95。

〔註14〕張添丁《司馬遷春秋學》（台北：國立政治大學中國文學研究所博士論文，1985年）。

〔註15〕金苑《史記列傳義法研究》（台北：國立政治大學中國文學研究所博士論文，1989 年）。

響，主張執政者當對百姓省刑薄賦。〔註16〕胡豔惠《史記之春秋書法研究》第二章「司馬遷與孔子」，肯定司馬遷尊孔而承襲其學說思想與治史態度，並於《史記》中展現「尊王思想」、「崇讓尊賢」的美善道德。〔註17〕李秋蘭《史記敘事之書法研究》第二章第三節「《史記》天人觀中之史家筆法」中，提出《史記》篇末之「太史公曰」即是司馬遷體現德治思想，進行資鑑勸懲的工具；第四節「究天人之際所展現的世界觀」中，也明言司馬遷認為「德」為天人關係之依歸，一切不能背德而行。〔註18〕黃嘉蘭《論司馬遷的通古今之變》第五章《史記》對古今常道的掌握」中「義的揭舉」一節，指出司馬遷以好利為人性恆常表現，而由好而爭的過程中往往開啟禍患，面對這樣的情形司馬遷將禮樂教化視為息爭止亂的根本，而主張執政者當貴禮尚義以存養氣質。〔註19〕沈麗華《司馬遷史記悲劇意蘊探析》第二章第一節歸納「悲劇情懷的創作動因」，認為司馬遷創作《史記》是「遵從傳統孝道思想」、「秉承父親臨終遺願」，肯定司馬遷崇尚孝道，及其藉由發憤著書以揚名顯身、彰顯孝思的行為。〔註20〕除了仁義，司馬遷還有另外一種遊走於道德、法律邊緣的義，即「俠義」。黃郁芸《史記典範人物類型研究——以建業型、超越型、悲劇型為範圍》以「《史記》中存在的典範人物類型」為主題，欲探討司馬遷的君道思想、士道思想、學術思想以及人生觀、價值觀。文中將《史記》之典範人物分為建業型、超越型以及悲劇型，建業型人物即聖王、賢臣與有德之人，超越型人物為能實現自我之人如：刺客、游俠，藉由對這些人物的描寫，司馬遷得以表達他對「三不朽」與逍遙任性之真、殉義死節之勇的崇敬與嚮往。〔註21〕潘法寬《史記中的復仇故事和司馬遷的復仇觀》則是將司馬遷復仇情節的產生與忠孝節義等道德倫理聯結起來，並將復仇歸納為俠義之

〔註16〕鄭圓鈴《司馬遷黃老理論研究》（台北：國立臺灣師範大學國文研究所碩士論文，1997年）。

〔註17〕胡豔惠《史記之春秋書法研究》（台南：國立成功大學中國文學研究所碩士論文，2004年）。

〔註18〕李秋蘭《史記敘事之書法研究》（台南：國立成功大學中國文學研究所博士論文，2008年）。

〔註19〕黃嘉蘭《論司馬遷的通古今之變》（彰化：國立彰化師範大學國文研究所碩士論文，2008年）。

〔註20〕沈麗華《司馬遷史記悲劇意蘊探析》（台北：玄奘大學中國語文系在職專班碩士論文，2008年）。

〔註21〕黃郁芸《史記典範人物類型研究——以建業型、超越型、悲劇型為範圍》（台北：輔仁大學中文研究所碩士論文，2009年）。

舉，具有正面的意義。〔註 22〕其他如：張宏斌〈司馬遷與俠義精神〉〔註 23〕、李世萼〈司馬遷的俠義精神〉〔註 24〕、楊寧寧〈論司馬遷的復仇表現與超越〉〔註 25〕、韓兆琦〈司馬遷筆下的正直敢言與行俠尚義〉〔註 26〕、張立海〈淺論司馬遷的俠義精神〉〔註 27〕都直接肯定司馬遷的俠義思想並對其有細項的分析歸類。

二、認為司馬遷重利者

認為司馬遷重利之研究論述，主要是從經濟的角度去談論義利問題。楊光熙《司馬遷的思想與史記編纂》將司馬遷的義利觀放在他的經濟思想中觀之，認為司馬遷肯定求利的正當性，並積極思考提升工商業產能以及促進國家經濟的方法。〔註 28〕杜建蓉《司馬遷、桑弘羊經濟思想比較研究》指出司馬遷面臨西漢社會的繁榮，以及國家財政入不敷出的複雜情況，為整體經濟作出省思，不但肯定人欲、逐利，還進一步提出眾多的經濟法則與商業理論，以史學家的責任感著眼於社會發展的脈動，藉由促進國家經濟生產能力達成治道、治世的目標。〔註 29〕馮小強《中國傳統義利思想及其現代視野》第二章第三節談「義利之辨在西漢的延續」，作者從司馬遷認為人性好利的觀點出發，並舉他在〈貨殖列傳〉中大讚追逐財富的活動，以及他批評自身貧賤卻終日滿嘴仁義之人為證，說明司馬遷是好利、重利的。〔註 30〕林哲君《司馬

〔註 22〕 潘法寬《史記中的復仇故事和司馬遷的復仇觀》（日照：曲阜師範大學中國古代文學碩士論文，2009 年）。

〔註 23〕 張宏斌〈司馬遷與俠義精神〉，《渭南師專學報》，1993 年第 3 期，頁 4、19～22。

〔註 24〕 李世萼〈司馬遷的俠義精神〉，《杭州師範學院學報》，1998 年第 2 期，頁 26～29。

〔註 25〕 楊寧寧〈論司馬遷的復仇表現與超越〉，《廣西民族學院學報》第 22 卷第 6 期（2000 年），頁 110～113。

〔註 26〕 韓兆琦〈司馬遷筆下的正直敢言與行俠尚義〉，《社會科學戰線》，2003 年第 1 期，頁 125～127。

〔註 27〕 張立海〈淺論司馬遷的俠義精神〉，《陝西師範大學繼續教育學報》，2006 年第 23 期，頁 69～72。

〔註 28〕 楊光熙《司馬遷的思想與史記編纂》（濟南：齊魯書社，2006 年），頁 57～67。

〔註 29〕 杜建蓉《司馬遷、桑弘羊經濟思想比較研究》（呼和浩特：內蒙古大學中國古代史碩士論文，2006 年）。

〔註 30〕 馮小強《中國傳統義利思想及其現代視野》（上海：復旦大學經濟系碩士論文，2009 年）。

遷的地理思想與觀念》從「區域經濟現象」、「水資源的管理」、「全國總體經
濟政策」、「帝王一統天下的的地緣政治」四個方面來討論司馬遷的地理思想，
在第五章中，作者論及司馬遷所揭露帝王政治與全國總體經濟現象、資源開
發管理的關係，並認為司馬遷欲有利民生經濟，從而主張因事制宜、開發資
源的經濟政策。〔註 31〕相關期刊論文尚有陳可青〈司馬遷的史學思想及其階
級性〉〔註 32〕、肖黎〈論司馬遷的經濟思想〉〔註 33〕、池萬興〈論管仲對司
馬遷的影響〉〔註 34〕、張躍〈論西漢時期的義利觀〉〔註 35〕、黃靜〈司馬遷
的義利觀〉〔註 36〕、李朝輝〈歷史學家的經濟倫理思考〉〔註 37〕、李峰〈史
漢類傳比義〉。〔註 38〕

三、認為司馬遷重義輕利者

　　認為司馬遷重義輕利的研究論著，普遍將「義」視為道德之總稱，並將
「利」狹隘、侷限於「利益」、「名利」、「權勢」。余英華《司馬遷爭讓觀研
究》認為司馬遷承襲先秦儒、墨「反對爭利，倡導謙讓」的傳統，標舉堯、
舜「公天下」和吳太伯、伯夷、季札「讓國」的善舉，並推崇漢文帝所行「謙
讓簡易之政」、藺相如以國為先的「讓頗之美」，以及周昌等直言進諫的「諍
臣之風」。〔註 39〕林雅真《史記體例及章法結構之研究》在第二章「《史記》

〔註 31〕 林哲君《司馬遷的地理思想與觀念》（台北：國立臺灣大學地理研究所碩士論
　　　　文，1988 年）。
〔註 32〕 陳可青〈司馬遷的史學思想及其階級性〉，收入陝西人民出版編輯部所編《司
　　　　馬遷與史記論集》（西安：陝西人民出版社，1982 年），頁 119～122。
〔註 33〕 肖黎〈論司馬遷的經濟思想〉，《中南民族大學學報》，1984 年第 1 期，頁 71
　　　　～78。
〔註 34〕 池萬興〈論管仲對司馬遷的影響〉，《管子學刊》，2009 年第 2 期，頁 18～22。
〔註 35〕 張躍〈論西漢時期的義利觀〉，《中國社會科學院研究生院學報》，1999 年第 3
　　　　期，頁 52～56，之後作者將此篇彙整於《致富論——中國古代義利思想的歷
　　　　史發展及其對日本義利觀的影響》（北京：中國社會科學出版社，2001 年），
　　　　頁 53～86。
〔註 36〕 黃靜〈司馬遷的義利觀〉，《晉陽學刊》，2000 年第 1 期，頁 105～106。
〔註 37〕 李朝輝〈歷史學家的經濟倫理思考〉，《船山學刊》，2007 年第 2 期，頁 79～
　　　　81。
〔註 38〕 李峰〈史漢類傳比義〉，《渭南師範學院學報》第 24 卷第 1 期（2009 年），頁
　　　　14～17。
〔註 39〕 余英華《司馬遷爭讓觀研究》（蕪湖：安徽師範大學中國古代文學碩士論文，
　　　　2006 年）。

的五體結構」之第三節「五體首篇、末篇之意義」中，認為司《史記》五體的篇章配置，其背後深意為「貴讓崇禮」、「賤利譏爭」，是司馬遷用以表達他重義輕利思想的刻意所為。〔註40〕秦鐵柱《漢代義利觀與社會實踐》第二部分，作者通過對漢代諸子著作的研究，歸納出漢代「重義輕利」、「重利輕義」和「義利俱輕」三種義利觀，而司馬遷的義利觀隸屬於「重義輕利」類，這是因為司馬遷繼承了董仲舒的思想，不過與董不同的是，他增強了對利的重視，不過總的來說，司馬遷的義利觀是「重大義大、利；輕私利、小利」的。〔註41〕紀玉娜《史記諷刺藝術》將《史記》的諷刺對象分為三大類——帝王、將相、世風，其刺帝王「殘暴不仁、不辨賢愚、剛愎自用、荒淫無度」，刺將相「僭恣、諂諛、苛酷」，刺世風「貪利、勢利、嫉妒」，從而證實了司馬遷對於不義及對好利的斥責與否定。〔註42〕相關期刊論文尚有阮芝生〈論史記五體的體系關聯〉、彭昊〈司馬遷對先秦儒家義利觀的繼承與創新〉，前者認為《史記》的體例安排隱藏著司馬遷重義輕利的思想〔註43〕，後者提出司馬遷承襲儒家以義為先的思想，又以創新、變通的角度面對民生經濟議題〔註44〕；比較特別是的李炳海〈離合緣貴賤聚散見交情——史記人際交往畫面蠡測〉〔註45〕、江文貴〈論史記中人情世態描繪的特點及其成因〉〔註46〕和孫鍵〈義利觀影響下的朋友關係〉〔註47〕，這些文章認為司馬遷有鑑於「富貴而聚，貧賤而離」的現世情況與其情義相交、誠意相待的理念大相逕庭，於是起而批判勢利之交，讚揚不因貧賤而移交的義士，表達他重義輕利的人

〔註40〕 林雅真《史記體例及章法結構之研究》（台北：國立政治大學中等學校在職進修班碩士論文，2008 年）。

〔註41〕 秦鐵柱《漢代義利觀與社會實踐》（濟南：山東師範大學專門史碩士論文，2010年）。

〔註42〕 紀玉娜《史記諷刺藝術研究》（武漢：華中師範大學中國古代文學碩士論文，2010 年）。

〔註43〕 阮芝生〈論史記五體的體系關聯〉，《臺大歷史學報》，1980 年第 7 期，頁 1～30。

〔註44〕 彭昊〈司馬遷對先秦儒家義利觀的繼承與創新〉，《湖南師範大學社會科學學報》第 35 卷第 2 期（2006 年），頁 109～112。

〔註45〕 李炳海〈離合緣貴賤聚散見交情——史記人際交往畫面蠡測〉，《中州學刊》，1999 年第 5 期，頁 100～105。

〔註46〕 江文貴〈論史記中人情世態描繪的特點及其成因〉，《鄭州大學學報》第 32 卷第 2 期（1999 年），頁 21～24。

〔註47〕 孫鍵〈義利觀影響下的朋友關係〉，《寧夏社會科學》，2007 年第 6 期，頁 130～133。

生態度。

四、認爲司馬遷重利輕義者

　　認爲司馬遷重利輕義的論述，主要針對司馬遷受到西漢「崇勢利」風氣的影響而講究實利，與傳統儒家「捨身取義」、「捨利取義」思想相違背來說。這種較爲偏頗而武斷的論述極少，單篇期刊論文有宋超〈從史、漢貨殖傳看兩漢義利觀的演變〉。〔註48〕

五、認爲司馬遷先利後義者

　　認爲司馬遷先利後義的論述，是將司馬遷重視人欲，暢言「人富而仁義附焉」作爲討論的中心而言，主張司馬遷雖然具有禮義道德之思，但在「倉廩實而知禮節，衣食足而知榮辱」的現實情況下，將利視爲人生首要條件。劉嘉玲《史記悲劇人物探析》第四章第二節論司馬遷的「義利觀」，其認爲司馬遷站在追求物質利欲是人的共性的角度，對利與欲有正面的評價；另外，作者將司馬遷的義設定爲「捨己爲人」、「講究信義」的行爲，並提出司馬遷在「強調利的重要外，也不忘求義之所在」。不過在義利先後問題上，作者認爲司馬遷是「利先義後」的。〔註49〕相關期刊論文有賈行憲〈本富爲上奸富爲下——史記義利觀論略〉。〔註50〕

六、認爲司馬遷義利兼重者

　　認爲司馬遷義利兼重的論述，常常是將促成王道仁政做爲司馬遷撰寫《史記》的最終目的，而富民經濟政策爲他的實踐方針之一，這也是目前司馬遷義利觀研究成果的主流思想。陳肖梅《司馬遷之儒學觀及其在政治思想上的實踐》第四章「司馬遷儒學思想在政治上的展現」，指出司馬遷受到儒學的影響而崇尚仁政、德治、賢人，以人民爲本的心態起而提倡富民思想。

〔註48〕宋超〈從史、漢貨殖傳看兩漢義利觀的演變〉，《求索》，1988 年第 5 期，頁
　　　　113～119。
〔註49〕劉嘉玲《史記悲劇人物探析》（台北：國立臺灣師範大學國文學系在職進修班
　　　　碩士論文，2006 年）。
〔註50〕賈行憲〈本富爲上奸富爲下——史記義利觀論略〉，《十堰大學學報》，1997
　　　　年第 2 期，頁 31～34。

〔註51〕陳文媛《史記貨殖列傳研究》在第五章「〈貨殖列傳〉之經濟思想與
現代經濟」中，提出司馬遷的經濟觀點實爲兼蓄儒道思想的傳承與發展，如：
「人富而仁義附焉」即是兼重義利的表現。〔註52〕相關期刊論文甚多，如：
朱枝富〈論司馬遷的義利觀〉〔註53〕、王福利〈司馬遷的義利觀〉〔註54〕、
翟振業〈試比較屈原與司馬遷的義利觀〉〔註55〕、張祥濤〈試論史記的義
利觀〉〔註56〕、寧東俊〈司馬遷的義利觀〉〔註57〕、梁建民〈論司馬遷的
義利觀〉〔註58〕等。

除了以上的書籍與文獻，李長之《司馬遷之人格與風格》〔註59〕、賴明
德《司馬遷之學術思想》〔註60〕、肖黎《司馬遷評傳》〔註61〕、張大可《司
馬遷評傳》〔註62〕、韓兆琦《史記博議》〔註63〕、《史記通論》〔註64〕、陳桐
生《史記與諸子百家之學》〔註65〕等專書以及張大可、安平秋、俞樟華主編
《史記研究集成》十四冊〔註66〕，對於司馬遷之思想皆有深入的討論與解析，
是研究司馬遷義利觀很好的觸媒，亦不可忽視。綜上所述，可以發現現今有
關司馬遷之義利觀研究，篇幅上大多爲單篇論文，或是專門著作中的一章一

〔註51〕陳肖梅《司馬遷之儒學觀及其在政治思想上的實踐》（台北：臺北市立教育大學應用語言文學研究所碩士論文，2007年）。
〔註52〕陳文媛《史記貨殖列傳研究》（台北：玄奘大學中國語文學系碩士在職專班論文，2010年）。
〔註53〕朱枝富〈論司馬遷的義利觀〉，《中國社會科學院研究生院學報》，1985年第6期，頁22～28。
〔註54〕王福利〈試論司馬遷的道德觀〉，《徐州師院學報》，1993年第1期，頁122～126。
〔註55〕翟振業〈試比較屈原與司馬遷的義利觀〉，《寶雞文理學院學報》，1994年第1期，頁43～48。
〔註56〕張祥濤〈試論史記的義利觀〉，《人文雜志》，1998年第2期，頁99～101。
〔註57〕寧東俊〈司馬遷的義利觀〉，《華夏文化》，1998年第4期，頁51～52。
〔註58〕梁建民〈論司馬遷的義利觀〉，《咸陽師範學院學報》第19卷第3期（2004年），頁15～17。
〔註59〕李長之《司馬遷之人格與風格》（台北：漢京文化事業有限公司，1983年）。
〔註60〕賴明德《司馬遷之學術思想》（台北：洪氏出版社，1983年）。
〔註61〕蕭黎《司馬遷評傳》（長春：吉林文史出版社，1985年）。
〔註62〕張大可《司馬遷評傳》（南京：南京大學出版社，1994年）。
〔註63〕韓兆琦《史記博議》（台北：文津出版社，1995年）。
〔註64〕韓兆琦《史記通論》（桂林：廣西師範大學出版社，1996年）。
〔註65〕陳桐生《史記與諸子百家之學》（合肥：安徽大學出版社，2006年）。
〔註66〕張大可、安平秋、俞樟華主編《史記研究集成》十四冊（北京：華文出版社，2005年）。

節，範圍上常只涉及《史記》中幾個篇章，或是粗略的某些概念，至今沒有一部關注全本《史記》、兼顧各項層面的司馬遷義利觀探討之作，這是司馬遷思想研究上的一大憾事。

第三節　研究範圍與材料

一、研究範圍

　　「義」字古或作「儀」，原義爲「己之威儀」〔註67〕，許愼析「義」字字形「从我从羊」，段玉裁解釋曰：「威儀出於己，故从我。董子曰：『仁者，人也；義者，我也。』謂仁必及人，義必由中，斷制也。从羊者，與善美同意」〔註68〕，段玉裁「以羊與美善同意說之」〔註69〕，又引董仲舒之語，將「義」賦予美善事物、言行的內涵，如：洪邁在《容齋隨筆》中曰：「仗正道曰義」、「眾所尊戴曰義」、「與眾共之曰義」、「至行過人曰義」。〔註70〕除了美善的解釋，「義」還衍生有「宜」的意涵，《中庸》曰：「義者，宜也，尊賢爲大」〔註71〕，東漢·劉熙《釋名·釋言語》中說：「義者，宜也。裁制事物，使合宜也」〔註72〕，這樣的說法受到後世普遍的認可與採用，如韓愈在《原道》中說：「博愛之謂仁，行而宜之之謂義」〔註73〕，亦即一切事

〔註67〕　許愼曰：「義，己之威義也。从我从羊。」段玉裁注云：「義各本作儀，今正。古者威儀字作義，今仁義字用之。」見〔東漢〕許愼著，〔清〕段玉裁注《說文解字注》（台北：黎明文化事業股份有限公司，1974 年），第二十四卷〈第十二篇注下〉，頁 638。

〔註68〕　同上註，頁 638。

〔註69〕　李孝定編述《甲骨文字集釋》（台北：中央研究院歷史語言研究所，1965 年），第十二，頁 3801。

〔註70〕　〔南宋〕洪邁《容齋隨筆》（台北：臺灣商務印書館，1966 年），卷第八〈人物以義爲名〉，頁 7 左～右：「人物以義爲名者，其別最多。仗正道曰義，義師、義戰是也。眾所尊戴者曰義，義帝是也；與眾共之曰義，義倉、義社、義田、義學、義役、義井之類是也。至行過人曰義，義士、義俠、義姑、義夫、義婦之類是也。」

〔註71〕　〔漢〕戴聖編，陸貫逵總勘，高時顯、吳汝霖同輯校《名家斷句十三經古注·禮記》（台北：新文豐出版股份有限公司，1976 年），卷十六〈中庸〉，頁 1078。

〔註72〕　〔東漢〕劉熙著，〔清〕畢沅疏證，王先謙補《釋名疏證補》（北京：中華書局，2008 年），卷四〈釋言語〉，頁 110。

〔註73〕　〔唐〕韓愈《昌黎先生文集》（上海：上海古籍出版社，1994 年），卷十一〈原道〉，頁 281。

物的處置合於節度，便稱爲「義」；此外，「義」字又可訓爲「正」，《墨子·天志下》曰：「義者，正也」〔註74〕，《文子·道德》則說：「正者，義也」〔註75〕，正即正當，義有合宜、正當的意思，表示義成爲一種是非價值判斷的準則，於是它便與道德產生了聯結，而在中國傳統道德體系中成爲一個重要的德目。在儒家的「五常」和管子的「四維」中，義都佔有一席之地，《禮記·曲禮上》已有「道德仁義」一詞的出現〔註76〕，到了後來「仁義」甚至成爲道德的代名詞。至於「利」，《說文解字》曰：「利，銛也」，段玉裁注解釋曰：「銛者，臿屬，引伸爲銛利字。銛利引伸爲凡利害之利」〔註77〕，郭沫若考證則認爲「利」在甲骨文中指耕具之鋒利，也可用來指稱收割之收穫〔註78〕，後來轉化有吉利、利器，以及食貨之源之意〔註79〕，由此可知「利」不但具有物質利益的意思，由於得到收穫作物是令人高興之事，於是利也擴大到使人欣喜的所有事物上，如：名利、權利等，又「利」的取得有限，而人的欲望無限，因此在分配便有「利害」關係的產生，而物質資源的取得與分配模式即是經濟概念的產生，於是利就和經濟思想有了聯結。除了上述釋義，許慎還嘗試用「義」來解釋「利」，他在《說文解字》中引《易》曰：「利者，義之和也」〔註80〕，朱熹對此闡發曰：

> 利者義之和，所謂義者，如父之爲父，子之爲子，君之爲君，臣之爲臣，各自有義。然行得來如此和者，豈不是利？……利，是那義裏面生出來底。凡事處制得合宜，利便隨之，所以云「利者義之和」。

〔註74〕〔春秋〕墨翟著，〔清〕孫詒讓著，〔日〕小柳司氣太校訂《墨子閒詁》卷七〈天志下〉，頁22。

〔註75〕〔春秋〕文子著，王利器疏《文子疏義》（北京：中華書局，2000年），卷五〈道德〉，頁225。

〔註76〕〔漢〕戴聖編，陸貫達總勘，高時顯、吳汝霖同輯校《名家斷句十三經古注·禮記》（台北：新文豐出版股份有限公司，1976年），卷一〈曲禮上〉，頁883：「道德仁義，非禮不成，教訓正俗，非禮不備。」

〔註77〕〔東漢〕許慎著，〔清〕段玉裁注《說文解字注》第八卷〈第四篇注下〉，頁180。

〔註78〕郭沫若《郭沫若全集·考古編》（北京：科學出版社，2002年），第一卷，頁88：「耕具犀銳謂之利，耕事有或亦謂之利。」

〔註79〕郭沫若《郭沫若全集·考古編》第一卷，頁87：「利之轉化爲銳利及吉利字者，均由刀之引伸，以刀乃利器，且爲食貨之源也。」

〔註80〕〔東漢〕許慎著，〔清〕段玉裁注《說文解字注》第八卷〈第四篇注下〉，頁180。

蓋是義便兼得利。〔註81〕

朱熹將利作爲行義之後的結果，也就是將君君、臣臣、父父、子子的穩定社會狀態視爲一種福利，這樣的論點將利的層面從個人利益擴大爲群體福祉，無形中豐富了「利」的內容。綜上而論，司馬遷《史記》義利觀的討論當含括牽涉及司馬遷義與利思想的觀點，諸如：道德觀、俠義觀、經濟觀、價值觀以及生死觀等，不應以「義利」二字爲限，而應以廣泛的角度來探析司馬遷的「義利」觀點。

二、研究材料

本論文主要研究材料爲《史記》，其最著名的注本有三——劉宋·裴駰《史記集解》八十卷、唐·司馬貞《史記索隱》三十卷和唐·張守節《史記正義》三十卷，合稱三家注。北宋之前《史記》注本皆爲單注刻本，至南宋始產生二家注和三家注刻本，目前能見到最早的三家注本是南宋黃善夫刻本〔註82〕，由於三家注對於司馬遷《史記》頗有正誤、訂補之效，故本論文採用中華書局於1959年，以清同治年間金陵書局三家注刻本爲底本進行整理之點校本，做爲研究之文本。至於材料之內容，根據司馬遷自己在〈太史公自序〉中所說，《史記》「凡百三十篇，五十二萬六千五百字」〔註83〕，然而今本《史記》卻遠遠超過這個字數〔註84〕，《漢書·司馬遷傳》則說：「十篇缺，有錄無書」〔註85〕，是以現今所見之《史記》必定經過後人之增補。張晏提出《史記》缺亡的十篇分別爲「〈景紀〉、〈武紀〉、〈禮書〉、〈樂書〉、〈律書〉、〈漢興已來將相年表〉、〈日者列傳〉、〈三王世家〉、〈龜策列傳〉、〈傅靳〉等列傳」〔註86〕，並認爲

〔註81〕 〔南宋〕朱熹著，〔南宋〕黎靖德編《朱子語類》（台北：正中書局，1973年），卷第六十八〈易四〉，頁2713。

〔註82〕 張大可、安平秋、俞樟華主編《史記研究集成》第十二卷《史記版本及三家注研究》，頁195：「北宋刊本《史記》皆爲《集解》單注本，至南宋始產生《集解索隱》二家注合刻本與《集解索隱正義》三家注合刻本。……現今所能見到的最早的三家注本是黃善夫刻本」。

〔註83〕 《史記》卷一百三十〈太史公自序〉，頁3319。

〔註84〕 張大可〈史記殘缺與補竄考辨〉：「今中華書局標點本《史記》，不僅一百三十篇燦然具在，而且卻有五十五萬五千六百六十字，反比原著多近三萬字」，載《蘭州大學學報》1982年第3期，頁46。

〔註85〕 〔漢〕班固著，〔唐〕顏師古注《漢書》卷六十二〈司馬遷傳〉，頁2724。

〔註86〕 〔南朝宋〕裴駰《史記·太史公自序集解》引張晏語，頁3321。

褚先生補了四篇〔註87〕，司馬貞則認爲褚先生補了七篇〔註88〕，又張守節認爲十篇皆褚先生所補〔註89〕；另外尙有主張亡一篇者〔註90〕、亡七篇者〔註91〕、亡四存六或亡一殘三存六者〔註92〕、十篇俱在並未亡缺說〔註93〕，至今《史記》內容之亡缺、補竄爭議仍舊不斷，無有定論，在這樣的情況下，本論文仍將《史記》百三十篇作爲討論材料，一來刪補篇章未定，任意排除資料恐有傷司馬遷義利觀之整體性，二來有疑慮的篇章不見得涉及本論文的主題，縱使有涉及之處，放到研究中省思、檢討，或許亦有益於釐清篇章作爲司馬遷所撰之可能性。是以本論文以中華書局所刊《史記》百三十篇三家注本爲研究之範圍與材料。

〔註87〕同上註，頁3321：「元成之間，褚先生補缺，作〈武帝紀〉、〈三王世家〉、〈龜策〉、〈日者列傳〉，言辭鄙陋，非遷本意也。」

〔註88〕〔唐〕司馬貞《史記・太史公自序索隱》，頁3321～3322：「〈景紀〉取班書補之，〈武紀〉專取〈封禪書〉，〈禮書〉取荀卿〈禮論〉，〈樂〉取《禮・樂記》，〈兵書〉亡，不補，略述律而言兵，遂分歷述以次之。〈三王世家〉空取其策文以緝此篇，何率略且重，非當也。〈日者〉不能記諸國之同異，而論司馬季主。〈龜策〉直太僕所得占龜兆雜說，而無筆削之功，何蕪鄙也。」

〔註89〕〔唐〕張守節《史記・龜策列傳正義》，頁3223：「《史記》至元成間十篇有錄無書，而褚少孫補〈景〉、〈武〉紀、〈將相年表〉、〈禮書〉、〈樂書〉、〈三王世家〉、〈蒯成侯〉、〈日者〉、〈龜策〉列傳。〈日者〉、〈龜策〉言辭最鄙陋，非太史公本意也。」

〔註90〕〔宋〕呂祖謙《東萊集・別集》，收入《景印文淵閣四庫全書》（臺北：臺灣商務印書館，1983～1986年），第1150冊，卷十四〈辨史記十篇有錄無書〉，頁334：「以張晏所列亡篇之目校之《史記》，或其篇俱在，或草具而未成，惟亡〈武紀〉一篇耳。」

〔註91〕〔清〕梁玉繩《史記志疑》（臺北：臺灣學生書局，1970年），卷七〈今上本紀第十二〉，頁147：「蓋《史記》凡缺七篇，十篇乃七篇之訛。故兩《漢書》謂十篇無書者固非，而謂九篇具存者尤非也。七篇者，〈今上本紀〉一，〈禮書〉二，〈樂書〉三，〈曆書〉四，〈三王世家〉五，〈日者傳〉六，〈龜策傳〉七。」

〔註92〕張大可〈史記殘缺與補竄考辨〉：「張晏所列十篇無書篇目，實際亡缺四篇，即〈武紀〉、〈禮書〉、〈樂書〉、〈兵書〉。……且〈禮〉、〈樂〉、〈律〉三書篇首之序，我們認爲是補缺者所搜求的《太史公書》亡篇之逸文，也可以說這三篇均是殘而並非全亡」，載《蘭州大學學報》1982年第3期，頁52。

〔註93〕〔清〕吳承志《橫陽札記》（臺北：廣文書局，1977年），卷九〈有錄無書〉，頁562～563：「〈禮〉、〈樂〉二書並有『今上』之文。〈兵書〉即〈律書〉，末有太史公贊語，今本誤與〈曆書〉連合。〈日者傳〉司馬季主，條例亦具於贊。〈孝景紀〉、〈將相表〉、〈傅靳傳〉並爲班書所取，〈將相表〉有附續之文，與〈高祖功臣侯者年表〉有附續之文無異。十篇似俱非亡佚。」

第四節　研究方法與步驟

一、研究方法

　　本篇論文預計以問題法提出前人研究上的不足與缺失，以歸納法整理文本史料，初步對司馬遷義利思想做出推斷與分類，後輔之以前人的論述、批評，以考證法和批判法來檢視推論的缺乏與誤解，之後再以歸納法對所有整理與分析作出分判，給予司馬遷之義利觀切合的評述，並提出其特點之所在。接著根據司馬遷的義利觀所具有的特點，以宗派法來展現其對後世作者與作品的開創與影響，展現司馬遷義利觀的精神與價值。最後以比較法對相同或相反的概念有所辨論，使司馬遷義利觀之探討呈現一完整而有系統之體系。

二、研究步驟

（一）以問題法提出研究的核心

　　筆者根據班固對司馬遷「序游俠則退處士而進奸雄，述貨殖則崇勢利而羞貧賤」的評論，以及《史記》書中司馬遷對道德倫理的尊崇，二者在義利觀念上展現的矛盾，探索前人對此之論述，發現這樣的議題牽涉到司馬遷認為的義、利之內容，以及其對義與利的看法，然而現今存有之司馬遷的義利思想研究，往往採取「經濟思想」或「道德思想」為基礎概念而兼談其它的方式進行，無法對司馬遷的義利關聯有全面性的陳述與論證，進而使得研究成果常是建立在「經濟觀」和「道德觀」之上，偏離了義利綜合性思想的軌道。在這樣的前提下，筆者決定採取百三十篇全文本的整體分析，來分判司馬遷義利觀。

（二）以歸納法分析文本

　　以全本《史記》作為分析材料，除了有鑑前人以單篇或數篇《史記》傳文為研究對象上的缺失，主要還是因為《史記》每篇所記之事件、人物及其所透露的意涵之不同。今本《史記》始於〈五帝本紀〉，終於〈太史公自序〉，共百三十篇。這些內容的來源有三：一是司馬遷之父——司馬談〔註94〕，二為司馬遷自身，三則後人如褚少孫等對缺篇的增補、刪削，但無論篇章的來

〔註94〕詳見李長之《司馬遷的人格與風格》，頁 151～158，與趙生群〈司馬談作史考〉，《南京師院學報》1982 年第 2 期，頁 51～56。

源為何，總大致不脫司馬遷所擬之架構，故探討時仍舊以百三十篇為範疇，以求各面向的司馬遷義利觀皆能夠被關照到。在分析的過程中，將司馬遷對各篇傳文中展現義或利的人、事、物分條列出，在全本搜尋後，歸納出幾個大分類，以待進一步的驗證與增刪。

（三）以考證法、批判法檢視分類

在對文本整理出初步脈絡之後，根據一開始為發現問題所研讀的前人研究，以考證或批判的方式檢視現有的分類與內容，再作細步的小分類與詳述，成為第一次的討論。之後重複研究步驟的（二）與（三），直到各項分類能表述司馬遷義利觀的各角度面向為止，並對其思想的特點有所闡發。

（四）以宗派法闡述影響

根據歸結出的義利關係與特點，向後推演其對後世作者與作品之影響，並做出作者與作品之舉例與分析，使司馬遷義利觀研究不僅止於思想層面的研究，而能擴及政治、經濟、修養、文學以及更多。

（五）以比較法調整架構

在分類司馬遷義利思想時，需採用比較法來陳列其結構，使能互相印證、補充、反證的材料有系統的排列在一起，讓讀者在閱讀論文時，對其整體架構能有統一、漸進之感。

第二章　先秦義利觀探析

　　先秦諸子思想的勃興，是出於對春秋戰國時禮崩樂壞的積極反應與期待改善，牟宗三在《中國哲學十九講》中對此做過剖析：

> 周文在周朝時粲然完備，所以孔子說「郁郁乎文哉，吾從周」。可是周文發展到春秋時代，漸漸的失效。這套西周三百年的典章制度，這套禮樂，到春秋的時候就出問題了。所以我叫它做「周文疲弊」。諸子的思想出現就是爲了對付這個問題，它就是這個「周文疲弊」問題。〔註1〕

與周文疲弊相應的是封建制度的破壞：「政由五伯，諸侯恣行，淫侈不軌，賊臣篡子滋起」〔註2〕，個體經濟的解放和社會倫理的混亂，出現了許多「君不君，臣不臣，父不父，子不子」〔註3〕的重大變異，是以「義利之辨」成爲先秦諸子提出治世理論時不能忽視的問題。本章將對儒、墨、道、法四家義利觀分別析論，以四家爲論，不旁及他家的原因是：

> 諸子的思想首先出現的是儒家，然後是墨家，所以最先是儒墨對立。道家是後起的，法家更是後起的。……名家不是直接相干的，它是派生的（derivative），是從這四家所對付的問題裏面派生出來的。陰陽家沒有文獻，它是戰國末年所產生的思想，它是派生的派生，更不是直接相干的。先秦雖然號稱有『諸子百家』，但是如果集中一點來講，就是這六家。〔註4〕

〔註1〕　牟宗三《中國哲學十九講》（台北：臺灣學生書局，1983年），頁60。
〔註2〕　《史記》卷十四〈十二諸侯年表〉，頁509。
〔註3〕　《史記》卷一百三十〈太史公自序〉，頁3298。
〔註4〕　牟宗三《中國哲學十九講》，頁57。

儒、墨、道、法家有其主體意識，又有典籍流傳下來，與名家、陰陽家相較，思想較為豐富，理論也較有系統，故論述以四家為主，論述順序則以思想產生之先後為基準，分層討論各家義利觀，及其對司馬遷義利觀所造成的影響。

第一節　儒家的義利觀

先秦儒家的代表人物，主要是孔子、孟子和荀子，在他們思想中一致賦予「義」極高的地位，只不過孔、孟的義比較偏向個人內在道德修養，到了荀子則進一步將之落實在社會政治中，因此荀子的「義」不但是人立身處世的指標，亦是約束欲望的規範。由於「義」的崇高地位，當代表私人欲望的「利」與之相衝突時，儒者往往以「先義後利」的態度面對之，縱使是覺知到物質利益的需求源自於人之本性的荀子，也認為求利當在義的範疇內進行，故可以說先秦儒家的義利觀基本上是崇義而退利的。

一、孔子的義利觀

孔子的「義」至少有兩層意義，一是「適宜」、「適當」或「正當」的意思〔註5〕，如《論語·為政》：「子曰：見義不為，無勇」〔註6〕，皇侃疏解為：「義謂所宜為也」〔註7〕，而何晏引孔安國曰：「義者，所宜為也」〔註8〕；又《論語·學而》：「有子曰：信近於義，言可復也」〔註9〕，皇侃疏解為：「義，合宜也」〔註10〕，而朱熹集注曰：「義者，事之宜也」〔註11〕，所以「義」就是合適於某事及某情形之謂，可隨著實際情況而做調整。另一層是指「人的理想人格」而言〔註12〕，孔子屢言：「君子喻於義」〔註13〕、「君子義以為質」

〔註5〕　黃俊傑《孟學思想史論》（台北：東大圖書公司，1991年），頁133：「孔子思想中的『義』，至少包括兩層意義。第一，『義』多作『適宜』、『適當』或『正當』解，指事物或現象的最適宜的狀態。」
〔註6〕　〔南宋〕朱熹著《四書集註·論語》卷一〈為政〉第二，頁147。
〔註7〕　〔魏〕何晏集解，〔梁〕皇侃義疏《論語集解義疏》（台北：臺灣商務印書館，1966年），卷一〈為政〉第二，頁26。
〔註8〕　同上註，頁26。
〔註9〕　〔南宋〕朱熹著《四書集註·論語》卷一〈學而〉第一，頁130。
〔註10〕　〔魏〕何晏集解，〔梁〕皇侃義疏《論語集解義疏》卷一〈學而〉第一，頁11。
〔註11〕　〔南宋〕朱熹著《四書集註·論語》卷一〈學而〉，頁130：「有子曰：『信近於義，言可復也』」，朱熹將之解釋為「義者，事之宜也。」
〔註12〕　黃俊傑《孟學思想史論》，頁133：「『義』在孔子思想中也指與『他人』相對

〔註14〕、「夫達也者,質直而好義」〔註15〕、「今之成人者何必然?見利思義」〔註16〕、「君子義以為上」〔註17〕,由此可見「義」是孔子心中完美人格的必要條件,而能行義者為君子。再來談孔子的利,孔子一生罕言利,偶有所議,多露鄙棄之意,如:「放於利而行,多怨」、「君子喻於義,小人喻於利」〔註18〕、「見小利,則大事不成」〔註19〕,由此可見孔子認為依利而行容易造成人與人之間的磨擦,且會對生命造成局限與阻礙,是「小人」之所為。與小人相對的形象是君子,《論語・學而》中說:「君子食無求飽,居無求安,敏於事而慎於言,就有道而正焉」〔註20〕、「君子謀道不謀食」、「君子憂道不憂貧」〔註21〕,又說:「士志於道,而恥惡衣惡食者,未足與議也」〔註22〕、「志士仁人,無求生以害仁,有殺身以成仁」〔註23〕,這裡帶出一個很重要的觀念,就是以君子與士作為代稱的重道崇德之人〔註24〕,他們依道而行,將「道」擺在衣食物質之前,甚至連生命都可以捨棄,而這個「道」的內涵便是孔子的中心思想——「仁」。勞思光認為《論語・雍也》:「夫仁者,己欲立而立人,己欲達而達人」〔註25〕之語,對「仁」字本義表達最為明朗,指的是「視人如己,淨除私累之境界」〔註26〕,所以「仁」可以說是一種「公心」,又「『仁』是義之基礎,『義』是『仁』之顯現」〔註27〕,是以從公心所求者謂之「義」,相反的,從私念所求者謂之「利」,義利相對,而孔子以義作為理想之人格,故面對義利問題他強調「克己復禮」,而傾向於「重義輕利」。

的『自我』而言。換言之,孔子以『義』作為構成理想人格的道德秉賦。」

〔註13〕 〔南宋〕朱熹著《四書集註・論語》(台北:漢京文化事業有限公司,1983年),卷二〈里仁〉第四,頁175。

〔註14〕 同上註,卷八〈衛靈公〉第十五,頁378。

〔註15〕 同註13,卷六〈顏淵〉第十二,頁320。

〔註16〕 同註13,卷七〈憲問〉第十四,頁348。

〔註17〕 〔南宋〕朱熹著《四書集註・論語》卷九〈陽貨〉第十七,頁414。

〔註18〕 同上註,卷二〈里仁〉第四,頁173、175。

〔註19〕 同註17,卷七〈子路〉第十三,頁335。

〔註20〕 同註17,卷一〈學而〉第一,頁130。

〔註21〕 同註17,卷八〈衛靈公〉第十五,頁382。

〔註22〕 同註17,卷二〈里仁〉第四,頁172。

〔註23〕 同註17,卷八〈衛靈公〉第十五,頁373。

〔註24〕 蔡元培《中國倫理學史》(台北:中央文物供應社,1956年),頁16:「孔子所舉,以為實行種種道德之模範者,恒謂之君子,或謂之士。」

〔註25〕 同註17,卷三〈雍也〉第六,頁216。

〔註26〕 勞思光《新編中國哲學史》(台北:三民書局,1981年),頁119。

〔註27〕 同上註,頁120。

　　雖然孔子的義利觀主要是重義輕利，但不代表孔子否定一切的物質或利益，在個人仕途上，孔子說：「富而可求也，雖執鞭之士，吾亦爲之」〔註28〕，又說：「邦有道，貧且賤焉，恥也」〔註29〕、「邦有道，穀」〔註30〕，在與弟子的閒談中，他曾將自己比喻成貨品，暢言：「沽之哉！沽之哉！我待善賈者也」〔註31〕，展現他積極爲官治世的理念，並不認爲有道之士必當「終身空室蓬戶，褐衣疏食不厭」〔註32〕；在治理百姓上，孔子則是肯定富民的重要，《論語・子路》中記：「子適衛，冉有僕。子曰：『庶矣哉！』冉有曰：『既庶矣。又何加焉？』曰：『富之』。曰：『既富矣，又何加焉？』曰：『教之』」〔註33〕，將富足生命放在禮義教化之前，體現孔子對於物質利益的重視；在商業經營上，《左傳・文公二年》記孔子責備臧文仲有三不仁，分別是「下展禽，廢六關，妾織蒲」〔註34〕，表達對魯大夫臧文仲阻滯商品流通，防礙商業活動的不滿，反映出孔子保商惠商的思想。以上孔子對於利的態度是開放而積極的，不過這些都沒有違背「見利思義」〔註35〕的大原則，孔子認爲「富與貴是人之所欲也」，然而「不以其道得之，不處也」〔註36〕，又說「不義而富且貴，於我如浮雲」〔註37〕，倘若富貴與道義相衝突，孔子認爲當「克己復禮」，捨利以取義，換個角度講：「君子之仕也，行其義也。道之不行，已知之矣」〔註38〕，如果行事是義的，縱使明確知道行爲不能達到實際的功效或利益，還是應該努力行之；此外仁的精神是「愛人」〔註39〕，《論語・顏淵》中載子曰：「己所不欲，勿施於人」〔註40〕，是以孔子要求執政者當

〔註28〕〔南宋〕朱熹著《四書集註・論語》卷四〈述而〉第七，頁 225。
〔註29〕同上註，卷四〈泰伯〉第八，頁 248。
〔註30〕同註 28，卷七〈憲問〉第十四，頁 342。
〔註31〕同註 28，卷五〈子罕〉第九，頁 261。
〔註32〕《史記》卷一百二十四〈游俠列傳〉，頁 3181。
〔註33〕同註 28，卷七〈子路〉第十三，頁 331。
〔註34〕〔春秋〕左丘明著，〔日〕竹添光鴻箋《左傳會箋》（台北：天工書局，1998年），第八〈文公二年〉，頁 20～21。
〔註35〕同註 28，卷七〈憲問〉第十四，頁 348。
〔註36〕同註 28，卷二〈里仁〉第四，頁 168。
〔註37〕同註 28，卷四〈述而〉第七，頁 227。
〔註38〕同註 28，卷九〈微子〉第十八，頁 422。
〔註39〕羅光《中國哲學大綱》（台北：台灣商務印書館，1969 年）上冊，頁 186：「孔子的仁，代表一切善德的總綱。仁的精神則爲推己及人的愛字。」
〔註40〕同註 28，卷六〈顏淵〉第十二，頁 307。

「因民之所利而利之」〔註41〕，而使民富足，讓人們在商業流通中獲得利益的行為，符合富貴是人之所欲的情性，是愛人、推己及人的表現，因此孔子亦是站在仁的角度而有富民與保商的思想。綜上所論，孔子不反對「利」的求取，但是要求人當「見得思義」、「見利思義」，一旦義利出現衝突，孔子主張「重道」、「重義」，肯定「殺生成仁」，從而形成其「義以為上」的義利觀。

二、孟子的義利觀

　　孔子之後，其門人散於天下，形成之門派與學說眾多，其中能推進孔子思想者，非孟子莫屬。孟子之生平大略見於《史記‧孟子荀卿列傳》：

> 孟軻，騶人也。受業子思之門人。道既通，游事齊宣王，宣王不能用。適梁，梁惠王不果所言，……當是之時，……天下方務於合從連衡，以攻伐為賢，而孟軻乃述唐、虞、三代之德，是以所如者不合。退而與萬章之徒序詩書，述仲尼之意，作孟子七篇。〔註42〕

這段文字有兩個重點，第一，孟子承襲孔子以來的儒家思想，並以此游說當時之諸侯，卻不得重用；第二，戰國時代「天下方務合從連衡」，諸侯以功利心態為國，這也是孟子不受重用的原因。孟子以孔學自持，而儒家之說受到他家學說的批評，孟子為保衛儒學，於是以駁斥異說為己任，《孟子‧滕文公下》：「公都子曰：『外人皆稱夫子好辯，敢問何也？』孟子曰：『予豈好辯哉？予不得已也』」〔註43〕，孟子之學便建立在這種處境中。孟子不但承繼孔子思想，還因他所身處時代而有所開創，吳怡曾說：

> 孔子的中心思想是仁，而仁是惻隱之心。這點惻隱之心，非常微弱，完全訴之於自覺。這在春秋時期，諸侯還沒有過份跋扈，百家尚沒有激烈競爭，因此這個仁還可以應付。可是到了戰國時期，諸侯放恣，處世橫議，孔子這個訴之於自覺的仁字，已收拾不住，所以孟子特別強調一個義字。「孔曰成仁，孟曰取義。」可見義，乃是孟子思想裏極重要的一個字。〔註44〕

〔註41〕 同註28，卷十〈堯曰〉第二十，頁444。
〔註42〕《史記》卷七十四〈孟子荀卿列傳〉，頁2343。
〔註43〕〔南宋〕朱熹著《四書集註‧孟子》（台北：漢京文化事業有限公司，1983年），卷五〈滕文公章句下〉，頁643。
〔註44〕 吳怡《中國哲學發展史》（台北：三民書局，1984年），頁129。

孟子說：「仁，人心也；義，人路也」〔註45〕，仁是內心的思維而義是仁心展現於外的通道，從主觀面，即主體的心來說，是仁；從客觀面，即表現於外的準則而言，是義；面對「諸侯放恣，處世橫議」的情況，孟子特別強調準則的「義」，並激烈的將「義」、「利」對立起來〔註46〕，以突顯義的重要。

在面對義利問題時，孟子認為「苟為後義而先利，不奪不饜」，於是「上下交征利」〔註47〕，為人臣、為人子、為人弟者，皆懷其利以事其君、父、兄，「是君臣、父子、兄弟，終去仁義，懷利以相接，然而不亡者，未之有也」〔註48〕；若能以義為先，則「未有仁而遺其親者也；未有義而後其君者也」〔註49〕，是以「君臣、父子、兄弟去利，懷仁義以相接也，然而不王者，未之有也」〔註50〕，故孟子說：「何必曰利？亦有仁義而已矣」〔註51〕，要人們捨利而取義，孟子舉了個例子：「魚，我所欲也；熊掌，亦我所欲也，二者不可得兼，舍魚而取熊掌者也。生，亦我所欲也；義，亦我所欲也，二者不可得兼，舍生而取義者也」〔註52〕，生命與道義都是人們所珍惜者，倘若生與義發生衝突，與其生而無義——「飽食、煖衣、逸居而無教」、「近於禽獸」〔註53〕，還不如捨生取義。連生命之重孟子都能夠為了「義」而捨之，更不用說財貨、富貴了，《孟子・滕文公下》中孟子對彭更說：「非其道，則一簞食不可受於人」〔註54〕，《孟子・萬章上》中孟子稱揚伊尹行堯舜之道：「非其義也，非其道也，祿之以天下，弗顧也；繫馬千駟，弗視也」〔註55〕，《孟子・公孫丑上》中，孟子讚美伯夷、伊尹和孔子：「行一不義，殺一不辜，而得天下，皆不為也」〔註56〕，在在地顯示孟子的以義為先、重義輕利。

「孔曰成仁，孟云取義」，可以說義字是孟子思想中的「招牌」，孟子將義

〔註45〕〔南宋〕朱熹著《四書集註・孟子》卷十一〈告子章句上〉，頁806。

〔註46〕黃俊傑《孟學思想史論》，頁114：「孟子以『王何必曰利？亦有仁義而已矣』對梁惠王之問，視『義』『利』為絕不相容之敵體，較孔子尤進一層，使儒家的理想主義到了孟子的手上獲得更進一步的發展。」

〔註47〕〔南宋〕朱熹著《四書集註・孟子》卷一〈梁惠王章句上〉，頁457。

〔註48〕同上註，卷十二〈告子章句下〉，頁825。

〔註49〕同註47，卷一〈梁惠王章句上〉，頁458。

〔註50〕同註47，卷十二〈告子章句下〉，頁825～826。

〔註51〕同註47，卷一〈梁惠王章句上〉，頁457。

〔註52〕同註47，卷十一〈告子章句上〉，頁802～803。

〔註53〕同註47，卷五〈滕文公章句上〉，頁613。

〔註54〕同註47，卷六〈滕文公章句下〉，頁633。

〔註55〕同註47，卷九〈萬章章句上〉，頁742～743。

〔註56〕同註47，卷三〈公孫丑章句上〉，頁544。

利對立，強調仁義內在、重義輕利，此外，他還是一個絕對的動機論者〔註57〕，《孟子·告子下》中宋牼不忍秦楚構兵，於是想以構兵之不利說服兩國去戰，孟子認為宋牼不忍兩國交兵本是仁義之道，但若以交戰之不利來游說秦楚，便是讓秦楚「悅於利」而罷兵，根本上是「懷利以相接」，而駁斥宋牼之舉〔註58〕；《孟子·滕文公下》中，齊國陳仲子被稱為廉士，因為他「以兄之祿為不義之祿而不食也，以兄之室為不義之室而不居也」〔註59〕，但孟子認為陳仲子看似能夠捨棄利益，卻因此失掉了最根本的人倫道德——「孝」與「悌」，故孟子說：「充仲子之操，則蚓而後可者也」〔註60〕，可見得孟子的行為與思想「惟義所在」〔註61〕而已。

三、荀子的義利觀

　　孔子之後，孟、荀繼起，分別成為先秦儒學的大師。孟、荀對於人性的見解不同，孟子認為「人性之善，猶水之就下也」〔註62〕，荀子則以為「古者聖人以人之性惡」〔註63〕，是以兩人對孔子思想有不同角度著重與開展，「孟子順承孔子之仁而發揮，開出心性之學的義理規模；荀子則順承孔子外王禮憲之緒，彰顯禮義之統」〔註64〕，這是因為若人性為善，則人順己本心就能歸於正道；但若人性為惡，心就不得依恃，須靠外在的「禮」約束之，故「禮」

〔註57〕 葛榮晉《中國哲學範疇導論》（台北：萬卷樓圖書有限公司，1993 年），頁 487：「在中國哲學史上，義和利這對範疇包含有兩層意義：（一）道德行為和物質利益的關係。這裏所謂『義』，是指道德行為之當然；所謂『利』，是指物質利益。……（二）動機和效果的關係。凡是強調『義』，主張以『義』作為評判道德行為標準，只管道德動機，而不問行為效果的，屬於動機論者；凡是強調『利』，主張以『利』作為評價行為善惡標準，只管行為效果，而不問道德動機論的，屬於效果論者」；又《義利之間—中國傳統文化中的義利觀之演變》指出孟子：「對主體言行的價值判斷，不必以行為的結果為依據，而只需看其動機是否合乎義（惟義所在）。」見張傳開、汪傳發《義利之間—中國傳統文化中的義利觀之演變》（南京：南京大學出版社，1997 年），頁 23。
〔註58〕 詳見註〔南宋〕朱熹著《四書集註·孟子》卷十二〈告子章句下〉，頁 823～826。
〔註59〕 同上註，卷六〈滕文公章句下〉，頁 625。
〔註60〕 同註 58，卷六〈滕文公章句下〉，頁 651。
〔註61〕 同註 58，卷八〈離婁章句下〉，頁 695。
〔註62〕 同註 58，卷十二〈告子章句上〉，頁 784。
〔註63〕 〔戰國〕荀子著，北大哲學系注釋《荀子新注》（台北：里仁書局，1983 年），〈性惡〉二十三，頁 466。
〔註64〕 蔡仁厚《孔孟荀哲學》（台北：臺灣學生書局，1984 年），頁 362。

成為荀子思想的核心，是一切行為、秩序的準則。〔註 65〕荀子的禮，其實就是「義」的發揮，他將二者視為一體而曰：「義，禮也」〔註 66〕，是以荀子承襲孔、孟的重義傾向，他說：「隆禮貴義者，其國治；簡禮賤義者，其國亂」〔註 67〕、「禮義者，治之始也」〔註 68〕、「養生安樂者，莫大乎禮義」〔註 69〕、「在天者莫明於日月，在地者莫明於水火，在物者莫明於珠玉，在人者莫明於禮義」〔註 70〕，將禮義視為治國、安身的最高指標，不過與孔子「罕言利」和孟子「捨利取義」的「重義輕利」思想不同，荀子主動且正面地涉及「利」的議題〔註 71〕，楊佳霖《荀子義利思想之研究》論文中，將荀子的義利思想歸納出四大主軸——「以義制利」、「以義變應」、「以義為利」、「兼利天下」，由此可見荀子重義不輕利的態度。〔註 72〕

儒家嚴守義利之辨，並非只注重內在道德，而忽略外在物質生活，孔子要求執政者治理百姓當「富而教之」，孟子教導諸侯「易其田疇，薄其賦稅，民可使富也」〔註 73〕，荀子依循儒家富民的思想，進一步提出許多至今看來仍舊很實際的經濟政策，像是「量地而立國，計利而畜民，度人力而授事」、「輕田野之稅，平關市之征，省商賈之數，罕興力役，無奪其時」〔註 74〕、「田野什一，關市幾而不征，山林澤梁，以時禁發而不稅。相地而衰政，理道之遠近而致貢。通流財物粟米，無有滯留，使相歸移也」〔註 75〕，積極呼籲「有限政府干預」〔註 76〕，讓社會經濟活動通暢的施行，如此一來不僅百姓富足，

〔註 65〕 蔡仁厚《孔孟荀哲學》，頁 469：「荀子所說的禮，實已概括了一切規範，因此，個人的生存，事業的成就，國家的安寧，都不能脫離禮的規範。」
〔註 66〕 〔戰國〕荀子著，北大哲學系注釋《荀子新注》〈大略〉二十七，頁 527。
〔註 67〕 同上註，〈議兵〉十五，頁 281。
〔註 68〕 同註 66，〈王制〉九，頁 152。
〔註 69〕 同註 66，〈彊國〉十六，頁 313。
〔註 70〕 同註 66，〈天論〉十七，頁 333。
〔註 71〕 梁啟雄《荀子柬釋》（台北：河洛圖書出版社，1974 年），〈自序〉，頁 5：「孟子重義輕利，荀子重義不輕利。」
〔註 72〕 楊佳霖《荀子義利思想之研究》（嘉義：國立嘉義大學中國文學系碩士班論文，2007 年），頁 130：「荀子既推儒墨道德之行事興壞，同時又相當程度地回應法家，重現實講實利的思想下，以『以義制利』、『以義變應』、『以義為利』、『兼利天下』四大主軸，架構其利思想。」
〔註 73〕 〔南宋〕朱熹著《四書集註·孟子》卷十三〈盡心章句上〉，頁 863。
〔註 74〕 同註 66，〈富國〉十，頁 171～172。
〔註 75〕 同註 66，〈王制〉九，頁 150。
〔註 76〕 干學平，黃春興著〈荀子的正義理論〉，收入戴華、鄭曉時主編《正義及其相關問題》（台北：中央研究院中山人文社會科學研究所，1991 年），頁 100。

且「商賈敦愨無詐,則商旅安,貨通財,而國求給矣」〔註77〕,對於國家發展也有助益。不過在滿足百姓生活需求的同時,荀子也注意到人性好利且欲望不止的問題,他說:「今人之性,生而有好利焉」,「目好色、耳好聲、口好味、心好利、骨體膚理好愉佚,是皆生於人之情性者也;感而自然,不待事而後生之者也」〔註78〕、「人之情,食欲有芻豢,衣欲有文繡,行欲有輿馬,又欲夫餘財蓄積之富也;然而窮年累世不知不足,是人之情也」〔註79〕,而「欲者、情之應也。……雖爲守門,欲不可去,性之具也。雖爲天子,欲不可盡」〔註80〕,人天生就對錦衣、玉食、車馬、利祿充滿欲望,不論守門小吏或是上位天子都沒有欲望滿足的時候,當欲望不得滿足便會造成無盡的問題:

> 人生而有欲,欲而不得,則不能無求。求而無度量分界,則不能不
> 爭;爭則亂,亂則窮。先王惡其亂也,故制禮義以分之,以養人之
> 欲,給人之求。使欲必不窮於物,物必不屈於欲。兩者相持而長,
> 是禮之所起也。〔註81〕

人生有欲,欲望無盡,順此本性則爭奪、殘賊、淫亂之事叢生,於是荀子提出「以義制利」的應對之法,「今人之性惡,必將待師法然後正,得禮義然後治」〔註82〕,「夫義者,所以限禁人之爲惡與姦者也」〔註83〕,值得注意的是,荀子的義不是禁止一切的利益追求,而是在義的前提之下,滿足、疏導人們的欲望,使人之內心欲望與物質現況達到一個平衡,以去惡止姦。至此,荀子將孔、孟以來渾談富國裕民和一己之利的義利觀作出明確的劃分〔註84〕,視前者爲「公義」,後者爲「私欲」,並主張執政者當「以公義勝私欲」〔註85〕,即「節用以禮,裕民以政」〔註86〕,使「公義明而私事息」〔註87〕,進而「一

〔註77〕同註66,〈王霸〉十一,頁226。
〔註78〕同註66,〈性惡〉二十三,頁465、470。
〔註79〕同註66,〈榮辱〉四,頁55。
〔註80〕同註66,〈正名〉二十二,頁457。
〔註81〕同註66,〈禮論〉十九,頁369~370。
〔註82〕同註66,〈性惡〉二十三,頁466。
〔註83〕同註66,〈彊國〉十六,頁321。
〔註84〕黃俊傑《孟學思想史論》,頁145:「不論孔子或孟子都沒有明白提出『公義』的觀念,因爲孔孟大體上都把『義』當作屬於『我』的範疇的個人修德問題。但是,到了戰國晚期,荀子把『公』與『義』這兩個觀念結合而提出了『公義』的觀念。」
〔註85〕同註66,〈修身〉二,頁28。
〔註86〕同註66,〈富國〉十,頁169。

天下，財萬物，長養人民，兼利天下」。〔註 88〕

綜上所論，荀子通過客觀分析人性與國家經濟，從人性好利與經濟富民的角度，提出以義制利、公義勝私欲的觀點，將自孔子以來「利」的內涵講述得更爲透徹，從而形成他重義而不輕利的義利觀。

先秦儒家思想中倡導執政者去己身之「私欲」，爲百姓行「公義」思想爲司馬遷所承襲，他讚美「終不以天下之病而利一人」〔註 89〕，故禪讓帝位予舜之堯、爲人民治水「勞身焦思，居外十三年，過家門不敢入。薄衣食，致孝于鬼神。卑宮室，致費於溝減」的大禹〔註 90〕，以及在位期間輕徭薄賦、「減嗜欲，不受獻，不私其利也」的漢文帝〔註 91〕，除此之外，他還進一步從富民裕民的角度開展出一套相對應的經濟理論，強調執政者當以「因之」、「利導之」的方式施行「公義」，並對求利定出本富、末富、姦富等區別，鼓勵正當求富，摒棄姦邪而富，使義與利得以融合而不再壁壘分明；另一方面，儒家的先義後利、見得思義思想也影響了司馬遷品評人物的態度，對於汲汲營營、阿諛媚上、與民爭利之人，如：公孫弘、近臣佞幸、桑弘羊等，他予以批評毫不手軟，相反的，對於能夠義而後取、爲義犧牲之人，像是伯夷、屈原、公孫杵臼、程嬰、王蠋等，則表達出無限的崇敬與讚嘆，建構出司馬遷自身崇尚道義、斥責勢利、義利兼重的義利傾向。

第二節　墨家的義利觀

歷來學者對墨家義利之說詮釋甚多，如：馮友蘭、牟宗三的「功利主義」〔註 92〕、胡適的「實利主義」〔註 93〕、陳問梅的「義爲功益之利」〔註 94〕、

〔註 87〕〔戰國〕荀子著，北大哲學系注釋《荀子新注》〈君道〉十二，頁 242。

〔註 88〕同上註，〈非十二子〉六，頁 82。

〔註 89〕《史記》卷一〈五帝本紀〉，頁 30。

〔註 90〕《史記》卷二〈夏本紀〉，頁 51。

〔註 91〕《史記》卷十〈孝文本紀〉，頁 436。

〔註 92〕牟宗三《中國哲學十九講》，頁 63：「墨子的那一套思想是以功利主義的態度來看周文。」

〔註 93〕胡適《中國哲學史大綱》（台北：臺灣商務印書館，1981 年），頁 164：「墨子以爲無論何種事物、制度、學說、觀念，都有一個『爲什麼』。換言之，事事物物都有一個用處。……這便是墨子的『應用主義』。應用主義又可叫做『實利主義』。」

〔註 94〕陳問梅《墨學之省察》（台北：臺灣學生書局，1988 年），頁 282～283：「墨子之義，雖然即是利，但又必須加『功益的』這一狀詞以界定之，而成爲：

陳癸淼的「義爲利他主義」〔註95〕、陳俊民的「道德功利主義」〔註96〕、吳進安的「義利一元論」〔註97〕，這些說法從不同角度表達了墨家「重利」的思想主軸，不過值得注意的是，墨家談論義利問題時，不若儒家將義利對舉〔註98〕，而是直接以利訓義，《墨子‧經上》云：「義，利也」〔註99〕，由此可知在墨家思想中，「利就是義」〔註100〕，而「尚利貴義，義利並重」〔註101〕，則成爲墨家義利觀的基本特徵。

一、利即是義

墨家重利，其行爲以利之有無爲準則，「利人乎即爲，不利人乎即止」〔註102〕，所以墨子主張節葬、非樂，因爲厚葬盡哀會使人「面目限陬、顏色黧黑、耳目不聰明，手足不勁強，不可用也」〔註103〕，加上給死者的葬祭品往往使人「殆竭家室」，不符合經濟效益；至於音樂，「上考之不中聖王之事，下度之不中萬民之利」，「與君子聽之，廢君子聽治；與賤人聽之，廢

義＝功益之利。」

〔註95〕 陳癸淼《墨辯研究》（台北：臺灣學生書局，1977 年），頁 232：「墨家雖是十足之功利主義者，然其功利，非求一己之公利，乃是利他之功利主義，而且是不求報，不求得，不求於己有用之利他主義。」

〔註96〕 陳俊民〈中國知識分子的功利意識〉：「墨翟從『天下之士君子皆欲富貴而惡貧賤』的歷史實際出發，主張『以利爲義』，通過『兼相愛、交相利』這一關鍵的中間環節，而達到人人愛己、利己的根本目的（『愛人者人必從而愛之，利人者人必從而利之』），這是墨家爲士君子設計的最理想的道德功利主義。」收入《中國哲學研究論集》（台北：臺灣商務印書館，1994 年），頁 239。

〔註97〕 吳進安《墨家哲學》（台北：五南圖書出版公司，2003 年），頁 138：「墨家以利說義，義利一元之說，顯示墨子正視人間社會之現實條件及道德實踐之入門，他以社會公利取代人們私利之觀念。」

〔註98〕 梁啓超《墨經校釋》（台北：台灣中華書局，1968 年），頁 6：「儒家言多以義利爲對代名詞，一若義與利性質不相容，獨《易‧文言》謂：『利者義之合』，言義與利有關係。」

〔註99〕 〔春秋〕墨翟著，〔清〕孫詒讓著，〔日〕小柳司氣太校訂《墨子閒詁》（台北：驚聲文物供應公司，1970 年），卷十〈經上〉，頁 3。

〔註100〕 舒大剛〈易墨義利觀〉，《周易研究》1996 年第 2 期，頁 46。

〔註101〕 余文軍〈墨子思想研究述評〉：「尚利貴義，義利並重，是墨子義利觀的基本特徵」，墨子的思想爲其後學所承繼，故此處改「墨子」義利觀爲「墨家」義利觀，載《杭州大學學報》第 24 卷第 3 期（1994 年），頁 21。

〔註102〕 〔春秋〕墨翟著，〔清〕孫詒讓著，〔日〕小柳司氣太校訂《墨子閒詁》卷八〈非樂上〉，頁 31。

〔註103〕 同上註，卷六〈節葬下〉，頁 15～16。

賤人之從事」〔註 104〕，既沒有好處又妨害生產，所以墨子說：「爲樂，非也」。
〔註 105〕從動機上來看，墨家是偏向利益取向的，不過從墨家求利的目的—
—利己、利人、利天下〔註 106〕來看，墨家的利便與義相結合起來。春秋戰
國時期，社會動盪，禮崩樂壞，「國之與國之相攻，家之與家之相篡，人之
與人之相賊，君臣不惠忠，父子不慈孝，兄弟不和調」〔註 107〕，面對這樣的
情況，墨子有心改善之，而賦予「君子仁人」改善社會的責任，墨子曰：「仁
人之所以爲事者，必興天下之利，除去天下之害，以此爲事者也」〔註 108〕，
又曰：「夫一道術學業仁義者，皆大以治人，小以任官，遠施周偏，近以脩
身，不義不處，非理不行，務興天下之利，曲直周旋，利則止，此君子之道
也」〔註 109〕，君子藉由「務興天下之利，除去天下之害」而匡正世亂，這
便是利人、利天下的舉動；另一方面，爲了鼓勵人人都能利人、利天下，墨
子還強調：「愛人者，人必從而愛之；利人者，人必從而利之」〔註 110〕，讓
人們具有與人爲善的動力。由上可知，「墨家雖是十足之功利主義者，然其
功利，非求一己之功利，乃是利他之功利主義。同時又主盡愛天下人以使天
下人得利而喜」〔註 111〕，對墨家而言利天下是最終的目標，利人是過程，
而利己僅是在行動中的附加價值，這種爲世人追求利益的行爲即是「義」的
表現，墨家不諱言：「義，利也」〔註 112〕，又曰：「義，志以天下爲芬，而
能善利之」〔註 113〕，直接將義與利連結起來，並以「利」歸範所有的道德
行爲，如：「利而強君」爲「忠」，「利親」爲「孝」，「利民」爲功，因此在
墨家的思想中，是「以『利』來規定『義』的內涵，把仁、義和愛的道德觀
念同利益、功利直接聯繫起來，清楚地表現了墨家義利統一和重視功利的思
想。」〔註 114〕

〔註 104〕〔春秋〕墨翟著，〔清〕孫詒讓著，〔日〕小柳司氣太校訂《墨子閒詁》卷八
〈非樂上〉，頁 32、36。
〔註 105〕同上註，卷八〈非樂上〉，頁 34。
〔註 106〕楊飛《墨子義論發微》（保定：河北大學中國哲學碩士論文，2006 年），頁 33：
「墨子所指的『利』涵蓋了利己、利人、利天下三個層面。」
〔註 107〕同註 104，卷四〈兼愛中〉，頁 4。
〔註 108〕同註 104，卷四〈兼愛中〉，頁 4。
〔註 109〕同註 104，卷九〈非儒下〉，頁 37～38。
〔註 110〕同註 104，卷四〈兼愛中〉，頁 10。
〔註 111〕陳癸淼《墨辯研究》（台北：台灣學生書局，1977 年），頁 231～232。
〔註 112〕同註 104，卷十〈經上〉，頁 3。
〔註 113〕同註 104，卷十〈經說上〉，頁 23。
〔註 114〕孫中原《墨學通論》（瀋陽：遼寧教育出版社，1993 年），頁 37。

二、義利並重

墨家的義即是公利，所以在義利觀點上，墨家是既重利又重義的，其義利並重的思想落實到社會政治中，便是「善政」的施行，墨子云：「義者，善政也」〔註115〕，他曾舉例曰：

> 昔者三代聖王堯、舜、禹、湯、文、武者是也。所以得其賞何也？曰其爲政乎天下也，兼而愛之，從而利之，又率天下之萬民以尚尊天、事鬼、愛利萬民，是故天鬼賞之，立爲天子，以爲民父母，萬民從而譽之曰「聖王」，至今不已。〔註116〕

由此可知，善政的內容是「兼而愛之，從而利之」，亦即「使政治從鞏固血緣集團的利益轉向爭取百姓人們的利益，由維護少數人的利益轉向維護最大多數人的利益，使政治由私利轉向公利」〔註117〕，因此要達成善政的目標，執政者本身要「節用」外，對外行政則要「尚賢」與「尚同」，墨子云：

> 古者聖王甚尊尚賢而任使能，不黨父兄，不偏貴富，不嬖顏色，賢者舉而上之，富而貴之，以爲官長；不肖者抑而廢之，貧而賤之以爲徒役，是以民皆勸其賞，畏其罰，相率而爲賢。以賢者眾，而不肖者寡，此謂進賢。〔註118〕

賢者能夠「不黨父兄，不偏貴富，不嬖顏色」，而能「蚤朝晏退，聽獄治政」、「夜寢夙興」、「蚤出莫入」，使得「國家治而刑法正」、「官府實而財不散」、「菽粟多而民足乎食」，於是人民百姓「皆勸其賞，畏其罰，相率而爲賢」〔註119〕，賢者漸多，不肖者漸寡，國家社會自然蒙其利。有了治國的賢者，百姓便根據賢者的分判來行事，「上之所是，必皆是之；所非，必皆非之，上有過則規諫之，下有善則傍薦之。」〔註120〕除了賢者，還需有一個統一的依循體系，因爲「一人一義，十人十義，百人百義」〔註121〕，倘若人人各以自己之義爲是，以他人之義爲非，則「無君臣上下長幼之節，父子兄弟之禮，是以天下亂焉」〔註122〕，故墨家強調「尚同」：

〔註115〕同註104，卷七〈天志中〉，頁8～9。
〔註116〕同註104，卷二〈尚賢中〉，頁19。
〔註117〕陳鼓應〈墨家的社會思想〉，《中國哲學史研究》，1982年第2期，頁7。
〔註118〕同註104，卷二〈尚賢中〉，頁7～8。
〔註119〕同註104，卷二〈尚賢中〉，頁8～9。
〔註120〕同註104，卷三〈尚同上〉，頁3。
〔註121〕同註104，卷三〈尚同中〉，頁6。
〔註122〕同註104，卷三〈尚同中〉，頁6。

> 里長順天子政，而一同其里之義。里長既同其里之義，率其里之萬
> 民，以尚同乎鄉長，……鄉長治其鄉，而鄉既已治矣，有率其鄉萬
> 民，以尚同乎國君，……國君治其國，而國既已治矣，有率其國之
> 萬民，以尚同乎天子，……察天子之所以治天下者，何故之以也？
> 曰唯以其能一同天下之義，是以天下治。〔註 123〕

國人「一同天下之義」，義同則不亂，天下不亂那麼其政也善。由於墨子所關心的對象爲平民階層，代表著平民百姓疾苦的心聲，其關注的焦點爲大多數勞動者、下階層百姓的平等利益〔註 124〕，所以墨家提出治世觀點時必從下層百姓的利益出發，著重百姓的利益取得，再者墨家孜孜矻矻爲天下人謀利的同時，並沒有走向自私利己一途，雖然在墨家的邏輯中，利人亦爲利己，但當利人與利己，即代表公利之「義」與代表私利之「利」發生衝突或有矛盾之時，墨家往往選擇捨利而取義。

三、義以爲上

墨家的「義」至少包括三種意涵：公利、不「虧人自利」，以及「摩頂放踵以利天下」〔註 125〕，這樣的意涵來自於「天志」，墨家的天是有意志、能主宰的天〔註 126〕，「順天意者，兼相愛，交相利，必得賞。反天意者，別相惡，交相賊，必得罰」〔註 127〕，所以人要從天志而行，而「天之志者，義之經也」〔註 128〕，「天欲義而惡不義」〔註 129〕，又「順天之意者，義之法也」〔註 130〕，

〔註 123〕〔春秋〕墨翟著，〔清〕孫詒讓著，〔日〕小柳司氣太校訂《墨子閒詁》卷三〈尚同中〉，頁 9。

〔註 124〕吳進安《墨家哲學》，頁 46：「墨學就其所關心的對象而言是一種代表平民心聲的顯學，它是起源於戰國時期周文衰敝的社會現實與歷史條件，代表大多數勞動者、下階層庶人利益之知識分子。」

〔註 125〕馬云志〈論墨子的義利觀〉中，提出墨子「賦予了『義』特定的意涵：其一，義，利也。強調『義』的實質就是『利』；其二，義是不『虧人自利』，損人利己；其三，義就是利他，就是扶危濟困，『摩頂放踵以利天下』」，載《蘭州學刊》1999 年第 2 期，頁 63。

〔註 126〕周世輔《中國哲學史》（台北：三民書局，1990 年），頁 91：「天有自然之天、天性之天、天命之天、主宰之天、意志之天，而墨子所講的天乃最後二者。」

〔註 127〕同註 123，卷七〈天志上〉，頁 5。

〔註 128〕同註 123，卷七〈天志下〉，頁 35。

〔註 129〕同註 123，卷七〈天志上〉，頁 3。

〔註 130〕同註 123，卷七〈天志中〉，頁 21。

由此可知墨家強調人要順天爲義。義是公利，所以順天之義便是要爲他人謀取公利，在謀取利益的過程中，墨子強調不當有「虧人自利」的利己行爲：「今有一人，入人園圃，竊其桃李，眾聞則非之，上爲政者得則罰之。此何也？以虧人自利也」〔註131〕，墨子肯定爲政者懲罰竊人桃李的人，因爲他讓他人利益受損；又如戰爭，墨子認爲「國家發政，奪民之用，廢民之利」〔註132〕以宣戰，結果卻是：

> 竹箭羽旄幄幕，甲盾撥劫，往而靡壞腑爛不反者，不可勝數；又與矛戟戈劍乘車，其往則碎折靡壞而不反者，不可勝數；與其牛馬肥而往，瘠而反，往死亡而不反者，不可勝數；與其涂道之脩遠，糧食輟絕而不繼，百姓死者，不可勝數也；與其居處之不安，食飲之不時，飢飽之不節，百姓之道疾病而死者，不可勝數；喪師多不可勝數，喪師盡不可勝計，則是鬼神之喪其主後，亦不可勝數。〔註133〕

對於執政者「貪伐勝之名，及得之利，故爲之」〔註134〕而發動戰爭，墨子責備道：「爲政若此，非國之務者也」，「故當攻戰而不可不非」。〔註135〕對墨家而言，虧人自利會讓社會形成動亂，對人民造成危害，因爲爲人子者「虧父而自利」，爲人弟者「虧兄而自利」，爲人臣者「虧君而自利」〔註136〕，人人自私自利，結果便是「內者父子兄弟作怨惡，離散不能相和合。天下之百姓，皆以水火毒藥相虧害」〔註137〕，因此墨家要求人們在面對利益問題時，不應該只想到自己一己之私利，他們認爲「義之作用只能先利公共社會，然後再由公共社會轉利個人；在公共社會未能被利以前，個人是絕對沒有被利之可能的」〔註138〕，是以墨家提倡「不義不富，不義不貴，不義不親，不義不近」〔註139〕，「有利者疾以助人，有財者勉以分人，有道者勸以教人」

〔註131〕同註123，卷五〈非攻上〉，頁1。
〔註132〕同註123，卷五〈非攻中〉，頁5。
〔註133〕同註123，卷五〈非攻中〉，頁4～5。
〔註134〕同註123，卷五〈非攻中〉，頁5。
〔註135〕同註123，卷五〈非攻中〉，頁6、8。
〔註136〕同註123，卷四〈兼愛上〉，頁2。
〔註137〕同註123，卷三〈尚同上〉，頁1。
〔註138〕陳問梅《墨學之省察》（台北：台灣學生書局，1988年），頁292。
〔註139〕同註123，卷二〈尚賢上〉，頁2。

〔註140〕，「退睹其友，飢則食之，寒則衣之，疾病侍養之，死喪葬埋之」
〔註141〕，縱使在利人的過程中，自己「以裘褐爲衣，以跂蹻爲服，日夜不
休，以自苦爲極」〔註142〕，但倘若能「損己而益所爲」〔註143〕，即使犧牲
一己之利甚至個人性命都在所不惜，墨子自言：「爲義非避毀就譽，去之苟
道，受狂何傷」〔註144〕，孟子論墨子云：「摩頂放踵利天下，爲之」〔註145〕，
《淮南子・泰族訓》記墨家徒眾曰：「墨子服役者百八十人，皆可使赴火蹈
刃，死不還踵」〔註146〕，梁啓超《墨子學案》分析墨家學說而說：「墨教之
根本義，在肯犧牲自己」〔註147〕，由此可見，對墨家而言，「萬事莫貴於義」，
義是「良寶」、是「天下之大器」，是墨家努力提倡、追尋的目標。

墨家在義利關係中將利作爲義的內容，跳脫儒家以動機論義利的觀點，
同時兼重行爲的過程與結果〔註148〕，即「合志功而觀」。「『志』，即行爲的動
機；『功』，即行爲的效果」〔註149〕，《墨子・魯問》載：

> 魯君謂子墨子曰：「我有二子，一人者好學，一人者好分人財，孰以
> 爲太子而可？」子墨子曰：「未可知也，或所爲賞與爲是也。釣者之
> 恭，非爲魚賜也；餌鼠以蟲，非愛之也。吾願主君之合其志功而觀
> 焉。」〔註150〕

〔註140〕 〔春秋〕墨翟著，〔清〕孫詒讓著，〔日〕小柳司氣太校訂《墨子閒詁》卷二
〈尚賢下〉，頁30。
〔註141〕 同上註，卷四〈兼愛下〉，頁20。
〔註142〕 〔戰國〕莊周著，郭慶藩集釋《莊子集釋》（台北：華正書局，1987年），卷
十下〈天下篇〉第三十三，頁1077。
〔註143〕 同註140，卷十〈經上〉，頁5。
〔註144〕 同註140，卷十一〈耕柱〉，頁42。
〔註145〕 〔南宋〕朱熹著《四書集註・孟子》卷十三〈盡心章句上〉，頁866。
〔註146〕 〔西漢〕劉安《淮南子》（台北：廣文書局，1965年），卷二十〈泰族訓〉，
頁459。
〔註147〕 梁啓超《墨子學案》（台北：新文豐出版股份有限公司，1975年），〈自序〉，
頁1：「墨教之根本義，在肯犧牲自己。《墨經》曰：『任，士損己而益所爲也。』
《經說》釋之曰：『爲身之所惡以成人之所急。』墨子以言教以身教者，皆是
道也。」
〔註148〕 據《墨子思想探研》云：「墨子關心人民的現實生活，其用心即在如何改善人民
的物質生活。因此他所謂的『義』側重於實效方面，所以，將『公利』作爲『義』
的內容。而儒家則重在行事動機的考察，要『求放心』。」見王曉霞《墨子思想
探研》（台北：國立台灣師範大學國文研究所碩士論文，1996年），頁18。
〔註149〕 張傳開、汪傳發《義利之間——中國傳統文化中的義利觀之演變》，頁26。
〔註150〕 同註140，卷十三〈魯問〉，頁8。

墨子向魯君強調動機和效果同樣重要，不可偏廢，墨子後學更將合觀志功的思想發揚光大，曰：「志功，正也」〔註151〕，司馬遷的義利觀也受到墨家志功理論的影響，例如：他爲刺客與游俠撰有專傳，刺客殺人，其實並不光明正大，又不符合社會規範，但司馬遷卻專篇記載這些人物，這是因爲曹沫、專諸、豫讓、聶政都是「士爲知己者死」的典範，至於荊軻刺秦一事，「當燕丹時，內無強力，外無應援」，此時燕國「刺秦亦亡，不刺亦亡」〔註152〕，荊軻此時前去刺殺秦王是爲抵擋秦國之勢做出最後的努力，是以刺客五人無論「其義或成或不成」，司馬遷都給予他們「其立意較然，不欺其志，名垂後世，豈妄也哉」的正面評價〔註153〕；至於游俠，班固《漢書・司馬遷列傳》批評司馬遷「序遊俠則退處士而進奸雄」〔註154〕，事實上司馬遷亦承認游俠的行事不合於國家法律，他說：「今游俠，其行雖不軌於正義」，「然其言必信，其行必果，已諾必誠，不愛其軀，赴士之阨困，既已存亡死生矣，而不矜其能，羞伐其德」〔註155〕，他們行俠仗義不是爲了自己，而是「救人於緦振人不贍」〔註156〕，因此司馬遷在〈游俠列傳〉中將之高舉於鄉曲之儒之上，暢言：「要以功見言信，俠客之義又曷可少哉！」〔註157〕司馬遷兼重志功的思想亦展現在他評價管仲的態度上，「管仲世所謂賢臣，然孔子小之」〔註158〕，孔子曾批評：「管仲之器小哉」〔註159〕，司馬遷一方面同意孔子對管仲在「周道衰微，桓公既賢」的情況下，「不勉之至王，乃稱霸哉」〔註160〕，以及「富擬於公室，有三歸、反坫」〔註161〕的奢侈行徑提出批判，但另一方面司馬遷不忘記述管仲能「通貨積財，富國彊兵」、「下令如流水之原，令順民心」、「善因禍而爲福，轉敗而爲功」〔註162〕，而表達讚美之意；再如評價商鞅，司馬遷認爲他

〔註151〕同註140，卷十〈經說上〉，頁36。

〔註152〕〔漢〕司馬遷著，〔明〕凌稚隆輯校，〔日〕有井範平補標《補標史記評林》卷八十六〈刺客列傳〉引〔明〕黃洪憲語，頁9左。

〔註153〕《史記》卷八十六〈刺客列傳〉，頁2538。

〔註154〕〔漢〕班固著，〔唐〕顏師古注《漢書》（北京：中華書局，1965年），卷六十二〈司馬遷傳〉，頁2738。

〔註155〕《史記》卷一百二十四〈游俠列傳〉，頁3181。

〔註156〕《史記》卷一百三十〈太史公自序〉，頁3318。

〔註157〕《史記》卷一百二十四〈游俠列傳〉，頁3183。

〔註158〕《史記》卷六十二〈管晏列傳〉，頁2136。

〔註159〕〔南宋〕朱熹著《四書集註・論語》卷二〈八佾〉第三，頁162。

〔註160〕《史記》卷六十二〈管晏列傳〉，頁2136。

〔註161〕《史記》卷六十二〈管晏列傳〉，頁2134。

〔註162〕《史記》卷六十二〈管晏列傳〉，頁2132～2133。

是一個「天資刻薄人也」〔註163〕，除了以「彊國之術」說秦繆公，不合於帝王之道外，他還刑公子虔〔註164〕，欺魏將卬〔註165〕，在在「發明商君之少恩矣」，但是對於商鞅變法，「能明其術，彊霸孝公」〔註166〕，又使「秦民大說，道不拾遺，山無盜賊，家給人足。民勇於公戰，怯於私鬥，鄉邑大治」〔註167〕之功亦能詳實而述，由此可見司馬遷在檢視歷史人物與事件對環境與局勢造成的影響時，是同時注重動機與效果的。

至於墨家義以為上、捨己為人的主張，對於後世「俠義」的興起與發展有著很重要的促進作用〔註168〕，司馬遷亦不乏受其影響，因而《史記》中多有展現豪俠情懷之處，如：〈刺客列傳〉、〈游俠列傳〉中的主人翁，在司馬遷的描寫下皆豪氣萬千；〈田儋列傳〉記田橫與其賓客的事蹟，田橫為齊王田氏之後，曾誅殺高祖使臣酈食其，並且與楚國會師共擊漢軍，是以高祖有天下後，「田橫懼誅，而與其徒屬五百餘人入海，居島中」，後來「高帝聞之，以為田橫兄弟本定齊，齊人多附焉，今在海中不收，後恐為亂」〔註169〕，於是招降之，田橫在與賓客在抵達雒陽後，自言恥為臣虜，又不願與曾經相為敵的漢諸臣共事朝廷，遂自剄，其賓客在面拜漢王後，也自剄而死，田橫居海中之五百餘眾，「聞田橫死，亦皆自殺」〔註170〕，司馬遷並不因為田橫與漢廷是敵對陣營便貶抑其德行，相反的，他稱頌「田橫之高節，賓客慕義而從橫死，豈非至賢！」〔註171〕將田橫與其賓客寫成與墨徒的形象極為類似的有節

〔註163〕《史記》卷六十八〈商君列傳〉，頁2237。

〔註164〕指商鞅為秦國變法，「令行於民朞年，秦民之國都言初令之不便者以千數。於是太子犯法。衛鞅曰：『法之不行，自上犯之。』將法太子。太子，君嗣也，不可施刑，刑其傅公子虔，黥其師公孫賈」，之後「公子虔復犯約，劓之。」事詳《史記》卷六十八〈商君列傳〉，頁2231～2232。

〔註165〕商鞅以「秦之與魏，譬若人之有腹心疾」，建議秦繆公出兵取魏，魏派出公子卬擊之，「衛鞅遺魏將公子卬書曰：『吾始與公子卬，今俱為兩國將，不忍相攻，可與公子面相見，盟，樂飲而罷兵，以安秦魏。』魏公子卬以為然。會盟已，飲，而衛鞅伏甲士而襲虜魏公子卬，因攻其軍，盡破之以歸秦。」事詳《史記》卷六十八〈商君列傳〉，頁2232～2233。

〔註166〕《史記》卷一百三十〈太史公自序〉，頁3313。

〔註167〕《史記》卷六十八〈商君列傳〉，頁2231。

〔註168〕韓雲波〈試論先秦游俠〉：「墨家好武尚勇，又發生於俠初起之際，也可能對俠尚勇輕死、尚信重義品格有重要影響」，載《貴州大學學報》1994年第2期，頁24～25。

〔註169〕《史記》卷九十四〈田儋列傳〉，頁2647。

〔註170〕《史記》卷九十四〈田儋列傳〉，頁2646～2649。

〔註171〕《史記》卷九十四〈田儋列傳〉，頁2649。

操、有氣節之高士，而海中之五百餘眾最終從橫死一事，又有墨家以鉅子爲首、重情重義、齊心一致的忠誠組織網絡的色彩；除此之外，司馬遷在描寫《史記》中人物時，對於行事任俠之人不忘記上一筆，如：稱竇嬰、鄭莊「任俠自喜」〔註172〕、說張良「居下邳，爲任俠」〔註173〕、記季布「爲氣任俠」〔註174〕、讚汲黯「好學，游俠，任氣節」〔註175〕等，在在地顯示司馬遷對於俠義的認同與讚賞。

第三節　道家的義利觀

　　先秦道家最主要的人物莫過於老子與莊子。老、莊思想的要義是順應自然，在義利問題上，「道家力圖超越現實的義利關係、利害關係，力圖取消義利問題」〔註176〕，讓生命個體不受義利的限制而得到眞正的精神自由，對此老、莊所使用的方法是「以否定人欲、減損人爲的方法來實現其超越」〔註177〕，是一種藉由反對既有之概念而建立的思想。老、莊雖合爲道家，思想中心同爲天道自然，但他們對義利的反動有程度上的差別，因此二者仍須分別論之。

一、老子的義利觀

　　《史記・老子韓非列傳》中記老子其人「脩道德，其學以自隱無名爲務。居周之久，見周之衰，乃遂去」〔註178〕，由此可知老子所生之世，朝政漸衰，周朝所發展出的禮義制度相對地亦產生問題，事實上自春秋戰國以來，中國社會因爲周文疲弊〔註179〕而有了極大的變動：

　　　　政治方面，是由許多宗法封建的小國家，變成幾個中央政權統一的
　　　　新軍國。社會方面，則自貴族御用工商及貴族私有的井田制下，變

〔註172〕《史記》卷四十九〈外戚世家〉，頁 1974、《史記》卷一百二十〈汲鄭列傳〉，頁 3112。
〔註173〕《史記》卷五十五〈留侯世家〉，頁 2036。
〔註174〕《史記》卷一百〈季布欒布列傳〉，頁 2729。
〔註175〕《史記》卷一百二十〈汲鄭列傳〉，頁 3106。
〔註176〕張國鈞〈先秦儒墨道法義利論的理論得失〉，《學術論壇》1991 年第 6 期，頁 51。
〔註177〕湯一介《在非有非無之間》（台北：正中書局，1995 年），頁 109。
〔註178〕《史記》卷六十三〈老子韓非列傳〉，頁 2141。
〔註179〕牟宗三《中國哲學十九講》，頁 89：「周公所造的禮樂典章制度，到春秋戰國時代，貴族的生命墮落腐敗，都只成了空架子，是窒息我們生命的桎梏。因此周文的禮樂典章制度都成了外在的（external），或形式的（formal）。」

成後代農、工、商、兵的自由業。〔註180〕

宗法破裂，新的政權依武力而產生，仁義道德形同虛設，另外，由於封建制度崩壞，井田制瓦解，百姓追求私人財富的自由度提升，相對地人與人之間的爭奪亦大幅增加，面對當時禮義的僵化與人們競相逐利的情況，百家爭鳴，都急欲對國家社會的變革提出治國方針與安身之法，老子是以反動〔註181〕的方式提出因應之道，即以「無爲」來取代「有爲」。〔註182〕所謂「無爲」，指的是「自覺心不陷溺於任一外在事物」〔註183〕，老子的義利觀即是在使心不陷溺而「無爲」的前提下開展出來。

（一）絕仁棄義

《史記·老子韓非列傳》中載孔子問禮於老子一事，老子回答他：「子所言者，其人與骨皆已朽矣，獨其言在耳」〔註184〕，《道德經·第十九章》中老子也說：「絕聖棄智，民利百倍；絕仁棄義，民復孝慈」〔註185〕，仁義是先秦儒家的道德理想，先秦儒者將之做爲改善生命與社會的方法和準則，而將能將仁義發揮至極致者，謂之「聖人」〔註186〕，並給予最高的評價，上述文句中，看似老子否定「仁」、「義」的道德觀念，以及「聖」、「智」的修養境界，事實上老子否定的僅是聖、智、仁、義的作用〔註187〕，他說：「大

〔註180〕 錢穆《國史大綱》（上）（台北：臺灣商務印書館，1995年），頁92。

〔註181〕 據《中國哲學史大綱》指出，老子的思想「完全是那個時代的產兒，完全是那個時代的反動。」見胡適《中國哲學史大綱》（台北：臺灣商務印書館，1981年），頁46。

〔註182〕 牟宗三《中國哲學十九講》，頁89：「道家就是這樣把周文看成束縛，因爲凡是外在的、形式的空架子，都是屬於造作有爲的東西，對我們生命的自由自在而言都是束縛桎梏，在這個情形之下，老子才提出『無爲』這個觀念來。」

〔註183〕 勞思光《新編中國哲學史》，頁241。

〔註184〕 《史記》卷六十三〈老子韓非列傳〉，頁2140。

〔註185〕 〔春秋〕老聃著，〔魏〕王弼注《老子王弼注》（台北：河洛圖書出版社，1874年），上篇第十九章，頁23。

〔註186〕 〔南宋〕朱熹著《四書集註·論語》卷三〈雍也〉第六，頁215～216：「子貢曰：『如有博施於民而能濟眾，何如？可謂仁乎？』子曰：『何事於仁，必也聖乎！』」孔子認爲能施民濟眾者爲聖，而施民濟眾出於仁義之心，朱熹因而將稱伯夷、伊尹、孔子皆古之聖人，而三人皆有仁義之名，故謂能將仁義發揮至極致者爲聖人。見〔南宋〕朱熹著《四書集註·孟子》卷三〈公孫丑章句上〉，頁542～544。

〔註187〕 牟宗三《中國哲學十九講》，頁127～135，提到道家對於聖、智、仁、義並不正面肯定或否定它們，只是順著儒家而提及，對於道家而言，儒家無法提出體現聖、智、仁、義的最好方式，於是才用「絕」、「棄」這樣否定的字眼

道廢，有仁義；智慧出，有大僞；六親不和，有孝慈；國家昏亂，有忠臣」〔註 188〕、「古之善爲道者，非以明民，將以愚之。民之難治，以其智多。故以智治國，國之賊；不以智治國，國之福」〔註 189〕，仁義、智慧、親情、孝慈等儒家的美德並不能阻止社會的亂象，甚至成爲亂象的成因與證明，實說明它們的作用不彰；仁、義、聖、智之所以作用不彰，在於它們不合於天道自然，老子說：「失道而後德，失德而後仁，失仁而後義，失義而後禮」〔註 190〕，不論是「仁」、「義」還是「禮」，它們的出現都是爲了解決「道」的散失，而人爲主觀限定、製作的產物，不是因應世事的首選，更不符合「渾然天成」的生命之理，老子說：「上德不德，是以有德；下德不失德，是以無德。上德無爲而無以爲；下德爲之而有以爲。上仁爲之而無以爲；上義爲之而有以爲」〔註 191〕，仁、義、禮是有所爲而爲故爲下，此外老子認爲「爲學者日益，爲道者日損」〔註 192〕，當人心執取知識的概念或價值的可欲，那麼造作心知便「成心」，爲學是向外求得，雖日有增益，卻是讓生命外逐而損其道，故老子否定仁、義、聖、智做爲修身、治世的作用。

　　雖然否定仁義的作用，可是老子卻不否定仁義之名背後的道德實質，他說：「人法地，地法天，天法道，道法自然」〔註 193〕，又說：「萬物莫不尊道而貴德」〔註 194〕，皆表達出他對道德的重視。不同於克己復禮之仁與正當合理之義，老子認爲眞正的上德應該像水一般，「上善若水，水善利萬物而不爭」〔註 195〕，所以人當「致虛極，守靜篤」〔註 196〕以求合於道，政治上亦需以致虛守靜的態度面對之：

　　　聖人無常心，以百姓心爲心。善者，吾善之；不善者，吾亦善之；
　　　德善。信者，吾信之；不信者，吾亦信之；德信。聖人在天下，歙
　　　歙爲天下渾其心，百姓皆注其耳目，聖人皆孩之。〔註 197〕

　　才談論聖、智、仁、義的作用，因此不能說道家否定道德與修養。
〔註 188〕〔春秋〕老聃著，〔魏〕王弼注《老子王弼注》上篇第十八章，頁 23。
〔註 189〕同上註，下篇第六十五章，頁 94。
〔註 190〕同註 188，下篇第三十八章，頁 51。
〔註 191〕同註 188，下篇第三十八章，頁 51。
〔註 192〕同註 188，下篇第四十八章，頁 67。
〔註 193〕同註 188，上篇第二十五章，頁 35。
〔註 194〕同註 188，下篇第五十一章，頁 72。
〔註 195〕同註 188，上篇第八章，頁 9。
〔註 196〕同註 188，上篇第十六章，頁 18。
〔註 197〕同註 188，下篇第四十九章，頁 68。

順應百姓之心而行，不做違背民心的約束與控制，「其政悶悶，其民淳淳；其政察察，其民缺缺」〔註198〕，人民自然歸於純善。由上可見，老子雖言「絕聖棄智」、「絕仁棄義」，卻沒有否定、放棄德、善的追求，其保民、愛民之心亦顯示他思想上「公義」的一面，是以老子的義利觀不談仁義，卻仍具有尊道貴德的特點。

（二）無欲去利

　　周文疲弊、封建崩毀，增進了社會的自由，其中包涵了追逐利益的機會與欲望，然而就在你爭我奪的過程中，國家社會的混亂亦隨之而來，老子有鑑於「樂與餌，過客止」〔註199〕、「五色令人目盲，五音令人耳聾，五味令人口爽，馳騁田獵令人心發狂，難得之貨令人行妨」〔註200〕，認為人世間的爭亂來自於人的貪欲，他說：「禍莫大於不知足，咎莫大於欲得」〔註201〕，既然亂象起自於人內在的貪念，那最好的解決方法便是「見素抱樸，少私寡欲」〔註202〕，將加之於己的欲望去除，老子說：「常德乃足，復歸於樸」〔註203〕，也就是從內心對生活與生命感到滿足，「知足者富」、「知足不辱」、「知足之足，常足矣」，當人之內心常足，便能從欲流中跳離，並得到生命中真正的富有。政治上老子也強調去欲知足的重要。老子在《道德經》中描寫當時的執政者「朝甚除，田甚蕪，倉甚虛；服文綵，厭飲食，財貨有餘」〔註204〕，用度奢靡，然而百姓卻在「上食稅之多」的情況下饑餒窮困，可見執政者好利、多欲會導致百姓的困頓，是以執政者當「不欲以靜」、「不貴難得之貨」、「不見可欲」，靜虛自己的欲望，進而能以無為治民，「我無為，而民自化；我好靜，而民自正；我無事，而民自富；我無欲，而民自樸」〔註205〕，百姓順應自然而生活，沒有剝奪、限制和約束，於是社會沒有權謀、爭鬥與貧窮，是以「民不為盜」、「民心不亂」，而「天下將自定」。去欲知足除了是讓社會歸於正道的方法，同時也是老子全其生命的途徑：

〔註198〕〔春秋〕老聃著，〔魏〕王弼注《老子王弼注》下篇第五十八章，頁82。
〔註199〕同上註，上篇第三十五章，頁48。
〔註200〕同註198，上篇第十二章，頁13～14。
〔註201〕同註198，下篇第四十六章，頁65。
〔註202〕同註198，上篇第十九章，頁23。
〔註203〕同註198，上篇第二十八章，頁39。
〔註204〕同註198，下篇第五十三章，頁75。
〔註205〕同註198，下篇第五十七章，頁82。

> 老聃注重自我，謀求自我的長存，爲此主張服從自然之道，消除
> 任何自私的考慮，與人無爭甘處下流，容納一切善者和不善者，
> 緩解人我關係中的種種矛盾，達到和睦融洽。進而主張消除一己
> 欲望，無私無身，消除人我、物我之間的一切判隔，與自然之道
> 溶爲一體，進入沒有任何親疏利害貴賤之別的玄同境界，以無我
> 而貴我。〔註206〕

在利欲爭奪的過程中，人不僅失去內在純然天性，也可能失去生命，老子的思想作爲時代的反動，其中包涵了在亂世中復返常道、全其生命的部分，「復命日常」〔註207〕，常道就是自然，自然是無爲而無不爲的，所以面對人之生命，老子講「弱者，道之用」〔註208〕，「弱」其實就是不爭，去欲知足就能不爭，不爭就歸於常道、合於自然，合於自然的生命可以常久而無所陷，可見去欲知足並不會讓生命困窘，反而讓生命更加開闊，又「弱之勝強，柔之勝剛」，不爭守弱能讓人避免陷入爭奪的混亂當中，而能夠全其生、保其性，在亂世之中恬然而立。

　　老子從無爲而無不爲的觀點出發，摒棄人爲造作的仁義禮法以及禍咎根源的好利人欲，從致虛守靜的方法達道爲善，從而體現他保生、愛民的「合義」思想，可以說老子的義利觀是由棄仁去利的行動，達到合道全利的目的。

二、莊子的義利觀

　　《史記·老莊申韓列傳》將老子、莊子、申不害、韓非放在一篇中討論，後世學者對於老莊合論沒有太大的疑義〔註209〕，傳統上認爲兩人都屬於道

〔註206〕張國鈞〈論先秦義利論的理論地位〉，《中國社會科學院研究生院學報》1991年第3期，頁77。

〔註207〕〔春秋〕老聃著，〔魏〕王弼注《老子王弼注》上篇第十六章，頁19。

〔註208〕同上註，下篇第四十章，頁57。

〔註209〕部分學者對於老莊與申韓合傳不以爲然，不過老、莊屬於同一體系是現今普遍的認知，故此處僅將反對言論列出，不另加討論。見〔南宋〕黃震《黃氏日抄》（京都：中文出版社，1979年），卷四十六〈老子韓非〉，頁571：「老子與韓非同傳，論者非之」；〔明〕何良俊《四友齋叢說》（北京：中華書局，1959年），卷二〇〈子二〉，頁182：「太史公作史，以老子與韓非同傳，世或疑之」；〔清〕張文虎《舒藝室隨筆》（上）（台北：大華印書館，1968年），卷四，頁252：「老莊申韓同傳，或是之，或非之」；〔清〕尹繼美《鼎吉堂文鈔》卷一〈讀史記老莊申韓列傳〉，轉引自張大可、安平秋、俞樟華主編《史記研究集成》第六卷《史記集評》，頁469：「老莊尚道德，申韓尚刑名，二

家，既然都是道家人物，「當然他們的根本思想是相同的，但如果只認莊子為老子的註疏，這樣無異一筆抹煞了莊子思想的意義和價值」〔註210〕，以義利觀而言，老、莊即不盡相同。貫串《莊子》內七篇〔註211〕，可以歸結出莊子的人生哲學就是「依乎天理，因其固然這八個字」〔註212〕，莊子承襲老子「無為」、「唯道是從」〔註213〕的思想，更進一步強調「忘己」、「無己」以至於逍遙，展現一種出世主義〔註214〕，所以在義利觀上，他跳脫人生，放棄討論老子「為而不爭」思想中「民生」、「民利」的部分，從有害形生的角度否決人世中的利欲；否定利欲不代表莊子認同仁義，由於莊子與老子都認為仁義為「有為」，而「一切有為之舉都傷害形生」〔註215〕，故當人身繫仁義禮智，雖能「知效一官，行比一鄉，德合一君」〔註216〕，卻已從「背若泰山，翼若垂天之雲」〔註217〕的大鵬落入見識有限的鴳雀之境，所以莊子要求忘卻仁義，「墮肢體，黜聰明，離形去知，同於大通」〔註218〕，而後能逍遙以遊。

（一）無欲無利

莊子「無欲無利」的思想上與老子相同，老子嚮往超脫物欲、寧靜淡泊

者宜若不相合，《史記》合傳，此司馬氏之特識也。」
〔註210〕吳怡《中國哲學發展史》，頁159。
〔註211〕研究莊子思想當以內篇七篇為主，主要是內七篇為莊子著作的爭議較少，反對的意見目前也沒有提出什麼有利的證據，胡適《中國哲學史大綱》，頁274：「內篇七篇大致都可信。但也有後人加入的話。外篇和雜篇便更靠不住了」；吳怡《中國哲學發展史》，頁169：「內七篇，自古以來都認為出於莊子的手筆，近人雖有懷疑，也只是舉司馬遷不提內篇，及每篇標題都是預先訂好的等等。……外雜諸篇，顯然非出於一人之手筆，也不能為莊子的親筆。……甚至還走入了與莊子本意相反的路子」；黃錦鋐《新譯莊子讀本‧導言》（台北：三民書局，1974年），頁11～49，對《莊子》各篇做了詳盡分析與考察，得出：「即使疑古如錢玄同，辨偽像顧頡剛，也沒有敢說內篇不是莊子的作品」之結論，故本文所論證義利觀之取材，都引自內七篇，不旁及外篇與雜篇。
〔註212〕胡適《中國哲學史大綱》，頁298～299。
〔註213〕〔春秋〕老聃著，〔魏〕王弼注《老子王弼注》上篇第二十一章，頁27。
〔註214〕胡適《中國哲學史大綱》，頁299：「莊子的哲學，總而言之，只是一個出世主義。」
〔註215〕劉澤華主編《中國政治思想史‧先秦卷》（杭州：浙江人民出版社，1996年），頁391。
〔註216〕〔戰國〕莊周著，郭慶藩集釋《莊子集釋》（台北：華正書局，1987年），卷一上〈逍遙游〉第一，頁16。
〔註217〕同上註，卷一上〈逍遙游〉第一，頁14。
〔註218〕同註216，卷三上〈大宗師〉第六，頁284。

的生命，所以提倡節儉知足，莊子則是要求人從根本思想上忘記世上約定俗成的價值觀──富貴、貧賤、美醜、生死、禍福，因爲世間萬物、思想「自其異者視之，肝膽楚越；自其同者視之，萬物皆一也」〔註219〕，《莊子‧人間世》中有一個「頤隱於齊，肩高於頂，會撮指天，五管在上，兩髀爲脅」〔註220〕的人，雖然外形很醜，但當國家徵兵時，他因殘疾而能大搖大擺走在街上，不怕被拉伕；當政府救濟病人時，他還能領到三鍾米和十捆柴。這就像是世人認爲貧、賤、醜、死是不好的，而富、貴、美、生是好的，所以汲汲求取好的，營營擺脫不好的，殊不知「禍兮福之所倚，福兮禍之所伏」〔註221〕，「好的」不見得爲好，「不好的」亦不見得爲惡，富貴、貧賤、美醜、生死、禍福其實沒有什麼不同，總是「道通爲一」；但是一般人無法擺脫約定俗成的相對價值，仍舊欣羨名、利、富、貴，厭惡老、病、貧、賤，一旦世事與他們的期望不符合，便感到十分的痛苦，所以莊子教人要「心齋」而後「坐忘」，《莊子‧大宗師》中，有一個叫子輿的人生了病，他的朋友子祀去探望他，一見子輿變成了「曲僂發背，上有五管，頤隱於齊，肩高於頂，句贅指天」〔註222〕，便問他是否嫌惡自己的樣子，子輿回答說一點也不，「得者，時也；失者，順也。安時而後順，哀樂不能入也。此古之所謂懸解也，而不能自解者，物有結之」〔註223〕，子輿可以這麼坦然就是因爲他「安時而後順」，莊子稱之爲「心齋」，所謂心齋：「無聽之以耳而聽之以心，無聽之以心而聽之以氣。聽止於耳，心止於符。氣也者，虛而待物者也。唯道集虛。虛者，心齋也」〔註224〕，所以心齋就是「虛其心」，不讓外物──世間相對價值觀充塞在思想當中，坐忘一切的好、壞、禍、福，那麼「物累之結」自然豁然而解，「不從事於務，不就利，不違害，不喜求，不緣道」〔註225〕，得到眞正逍遙的生命。

（二）坐忘仁義

　　錢穆在《國史大綱》中將莊子歸納爲「退隱派」，「此派從理論上徹底反

〔註219〕同註216，卷二下〈德充符〉第五，頁190。
〔註220〕同註216，卷二中〈人間世〉第四，頁180。
〔註221〕〔春秋〕老聃著，〔魏〕王弼注《老子王弼注》下篇第五十八章，頁82。
〔註222〕同註216，卷三上〈大宗師〉第六，頁258。
〔註223〕同註216，卷三上〈大宗師〉第六，頁260。
〔註224〕同註216，卷二中〈人間世〉第四，頁147。
〔註225〕同註216，卷一下〈齊物論〉第二，頁97。

對政治事業,卻不一定主張刻苦的勞作生活。既不願有禮樂文化,又不願為勞苦操作,更不願為寄生祿仕,只有限於冥想的生活中」〔註 226〕,禮樂文化是施行仁義後之結果,莊子不願有禮樂文化,亦表示他排拒仁義。莊子排拒仁義的原因,在於世人界定、言說的仁義不合於仁義的本質,他說:「道隱於小成,言隱於榮華。故有儒、墨之是非,以是其所非,而非其所是」〔註 227〕,儒墨之徒是「小成」之人,仁義則是「榮華」之詞,而真正的大道是「不稱」、「不言」的,因此能夠言說的「仁義」不但不能帶領人們接近道,反而讓「眾人辯之以相識」,使得世界更加紛亂駁雜。倘若人們學習、運用仁義又將會如何?莊子對人習得仁義有一個很有趣的比喻,《莊子・大宗師》中載,有一天意而子見許由,許由問他:「堯何以資汝?」意而子回答曰:「躬服仁義,明言是非」,許由便對他說:「而奚為來軹?夫堯既已黥汝以仁義,而劓汝以是非矣,汝將何以遊夫遙蕩、恣睢、轉徙之途乎?」〔註 228〕莊子把人習得仁義比喻成遭受墨刑和黥刑,在《莊子・人間世》中也說仁義是「繩墨」之言〔註 229〕,可見得習仁義對莊子而言,帶來的是生命的傷害與不自由。莊子重視「保身」、「全生」,這從《莊子・養生主》中可見端倪,全養生命最好的狀況,是合於道,合於道就能自由自在直至「乘雲氣,御飛龍,而遊乎四海之外」〔註 230〕的境界,因此人們就該「坐忘仁義」,「無為名尸,無為謀府;無為事任,無為知主」,而能「體盡無窮,而遊無朕」。〔註 231〕

　　莊子將老子無私無身、以無我而貴我的境界推向極致,以「兩相忘而化其道」的方式,摒棄人為主觀化成的仁義、價值,進而得到人生境界的逍遙,是以莊子面對義利問題強調無欲無利、坐忘仁義,形成「超乎義利」、「順乎自然」的義利觀點。

　　道家尊道貴德、無欲無利的義利觀對司馬遷造成的影響,主要展現在兩個方面,第一、主張治國採用自由因順的方式,政治上,司馬遷讚美施行無

〔註 226〕錢穆《國史大綱》,頁 108～109。

〔註 227〕〔戰國〕莊周著,郭慶藩集釋《莊子集釋》卷一下〈齊物論〉第二,頁 63。

〔註 228〕詳見〔戰國〕莊周著,郭慶藩集釋《莊子集釋》卷三上〈大宗師〉第六,頁 278～279。

〔註 229〕同註 227,卷二中〈人間世〉第四,頁 131～136,寫顏回向孔子表達願以「所聞思其則」,前去拯救生靈塗炭的衛國,莊子藉孔子之口回答說:「強以仁義繩墨之言術暴人之前者,是以人惡有其美也,命之曰菑人。」

〔註 230〕同註 227,卷一上〈逍遙游〉第一,頁 28。

〔註 231〕同註 227,卷三下〈應帝王〉第七,頁 307。

為政策的文帝與景帝，文帝「專務以德化民」〔註232〕，景帝順承文帝之政，「天下翕然，大安殷富」〔註233〕，大體上都是符合老子「聖人無常心，以百姓心為心」〔註234〕的皇帝，是以得到司馬遷的肯定與讚揚；經濟上，司馬遷提出因之、順之的「放任經濟政策」〔註235〕，司馬遷在《史記‧貨殖列傳》中描寫他對社會經濟的觀察：

> 故待農而食之，虞而出之，工而成之，商而通之。此寧有政教發徵期會哉？人各任其能，竭其力，以得所欲。故物賤之徵貴，貴之徵賤，各勸其業，樂其事，若水之趨下，日夜無休時，不召而自來，不求而民出之。豈非道之所符，而自然之驗邪？〔註236〕

百姓對於富貴利益不召自來、不求自出，買賣往來有著其自然的規律，因此司馬遷認為執政者只要因順之即可，正順應老子所言：「我無事而民自富」〔註237〕的理論；法律上，老子在《道德經》中云：「人多伎巧，奇物滋起；法令滋彰，盜賊多有。故聖人云：我無為，而民自化；我好靜，而民自正」〔註238〕，與司馬遷在《史記‧循吏列傳》贊中：「法令所以導民也，刑罰所以禁姦也。文武不備，良民懼然身修者，官未曾亂也。奉職循理，亦可以為治，何必威嚴哉」〔註239〕的思想相一貫，皆是表達「上德薄刑，酷吏必不可為」〔註240〕的思想。道家義利觀對司馬遷造成的第二個影響是不矜功伐能的謙退思想，司馬遷在《史記》中化用老子之語：「不自伐故有功，不自矜故長」〔註241〕，嘆惋爭功逞能之人、讚頌不爭去功之人，他寫項羽「自

〔註232〕《史記》卷十〈孝文本紀〉，頁433。

〔註233〕《史記》卷一百三十〈太史公自序〉，頁3303。

〔註234〕〔春秋〕老聃著，〔魏〕王弼注《老子王弼注》下篇第四十九章，頁68。

〔註235〕蕭黎《司馬遷評傳》，頁329：「司馬遷在政治思想方面十分讚賞漢初以黃老『無為而治』為治國的指導思想，他又認為社會經濟活動是不依人們意志為轉移的。因此，司馬遷主張國家不要過多干涉經濟活動，提倡以放任為主的經濟政策。」

〔註236〕《史記》卷一百二十九〈貨殖列傳〉，頁3154。

〔註237〕〔春秋〕老聃著，〔魏〕王弼注《老子王弼注》下篇第五十七章，頁82。

〔註238〕同上註，頁81～82。

〔註239〕《史記》卷一百一十九〈循吏列傳〉，頁3099。

〔註240〕〔漢〕司馬遷著，〔明〕凌稚隆輯校，〔日〕有井範平補標《補標史記評林》卷一百二十二〈酷吏列傳〉引〔明〕董份語，頁12右。

〔註241〕〔日〕瀧川龜太郎考史公「不伐己功，不矜其能」之語，出自《老子》二十二章：「不自伐故有功，不自矜故長。」見瀧川龜太郎《史記會注考證‧淮陰侯列傳》（台北：文史哲出版社，1993年），第三十三傳末論贊，頁1047。

矜功伐，奮其私智而不師古，謂霸王之業，欲以力征經營天下」〔註242〕，視此舉爲項羽敗北的原因之一，記韓信曰：「假令韓信學道謙讓，不伐己功，不矜其能，則庶幾哉，於漢家勳可以比周、召、太公之徒，後世血食矣」〔註243〕，寫袁盎，先稱許他「仁心爲質，引義慷慨」，再感嘆他「好聲矜賢，竟以名敗」〔註244〕；相反的，司馬遷讚美張良「計謀其事，無知名，無勇功」〔註245〕，寫曹參「不伐功矜能」〔註246〕，記滑稽「不流世俗，不爭勢利，無所凝滯，人莫之害」〔註247〕，他們共同的特徵是「功成而弗居」，在在地表達他對捨棄功勞、不爭勢利之人的認同。綜上所論，司馬遷主張國家政策的施行當減少控制、順應自然，對於利祿富貴，則是要淡泊不恃，這樣的思想對司馬遷義利觀有著重公義、輕私利的啓迪，成爲他對待公、私議題的重要準則。

第四節　法家的義利觀

　　歷代以來，法家人物充滿爭議性〔註248〕，其成員總的來說包括——管仲、

〔註242〕《史記》卷〈項羽本紀〉，頁339。
〔註243〕《史記》卷九十二〈淮陰侯列傳〉，頁2630。
〔註244〕《史記》卷一百一〈袁盎鼂錯列傳〉，頁2748。
〔註245〕《史記》卷一百三十〈太史公自序〉，頁3312。
〔註246〕《史記》卷一百三十〈太史公自序〉，頁3312。
〔註247〕《史記》卷一百三十〈太史公自序〉，頁3318。
〔註248〕謝雲飛《韓非子析論》（台北：東大圖書公司，1980年），頁45～52，和秦彥士《諸子學與先秦社會》（石家莊：河北人民出版社，2003年），頁70，以管仲、子產、李悝、吳起、商鞅、申不害、愼到七人，爲韓非之前的法家前輩。陳啓天《中國法家概論》（台北：臺灣中華書局，1970年），頁39～67，視管仲與子產爲「法家的先驅」，李悝、吳起、商鞅、申不害、愼到、韓非與李斯繼之而起。蕭公權《中國政治思想史》（台北：聯經出版事業公司，1982年），頁206以及侯家駒《先秦法家統制經濟思想》（台北：聯經出版事業公司，1985年），頁1，亦皆以管仲爲「法家先驅」。胡適《中國哲學史大綱》（台北：臺灣商務印書館，1981年），頁392，認爲「管仲、子產、申不害、商君——都是實行的政治家，不是法理學家，故不該稱爲『法家』」，愼到、尹文、尸佼、韓非才是法家。牟宗三《中國哲學十九講》，頁164～168，云：「管仲不能視爲法家，而是大政治家，法家與政治家是不同的」，而認爲眞正的法家「明顯地說是始自商鞅。其實並不是由商鞅才開始，從李克相魏，吳起相楚就開始了」，是以李克、吳起、商鞅是先期的法家，「由申不害到李斯、韓非是後期的法家。」蔡仁厚《中國哲學史大綱》（台北：臺灣學生書局，1988年），頁69，對法家人物的認知大致與牟宗三相同：「管仲子產乃貴族社會之政治家，可謂法治之祖，而非法家之祖。李克吳起有現實感，乃儒門之事功家，有富強觀念，開始用法，開法家之先河。商鞅受李克吳起之影響，廢井田、開阡

子產、李悝、吳起、商鞅、申不害、慎到、韓非等人，雖然上述諸人的學說思想不全相同，不過他們皆重視實利、積極用世的態度〔註249〕，使之都曾被歸類爲法家。法家學說的興起是合於春秋戰國的時勢需要〔註250〕，其根本思想爲「講富強、重法治、尊君權、圖王霸」〔註251〕，所以在義利問題上，法家往往將君主、統治之利的實現放在首位，並以法律做爲實現的助力，其終極目標在藉由執政的力量取得天下安治的理想。

一、先利後義

法家在從政治的觀點上提倡先利後義，原因有三，第一，人性好利自爲，得以運用在統治術上：

> 人莫不自爲也，化而使之爲我，則莫可得而用矣。〔註252〕

> 夫凡人之情，見利莫能勿就，見害莫能勿避。其商人通賈，倍道兼行，夜以續日，千里而不遠者，利在前也。漁人之入海，海深萬仞，就彼逆流，乘危百里，宿夜不出者，利在水也。故利之所在，雖千仞之山，無所不上；深源之下，無所不入焉。〔註253〕

> 民之欲富貴也，共闔棺而後止。〔註254〕

陌，尚事功，又重刑賞而嚴法，乃法家之正宗。」牟、蔡二人皆視管子爲政治家而非法家，不過他們沒有否認管仲與法治的關聯性。至於陳鼓應《管子四篇詮釋》（北京：商務印書館，2006 年），頁 17，則直接將管子分判爲稷下道家。郭沫若《十批判書》（台北：古楓出版社，1986 年），頁 160、311～337，認爲慎到爲「稷下黃老學派」，並以李悝、吳起、商鞅、申不害爲「前期法家」。綜上所論，可以發現法家人物被區分爲前後二期，以申不害爲分界點，其中管仲、慎到的歸屬較有爭議，尤其是管仲，《漢書・藝文志》列之「道家」，《隋書》始改列「法家」之首，其餘諸人大致獲得學者們的共識。爲使法家義利觀能有較完整的呈現，本章探討觀點與引用諸子文獻時，將視上述人物皆屬法家，至於分判原則與分期界定的問題，則不在篇章中再加以討論。

〔註249〕牟宗三《中國哲學十九講》，頁 65：「法家的態度很實用（很實際的），他完全是從政治上著眼，從事功上著眼。」
〔註250〕陳啓天《中國法家概論》，頁 6：「法家學說起於春秋戰國的時勢需要。」
〔註251〕姚蒸民《法家哲學》（台北：東大圖書公司，1986 年），頁 16。
〔註252〕〔戰國〕慎到《慎子》（北京：中華書局，1965～1966 年），卷一〈因循〉，頁 4 右。
〔註253〕〔春秋〕管仲著，安井衡纂詁《管子纂詁》（台北：河洛圖書出版社，1976 年），卷十七〈禁藏〉第五十三，頁 14。
〔註254〕〔戰國〕商鞅著，朱師轍解詁《商君書解詁定本》（台北：華正書局，1975

> 民之於利也，若水之於下也。〔註255〕

> 醫善吮人之傷，含人之血，非骨肉之親也，利所加也。故輿人成輿
> 則欲人之富貴，匠人成棺則欲人之夭死也，非輿人仁而匠人賊也，
> 人不貴則輿不售，人不死則棺不買，情非憎人也，利在人之死也。
> 〔註256〕

由於人們具有追求富貴利祿的想望，是以法家建議統治者利用這種「自爲心」以達到統治的目的〔註257〕，「凡治天下，必因人情。人情者，有好惡，故賞罰可用；賞罰可用則禁令可立而治道具矣」〔註258〕，「民生則計利，死則慮名。名利之所出，不可不審也。利出於地，則民盡力；名出於戰，則民致死」〔註259〕，以民之所欲誘導之，以民之所惡禁止之，則百姓便能順應統治者的指揮，達到「治道具」的功效。法家利以爲先的第二個原因是物質利益得以富民進而彊國，管仲曾說：「治國常富而亂國常貧，是以善爲國者必先富民，然後治之」〔註260〕，商鞅亦曰：「民不逃粟，野無荒草，則國富，國富者彊」〔註261〕，申不害則曰：「昔七十九代之君，法制不一，號令不同，然而俱王天下，何也？必當國富而粟多也」〔註262〕，由此可見善於治國者，皆將富民作爲統治的首要工作而努力施行之，以求達到國富兵強的目的。法家利以爲先的原因之三是利是義的基礎，因爲「人無毛羽，不衣則不犯寒。上不屬天，而下不著地，以腸胃爲根本，不食則不能活」〔註263〕，物質條件的缺乏會使生命無法延續，而「民不足，令乃辱，民苦殃，令不行」〔註264〕，假使百姓吃不飽、穿不暖，尙且不論道德的增益，就連使之依令而行都不得

年），卷四〈賞刑〉第十七，頁63。

〔註255〕〔戰國〕商鞅著，朱師轍解詁《商君書解詁定本》卷五〈君臣〉第二十三，頁85。

〔註256〕〔戰國〕韓非著，陳奇猷校注《韓非子集釋》（台北：華正書局，1987年），卷五〈備內〉第十七，頁290。

〔註257〕侯家駒《先秦法家統制經濟思想》，頁236。

〔註258〕〔戰國〕韓非，陳奇猷校注《韓非子集釋》卷十八〈八經〉第四十八，頁996。

〔註259〕〔戰國〕商鞅著，朱師轍解詁《商君書解詁定本》卷二〈算地〉第六，頁27。

〔註260〕〔春秋〕管仲著，安井衡纂詁《管子纂詁》卷十五〈治國〉第四十八，頁21。

〔註261〕〔戰國〕商鞅著，朱師轍解詁《商君書解詁定本》卷一〈去彊〉第四，頁18。

〔註262〕〔戰國〕申不害《申子》，收入《傳世藏書‧子庫諸子一》（海口：海南國際新聞出版中心，1996年），頁868。

〔註263〕〔戰國〕韓非著，陳奇猷校注《韓非子集釋》卷六〈解老〉第二十，頁361。

〔註264〕〔春秋〕管仲著，安井衡纂詁《管子纂詁》卷二〈版法〉第七，頁12。

其效，是以管仲云：「倉廩實則知禮節，衣食足則知榮辱」〔註265〕，商鞅亦云：「吾所謂利者，義之本也」〔註266〕，將利的充足作為行義的基礎，主張先滿足人民之所需，而後再對其有所約束、教化，因此在法家的思想中，利的追求便顯得相對優先。

二、以法制利

　　法家視利為先、為重，《商君書・更法》云：「苟可以強國，不法其故；苟可以利民，不循其禮」〔註267〕，只要能夠有利於國、於民，則不必拘泥制度與規定，此外，對於會損害利益之事亦要刻意避免，《韓非子・難二》中曰：「舉事慎陰陽之和，種樹節四時之適，無早晚之失，寒溫之災，則入多。不以小功妨大務，不以私欲害人事」〔註268〕，即指國家的勞役、國君的舉措不應對農務有所侵擾。雖然法家對利益的追求十分主動積極，但其人亦明白過度的利欲膨漲對國家社會是有害的。對於欲念，儒家採用道德的力量來預防、控制，對此，法家出現兩種聲音，早期法家認為道德之外當再輔以「法」，才能收到抑欲良效；後期法家則視道德力量無用，主張以「法」來防治與矯正過當的欲念。前期法家中管仲算是最重視道德的作用者，他說：

> 國有四維，一維絕則傾，二維絕則危，三維絕則覆，四維絕則滅。
>
> 傾可正也，危可安也，覆可起也，滅不可復錯也。何謂四維？一曰
>
> 禮、二曰義、三曰廉、四曰恥。〔註269〕

管仲雖肯定禮義廉恥等道德思維，但他也認為不是所有人都能主動自發崇尚禮義，他說：「民不道法則不祥，國更立法以典民則祥，群臣不用禮義教訓則不祥。百官服事者離法而治則不祥」〔註270〕、「仁而不法，傷正」〔註271〕，故管仲主張道德之外尚需佐以法律才能使國家得治；又如李悝、吳起、商鞅、慎到、申不害等早期法家，他們不完全排斥道德教化的作用〔註272〕，像是慎

〔註265〕同上註，卷一〈牧民〉第一，頁1。

〔註266〕〔戰國〕商鞅著，朱師轍解詁《商君書解詁定本》卷二〈開塞〉第七，頁33。

〔註267〕同上註，卷一〈更法〉第一，頁2。

〔註268〕〔戰國〕韓非著，陳奇猷校注《韓非子集釋》卷十五〈難二〉第三十七，頁835。

〔註269〕〔春秋〕管仲著，安井衡纂詁《管子纂詁》卷一〈牧民〉第一，頁2。

〔註270〕同上註，卷十五〈任法〉第四十五，頁3。

〔註271〕同註269，卷六〈法法〉第十六，頁11。

〔註272〕許青春〈法家義利觀探微〉：「李悝、吳起、商鞅、慎到、申不害等早期法家，雖批判傳統『禮治』，但不完全排斥道德教化的作用」，載《中南大學學報》

到曾說：「聖人在上，則君積於仁，吏積於愛，民積於順，則刑罰廢而無夭遏之誅，民則得三生矣」〔註273〕，表達統治者若能仁愛於天下，則吏、民皆能得其利，但他們亦發現傳統「禮治」有缺乏強制力和流於表面化的問題，故在提倡禮義的同時亦對之有所批判，如：商鞅曰：「聖君之治人也，必得其心，故能用力。力生彊，彊生威，威生德，德生於力。聖君獨有之，故能述仁義於天下」〔註274〕，可以看到商鞅與慎到一樣，認同仁義的功能，然而在很多情況下「禮樂」變成「淫佚之徵也」，「慈仁」成為「過之母也」〔註275〕，況且落實到治國處事上，「拘禮之人，不足與言事」〔註276〕，是以他得出「仁者能仁於人，而不能使人仁；義者能愛於人，而不能使人愛。是以知仁義之不足以治天下也」〔註277〕的結論。於是到了韓非之時便進一步「主張完全以法代替道德」〔註278〕，韓非舉堯、舜、湯、武等古聖先賢為例，說他們行「孝悌忠順之道」，然而天下「至今不治」〔註279〕，又舉三晉與秦國之例，說：「夫慕仁義而弱亂者，三晉也；不慕而治強者，秦也」〔註280〕，仁義治國，國家弱而亂，由此可知「道先王仁義而不能正國」〔註281〕，若治國以法，情況就大大不同，「治國之有法術賞罰，猶若陸行之有犀車良馬也，水行之有輕舟便楫也，乘之者遂得其成」〔註282〕，韓非認為法律能有道德達不到的功效，原因在於法具有「公正性、強制性與普遍性」〔註283〕：

> 法不阿貴，繩不撓曲。法之所加，智者弗能辭，勇者弗敢爭。刑過不避大臣，賞善不遺匹夫。故矯上之失，詰下之邪，治亂決繆，絀羨齊非，一民之軌，莫如法。〔註284〕

　　2006 年第 6 期，頁 658。

〔註273〕〔戰國〕慎到《慎子・慎子佚文》，頁 12 左。

〔註274〕〔戰國〕商鞅著，朱師轍解詁《商君書解詁定本》卷三〈靳令〉第十三，頁 48。

〔註275〕同上註，卷二〈說民〉第五，頁 21。

〔註276〕同註 274，卷一〈更法〉第一，頁 3。

〔註277〕同註 274，卷四〈畫策〉第十八，頁 68。

〔註278〕許青春〈法家義利觀探微〉，《中南大學學報》2006 年第 6 期，頁 658。

〔註279〕〔戰國〕韓非著，陳奇猷校注《韓非子集釋》卷二十〈忠孝〉第五十一，頁 1107。

〔註280〕同上註，卷十一〈外儲說左上〉第三十二，頁 638。

〔註281〕〔戰國〕韓非著，陳奇猷校注《韓非子集釋》卷十一〈外儲說左上〉第三十二，頁 638。

〔註282〕同上註，卷四〈姦劫弒臣〉第十四，頁 250。

〔註283〕姚蒸民《法家哲學》，頁 112。

〔註284〕〔戰國〕韓非著，陳奇猷校注《韓非子集釋》卷二〈有度〉第六，頁 88。

故以法律作爲國家之依準，便能強而有力的去除私欲、建立公利，有效率的達到治民、富強的目標。

三、去私立公

「去除私欲，建立公利」是法家崇法的重要目的之一，管仲云：「爲人君者，中正而無私。爲人臣者，忠信而不黨」〔註285〕、「君臣之財不私藏」〔註286〕，倘若「君臣上下貴賤皆從法」〔註287〕，無論君臣皆依法而行，上位者「不伐其功，不私其利」〔註288〕、「不以祿爵私所愛」〔註289〕、「不失疏遠，不私親近」〔註290〕、「無法之言，不聽於耳；無法之勞，不圖於功；無勞之親，不任於官」〔註291〕，下位者受制於「嚴刑重罰」，那麼「躁作姦邪僞軸之人不敢試」〔註292〕、「淫民止而姦無萌」〔註293〕、「群臣不敢爲姦，百姓不敢爲非」〔註294〕、「百官不敢侵職，群臣不敢失禮」、「下無姦詐之心」〔註295〕，國家上下公正一體，不因個人的私欲利害而有損。值得一提的是，法律雖具有公正、強制與普遍的性質，但在君權至上的時代，法律的制定來自於國家的統治者，所以法家的「公利」往往成爲君主之利的代名詞，法家學說亦因此受到國君們的重視與採納。

與他家不同，法家之「義」亦有公私之分，韓非說：「夫令必行，禁必止，人主之公義也；必行其私，信於朋友，不可爲賞勸，不可爲罰沮，人臣之私義也」〔註296〕，法令「公平而無所偏」〔註297〕，在法律之下個人與國家的利益得到平衡，所以能代表公義；與之相反的是私義，韓非在〈五蠹〉篇中舉

〔註285〕〔春秋〕管仲著，安井衡纂詁《管子纂詁》卷三〈五輔〉第二十九，頁29。
〔註286〕同上註，卷十二〈侈靡〉第三十五，頁31。
〔註287〕同註285，卷十五〈任法〉第四十五，頁11。
〔註288〕同註285，卷二十〈形勢解〉第六十四，頁16。
〔註289〕同註285，卷六〈法法〉第十六，頁14。
〔註290〕〔戰國〕商鞅著，朱師轍解詁《商君書解詁定本》卷三〈修權〉第十四，頁49～50。
〔註291〕〔戰國〕慎到《慎子》，卷一〈君臣〉，頁10左。
〔註292〕〔春秋〕管仲著，安井衡纂詁《管子纂詁》卷十一〈君臣下〉第三十一，頁5。
〔註293〕〔戰國〕商鞅著，朱師轍解詁《商君書解詁定本》卷三〈壹言〉第八，頁35。
〔註294〕同上註，卷四〈畫策〉第十八，頁67。
〔註295〕〔戰國〕韓非著，陳奇猷校注《韓非子集釋》卷十五〈難一〉第三十六，頁804。
〔註296〕〔戰國〕韓非著，陳奇猷校注《韓非子集釋》卷五〈飾邪〉第十九，頁311。
〔註297〕〔戰國〕商鞅著，朱師轍解詁《商君書解詁定本》卷二十一〈明法解〉第六十七，頁23。

出國家的五種蛀蟲，其中包含「儒」、「俠」，韓非排拒此二者，便在他們展現的儒風、俠風成就了「私義」，卻牴觸了「公義」〔註298〕，他舉例說：「魯人從君戰，三戰三北，仲尼問其故，對曰：『吾有老父，身死莫之養也。』仲尼以爲孝，舉而上之」〔註299〕，魯人雖然保全了自己的性命以奉養其父，但從國家的角度來看，其不能「爲上忘生而戰，以尊主安國」〔註300〕，可見「父之孝子，君之背臣也」〔註301〕；而「俠者」有勇，其「輕法、不避刑戮死亡之罪」〔註302〕，所以往往「以武犯禁」，又「棄官寵交謂之有俠」、「有俠者官職曠也」〔註303〕，可見任俠使國家政事的推行受到影響，政事不明，則「索國之無危亂，不可得矣」〔註304〕，是以法家崇尚公義而摒除私義，一切依「公」而行。對於維護公義的思想，法家學者不僅著書立說，其大都能以身作則，如：韓非「見韓之削弱，數以書諫韓王，韓王不能用」，「悲廉直不容於邪枉之臣，觀往者得失之變，故作〈孤憤〉、〈五蠹〉、〈內外儲〉、〈說林〉、〈說難〉十餘萬言」〔註305〕，站在國家的立場，希冀以所撰之言勸導國君「修明其法制」，進而「富國彊兵」、「求人任賢」；商鞅則是爲維護法的尊嚴，不惜得罪權貴，最後爲法律失去生命。其事秦孝公，爲秦孝公變法，時太子犯法，商鞅認爲：「法之不行，自上犯之」，而「太子，君嗣也，不可施刑，刑其傅公子虔，黥其師公孫賈」〔註306〕，後來孝公卒，太子即位爲惠王，欲報黥師之仇，逮捕商鞅，處其車裂之刑。由上之例可見韓非、商鞅二人對於去私立公思想的實踐。

司馬遷對法家以利爲先的思想有著極高程度的承繼，他肯定人性的好利自爲，而言：「天下熙熙，皆爲利來；天下壤壤，皆爲利往」〔註307〕、「富者，人之情性，所不學而俱欲者也」、「有知盡能索耳，終不餘力而讓財矣」〔註308〕；

〔註298〕事詳〔戰國〕韓非著，陳奇猷校注《韓非子集釋》卷十九〈五蠹〉第四十九，頁1057～1058。

〔註299〕〔戰國〕韓非著，陳奇猷校注《韓非子集釋》卷十九〈五蠹〉第四十九，頁1057。

〔註300〕〔戰國〕商鞅著，朱師轍解詁《商君書解詁定本》卷一〈農戰〉第三，頁11。

〔註301〕〔戰國〕韓非著，陳奇猷校注《韓非子集釋》卷十九〈五蠹〉第四十九，頁1057。

〔註302〕同上註，卷十七〈詭使〉第四十五，頁935。

〔註303〕同註301，卷十八〈八說〉第四十七，頁972。

〔註304〕同註301，卷十八〈八說〉第四十七，頁973。

〔註305〕《史記》卷六十三〈老子韓非列傳〉，頁2147。

〔註306〕《史記》卷六十八〈商君列傳〉，頁2231。

〔註307〕《史記》卷一百二十九〈貨殖列傳〉，頁3256。

〔註308〕《史記》卷一百二十九〈貨殖列傳〉，頁3271。

面對好利人性，司馬遷主張順應人情，使之富足，他在《史記·貨殖列傳》中引用管仲之言：「倉廩實而知禮節，衣食足而知榮辱」，指出「禮生於有而廢於無」、「君子富，好行其德」、「人富而仁義附焉」〔註309〕的道理，實是將物質利益做為崇德行義的基礎。法家認為禮義教化不足以使國家為治，必須以法律行之的想法亦對司馬遷有所啟發，《史記·太史公自序》中說：「民倍本多巧，姦軌弄法，善人不能化，唯一切嚴削為能齊之」〔註310〕，點出司馬遷所見禮義之不足，以及法律對敗壞風氣的抑制效力，《史記·禮書》則將刑罰與仁義並提，認為「人道經緯萬端，規矩無所不貫，誘進以仁義，束縛以刑罰」〔註311〕，即司馬遷認為禮義十分重要，但法治的輔佐亦不能缺少，不過他在《史記·太史公自序》中批評法家「嚴而少恩」，使得「親親尊尊之恩絕矣」，認為嚴刑峻法「可以行一時之計，而不可長用也」〔註312〕，則「法令所以導民也，刑罰所以禁姦也。文武不備，良民懼然身修者，官未曾亂也。奉職循理，亦可以為治，何必威嚴哉？」〔註313〕即刑法能收到「約束」的目的即可，這是司馬遷對法家嚴刑峻法的反思與修正。此外，司馬遷還吸收法家愛國尊君、執法公正，不偏不私的治世態度，將之轉化為不顧私利、守法不阿、奉職循禮、輕祿以諫的義利觀。他在《史記·張釋之馮唐列傳》中讚美張釋之「守法不阿意」，又引《尚書》之語：「不偏不黨，王道蕩蕩；不黨不偏，王道便便」〔註314〕，肯定他的公正平明對國政帶來的助益；又特意撰寫〈循吏列傳〉，表彰了一系列「奉職循理」之臣，說明他們「不伐功矜能」〔註315〕，不「虧法以利私，耗國以便家」〔註316〕，是以「百姓無稱」，然而他們卻能昭君之德，使「上下和合，世俗盛美，政緩禁止，吏無姦邪，盜賊不起」〔註317〕，真正有益於世，更大力歌頌了許多不念富貴而能直言進諫之臣，如：周昌、申屠嘉、袁盎、汲黯等，直承法家「為人臣者，君有過則諫，

〔註309〕《史記》卷一百二十九〈貨殖列傳〉，頁3255。
〔註310〕《史記》卷一百三十〈太史公自序〉，頁3318。
〔註311〕《史記》卷二十三〈禮書〉，頁1157。
〔註312〕《史記》卷一百三十〈太史公自序〉，頁3291。
〔註313〕《史記》卷一百一十九〈循吏列傳〉，頁3099。
〔註314〕《史記》卷一百二〈張釋之馮唐列傳〉，頁2761。
〔註315〕《史記》卷一百三十〈太史公自序〉，頁3317。
〔註316〕〔戰國〕韓非著，陳奇猷校注《韓非子集釋》四〈孤憤〉第十一，頁206。
〔註317〕《史記》卷一百一十九〈循吏列傳〉，頁3099。

諫不聽則輕爵祿以待之」〔註318〕之思，由此可見討論司馬遷義利觀時，不能忽視法家對其之影響。

　　由上可知，司馬遷對先秦儒、墨、道、法諸子義利觀有著不同程度的吸收與承繼，如：採納墨家、法家對於實利的重視而兼重義利，主張執政者當以道家自然無爲的態度鼓勵人民求利、求富，兼之以儒家的禮義道德、法家的法治律令做爲謀取利益的準則與節度；做人處事上，司馬遷融合儒家捨身取義以及墨家仗義利人的思想，開展出崇尚忠、信、勇、義的義利觀點。可以說司馬遷學習、融會先秦諸子的義利思想，並在其上開創了更適合時代、人情的義利觀點。

〔註318〕〔戰國〕韓非著，陳奇猷校注《韓非子集釋》卷十五〈難一〉第三十六，頁807。

第三章　司馬遷義利觀的基礎

　　一個人的思想之形成原因眾多，不過總的歸結，人大致受到自身經歷、先代思維和時代風氣三方面的影響尤深，故本章將從司馬遷對生命經驗的積累、戰國士風的承繼，以及時代風氣的影響三方面來討論他的義利觀基礎。

第一節　生命體驗的積累

　　司馬遷一生的經歷，對他的思想有著關鍵性的影響，以下就家學淵源、學風浸染、仕途經歷三部分分論之。

一、家學淵源

　　《史記》末篇〈太史公自序〉，既是《史記》一書的總序，又是作者的傳略，司馬遷在自序中追述司馬氏的世系：

> 昔在顓頊，命南正重以司天，北正黎以司地。唐虞之際，紹重黎之
> 后，使復典之，至于夏商，故重黎氏世序天地。其在周，程伯休甫
> 其后也。當周宣王時，失其守而爲司馬氏。司馬氏世典周史。惠襄
> 之閒，司馬氏去周適晉。晉中軍隨會奔秦，而司馬氏入少梁。〔註1〕

司馬遷將司馬氏世系的起源追溯至唐虞之際的重黎氏，其中的深意「即強調司馬氏爲史官世家」〔註2〕，雖然到了周惠王、周襄王時，司馬氏因戰亂去周適晉，但司馬遷與其父司馬談還是以身爲史官之後而自豪，唐・司馬貞引證

〔註1〕　《史記》卷一百三十〈太史公自序〉，頁3285。
〔註2〕　張大可《司馬遷評傳》，頁15。

司馬彪和干寶之語，皆云司馬氏爲黎之後，而作出了以下解釋：

> 今總稱伯休甫是重黎之後者，凡言地即舉天，稱黎則兼重，自是相對之文，其實二官亦通職。然休甫黎之後也，意是太史公欲以史爲己任，言先代天官，所以兼稱重耳。〔註3〕

〈自序〉世系的安排正說明司馬遷「欲以史爲己任」的職責。司馬遷以史自任的態度來自於其父司馬談，從世典周史的司馬氏去周適晉到漢初司馬談之時，司馬氏史官家學已中斷四百餘年，當司馬談成爲太史令，他決心重振遠古家學，發憤修史，他經常用「世典周史」的光榮世系教育司馬遷：

> 於戲！余維先人嘗掌斯事，顯於唐虞，至于周，復典之，故司馬氏世主天官。至於余乎，欽念哉！欽念哉！〔註4〕

> 余先周室之太史也。自上世嘗顯功名於虞夏，典天官事。後世中衰，絕於予乎？汝復爲太史，則續吾祖矣。……余死，汝必爲太史；爲太史，無忘吾所欲論著矣。……今漢興，海內一統，明主賢君忠臣死義之士，余爲太史而弗論載，廢天下之史文，余甚懼焉，汝其念哉！〔註5〕

司馬遷亦不負父親的教誨與叮嚀，將承襲史官之職作爲自己生命中最重要的使命，縱使後來受到李陵之禍，慘遭酷刑，他都能夠「隱忍苟活」，不忘論著。

做爲史官必須具有高度的道德與勇氣，瞿林東在《中國史學史綱》〈史學的興起〉一章中，總結四點中國史學興起的標誌〔註6〕，其中一點便是「書法無隱」的精神，司馬遷襲太史令一職的同時，亦承繼中國史官之學的精神，即「秉筆直書的優良傳統」〔註7〕，《漢書·司馬遷傳》贊云：「自劉向、揚雄博極群書，皆稱遷有良史之材，服其善序事理，辨而不華，質而不俚，其文

〔註3〕 〔唐〕司馬貞《史記·太史公自序索隱》，頁3285。
〔註4〕 《史記》卷一百三十〈太史公自序〉，頁3319。
〔註5〕 《史記》卷一百三十〈太史公自序〉，頁3295。
〔註6〕 瞿林東《中國史學史綱》（北京：北京出版社，1999年），頁163～164：「第一，在對歷史的認識上，人們初步完成了從歷史是神的安排到歷史是人的活動這一認識的過程」、「第二，在對史學的認識上，人們初步提出對它的社會功能的一些見解，即以史爲鑑的見解」、「第三，在史學成果的社會表現形態上，已初步出現了多種體裁的歷史撰述」、「第四，在對待史學活動的認識上，『書法無隱』的精神受到高度的讚揚，產生了深遠的影響。」
〔註7〕 韓兆琦《史記博議》，頁8。

直，其事核，不虛美，不隱惡，故謂之實錄」〔註8〕，司馬遷能得到劉向、揚雄以及班固對之「實錄」的讚美，原因就在他對史事記錄上能夠「不畏權勢，寫出眞相」〔註9〕：

> 漢武帝時是西漢的極盛時期，這在《史記》中有不少記載。但是，
> 司馬遷雖身處其世，卻沒有陶醉於對盛世的謳歌，他以一個冷靜的、
> 負責任的史學家眼光，看到了盛世背後的社會問題。〔註10〕

〈封禪書〉中記載了漢武帝對神仙崇拜的荒唐；〈平準書〉中批評了漢武帝的好大喜功對百姓帶來的痛苦；〈匈奴列傳〉、〈大宛列傳〉、〈佞幸列傳〉中撰寫了漢武帝私己的舉動，以及寵臣們恃寵而驕、貪婪無恥的面目；此外，司馬遷還褒揚了當時被漢武帝視爲禍患，甚至直接下令誅滅三族的游俠們，在在地顯示司馬遷以史官自任的態度，並展現史官直書無隱、秉守正義的決心。

司馬遷之祖，除了史官之外，還有軍事人才——秦之司馬錯、司馬靳，與經濟人才——秦之司馬昌、漢之司馬無澤，這些人物對司馬遷富國富民、重視經濟的思想，造成了重大的影響。「司馬錯的主要功績，是爲秦開疆拓土，三征巴蜀，一入楚境，前後四次出征」〔註11〕，在攻取巴蜀問題上，司馬錯與張儀有過爭論，張儀主張進攻中原心臟之地，威諸侯，成王業，但司馬錯以「欲富國者務廣其地，欲彊兵者務富其民，欲王者務博其德」，而秦國「地小民貧」，不足以佔領中原諸地，而蜀國地僻易取，且其國君不賢，若能攻佔蜀國，「得其地足以廣國，取其財足以富民繕兵」，又師出有名，最後秦惠王接受司馬錯之諫出兵巴蜀。〔註12〕雖然司馬錯是站在易於取勝的觀點發表這番言論，但從中亦可看出司馬錯觀察到百姓富庶與國家富強之間的正相關。司馬錯之孫爲司馬靳，「靳孫昌，昌爲秦主鐵官。昌生無澤，無澤爲漢市長」〔註13〕，鐵官和市長都是「適應城市商品經濟發展而設置的政府管理機構」〔註14〕，司馬昌爲主鐵官、司馬無澤爲漢市長，他們職務的詳細情形已不得而知，但他們既然能於當時擔任經濟官員，想必應該具有一定的管理經濟的

〔註8〕 〔漢〕班固著，〔唐〕顏師古注《漢書》（北京：中華書局，1965年）卷六十二〈司馬遷傳〉，頁2738。

〔註9〕 韓兆琦《史記博議》，頁49。

〔註10〕 瞿林東《中國史學史綱》，頁188。

〔註11〕 張大可《司馬遷評傳》，頁62。

〔註12〕 事詳《史記》卷七十〈張儀列傳〉，頁2281～2284。

〔註13〕 《史記》卷一百三十〈太史公自序〉，頁3286。

〔註14〕 張大可《司馬遷評傳》，頁67。

專業知能，司馬昌與司馬無澤的時代距離司馬遷還不算太遠，「在一個很重視家學淵源的家庭裡，他的祖先從事經濟工作的經驗及知識，肯定會程度不同地被留下來」〔註15〕，而這樣的經驗與知識被司馬遷所學習承繼，他撰寫《史記》，行文中常常對各地物產與市場行情有詳細的介紹，如：〈夏本紀〉、〈匈奴列傳〉、〈西南夷列傳〉、〈大宛列傳〉、〈貨殖列傳〉等篇，而〈平準書〉和〈貨殖列傳〉的經濟思想更是特出，〈平準書〉「從歷史的發展上敘述了經濟與國家政治、軍事、法律、道德等方面的相互影響與依賴關係」〔註16〕，〈貨殖列傳〉則讚揚了自春秋以來著名商人的卓越才能，肯定商業活動在發展經濟、強國利民的重大意義，由於看到經濟的重要與影響深遠，使得司馬遷在面對物質利益問題時不全然否定，他在〈貨殖列傳〉中引管子「倉廩實而知禮節，衣食足而知榮辱」之語，說明「禮生於有而廢於無」的道理，將物質經濟作為道德倫理的基礎，開展出其獨特的義利觀點。

二、學風浸染

《史記》中不見司馬遷為自己的師承留下記載，不過可以想見的是，他的父親司馬談是他最重要的啓蒙老師。司馬談生於黃老之說鼎盛的文景之時，「受過道家學術的教育和重要影響」〔註17〕——「學天官於唐都，受易於楊何，習道論於黃子」〔註18〕，而他在〈論六家要旨〉中「唯獨全面肯定道家」〔註19〕，甚至創發了「道家」一詞〔註20〕，可見得司馬談對於道家學說的傾心。道家發展到戰國末年形成黃老學派，並在西漢初年居於統治地位〔註21〕，「其術以虛無為本，以因循為用」〔註22〕，司馬遷作為談之子，對於黃老思

〔註15〕 韓兆琦《史記博議》，頁 9。
〔註16〕 韓兆琦《史記選注匯評》（台北：文津出版社，1993 年），頁 108。
〔註17〕 楊燕起〈司馬談的歷史貢獻〉，《北京師範大學學報》1992 年第 2 期，頁 44。
〔註18〕 《史記》卷一百三十〈太史公自序〉，頁 3288。
〔註19〕 楊燕起〈司馬談的歷史貢獻〉，頁 45。
〔註20〕 劉光義《司馬遷與老莊思想》（台北：臺灣商務印書館，1986 年），頁 34：「老莊之學，秦漢而後，稱之為道家。『道家』這個名詞，還是出於司馬遷及其父談創建的。」
〔註21〕 吳光〈試論黃老之學的理論特點與歷史作用〉：「道家黃老學派是戰國末至西漢初期出現的道家新流派」，載《浙江學刊》1984 年第 3 期，頁 17，又吳汝煜〈司馬遷的儒道思想辨析〉：「漢初居於統治地位的黃老思想屬於道家」，載《人文雜誌》1984 年第 3 期，頁 81。
〔註22〕 《史記》卷一百三十〈太史公自序〉，頁 3292。

想耳濡目染〔註 23〕，因此在他的政治與經濟思想中，不乏「無爲」、「因順」
的主張。除了司馬談，後世學者普遍認爲司馬遷曾受學於董仲舒〔註 24〕，雖
然陳桐生〈司馬遷師承董仲舒說質疑〉一文，對此提出九點理由反駁之，並
將司馬遷的思想全歸於自家學以來的史官文化〔註 25〕，此文固然論述豐富，
但前代學者或許曾目睹能證明司馬遷受學董仲舒的私家材料，加上董仲舒是
漢武帝時著名的政治家和公羊學家，武帝元光元年（前 134）上對策三篇，《漢
書》稱之爲「賢良對策」〔註 26〕，建議「不在六藝之科孔子之術者，皆絕其
道，勿使並進」〔註 27〕，爲武帝所採納，其後曾任江都易王劉非、膠西王劉
端之國相，元狩二年（前 121）託病告免，以講學著書爲事，然而「朝廷每有
大議，使使者及廷尉張湯，就其家而問之」〔註 28〕，其當代大儒的身分不容
質疑，縱使司馬遷沒有拜師董氏門下，但受其學風浸染的可能性不減，〈太史
公自序〉中，面對壺遂問孔子爲什麼作《春秋》，司馬遷引董氏之言表述他對
《春秋》的看法，由此看來，司馬遷在孔子作《春秋》的議題上，接受了董
仲舒的說法，亦或「儱於董仲舒思想處於官方哲學的地位」〔註 29〕，故不論
直接師生交流，或是間接風氣浸染，無法否認董仲舒思想對司馬遷有著相當
的影響。

　　董仲舒義利思想中，影響最深遠、討論最廣泛的莫過於「正其誼不謀其

〔註23〕 吳汝煜〈司馬遷的儒道思想辨析〉：「司馬遷對黃老之學有深切的了解，對黃老學說的進步內容有所吸收，與他在家庭中受到父學的耳濡目染是分不開的」，載《人文雜誌》1984 年第 3 期，頁 81。
〔註24〕 〔南宋〕眞德秀《文章正宗》（台北：臺灣商務印書館，1975 年），卷十二〈議論八·董仲書論春秋〉，頁 13：「仲舒此論見於《太史公自序》，其學粹矣。太史公曰：『余聞之董生。』則遷與仲舒蓋嘗游，從而講論也」；〔清〕康有爲著董仲舒傳經表，表中列有司馬遷之名，其下注云：「聞《春秋》於董生。」見〔清〕康有爲著，樓宇烈整理《春秋董氏學》（北京：中華書局，1990 年），卷七〈傳經表〉，頁 209；梁啓超《要籍解題及其讀法·史記》（台北：華正書局有限公司，1989 年），頁 24：「司馬遷實當時《春秋》家大師董仲舒之受業弟子，其作《史記》蓋竊比《春秋》」；今人吳汝煜〈史記與公羊學——史記散論之五〉，《徐州師院學報》1982 年第 2 期，頁 1～8，則列舉三條理由說明司馬遷師承董仲舒。
〔註25〕 陳桐生〈司馬遷師承董仲舒說質疑〉，《山西師大學報》第 21 卷第 4 期（1994年），頁 14～20。
〔註26〕 〔漢〕班固著，〔唐〕顏師古注《漢書》卷五十六〈董仲舒傳〉，頁 2495。
〔註27〕 〔漢〕班固著，〔唐〕顏師古注《漢書》卷五十六〈董仲舒傳〉，頁 2523。
〔註28〕 〔漢〕班固著，〔唐〕顏師古注《漢書》卷五十六〈董仲舒傳〉，頁 2525。
〔註29〕 楊燕起《史記的學術成就》（北京：北京師範大學出版社，1996 年），頁 192。

利，明其道不計其功」之說〔註30〕，這兩句話是董氏勸諫江都王之語，江都王認爲越王勾踐得泄庸、文種、范蠡而能滅吳，齊桓公因得管仲而稱霸，江都王之語表現他在政治上的企圖，董仲舒便用此二句話規勸之，要江都王重視道義，不要只考慮功利〔註31〕，「這裡的道義是指政治上的『安份』，功利是指政治上的『作爲』」〔註32〕，可見得這兩句話本非用來解釋董仲舒的義利觀，事實上董仲舒承繼先秦以來儒家愛民、利民的原則，並不排斥求富的行爲，而強調「義利兩養」，《春秋繁露・身之養重於義第三十一》中有云：「天之生人也，使之生義與利。利以養其體，義以養其心；心不得義不能樂，體不得利不能安。義者，心之養也；利者，體之養也」〔註33〕，由此可知對董仲舒而言不論義或利都是天賦予人的，利用來安養人的肉體，義用以蓄養人的精神，二者缺一不可；又董仲舒認爲民之富足是執政者的責任，他說：「南面而君天下，必以兼利之」〔註34〕、「天道積聚眾精以爲光，聖人積聚眾善以爲功。……故聖人之爲天下興利也」〔註35〕，執政者養民是職責所在，其目的在於使百姓能有義，董仲舒引用孔子謂冉子之語曰：「治民者，先富之而後加教」〔註36〕，可見董仲舒富民、利民的目的在於使百姓趨之於義。董氏道義論體系承襲自孔孟以來的重義思想〔註37〕，並針對當時逐利貪婪的世風提出「以仁安人，以義正我」〔註38〕的修身治人策略，「將先秦儒家義利觀主要

〔註30〕 張傳開、汪傳發《義利之間──中國傳統文化中的義利觀之演變》，頁 47，認爲「『正其誼不謀其利，明其道不計其功』這一表述，確實使儒家的道義論獲得了更爲明確的形態」，而「後來的宋明理學竭力推崇董仲書的義利觀，並在『正義不謀利』的基礎上進一步主張『存理滅欲』」，故說此論影響深遠。

〔註31〕 事詳〔漢〕班固著，〔唐〕顏師古注《漢書》卷五十六〈董仲舒傳〉，頁 2523～2524。

〔註32〕 張躍《致富論──中國古代義利思想的歷史發展及其對日本義利觀的影響》（北京：中國社會科學出版社，2001 年），頁 64。

〔註33〕 〔西漢〕董仲舒著，蘇俞義證《春秋繁露義證》（台北：河洛圖書出版社，1974年），卷九〈身之養重於義〉第三十一，頁 185 左～186 右。

〔註34〕 同上註，卷十〈諸侯〉第三十七，頁 219 左。

〔註35〕 同註33，卷七〈考功名〉第二十一，頁 126 右。

〔註36〕 同註33，卷八〈仁義法〉第二十九，頁 179 右。

〔註37〕 黃偉合、趙海琦《善的衝突──中國歷史上的義利之辨》（安徽：安徽人民出版社，1992 年），頁 67：「董仲舒道義論體系的道德基礎，既沿襲孔孟衣缽而設置於人性之上」、張躍《致富論──中國古代義利思想的歷史發展及其對日本義利觀的影響》，頁 60：「董仲舒的義利思想，基本上是對孟子唯心主義觀點的繼承和發展。」

〔註38〕 同註33，卷八〈仁義法〉第二十九，頁 175 右。

立足於主體內在道德追求的思維路向，調整到治國方略的軌道，從而增強了
其治世功能」〔註39〕，於是利成為人之生存的基本要素，義成為國家發展的
重要準則，不過人好利的情性卻會導致失義的情況，《春秋繁露・玉英第四》
中說：「凡人之性，莫不善義，然而不能義者，利敗之也」〔註40〕，董仲舒雖
認為義利兩養，但當涉及道德與利益衝突領域，他還是秉持重義原則，展現
重義輕利、貴義賤利的立場。「夫萬民之從利也，如水之走下，不以教化堤防
之，不能止也」〔註41〕，對於百姓之欲，董仲舒認為執政者有敦化之責，他
說：「使之有欲，不得過節；使之敦樸，不得無欲，各得以足」〔註42〕，其方
法是「以立尊卑之制，以等貴賤之差，以誘其耳目，以威動其心」〔註43〕，
亦即「把綱常尊卑秩序（即義）作為了防欲的根本原則」，「把五常作為君王
整治人心的工具手段」〔註44〕，目的在以綱常禮教循循善誘人們的感官欲求；
不只是百姓，貴族諸侯乃至於執政者皆有貪利之心，他們掠奪百姓的財產，
利用自己的特權與民爭利，董仲舒很不認同這樣的行為，他說：

> 夫天亦有所分予，予之齒者去其角，傅其翼者兩其足，是所受大
> 者不得取小也。古之所予祿者，不食於力，不動於末，是亦受大
> 者不得取小，與天同意者也。夫已受大，又取小，天不能足，而
> 況人乎！此民之所以囂囂苦不足也。身寵而載高位，家溫而食厚
> 祿，因乘富貴之資力，以與民爭利於下，民安能如之哉！……故
> 受祿之家，食祿而已，不與民爭業，然後利可均布，而民可家足。
> 此上天之理，而亦太古之道，天子之所宜法以為制，大夫之所當
> 循以為行也。〔註45〕

天子和大夫皆不應與民爭業、爭利於下，這樣的思想擴充到治國策略上，於
是董仲舒提出「鹽鐵皆歸於民」、「薄賦稅，省徭役，以寬民力」〔註46〕的訴
求，他進一步強調人當「正其道，不謀其利，修其理，不急其功」〔註47〕，

〔註39〕李宗桂〈董仲舒義利觀揭旨〉，《齊齊哈爾師範學院學報》1991年第4期，頁18。
〔註40〕同註33，卷三〈玉英〉第四，頁51右。
〔註41〕〔漢〕班固著，〔唐〕顏師古注《漢書》卷五十六〈董仲舒傳〉，頁2503。
〔註42〕同註33，卷六〈保位權〉第二十，頁122左～123右。
〔註43〕同註33，卷六〈保位權〉第二十，頁121左。
〔註44〕黃偉合、趙海琦《善的衝突——中國歷史上的義利之辨》，頁73。
〔註45〕〔漢〕班固著，〔唐〕顏師古注《漢書》卷五十六〈董仲舒傳〉，頁2520～2521。
〔註46〕〔漢〕班固著，〔唐〕顏師古注《漢書》卷二十四上〈食貨志上〉，頁1137。
〔註47〕〔西漢〕董仲舒著，蘇輿義證《春秋繁露義證》卷九〈對郊西越大夫不得為

也就是人之為人處事，只在乎是否符合「道」、「義」，而不去計較是否獲得「功」、「利」，在此基礎上勸勉執政者施人以仁，行己以義，構成其正誼明道的義利觀。

董仲舒的義利兩養思想，與司馬遷兼重義利的思想相合，《史記·禮書》中指出人有耳、目、口、身之欲，而此欲是人生命之本，不得廢止，所以執政者當「因之，其次利道之」〔註48〕，但是不能無止境的發展欲望，所以執政者還要適時的「教誨之」、「整齊之」，而教誨、整齊百姓的依據是「禮」，司馬遷說：「人道經緯萬端，規矩無所不貫，誘進以仁義，束縛以刑罰」〔註49〕，以仁義禮節規範人的行為，那麼便能收到義利平衡的效能；另外，董仲舒與司馬遷都很重視利民、富民，司馬遷雖然沒有明確要求將鹽鐵之利還歸於民，但他在《史記·平準書》中卻對武帝及桑弘羊官營政策、與民爭利的作為十分不滿，甚至發出「亨弘羊，天乃雨」〔註50〕的怒吼，此外，司馬遷在《史記·貨殖列傳》中讚美能夠富利身家之人，謂之為「素封」，更進一步將富足視為立身處世的基本條件，責備「無巖處奇士之行，而長貧賤，好語仁義」〔註51〕之人。不過司馬遷的思想仍有與董仲舒不同之處，董仲舒強調道德的判斷，不在乎外在的結果，但司馬遷對二者兼重之，他讚美屈原、貫高為義而死，也頌揚伍子胥、季布能忍小辱以創造更大功業，與董仲舒相較，司馬遷更傾向義利雙成的處世原則。

三、仕途經歷

司馬遷在〈太史公自序〉中自述其生平事蹟，從中可窺見他仕宦的歷程，大致可分為四個階段：（一）二十壯游；（二）遷為郎中；（三）遷為太史令；（四）轉任中書令，前三者使他對於建功立業有著無限的豪情，轉任中書令後則讓他對現實社會的情況作出反思。二十歲的壯游天下，司馬遷不但實地考察了歷史遺蹟：「余南登廬山，觀禹疏九江」〔註52〕、「吾適故大梁之墟」〔註53〕、「吾過大梁之墟，求問其所謂夷門。夷門者，城之東門也」〔註54〕、

仁）第三十二，頁 9 右。
〔註48〕《史記》卷一百二十九〈貨殖列傳〉，頁 3253。
〔註49〕《史記》卷二十三〈禮書〉，頁 1157。
〔註50〕《史記》卷三十〈平準書〉，頁 1442。
〔註51〕《史記》卷一百二十九〈貨殖列傳〉，頁 3272。
〔註52〕《史記》卷二十九〈河渠書〉，頁 1415。
〔註53〕《史記》卷四十四〈魏世家〉，頁 1864。

「吾適楚，觀春申君故城，宮室盛矣哉」〔註55〕、「吾如淮陰，淮陰人爲余言，韓信雖爲布衣時，其志與眾異。其母死，貧無以葬，然乃行營高敞地，令其旁可置萬家。余視其母冢，良然」〔註56〕、「吾適豐沛，問其遺老，觀故蕭、曹、樊噲、滕公之家，及其素，異哉所聞」〔註57〕、「南游江、淮，上會稽，探禹穴，闚九疑」〔註58〕，並從中對前人的遺風餘思有所感發：「適魯，觀仲尼廟堂車服禮器，諸生以時習禮其家，余祗迴留之不能去云」〔註59〕、「吾嘗過薛，其俗閭里率多暴桀子弟，與鄒、魯殊。問其故，曰：『孟嘗君招致天下任俠，姦人入薛中蓋六萬餘家矣。』世之傳孟嘗君好客自喜，名不虛矣」〔註60〕、「適長沙，觀屈原所自沈淵，未嘗不垂涕，想見其爲人」〔註61〕，在這段游歷過程中，司馬遷開闊了眼界、增長了學識、理解了社會、陶冶了情操〔註62〕，對他後來擔任官職與撰寫《史記》都有正面的助益。司馬遷出仕郎中的時間與方式歷史上有不同的看法〔註63〕，但不論其出仕的時間或方式爲何，都表示司馬遷的才識受到朝廷的賞識，才能在父親僅爲六百石官員的同時出仕郎中。〔註64〕出任郎中後，司馬遷做的第一件大事是「奉

〔註54〕《史記》卷七十七〈魏公子列傳〉，頁2385。

〔註55〕《史記》卷七十八〈春申君列傳〉，頁2399。

〔註56〕《史記》卷九十二〈淮陰侯列傳〉，頁2629～2630。

〔註57〕《史記》卷九十五〈樊酈滕灌列傳〉，頁2673。

〔註58〕《史記》卷一百三十〈太史公自序〉，頁3293。

〔註59〕《史記》卷四十七〈孔子世家〉，頁1947。

〔註60〕《史記》卷七十五〈孟嘗君列傳〉，頁2363。

〔註61〕《史記》卷八十四〈屈原賈生列傳〉，頁2503。

〔註62〕施丁將司馬遷游歷的收穫分爲四方面說明。見施丁〈司馬遷游歷考〉，收入劉乃和主編《司馬遷和史記》（北京：北京出版社，1987年），頁126～144。

〔註63〕關於司馬遷出仕郎中的時間，王國維推論「遷仕爲郎中，其年無考，大抵在元朔、元鼎間。」見《王國維先生全集》（台北：台灣大通書局，1976年），初編第二冊卷十一〈太史公行年考〉，頁487；鄭鶴聲繫司馬遷始爲郎中在元朔五年（西元前124年）。見鄭鶴聲《司馬遷年譜》（上海：商務印書館，1931年），頁44～46；施丁認爲司馬遷元狩五年（西元前118年）始爲郎。見〈司馬遷生年考——兼及司馬遷入仕考〉，《杭州大學學報》第14卷第3期（1984年），頁124～131；周虎林整理王國維、梁啓超、鄭鶴聲、瀧川龜太郎、朱東潤、楊家駱等人所著司馬遷年譜，繫司馬遷於元朔六年補博士弟子員，始仕爲郎中。見周虎林《司馬遷與其史學》（台北：文史哲出版社，1980年），頁60。關於司馬遷出仕郎中的方式，李長之認爲「司馬遷之爲郎中，應該是先經過博士弟子員，又考試得好，纔得到的。」見李長之《司馬遷人格與風格》，頁87；張大可則認爲是受其父司馬談之陰庇和孔安國的推薦。見張大可《司馬遷評傳》，頁49。

〔註64〕〔漢〕班固著，〔唐〕顏師古注《漢書》卷十一〈哀帝紀〉中，應劭注引《漢

使西征巴、蜀以南」〔註65〕，接著是密集的扈從武帝巡幸天下：

> 漢武帝所有這些巡幸，只有兩次除外，司馬遷都扈從參與。……
> 元封元年十月，漢武帝率十八萬騎北出長城威震匈奴，此時司馬
> 遷奉使西征巴蜀以南，未能從巡；天漢三年，漢武帝巡幸東海，
> 此時司馬遷下獄受腐刑，亦未能從巡，除此兩次，司馬遷皆從巡
> 武帝。〔註66〕

從元狩五年（前118）至征和四年（前89）漢武帝最後一次封禪泰山止，二十
九年的時間裡，幾乎都有司馬遷從扈的痕跡；在扈從武帝的過程中，司馬遷
繼任司馬談為太史令，並於太初元年（前104）完成太初曆的修編，由於司馬
遷不是佞臣，他能夠長久的跟隨在武帝身邊，又得以承父親之職任太史之官，
並且肩負編修曆法的大任，可以想見武帝是欣賞、肯定司馬遷其人、其能的。
在這樣君臣融洽的氛圍中，司馬遷志氣干雲，一心想要建功立業，報效國家，
他自陳：

> 僕少負不羈之才，長無鄉曲之譽，主上幸以先人之故，使得奉薄伎，
> 出入周衛之中。僕以為戴盆何以望天，故絕賓客之知，忘室家之業，
> 日夜思竭其不肖之材力，務壹心營職，以求親媚於主上。〔註67〕

在他給摯友摯峻的信中，亦可見他對立功報國的熱衷與執著：

> 遷聞君子所貴乎道者三：太上立德，其次立言，其次立功。伏維伯
> 陵材能絕人，高尚其志，以善厥身，冰清玉潔，不以細行荷累其名，
> 固已貴矣；然未盡太上之所由也！願先生少致意焉。〔註68〕

這時候的司馬遷將立功、立名視為生命中最重要的任務，所以也以此勸勉好友。

值得注意的是，司馬遷求功、求名，不是為了財富利益，而是希望藉此
對國家、國君、生民有所助益。天漢二年（前99），貳師將軍李廣利與李陵襲
擊匈奴右賢王，「匈奴大圍貳師將軍，幾不脫，漢兵物故什六七」〔註69〕，李

儀注》曰，二千石之官，視事滿三年，「得任同產若子一人為郎」，頁337。司
馬談當時僅為六百石之官，其子司馬遷卻能出仕郎中，可見司馬遷當有使朝
廷有所青睞的特出之才。
〔註65〕《史記》卷一百三十〈太史公自序〉，頁3293。
〔註66〕張大可《司馬遷評傳》，頁55～57。
〔註67〕〔漢〕班固著，〔唐〕顏師古注《漢書》卷六十二〈司馬遷傳〉，頁2729。
〔註68〕〔晉〕皇甫謐《高士傳》（北京：中華書局，1965～1966年），卷中〈摯峻〉，頁9左。
〔註69〕《史記》卷一百十〈匈奴列傳〉，頁2918。

陵被匈奴俘虜，「其兵盡沒，餘亡散得歸漢者四百餘人」〔註70〕，漢廷一面倒
地將作戰失敗歸究於李陵一身，司馬遷一方面「見主上慘悽怛悼，誠欲效其
款款之愚」〔註71〕，另一方面不恥群臣在「陵未沒時，使有來報，漢公卿王
侯皆奉觴上壽」，後聞李陵兵敗卻「憂懼，不知所出」〔註72〕的牆頭草心態，
便站在公正的立場爲李陵辯解：

> 李陵素與士大夫絕甘分少，能得人之死力，雖古名將不過也。身雖
> 陷敗彼，彼觀其意，且欲得其當而報漢。事已無可奈何，其所摧敗，
> 功亦足以暴於天下。〔註73〕

這番陳辭不但沒有幫助李陵開脫，反而讓司馬遷被判了誣上之罪，因爲貳師
將軍李廣利是武帝寵姬李夫人的哥哥，武帝愛屋及烏「欲侯寵姬李氏，拜李
廣利爲貳師將軍」〔註74〕，故派其伐大宛，封其海西侯，又任命他爲征伐匈
奴的主將，希望能藉此榮耀李家，司馬遷力陳漢軍的失利不是李陵之責，那
麼責任便落在主將李廣利身上，而李廣利是武帝欽定的將軍，便間接怪罪到
授命李廣利的武帝，所以武帝將司馬遷「卒從吏議」，最後司馬遷被判處腐
刑，雖然成爲刑餘之人，但武帝仍愛惜司馬遷之才，將之提舉爲中書令。李
陵事件之後，司馬遷的建功報國志向仍未變，所以他隱忍受過宮刑的恥辱，
努力著書立說，完成其父對他立功、立言的期許，是以司馬遷在《史記》中
對於忍辱不死之人有別於傳統怯懦、膽小的解釋，而將「捨死」視爲「取義」
的方式之一。另一方面，司馬遷回憶自己在交付吏議之時，「交遊莫救，左
右親近不爲壹言」〔註75〕，縱使他深知「人情莫不貪生惡死，念親戚，顧妻
子」〔註76〕，但他還是在《史記》中對趨炎附勢、以利相交之人發出嘆惋：
「張耳、陳餘始居約時，相然信以死，豈顧問哉。及據國爭權，卒相滅亡，
何鄉者相慕用之誠，後相倍之戾也！豈非以勢利交哉？」〔註77〕「主父偃當
路，諸公皆譽之，及名敗身誅，士爭言其惡。悲夫！」〔註78〕〈汲鄭列傳〉

〔註70〕　《史記》卷一百九〈李將軍列傳〉，頁2878。
〔註71〕　〔漢〕班固著，〔唐〕顏師古注《漢書》卷六十二〈司馬遷傳〉，頁2730。
〔註72〕　〔漢〕班固著，〔唐〕顏師古注《漢書》卷六十二〈司馬遷傳〉，頁2729。
〔註73〕　〔漢〕班固著，〔唐〕顏師古注《漢書》卷六十二〈司馬遷傳〉，頁2730。
〔註74〕　《史記》卷一百二十三〈大宛列傳〉，頁3174。
〔註75〕　〔漢〕班固著，〔唐〕顏師古注《漢書》卷六十二〈司馬遷傳〉，頁2730。
〔註76〕　同上註，卷六十二〈司馬遷傳〉，頁2733。
〔註77〕　《史記》卷八十九〈張耳陳餘列傳〉，頁2586。
〔註78〕　《史記》卷一百一十二〈平津侯主父列傳〉，頁2963。

贊中說得更爲明白：

> 夫以汲、鄭之賢，有勢則賓客十倍，無勢則否，況眾人乎！下邽翟
> 公有言，始翟公爲廷尉，賓客闐門；及廢，門外可設雀羅。翟公復
> 爲廷尉，賓客欲往，翟公乃大署其門曰：「一死一生，乃知交情。一
> 貧一富，乃知交態；一貴一賤，交情乃見。」汲、鄭亦云，悲夫！
> 〔註79〕

相對的，司馬遷在《史記》中大加讚美以義相交、重情重義之人，在〈趙世家〉中褒揚爲義存孤的程嬰和公孫杵臼，稱讚肥義縱使犧牲生命亦要篤守與趙武靈王之約的誠信，於〈廉頗藺相如列傳〉中頌揚藺相如「先國家之急而後私讎」〔註80〕之忠義和他與廉頗以義和的刎頸之交，在在地顯示出司馬遷對「勢利交」的批判與對「義氣交」的嚮往。

司馬遷作爲司馬談之後，有著良好的教育基礎，完善的學習背景——包括政治、經濟、文學等，使他具備成爲良吏、良史的能力與期許，司馬遷不負父親叮嚀在仕宦之初大展長才，倍受肯定，李陵事件雖粉碎了他側立朝廷的願望，卻讓他對人生、社會有了進一步的體悟，重新省思道德與利益之間的關係，從而建構出他獨特的義利觀點。

第二節　戰國士風的承繼

在李陵事件中司馬遷遭受宮刑之禍，而言：「夫中材之人，事關於宦豎，莫不傷氣，況慷慨之士乎！」〔註81〕又言：「傳曰：『刑不上大夫』，此言士節不可不厲也」〔註82〕，並在〈報任安書〉中反覆以慷慨之士的標準砥礪自己：

> 僕聞之，修身者，智之府也；愛施者，仁之端也；取予者，義之符
> 也；恥辱者，勇之決也；立名者，行之極也。士有此五者，然後可
> 以託於世，列於君子之林矣。〔註83〕

由此可見司馬遷以「士」自許。所謂「士」，其實就是古代知識階層的代稱〔註84〕，司馬遷作爲漢初士人，卻深受先秦以來的士文化影響，他承繼了

〔註79〕《史記》卷一百二十〈汲鄭列傳〉，頁3113～3114。

〔註80〕《史記》卷八十一〈廉頗藺相如列傳〉，頁2443。

〔註81〕〔漢〕班固著，〔唐〕顏師古注《漢書》卷六十二〈司馬遷傳〉，頁2727。

〔註82〕〔漢〕班固著，〔唐〕顏師古注《漢書》卷六十二〈司馬遷傳〉，頁2732。

〔註83〕〔漢〕班固著，〔唐〕顏師古注《漢書》卷六十二〈司馬遷傳〉，頁2727。

〔註84〕余英時《中國知識階層史論（古代篇）》（台北：聯經出版事業公司，1980年），

自先秦以來的士風，以至於其「情感、氣質、個性接近於戰國士林」。〔註85〕
戰國士風有三個明顯的特點：第一，「平治天下，以爲己任」〔註86〕，第二，
「及時立功，肯定自我」〔註87〕，第三，「捨身報恩、慷慨任俠」〔註88〕，
以下就這三點來看其爲司馬遷義利觀所建構之基礎。

一、平治天下，以爲己任

　　春秋戰國之世是亂世，天下動蕩，禮壞樂崩，故有志之士皆起而提出治
國平天下之法，形成百家爭鳴的局面，「從此中國知識階層便以『道』的承
擔者自居」〔註89〕，司馬談在〈論六家要旨〉中說：「夫陰陽、儒、墨、名、
法、道德，此務爲治者也，直所從言之異路，有省不省耳」〔註90〕，便是證
明先秦諸家雖理論不同，但希望能解決當世代問題的目的無異。在先秦諸家
治國平天下學說中，司馬遷受到自孔子以來的王道思想影響最深，所謂王道：

> 是儒家學派對上古三代帝王政治的概括，它是一個內涵極爲豐富的
> 概念，包含禮樂教化、天下一統、君臣綱常等多方面的內容，但它
> 的核心則是仁民愛物的德治精神。〔註91〕

儒家起自於孔子，到了孟子時便將孔子作《春秋》與明王道聯結起來〔註92〕，
孟子說：「世衰道微，邪說暴行有作。臣弒其君者有之，子弒其父者有之。孔
子懼，作《春秋》」〔註93〕，施行德政是孔子在周遊各國以求重用的一貫主張，
可是孔子在當時的環境中，德政之說不受執政者的青睞，於是孔子轉而授徒

　　　　頁 4：「知識階層在中國古代的名稱是『士』。」
〔註85〕 陳桐生《中國史官文化與史記》（台北：文津出版社，1993 年），頁 110。
〔註86〕 韓兆琦〈司馬遷與先秦士風之終結〉：「先秦優秀士人都是以『道』自任，換
　　　　言之也就是以治國平天下爲己任的」，載《古典文學知識》（1996 年第 3 期），
　　　　頁 45。
〔註87〕 陳桐生《中國史官文化與史記》，頁 93：「在戰國時期，除了極少數眞正的隱
　　　　士甘於寂寞之外，絕大部分士林都願意在政治舞台上一試鋒芒，力爭把內在
　　　　的人格力量化爲外在的事功。」
〔註88〕 陳桐生《中國史官文化與史記》，頁 94：「戰國士林胸中蓄積著一股慷慨豪氣，
　　　　時時在尋找宣洩的途徑，慷慨任俠、捨身報恩即是這種豪氣的一種表現。」
〔註89〕 余英時《士與中國文化》（上海：上海人民出版社，1987 年），頁 34。
〔註90〕 《史記》卷一百三十〈太史公自序〉，頁 3288～3289。
〔註91〕 陳桐生《中國史官文化與史記》，頁 52。
〔註92〕 陳桐生《中國史官文化與史記》，頁 50：「最先提出孔子作《春秋》明王道的
　　　　是戰國儒學大師孟子。」
〔註93〕 〔南宋〕朱熹著《四書集註・孟子》卷六〈滕文公章句下〉，頁 646。

著書，用另一種形式以明道救世。司馬遷承襲這樣的說法，並加以明確指出孔子作《春秋》便是明王道的表現：

> 周道缺，詩人本之衽席，關雎作。仁義陵遲，鹿鳴刺焉。及至厲王，以惡聞其過，公卿懼誅而禍作，厲王遂奔于彘，亂自京師始，而共和行政焉。是后或力政，彊乘弱，興師不請天子。然挾王室之義，以討伐爲會盟主，政由五伯，諸侯恣行淫侈不軌，賊臣篡子滋起矣。……是以孔子明王道，干七十餘君，莫能用，故西觀周室，論史記舊聞，興於魯而次春秋，上記隱，下至哀之獲麟，約其辭文，去其煩重，以制義法，王道備，人事浹。〔註94〕

> 子曰：「弗乎弗乎，君子病沒世而名不稱焉。吾道不行矣，吾何以自見於後世哉？」乃因史記作春秋，上至隱公，下訖哀公十四年，十二公。據魯，親周，故殷，運之三代。約其文辭而指博。故吳楚之君自稱王，而春秋貶之曰「子」；踐土之會實召周天子，而春秋諱之曰「天王狩於河陽」：推此類以繩當世。貶損之義，后有王者舉而開之。春秋之義行，則天下亂臣賊子懼焉。〔註95〕

> 夫春秋，上明三王之道，下辨人事之紀，別嫌疑，明是非，定猶豫，善善惡惡，賢賢賤不肖，存亡國，繼絕世，補敝起廢，王道之大者也。〔註96〕

司馬遷認爲，孔子著《春秋》「以制義法」、「上明三王之道，下辨人事之紀」，而能使「天下亂臣賊子懼」，因而有所爲有所不爲，則天下便能大治。由於司馬遷非常崇拜孔子，他在〈孔子世家〉贊中表達他對孔子的嚮往之情：

> 太史公曰：《詩》有之：「高山仰止，景行行止。」雖不能至，然心鄉往之。余讀孔氏書，想見其爲人。適魯，觀仲尼廟堂車服禮器，諸生以時習禮其家，余祗迴留之不能去云。天下君王至于賢人眾矣，當時則榮，沒則已焉。孔子布衣，傳十餘世，學者宗之。自天子王侯，中國言六藝者折中於夫子，可謂至聖矣！〔註97〕

司馬遷將孔子與君王、賢人相比，認爲這些當時代叱吒風雲的人物會隨著時

〔註94〕《史記》卷十四〈十二諸侯年表〉，頁509。
〔註95〕《史記》卷四十七〈孔子世家〉，頁1943。
〔註96〕《史記》卷一百三十〈太史公自序〉，頁3297。
〔註97〕《史記》卷四十七〈孔子世家〉，頁1947。

間煙消雲散，而孔子不然，他以卓然特出思想與人格傳世久遠，不但成爲後世天子王侯仿效學習的對象，更成爲司馬遷心目中的至聖，加之以孔子在仕途上的受挫，與司馬遷因受宮刑而「已虧形爲掃除之隸，在闒茸之中」，不得再「廁下大夫之列，陪外廷末議」，「卬首信眉，論列是非」〔註98〕，皆陷於政治上無發揮之地的窘境，於是司馬遷依著孔子經驗，將自己定位爲下一個孔子〔註99〕，希望自己以著書實踐自先秦以來治國平天下之任。

司馬遷治國平天下的思想，還展現在他褒貶大臣的態度上，司馬遷在《史記》中描繪了一群能站在國家發展角度，不顧自身利益，犯顏直諫的大臣，如：「太史公最得意人」〔註100〕——漢大臣汲黯，汲黯曾當廷指責漢武帝：「內多欲而外施仁義，奈何欲效唐虞之治乎！」〔註101〕當朝臣爲此責備汲黯，他還回嘴道：「天子置公卿輔弼之臣，寧令從諛承意，陷主於不義乎？且已在其位，縱愛身，奈辱朝廷何！」〔註102〕又「匈奴渾邪王率眾來降，漢發車二萬乘。縣官無錢，從民貰馬。民或匿馬，馬不具。上怒，欲斬長安令」〔註103〕，

〔註98〕〔漢〕班固著，〔唐〕顏師古注《漢書》卷六十二〈司馬遷傳〉，頁2727～2728。

〔註99〕李長之《司馬遷之人格與風格》，頁63：「六藝之中的《春秋》，司馬遷尤其重視者。這是無怪的，因爲不惟他的父親的遺命是希望他作第二個孔子，繼續《春秋》，就是他自己的心胸，也實以作《春秋》的孔子自居。《春秋》絕筆於獲麟，《史記》也是『卒述陶唐以來，至於麟止』的；照《史記》上說，孔子是厄於陳蔡，纔作《春秋》的（太史公自序），而司馬遷卻也是『遭李陵之禍，幽於縲絏』，纔『述往事，思來者』的；尤其妙的是，孟子不是說過五百年必有王者興麼？孔子到司馬遷，也恰是五百歲，『自周公卒後，五百歲而有孔子，孔子卒後，至於今五百歲，』那末，更是應該有第二個作《春秋》的孔子的時候了！這些話的事實如何，我們不必去問，漢武帝是否眞獲了麟，孔子是否眞在陳蔡之厄作《春秋》，司馬遷是否眞因李陵之禍纔動手寫《史記》，孔子到司馬遷是否已經恰有五百歲，我們都不必管。我們注意的是，不在事實而在心理上，司馬遷的話有它的眞實性。——這就是說：司馬遷是第二個孔子，《史記》是第二部《春秋》。」

〔註100〕〔清〕牛運震曰：「汲鄭同學黃老之言，一則抗言直諫，秉正嫉惡，一則恢宏任俠，喜交游，奉賓客，皆太史公所嘉予樂道者也，故同爲列傳，……汲黯乃太史公最得意人，故特出色寫之。當其時，勢燄橫赫如田蚡，阿欲固寵懷詐飾智如公孫弘、張湯等，皆太史公深嫉痛惡而不忍見者，故于灌夫罵坐、汲黯面詆弘、湯之事，皆津津樂道之。」見《史記評注》卷十一〈汲鄭列傳〉，收入張舜徽主編《二十五史三編》（長沙：岳麓書社，1994年），第一分冊《史記之屬》，頁860。

〔註101〕《史記》卷一百二十〈汲鄭列傳〉，頁3106。

〔註102〕同上註，頁3106。

〔註103〕同註101，頁3109。

這時汲黯跳出來爲長安令說話：「長安令無罪，獨斬黯，民乃肯出馬」﹝註104﹞，殺了汲黯百姓肯不肯出馬這還說不定，但是他願意將武帝責備的焦點轉到自己身上，藉以直陳武帝「令天下騷動，罷弊中國而以事夷狄之人」的舉動，很顯然汲黯在朝廷上陳言，是把輔佐國君從義放在首位，而不在乎自己的富貴甚至生命，他直白地展現出爲了正義與國家利益不惜一死的思想。司馬遷處處展現對汲黯的讚慕之意，其在〈汲鄭列傳〉中說其爲人「好學，游俠，任氣節，內行脩絜，好直諫」﹝註105﹞，又以淮南王劉安之口讚之曰：「好直諫，守節死義」﹝註106﹞，在〈太史公自序〉中亦稱讚他「正衣冠立於朝廷，而羣臣莫敢言浮說，長孺矜焉；好薦人，稱長者」﹝註107﹞，莫怪清人牛運震說：「汲黯乃太史公最得意人」。﹝註108﹞汲黯之外，司馬遷還論載了「爲人彊力」﹝註109﹞的周昌、「守法不失大理，言古賢人，增主之明」﹝註110﹞的張釋之和馮唐、「敢犯顏色以達主義，不顧其身，爲國家樹長畫」﹝註111﹞的袁盎與鼂錯，這些人的共同特徵都是能「仁心爲質，引義忼慨」，不計較個人得失，以求國家更好的發展，合於爲人臣者助國君治國平天下的宗旨，因而得到司馬遷的欽佩與讚美。

二、及時立功，肯定自我

先秦士人以道自任，無不希望在政治、社會上有利民安生作爲，然而原爲貴族的他們，卻因春秋戰國禮樂制度崩壞不斷下降爲士，此外庶民階層亦大量上升爲士，士的階級與性質都起了變化：

> 最重要的是士已不復如顧炎武所說的「大抵皆有職之人」。相反地，士已從固定的封建關係中游離了出來而進入一種「士無定主」的狀態。這時社會上出現了大批有學問有知識的士人，他們以「仕」爲專業，然而社會上並沒有固定的職位在等著他們。在這種情形之下，

﹝註104﹞《史記》卷一百二十〈汲鄭列傳〉，頁3109。
﹝註105﹞同上註，頁3106。
﹝註106﹞同註104，頁3109。
﹝註107﹞《史記》卷一百三十〈太史公自序〉，頁3317。
﹝註108﹞〔清〕牛運震《史記評注》卷十一〈汲鄭列傳〉，頁860。
﹝註109﹞《史記》卷九十六〈張丞相列傳〉，頁2677。
﹝註110﹞《史記》卷一百三〈太史公自序〉，頁3316。
﹝註111﹞《史記》卷一百三〈太史公自序〉，頁3316。

於是便有了所謂「仕」的問題。〔註112〕．

因此先秦之士無不盡可能的展現自己的能力，以求得到能發揮自身長才的機會與職位，《左傳‧襄公二十四年》記魯國貴族叔孫豹之語：「太上有立德，其次有立功，其次有立言。雖久不廢，此之謂不朽」〔註113〕，由此可見先秦時已然將立功視為與立德、立言一樣重要的事情。另一方面，統治者表現出尊士、養士的態度亦使士人對於立功名於是有著正面的催化，而統治者之所以競相貴士，原因在於士人已然為當時知識的中堅：

> 孟僖子病不能相禮，乃講學之，苟能禮者從之，及其將死也，召其大夫曰，禮，人之幹也，無禮無以立，吾聞將有達者，曰孔丘，聖人之後也，而滅於宋，其祖弗父何，以有宋而授厲公，及正考父佐戴，武，宣，三命茲益共，故其鼎銘云，一命而僂，再命而傴，三命而俯，循牆而走，亦莫余敢侮，饘於是，鬻於是，以餬余口，其共也如是，臧孫紇有言曰，聖人有明德者，若不當世，其後必有達人，今其將在孔丘乎，我若獲沒必屬說與何忌於夫子，使事之而學禮焉，以定其位，故孟懿子，與南宮敬叔，師事仲尼。〔註114〕

> 孔文子之將攻大叔也，訪於仲尼。仲尼曰，胡簋之事，則嘗學之矣，甲兵之事，未之聞也。〔註115〕

身為貴族的孟僖子竟然不懂禮，還需向身為士的孔子請益，而孔文子在面臨征伐大事時亦先訪於仲尼，由此可知統治者對於士之能力的依賴，於是當時之諸侯貴族紛紛以士為師、為友、為賓、為國士，「為開第康莊之衢，高門大屋，尊寵之」〔註116〕，如：魏文侯「受子夏經藝，客段干木，過其閭，未嘗不軾也」〔註117〕、梁惠王郊迎騶衍，「適趙，平原君側行撤席。如燕，昭王擁彗先驅，請列弟子之座而受業，筑碣石宮，身親往師之」〔註118〕、孟嘗君「食

〔註112〕余英時《士與中國文化》，頁20。

〔註113〕〔春秋〕左丘明著，〔日〕竹添光鴻箋《左傳會箋》（台北：天工書局，1998年），第十七〈襄公二十四年〉，頁1176。

〔註114〕〔春秋〕左丘明著，〔日〕竹添光鴻箋《左傳會箋》第二十一〈昭公七年〉，頁1465。

〔註115〕〔春秋〕左丘明著，〔日〕竹添光鴻箋《左傳會箋》第二十九〈哀公十一年〉，頁1945～1946。

〔註116〕《史記》卷七十四〈孟子荀卿列傳〉，頁2347～2348。

〔註117〕《史記》卷四十四〈魏世家〉，頁1839。

〔註118〕《史記》卷七十四〈孟子荀卿列傳〉，頁2345。

客數千人，無貴賤一與文等」〔註119〕、信陵君「士無賢不肖皆謙而禮交之」
〔註120〕，在這種氛圍之下，士產生一種「尊榮感」，認爲「士而懷居，不足以
爲士矣」〔註121〕、「君子疾沒世而名不稱焉」〔註122〕、「不仕無義」〔註123〕、
「學而優則仕」〔註124〕，身而爲士當能建立功業，功業建立才能彰顯出自身
的價值。

司馬遷承繼先秦之士及時立功名的思想，立功於世成爲司馬遷爲人處世
的準則之一，〈報任安書〉中說：「立名者，行之極也」〔註125〕，〈伯夷列傳〉
中云：「君子疾沒世而名不稱焉」、「貪夫徇財，烈士徇名」，又說：「巖穴之
士，趣舍有時若此，類名堙滅而不稱，悲夫！閭巷之人，欲砥行立名者，非
附青雲之士，惡能施於後世哉？」〔註126〕即「表明司馬遷有志作『青雲之
士』」〔註127〕，而「名與功是緊密聯繫的，有功才有名」〔註128〕，司馬遷
曾經「負不羈之才」，「絕賓客之知，忘家室之業，日業思竭其不肖之才力，
務一心營職，以求親媚於主上」，然因李陵之禍，司馬遷通過仕途立身揚名
的希望破滅，於是他「退而深惟」：

> 古者富貴而名摩滅，不可勝記，唯倜儻非常之人稱焉。蓋西伯拘而
> 演《周易》；仲尼厄而作《春秋》；屈原放逐，乃賦《離騷》；左丘失
> 明，厥有《國語》；孫子臏腳，《兵法》修列；不韋遷蜀，世傳《呂
> 覽》；韓非囚秦，《說難》、《孤憤》。《詩》三百篇，大氐賢聖發憤之
> 所爲作也。〔註129〕

進而得到一個結論，即古聖先賢因內心鬱結而發憤著書，將立功名建立在「立
言」之上，於是他投入所有的心力撰著《史記》，「隱忍苟活，函糞土之中而
不辭」，只爲「鄙沒世而文采不表於後也」。〔註130〕司馬遷亦將立功名於天下

〔註119〕《史記》卷七十五〈孟嘗君列傳〉，頁2354。
〔註120〕《史記》卷七十七〈魏公子列傳〉，頁2377。
〔註121〕〔南宋〕朱熹著《四書集註·論語》卷七〈憲問〉第十四，頁343。
〔註122〕同上註，卷八〈衛靈公〉第十五，頁378。
〔註123〕同註121，卷九〈微子〉第十八，頁421。
〔註124〕同註121，卷十〈子張〉第十九，頁435。
〔註125〕〔漢〕班固著，〔唐〕顏師古注《漢書》卷六十二〈司馬遷傳〉，頁2727。
〔註126〕《史記》卷六十一〈伯夷列傳〉，頁2127。
〔註127〕楊燕起《史記的學術成就》，頁155。
〔註128〕楊燕起《史記的學術成就》，頁156。
〔註129〕〔漢〕班固著，〔唐〕顏師古注《漢書》卷六十二〈司馬遷傳〉，頁2735。
〔註130〕同上註，卷六十二〈司馬遷傳〉，頁2733。

的思想，作爲他褒貶人物、論述事件的角度之一。《史記》中大力讚美能夠建立功名之士，如：以卓越的能力「顯名諸侯，重彊齊楚」的甘茂〔註131〕、使秦國「東益地，弱諸侯，嘗稱帝於天下，天下皆西鄉稽首」的穰侯〔註132〕、「料敵合變，出奇無窮，聲震天下」的白起〔註133〕、能夠完璧歸趙、退讓廉頗而「名重太山」的藺相如〔註134〕等，對於能忍辱成名之士，司馬遷更是表達出高度的讚揚，如：句踐被吳所敗，請爲吳臣，其「苦身焦思，終滅彊吳，北觀兵中國，以尊周室，號稱霸王」，司馬遷讚之曰：「句踐可不謂賢哉」〔註135〕；至於「棄小義，雪大恥，名垂後世」、「隱忍就功名」的伍子胥，司馬遷稱之爲「烈大夫」〔註136〕；又如「以勇顯於楚，身屢軍搴旗者數矣，可謂壯士」的季布〔註137〕，「至被刑戮，爲人奴而不死，何其下也！彼必自負其材，故受辱而不羞，欲有所用其未足也，故終爲漢名將」〔註138〕，司馬遷說他「雖往古烈士，何以加哉！」〔註139〕除此之外，〈太史公自序〉中更明言列傳撰寫的選材標準是「扶義俶儻，不令己失時，立功名於天下」〔註140〕，在在地展現司馬遷對於立功名於世的重視與肯定。

三、捨身報恩，慷慨任俠

　　君主階層對於士的重視，促進了士以道自任的思維，逐漸發展出不論窮達都以道爲依歸的處世準則，亦即所謂的「道尊於勢」〔註141〕：

> 古之賢王好善而忘勢，古之賢士何獨不然？樂其道而忘人之勢，故王公不致敬盡禮，則不得亟見之。見且由不得亟，而況得而臣之乎？
>
> 〔註142〕

〔註131〕《史記》卷七十一〈樗里子甘茂列傳〉，頁 2321。
〔註132〕《史記》卷七十二〈穰侯列傳〉，頁 2330。
〔註133〕《史記》卷七十三〈白起王翦列傳〉，頁 2342。
〔註134〕《史記》卷八十一〈廉頗藺相如列傳〉，頁 2452。
〔註135〕《史記》卷四十一〈越王勾踐世家〉，頁 1756。
〔註136〕《史記》卷六十六〈伍子胥列傳〉，頁 2183。
〔註137〕《史記》卷一百〈季布欒布列傳〉，頁 2735。
〔註138〕《史記》卷一百〈季布欒布列傳〉，頁 2735。
〔註139〕《史記》卷一百〈季布欒布列傳〉，頁 2735。
〔註140〕《史記》卷一百三十〈太史公自序〉，頁 3319。
〔註141〕余英時在《士與中國文化》一書中，闡論「道尊於勢」的概念由孟子正式揭出，而受到後來理學家的承繼發展，本文此處延用「道尊於勢」之語彙，頁 37。
〔註142〕〔南宋〕朱熹著《四書集註·孟子》卷十三〈盡心章句上〉，頁 851～852。

志意修則驕富貴，道義重則輕王公。〔註143〕

曾子居衛，縕袍無表，顏色腫噲，手足胼胝。三日不舉火，十年不製衣，正冠而纓絕，捉衿而肘見，納屨而踵決。曳縱而歌商頌，聲滿天地，若出金石。天子不得臣，諸侯不得友。〔註144〕

孟子講有道之士忘人之勢，荀子講意志、道義高於富貴、王公，莊子之言原意雖是講養神重於養形，卻也表達出德行、才學使士縱使衣敝縕袍，卻不恥於衣狐貉者，表現出士在面對世事上的尊嚴感，《呂氏春秋》中有個故事將士維護尊嚴的形象發揮到極致：

齊莊公之時，有士曰賓卑聚，夢有壯子，白縞之冠，丹績之袧，東布之衣，新素履，墨劍室，從而叱之，唾其面，惕然而寤，徒夢也。終夜坐不自快。明日召其友而告之曰：「吾少好勇，年六十而無所挫辱。今夜辱吾，將索其形，期得之則可，不得將死之。」每朝與其友俱立乎衢，三日不得，卻而自歿。〔註145〕

夢中之辱尚不可忍受，更遑論現實生活中的恥辱，無形間將尊嚴的來源——道，推展到極崇高而優於其他的境地，故先秦之士「謀道不謀食」、「憂道不憂貧」〔註146〕、「士窮不失義，達不離道」、「天下有道，以道殉身；天下無道，以身殉道」〔註147〕、「士之為人當理不避其難，臨患忘利，遺生行義，視死如歸」〔註148〕，合於道之事，即使會使之喪失生命、財富，士亦在所不惜，例如：戰國時齊人魯仲連游歷趙國，正逢秦國圍趙，魏大臣辛垣衍游說趙國尊秦以解秦兵之圍，魯仲連知道後即刻找到辛垣衍，以帝秦之害說服他，後來魏國救趙的軍隊到來，秦軍退去，趙平原君欲封賞魯仲連，「魯連辭讓者三，終不肯受」〔註149〕，並曰：「所貴於天下之士者，為人披患、釋難、解紛亂而無所取也。即有取者，是商賈之事也，而連不肯為也」〔註150〕，說完後便辭

〔註143〕〔戰國〕荀子著，北大哲學系注釋《荀子新注》〈修身〉二，頁21。
〔註144〕〔戰國〕莊周著，郭慶藩集釋《莊子集釋》卷九下〈讓王〉第二十八，頁977。
〔註145〕〔秦〕呂不韋編，陳奇猷校釋《呂氏春秋校釋》（台北：華正書局，1988年），卷十九〈離俗〉，頁1235。
〔註146〕〔南宋〕朱熹著《四書集註·論語》卷八〈衛靈公〉第十五，頁382。
〔註147〕〔南宋〕朱熹著《四書集註·孟子》卷十三〈盡心章句上〉，頁852～853、879。
〔註148〕〔秦〕呂不韋編，陳奇猷校釋《呂氏春秋校釋》卷十二〈士節〉，頁622。
〔註149〕《史記》卷八十三〈魯仲連鄒陽列傳〉，頁2465。
〔註150〕《史記》卷八十三〈魯仲連鄒陽列傳〉，頁2465。

去，重申不復見；又如魏國公子魏齊曾經得罪過范睢，范睢入秦受到秦昭王的重視而爲相，揚言要報過去之仇，魏齊十分害怕，逃到趙平原君處請求庇護，秦昭王得知魏齊與范睢的過節，欲爲范睢報仇，誘騙平原君入秦並拘禁之，威脅他交出魏齊，平原君說：「貴而爲交者，爲賤也；富而爲交者，爲貧也。夫魏齊者，勝之友也，在，固不出也，今又不在臣所」〔註151〕，終不肯爲保全自己而交出魏齊，這種高度的道義思維，使士一旦遇到能尊禮他們的「知己」，便有「士爲知己者死」之舉。戰國時代，士與統治者的關係打破以往「王臣公、公臣大夫、大夫臣士、士臣皁、皁臣輿、隸臣僚、僚臣僕、僕臣台」〔註152〕的界限，《戰國策·齊策》載顏斶與齊宣王的一段對話，很能展現君臣關係的轉變：

> 齊宣王見顏斶，曰：「斶前！」斶亦曰：「王前！」宣王不悦。左右
> 曰：「王，人君也。斶，人臣也。王曰『斶前』，亦曰『王前』，可乎？」
> 斶對曰：「夫斶前爲慕勢，王前爲趨士。與使斶爲趨勢，不如使王爲
> 趨士。」王忿然作色曰：「王者貴乎？士貴乎？」對曰：「士貴耳，
> 王者不貴。」〔註153〕

顏斶爲人「盡忠直言」、德行高潔，是以能夠高言士貴而王者不貴，也就是因爲士具有高度的能力與道德值得統治者借鑑與依恃，使得君臣關係形成一種「亦師亦友」的新局面，如：齊威王師孫武、魏文侯師子夏、秦始皇師王翦、燕昭王師騶衍、孟嘗君友馮驩、平原君友毛遂、信陵君友侯嬴與朱亥，士人不再以自己不如地位崇高的君王，當他願意爲君王服務，那是因爲視君王爲知己，爲了報答君王對他的知遇之恩，君臣之間以義相交，例如：豫讓爲報知伯之恩，「漆身爲厲，吞炭爲啞，使形狀不可知，行乞於市」〔註154〕，他人爲豫讓不值，豫讓卻認爲：「今知伯知我我必爲報讎而死，以報知伯」〔註155〕；「曹沫爲魯將，與齊戰，三敗北」〔註156〕，魯君沒有責怪他，曹沫爲報魯君之恩，在魯與齊盟於柯地時，挾持齊桓公要求歸還魯國失地；墨家鉅子孟勝善

〔註151〕《史記》卷七十九〈范睢蔡澤列傳〉，頁 2416。
〔註152〕〔春秋〕左丘明著，〔日〕竹添光鴻箋《左傳會箋》第二十一〈昭公七年〉，頁 1452。
〔註153〕〔西漢〕劉向輯，何建章注釋《戰國策注釋》（北京：中華書局，1990 年），卷十一〈齊策四〉，頁 395～396。
〔註154〕《史記》卷八十六〈刺客列傳〉，頁 2520。
〔註155〕《史記》卷八十六〈刺客列傳〉，頁 2519。
〔註156〕《史記》卷八十六〈刺客列傳〉，頁 2515。

荊之陽城君，兩人之間「非師則友也，非友則臣也」〔註157〕，陽城君令孟勝替
其守國，後來陽城君兵敗逃亡，荊欲收其國，孟勝欲以死報陽城君之託，弟子
以死而無益勸他，孟勝不聽，最終以身殉國，這些都是士有其義的著名之例。

　　宋代張耒說：「司馬遷尚氣任俠，有戰國豪士之餘風」〔註158〕，司馬遷
在《史記》中對能頌揚道義、具慷慨之氣之士莫不大嘉讚美，其讚揚魯仲連
「在布衣之位，蕩然肆志，不詘於諸侯，談說於當世，折卿相之權」〔註159〕、
「能設詭說解患於圍城，輕爵祿，樂肆志」〔註160〕，稱美刺客「不欺其志，
名垂後世」〔註161〕，肯定游俠「救人於緦振人不贍，仁者有乎；不既信，不
倍言，義者有取焉」〔註162〕，歌頌欒布「趣湯如歸者，彼誠知所處，不自重
其死。雖往古烈士，何以加哉！」〔註163〕而司馬遷其人如其文，除了在文章
中發抒讚嘆，司馬遷自身亦以成為慷慨之士自許，李陵事件中，司馬遷以為
君謀劃和正義直言為出發點，不畏朝廷中一面倒向為貳師將軍李廣利開脫的
氛圍，站在公平的角度為李陵提出平反：

> 其為人自奇士，事親孝，與士信，臨財廉，取予義，分別有讓，恭
> 儉下人，常思奮不顧身以徇國家之急。其素所畜積也，僕以為有國
> 士之風。夫人臣出萬死不顧一生之計，赴公家之難，斯已奇矣。今
> 舉事壹不當，而全軀保妻子之臣隨而媒糵其短，僕誠私心痛之。且
> 李陵提步卒不滿五千，深踐戎馬之地，足歷王庭，垂餌虎口，橫挑
> 強胡，卬億萬之師，與單于連戰十餘日，所殺過當。虜救死扶傷不
> 給，游裻之君長鹹震怖，乃悉征左右賢王，舉引弓之民，一國共攻
> 而圍之。轉斗千里，矢盡道窮，救兵不至，士卒死傷如積。然李陵
> 一呼勞軍，士無不起，躬流涕，沫血飲泣，張空拳，冒白刃，北首
> 爭死敵。〔註164〕

司馬遷與李陵「素非相善也，趣捨異路，未嘗銜盃酒接慇勤之歡」〔註165〕，

〔註157〕　〔秦〕呂不韋編，陳奇猷校釋《呂氏春秋校釋》卷十九〈上德〉，頁 1257。
〔註158〕　〔北宋〕張耒《張右史文集》（台北：臺灣商務印書館，1965 年），卷五十六
　　　　　〈司馬遷論下〉，頁 443。
〔註159〕　《史記》卷八十三〈魯仲連鄒陽列傳〉，頁 2470。
〔註160〕　《史記》卷一百三十〈太史公自序〉，頁 3314。
〔註161〕　《史記》卷八十六〈刺客列傳〉，頁 2538。
〔註162〕　《史記》卷一百三十〈太史公自序〉，頁 3318。
〔註163〕　《史記》卷一百〈季布欒布列傳〉，頁 2735。
〔註164〕　〔漢〕班固著，〔唐〕顏師古注《漢書》卷六十二〈司馬遷傳〉，頁 2729。
〔註165〕　〔漢〕班固著，〔唐〕顏師古注《漢書》卷六十二〈司馬遷傳〉，頁 2729。

但是面對當朝廷百官阿諛順從武帝心思，而不肯為事實伸張正義，司馬遷選擇仗義直言，「司馬遷之為李陵說情，不僅是欣賞李陵的『國士』之風，而且也因為李陵正處在患難之中，需要有人提供無私援助」〔註166〕，「司馬遷之為李陵開脫，正包含著救人之困的意義」。〔註167〕

司馬遷以士自任，而「《史記》是司馬遷對先秦優秀士人思想人格的弘揚，是對先秦士人群體風貌的禮讚，同是也是對司馬遷自己這種獨特人格的總體塑造與熔鑄」〔註168〕，從中可見司馬遷將治國平天下視為己任，從而積極投身政治以求即時建立功名、肯定自我價值，在經世處事的同時兼融捨身報恩、慷慨任俠的俠義之思，進而塑造出司馬遷義中有利、利中有義和奮勇仗義的義利思維。

第三節　時代風氣的影響

從漢高祖得天下國家貧乏無給，天子、百姓生活捉襟見肘，到漢武帝治天下家給人足，尚有餘力向外征討，七十餘年間靠著黃老治術的無為而治，漢代經濟狀況大幅改變，寬緩治國政策給予人們追逐利益的欲望與空間；武帝接收其先祖積累的豐厚產業，並利用這些產業向外征伐，朝廷亦隨之改換黃老治術轉而崇尚儒術，但此儒術本質在為政治服務，仁義僅是虛飾的外在，執政者運用這樣的治術使自己的掠奪與操控合理化，造成了許多不公不義；當國家的公義有了偏頗，小民百姓便將得到公正對待的希冀牽附在非官方的力量之上，加上自戰國以來俠士文化的延續，及秦末豪傑的典範形象，漢代崇俠、尚俠的情懷甚為高昂，司馬遷身處於這樣的時代風氣中，一方面接收世風時俗的薰染，一方面也對其提出檢討與批判，這些都對他的義利觀形成有著深遠的影響。以下將漢初時代風氣分為爭逐利益、虛飾仁義和欣慕豪俠三方面，來探討司馬遷的義利觀基礎。

一、逐利輕義

漢代初年的統治者有見於秦末戰亂，使得「丈夫從軍旅，老弱轉糧饟，

〔註166〕陳桐生《中國史官文化與史記》，頁121。
〔註167〕陳桐生《中國史官文化與史記》，頁121。
〔註168〕韓兆琦《史記博議》，頁168。

作業劇而財匱，自天子不能具鈞駟，而將相或乘牛車，齊民無藏蓋」〔註169〕，
「黎民得離戰國之苦，君臣俱欲休息乎無爲」〔註170〕，所以在經濟、社會上
採取與民生息的治民策略，高祖丞相蕭何、曹參治理國政，「用黃老術」、「清
靜極言合道」〔註171〕；「惠帝垂拱，高后女主稱制，政不出房戶，天下晏然。
刑罰罕用，罪人是希。民務稼穡，衣食滋殖」〔註172〕；孝文帝「除誹謗，去
肉刑，賞賜長老，收恤孤獨，以育羣生。減嗜欲，不受獻，不私其利也。罪
人不帑，不誅無罪。除肉刑，出美人，重絕人之世」。〔註173〕對外政治上，面
對外患匈奴，漢初統治者統一採取息事寧人的和親策略。呂后時「單于嘗爲
書嫚呂后，不遜」〔註174〕，呂后忍讓而做出和親的決定；文帝時曾與匈奴有
過衝突，不過那是在匈奴「謀入邊爲寇，攻朝邪塞，殺北地都尉卬」〔註175〕
之後，不然文帝總是秉持「計社稷之安，便萬民之利」，以及「全天下元元之
民」〔註176〕的原則與匈奴以和親方式結兄弟之好。由於無爲而治、網漏吞舟
的政治方針，漢初百姓有餘力、有膽量去追求自身財富的富厚，是以：

> 漢興七十餘年之間，國家無事，非遇水旱之災，民則人給家足，都
> 鄙廩庾皆滿，而府庫餘貨財。京師之錢累巨萬，貫朽而不可校。太
> 倉之粟陳陳相因，充溢露積於外，至腐敗不可食。〔註177〕

原本「自天子不能具鈞駟，而將相或乘牛車，齊民無藏蓋」〔註178〕的情形，
也被「眾庶街巷有馬，阡陌之閒成羣，而乘字牝者儐而不得聚會，守閭閻者
食粱肉，爲吏者長子孫，居官者以爲姓號」〔註179〕所取代。賈誼《新書·時
變》對當時世風有細部的描繪：

> 今俗侈靡，以出相驕，出倫踰等，以富過其事相競。今世貴空爵而
> 賤良，俗靡而尊姦富。民不爲姦而貧，爲里罵；廉吏釋官，而歸爲

〔註169〕《史記》卷三十〈平準書〉，頁1417。
〔註170〕《史記》卷九〈呂太后本紀〉，頁412。
〔註171〕《史記》卷五十四〈曹相國世家〉，頁2029、2031。
〔註172〕《史記》卷九〈呂太后本紀〉，頁412。
〔註173〕《史記》卷十〈孝文本紀〉，頁436。
〔註174〕《史記》卷一百〈季布欒布列傳〉，頁2730。
〔註175〕《史記》卷十〈孝文本紀〉，頁428。
〔註176〕《史記》卷十〈孝文本紀〉，頁431。
〔註177〕《史記》卷三十〈平準書〉，頁1420。
〔註178〕《史記》卷三十〈平準書〉，頁1419。
〔註179〕《史記》卷三十〈平準書〉，頁1420。

邑笑；居官敢行姦而富，爲賢吏；家處者犯法爲利，爲材士。故兄
勸其弟，父勸其子，則俗之邪至於此矣。〔註180〕

社會價值觀以富貴爲高尚，貧窮爲可恥，故人人「有知盡能索耳，終不餘力
而讓財」。〔註181〕司馬遷生在這樣環境裡，爭逐利的社會風氣促使他去思考
物質利益與道德倫理間的相關問題，因而衍生出肯定求利和斥責勢利的思
想。司馬遷面對「天下熙熙，皆爲利來；天下壤壤，皆爲利往」〔註182〕、「各
勸其業，樂其事，若水之趨下，日夜無休時」〔註183〕的情形，他發現「富
者，人之情性，所不學而俱欲者也」〔註184〕，各地的物產和資源皆是「人
民所喜好，謠俗被服飲食奉生送死之具」〔註185〕，進一步又覺知「人富而
仁義附焉」〔註186〕，亦即好利不僅是人之本性，同時也是爲了滿足生活之
所需，更是人能好義的基礎，所以利益的追求有它的正當性存在，而不應當
阻擋之，所以司馬遷鼓勵人們追求財富。不過司馬遷鼓勵的對象是庶民百
姓，目的是維持生活的基本條件，而非鼓勵貴族諸侯奢侈華靡，故司馬遷對
如吳王濞「招致顚下亡命者，盜鑄錢，煮海水爲鹽」〔註187〕、梁孝王「築
東苑，方三百餘里。廣睢陽城七十里。大治宮室，爲複道，自宮連屬於平臺
三十餘里」，又「多作兵器弩弓矛數十萬，而府庫金錢且百具萬，珠玉寶器
多於京師」〔註188〕、武安侯田蚡「治宅甲諸第。田園極膏腴，而市買郡縣
器物相屬於道。前堂羅鍾鼓，立曲旃；後房婦女以百數。諸侯奉金玉狗馬玩
好，不可勝數」〔註189〕等行爲，都在《史記》中表達了他的不滿。

由於社會崇尚官高祿厚，人們的行爲、思想往往趨向「勢利」，以利益爲
準則來行事，對於這樣的態度，司馬遷深惡痛絕。〈平準書〉中記漢武帝爲人
好大喜功，爲滿足自己「外攘夷狄，內興功業」的願望，連年征伐、大興土
木，導致國家財政凋敝，於是桑弘羊等「興利之臣」提出能夠彌補財政漏洞

〔註180〕〔西漢〕賈誼著，王洲明、徐超校注《賈誼集校注》（北京：人民文學出版社，
　　　　 1996 年），《新書・時變》，頁 94。
〔註181〕《史記》卷一百二十九〈貨殖列傳〉，頁 3271。
〔註182〕同上註，頁 3256。
〔註183〕同註 181，頁 3254。
〔註184〕同註 181，頁 3271。
〔註185〕同註 181，頁 3254。
〔註186〕同註 181，頁 3255。
〔註187〕《史記》卷一百六〈吳王濞列傳〉，頁 2822。
〔註188〕《史記》卷五十八〈梁孝王世家〉，頁 2083。
〔註189〕《史記》卷一百七〈魏其武安侯列傳〉，頁 2844。

的經濟政策——工商官營、入粟補官、輸金贖罪、變更幣制、平準諸法等，然而這些政策卻導致更大的的社會問題，宋代黃震說：

> 漢武帝五十年間，因兵革而財用耗，因財用而刑罰酷，沸四海而爲鼎，生民無所措手足。迨至末年平準之置，則海內蕭然，戶口減半，陰奪於民之禍，於是爲極。〔註190〕

兵連不解、干戈日滋，國家因此財用困乏，朝廷對人民的徵收愈多、控制愈嚴，是以百姓「倍本多巧，姦軌弄法」〔註191〕以求生存之需，姦邪之事層出不窮，爲了能夠重整社會制序，武帝用了如張湯等酷吏以「禁奸止邪」，酷吏附和武帝心思，「所治即上意所欲罪，予監史深禍者；即上意所欲釋，與監史輕平者」〔註192〕，於是法令失衡、人人惴恐，「網密，多詆嚴，官事浸以秏廢。九卿碌碌其官，救過不贍，何暇論繩墨之外乎！」〔註193〕不僅君臣、君民之間勢利相對，人與人之交往亦然，司馬遷在《史記》中著意描寫竇嬰封魏其侯時，「諸游士賓客爭歸魏其侯」〔註194〕，後來竇嬰失勢，與之相仇的武安侯田蚡得勢，「天下吏士趨勢利者，皆去魏其歸武安」〔註195〕；「主父方貴幸時，賓客以千數，及其族死，無一人收者，唯獨洨孔車收葬之」〔註196〕；「鄭莊、汲黯始列爲九卿，廉，內行脩絜。此兩人中廢，家貧，賓客益落」〔註197〕，司馬遷在「有勢則賓客十倍，無勢則否」〔註198〕的感嘆中，表達自身對人之趨勢利的憤慨與不齒。

二、虛飾仁義

漢初在「學術發展的趨勢」、「經濟條件的不足」，與「漢初君臣沒有文化淵源」等因素〔註199〕下，採用黃老之學治天下，清代王鳴盛云：

> 漢初黃老之學極盛，君如文景，宮闈如竇太后，宗室如劉德，將相

〔註190〕〔宋〕黃震《黃氏日抄》卷四十六〈讀史一史記‧平準書〉，頁566。
〔註191〕《史記》卷一百三十〈太史公自序〉，頁3318。
〔註192〕《史記》卷一百二十二〈酷吏列傳〉，頁3139。
〔註193〕《史記》卷一百二十二〈酷吏列傳〉，頁3154。
〔註194〕《史記》卷一百七〈魏其武安侯列傳〉，頁2840。
〔註195〕《史記》卷一百七〈魏其武安侯列傳〉，頁2843。
〔註196〕《史記》卷二百一十二〈平津侯主父列傳〉，頁2962。
〔註197〕《史記》卷一百二十〈汲鄭列傳〉，頁3113。
〔註198〕《史記》卷一百二十〈汲鄭列傳〉，頁3113。
〔註199〕吳怡《中國哲學發展史》，頁271～273。

> 如曹參、陳平，名臣如張良、汲黯、鄭當時、直不疑、班嗣，處士
> 如蓋公、鄧章、黃子、楊王孫、安丘望之等皆宗之，東方朔戒子，
> 以首陽爲拙，柱下爲工，亦是宗黃老。〔註200〕

可以說「武帝之前，黃老思想一直是政治的指導思想，在社會上居於支配地位」。〔註201〕漢武帝即位初期，黃老之學還是最主要的政治思想與執政方針，原因是「竇太后好黃帝、老子言，帝及太子諸竇不得不讀《黃帝》、《老子》，尊其術」〔註202〕，待竇太后去世後，儒學才逐漸在朝廷中建立了地位。漢初到漢武帝歷經七十餘年的休養生息，國家富足安樂，於是武帝想要對國家做進一步發展，這時候崇尚「與民休息」的黃老之學便與之抵觸，於是漢武帝轉向儒學，其用意是要「貫徹『《春秋》大一統』的原則，消除『百家殊方』的情況，使『民知所從』。用現代的話來說，就是統一人民的思想」〔註203〕，以利他推動向外爭伐、向內建設的目標。漢武帝透過四個步驟確立儒學的地位：

> 第一，建元元年（前140），漢武帝採納丞相衛綰的建議，以「亂國
> 政」爲由，罷黜「治申、商、韓非、蘇秦、張儀之言」。……第二，
> 通過表彰五經，將儒生公孫弘越級提拔爲丞相等舉措來倡導儒學。
> 第三，採納董仲舒的建議「罷黜百家，獨尊儒術」，……第四，依靠
> 儒生推動改制。〔註204〕

至於武帝所推動的儒學的內容，則以董仲舒在元光三年（前132）進的天人三策爲主軸，「以《公羊春秋》爲骨幹，融合陰陽、黃老、法等各家思想，建立一個新的儒學體系，以代替黃老，成爲漢代的官方哲學思想」〔註205〕，儘管如此，「漢武帝仍然認爲董仲舒沒有抓住儒學與漢代政治的真正契合點」〔註206〕，直到公孫弘時，他「把仁義禮智與申韓法術相攪合」〔註207〕：

〔註200〕〔清〕王鳴盛《十七史商榷》（台北：藝文印書館，1965年），卷六〈司馬氏父子異尚〉，頁8右～9左。
〔註201〕許凌雲〈司馬遷思想的時代特色〉，《史學史研究》1994年第2期，頁42。
〔註202〕《史記》卷四十九〈外戚世家〉，頁1975。
〔註203〕張岱年〈漢代獨尊儒術的得失〉，《清華大學學報》第3卷第2期（1988年），頁3。
〔註204〕張強〈司馬遷與西漢學術思想〉，《學海》2004年第6期，頁38。
〔註205〕許凌雲〈司馬遷思想的時代特色〉，《史學史研究》1994年第2期，頁43。
〔註206〕方光華〈試論漢代儒學的復興〉，《西北大學學報》1995年第1期，頁59。
〔註207〕方光華〈試論漢代儒學的復興〉，《西北大學學報》1995年第1期，頁59。

> 致利除害，兼愛無私，謂之仁；明是非，立可否，謂之義；進退有
> 度，尊卑有分，謂之禮；擅殺生之柄，通壅塞之途，權輕重之數，
> 論得失之道，使遠近情僞必見於上，謂之術。〔註208〕

公孫弘這番言論有效地以仁義爲外飾擴大君權，受到武帝的讚賞，更落實了朝廷以儒學爲宗的立場。值得注意的是，武帝所崇尙的儒學已與先秦儒學不同：

> 漢武帝所尊的「儒」，其實既不是孔子的「儒」，也不是孟子的「儒」，
> 而乃是一種以儒家爲基礎，同時吸收了法家、名家、陰陽五行家等
> 各家各派觀點的一個綜合體。說得更準確一點，就是用儒家的外衣，
> 用儒家的詞語來「緣飾」、來裝點他的獨裁政治。〔註209〕

司馬遷對於孔子其人和思想十分嚮往與推崇，在《史記》〈禮書〉、〈孟子荀卿列傳〉、〈太史公自序〉中亦多有引用、評論孟子與荀子之言論，又他與西漢許多儒學大師，如：董仲舒、孔安國等有過交往，可以說對儒學是有意識的認識與涉獵；此外司馬遷的生活時間大體上與武帝在位時間相終始〔註210〕，是武帝「改良」儒學的見證人，從對先秦儒學的了解與對西漢儒學的體會，司馬遷檢視與反省當代儒學，進一步批評執政者僞飾仁義之舉，而有「何知仁義？已饗其利者爲有德」〔註211〕的譏諷。

〔註208〕〔漢〕班固著，〔唐〕顏師古注《漢書》卷二十八〈公孫弘傳〉，頁2616。

〔註209〕韓兆琦《史記通論》（桂林：廣西師範大學出版社，1996年），頁5。

〔註210〕〔清〕王國維《王國維先生全集》初編第二冊卷十一〈史林三·太史公行年考〉，頁504：「要之史公卒年雖未可遽知，然視爲與武帝相終始，當無大誤也。」中外學者亦大都以王說爲據，如梁啓超《要籍解題及讀法》，頁17、19：「遷生卒年不見於〈太史公自序〉及《漢書·司馬遷傳》。爲據〈自序〉云：『爲太史令五年而當太初元年』，張守節《正義》云：『案遷年四十二歲』，以此推算，知遷生於景帝中五年。……其卒年無考，大率在武帝末年」；張鵬一《太史公年譜》（北京：北京圖書館出版社，1999年），頁3：「今譜定史公生年以自序太初元年，張守節注以歲遷前四十二歲，司馬貞引《博物志》以遷年三十八當元封三年，上推景帝中五年爲史公生年，其卒年以《史記》記事推之在武帝崩後，與昭帝年相終始」；鄭鶴聲《司馬遷年譜》，頁105，繫司馬遷年歲共六十歲，止於昭帝始元元年乙未（西元前八六）；朱東潤《史記考索》（武漢：武漢大學出版社，2009年），頁5～6：「就此整個時期之起點而言，則曰『至於麟止』；就此整個時期之終點而言，則曰：『太初而訖』。……然在今日，必爲《史記》立一斷限，自不得不據此時期之終點而言，故曰訖於太初，此則證之本書而可信者也。」諸論雖偶有不同，但原則仍符合「與武帝相終始」之說。

〔註211〕《史記》卷一百二十四〈游俠列傳〉，頁3182。

　　司馬遷肯定儒家之忠孝節義，並認為君有君綱、臣有臣綱，但是漢武帝接連不斷的對外征戰與對內建設，造成國家財源耗損，導致武帝採用一連串「取富於民」的經濟政策來填平財政缺損，百姓受到剝奪而窮困於是挺而走險，民風因此敗壞，奸邪因而滋生，官府不得已採用酷吏嚴法以御民，這違背了儒家愛民的原則，對此司馬遷在〈平準書〉、〈酷吏列傳〉中都有較明顯的諷刺；對於君上的缺失，做為臣下的當直言進諫，但當時的大臣多逢迎媚上，司馬遷屢屢在《史記》中表現出對當世「諛儒」——公孫弘與諸酷吏的痛恨之情，他說公孫弘「為人恢奇多聞，常稱以為人主病不廣大，人臣病不儉節」，又「每朝會議，開陳其端，令人主自擇，不肯面折庭爭。於是天子察其行敦厚，辯論有餘，習文法吏事，而又緣飾以儒術，上大說之」〔註212〕，明代茅坤、清代尚鎔都認為司馬遷暗諷公孫弘「曲學阿世」〔註213〕，原因在於「君子之事君，彌縫其闕而濟其所不逮，漢武帝好大喜功，方窮奢極靡，而公孫弘乃以人主病不廣大為言，孟子所謂逢君之惡者歟」〔註214〕；此外，司馬遷在《史記》中為酷吏專傳〈酷吏列傳〉，清·張雲璈曾對司馬遷傳酷吏有過分析：「行其酷者酷吏也，而成其酷者天子也。太史公深慨焉，故于諸人之傳，一則曰『上以為能』，再則曰『上以為能』。上既能之，則深文曲法何所不至？」〔註215〕武帝以酷者為能，臣子們便想盡辦法「武健嚴酷」以附和君上，而酷吏一味苛刻慘刻果真得到武帝的欣賞，「湯每朝奏事，語國家用，日晏，天子忘食。丞相取充位，天下事皆決於湯」〔註216〕，「杜周初徵為廷史，有一馬，且不全；及身久任事，至三公列，子孫尊官，家訾累數巨萬矣」〔註217〕，

〔註212〕《史記》卷一百一十二〈平津侯主父列傳〉，頁2950。

〔註213〕〔明〕茅坤曰：「摹寫平津侯暗以曲學阿世四字為精神，故其巧為持正，而外不拂眾望，內不忤以節儉砥行，以分俸養士，其所交游，則陽善汲黯，而陰排董仲舒。」見茅坤《史記鈔》卷七十七〈平津侯主父列傳〉，收入《四庫全書存目叢書》（台南：莊嚴文化事業有限公司，1996年），史部一三八，頁380；〔清〕尚鎔曰：「公孫弘曲學阿世，以致為相封侯。」見尚鎔《史記辨證》卷九〈平津侯主父列傳〉，收入孫曉主編《二十四史研究資料彙編：史記》（成都：巴蜀書社，2011年），第五冊，頁245。

〔註214〕〔漢〕司馬遷著，〔明〕凌稚隆輯校，〔日〕有井範平補標《補標史記評林》卷一百一十二〈平津侯主父列傳〉引〔明〕康海語，頁1右。

〔註215〕〔清〕張雲璈《簡松草堂文集》卷八〈讀酷吏傳〉，收入《續修四庫全書》（上海：上海古籍出版社，2002年），一四七一·集部·別集類頁225。

〔註216〕《史記》卷一百二十二〈酷吏列傳〉，頁3140。

〔註217〕《史記》卷一百二十二〈酷吏列傳〉，頁3154。

司馬遷在〈汲鄭列傳〉中藉汲黯之口，說出酷吏的本質：

> 智足以拒諫，詐足以飾非，務巧佞之語，辯數之辭，非肯正爲天下
> 言，專阿主意。主意所不欲，因而毀之；主意所欲，因而譽之。好
> 興事，舞文法，內懷詐以御主心，外挾賊吏以爲威重。〔註218〕

他們只專意符合皇帝的心意，卻無益於國家社會，反而使「網密，多詆嚴，
官事浸以耗廢。九卿碌碌奉其官，救過不贍」〔註219〕，臣道盡失，是以司馬
遷發出「奉職循理，亦可以爲治，何必威嚴哉」〔註220〕的感嘆，表達他對酷
吏與峻法的否定。由上可見，司馬遷對當時代仁義爲虛飾的情況十分不滿。

三、欣慕豪俠

「俠」的角色出現在先秦，先秦典籍《韓非子》中有具體的討論，《八說》
載：「棄官寵交謂之有俠」、「人臣肆意陳欲曰俠」〔註221〕，《五蠹》載：「儒以
文亂法，俠以武犯禁，而人主兼禮之，此所以亂也。夫離法者罪，而諸先生
以文學取；犯禁者誅，而群俠以私劍養」〔註222〕，《顯學》載：「國平則養儒
俠」、「儒俠毋軍勞、顯而榮者則民不使」〔註223〕，以韓非子的觀點來說，先
秦之俠可歸納爲具暴力、非官方、不生產、無制序之人〔註224〕，此外他們對
國家、社會有很大的影響力，是以韓非將之列爲「五蠹」之一。

秦末漢初天下大亂，社會上失去了法度的管束，有武力的百姓群起組成
隊伍，一方面保護自己身家安全，更有甚者對秦朝發起反動，他們往往沒有
受過高度的教育或是擁有雄厚的財富，卻能夠靠著「勇力」、「義氣」而爭取
到與之共進退的群眾，漢高祖劉邦及其親附的形象與事蹟就是最好的證明。
《史記‧高祖本紀》中載劉邦出身於百姓之家，「不事家人生產作業。及壯，
試爲吏，爲泗水亭長，廷中吏無所不狎侮。好酒及色」〔註225〕，平日游手好

〔註218〕《史記》卷一百二十〈汲鄭列傳〉，頁3110。

〔註219〕《史記》卷一百二十二〈酷吏列傳〉，頁3154。

〔註220〕《史記》卷一百二十二〈酷吏列傳〉，頁3099。

〔註221〕〔戰國〕韓非著，陳奇猷校注《韓非子集釋》（台北：華正書局，1987年），
卷十八〈八說〉第四十七，頁972、977。

〔註222〕〔戰國〕韓非著，陳奇猷校注《韓非子集釋》卷十九〈五蠹〉第四十九，頁
1057。

〔註223〕〔戰國〕韓非著，陳奇猷校注《韓非子集釋》，卷十九〈顯學〉第五十，頁
1095。

〔註224〕韓雲波〈試論先秦游俠〉，《貴州大學學報》1994年第2期，頁21～22。

〔註225〕《史記》卷八〈高祖本紀〉，頁342～343。

閒不事生產，當了官又行事不端正，且因為自己沒有生活能力，「時時與賓客過巨嫂食」〔註226〕，讓嫂嫂很看不起他。但是劉邦為人「仁而愛人，喜施，意豁如也。常有大度」〔註227〕，所以當他高舉反秦大旗時，許多人願意受到他的招攬，這樣粗豪、爽直的氣質縱使到劉邦當上皇帝之後都沒有太大的改變。劉邦雖出身不高，但依著他的個人魅力，得到了許多才智之士的效力，這些人的家世不一，高至宰相之後，如：「大父、父五世相韓」的張良，低至販夫走卒之流，如：「以屠狗為事」的樊噲，都是楚漢相爭之際劉邦倚重的人物，他們雖出身有高低之差，但做為劉邦的親附，他們都有著俠義的特質。留侯張良，其先韓人，韓國被秦國所滅後，「弟死不葬，悉以家財求客刺秦王，為韓報仇」〔註228〕，後來因刺殺秦始皇失敗，「居下邳，為任俠」〔註229〕，庇護了殺人闖禍的項伯；安國侯王陵，「少文，任氣，好直言」〔註230〕，王陵對劉邦忠心耿耿，不惜得罪諸呂，以維護「非劉氏不得王」之約；彭越，反秦前「漁鉅野澤中，為羣盜」〔註231〕，在項羽分封諸侯後，彭越率三萬多人歸漢；淮陰侯韓信，「始為布衣時，貧無行，不得推擇為吏，又不能治生商賈，常從人寄食飲，人多厭之者」〔註232〕，又因為他平日「好帶刀劍」表現出一副「大俠」的模樣，曾招惹到鄉里間的地痞流氓，「及項梁渡淮，信杖劍從之」〔註233〕，但不得重用，於是歸順漢王，成為漢初三傑之一，韓信門客蒯通看透劉邦「可共患難，不可同享樂」的性格，便游說韓信反漢中立，與楚、漢參分天下，韓信顧及義氣而曰：「漢王遇我甚厚，載我以其車，衣我以其衣，食我以其食。吾聞之，乘人之車者載人以患，衣人之衣者懷人以憂，食人之食者死人之事，吾豈可以鄉利倍義乎」〔註234〕；舞陽侯樊噲，「以屠狗為事，與高祖俱隱」〔註235〕，劉邦在鴻門宴上受到項羽的責難以及項莊的襲擊，樊噲聽聞後立即「持鐵盾入到營」、「直撞入」以護主，對於項羽賜卮酒彘肩，樊噲「既飲酒，拔劍切肉食，盡之」〔註236〕，

〔註226〕《史記》卷五十〈楚元王世家〉，頁1987。
〔註227〕《史記》卷八〈高祖本紀〉，頁342。
〔註228〕《史記》卷五十五〈留侯世家〉，頁2033。
〔註229〕《史記》卷五十五〈留侯世家〉，頁2036。
〔註230〕《史記》卷五十六〈陳丞相世家〉，頁2059。
〔註231〕《史記》卷九十〈魏豹彭越列傳〉，頁2591。
〔註232〕《史記》卷九十二〈淮陰侯列傳〉，頁2609。
〔註233〕《史記》卷九十二〈淮陰侯列傳〉，頁2610。
〔註234〕《史記》卷九十二〈淮陰侯列傳〉，頁2624。
〔註235〕《史記》卷九十五〈樊酈滕灌列傳〉，頁2651。
〔註236〕《史記》卷九十五〈樊酈滕灌列傳〉，頁2654。

連項羽都大讚其為壯士；曲周侯酈商亦是豪俠之士，「陳勝起時，商聚少年東西略人，得數千。沛公略地至陳留，六月餘，商以將卒四千人屬沛公於歧」〔註237〕；除了上述人物，丞相曹參、絳侯周勃、趙王張耳、長安侯盧綰、陽陵侯傅寬、信武侯靳歙、蒯成侯周緤，也都是出身草莽慕劉邦之義而聚附。劉邦與其部眾「雖故賤，然已席卷千里，南面稱孤，喋血乘勝日有聞矣」〔註238〕，作為皇帝與高官重臣，因為任俠而得天下、享富貴，使得漢代百姓對俠士、俠義有著莫大的鼓舞與崇拜。《史記·游俠列傳》中說，自西漢初年朱家等人之後，「為俠者極眾」〔註239〕，風氣之甚，讓漢武帝必須做出限制養士、遷徙豪強和任用酷吏以禁俠〔註240〕之舉。近年來出土材料也印證了漢初人民對俠士的崇拜〔註241〕，由此可見俠文化在西漢時期得到高度的發展。

司馬遷受到俠風的影響而心嚮往之，故先後撰寫了〈刺客列傳〉和〈游俠列傳〉來表達他對俠義精神的崇敬，刺客為了知己之人能夠不惜生命、知恩圖報，曹沫為魯君挾持齊桓公、專諸為公子光殺吳王僚、豫讓以毀身報智伯國士之遇、聶政為嚴仲子刺韓相俠累、荊軻回報田光、燕太子丹的看重而

〔註237〕《史記》卷九十五〈樊酈滕灌列傳〉，頁2660。

〔註238〕《史記》卷九十〈魏豹彭越列傳〉，頁2595。

〔註239〕《史記》卷一百二十四〈游俠列傳〉，頁3188。

〔註240〕《史記·衛將軍驃騎列傳》中蘇建告訴司馬遷：「吾嘗責大將軍至尊重，而天下之賢大夫毋稱焉，願將軍觀古名將所招選擇賢者，勉之哉」，衛青回答他：「自魏其、武安之厚賓客，天子常切齒。彼親附士大夫，招賢絀不肖者，人主之柄也。人臣奉法遵職而已，何與招士！」由此可見武帝心跡，頁2946；〔漢〕班固著，〔唐〕顏師古注《漢書》卷六〈武帝紀〉，載武帝於建元三年（前138）春「賜徙茂陵者戶錢二十萬，田二頃」，頁158，元朔二年（前127年）夏「又徙郡國豪傑及訾三百萬以上于茂陵」，包括郭解等人，頁170，元狩五年（前118）「徙天下奸猾吏民於邊」，頁179，元封六年（前105）「赦京師亡命令從軍」，頁198，天漢二年（前99）詔關都尉「今豪傑多遠交，依東方群盜。其謹察出入者」，頁204，太始元年（前96）「徙郡國吏民豪傑於茂陵、雲陵」，頁205；根據《史記·酷吏列傳》，周陽由「所居郡，必夷其豪」，頁3135，義縱「遷為河內都尉，至則族滅豪穰氏之屬」，頁3145，王溫舒「捕郡中豪猾，郡中豪猾相連坐千餘家」，頁3148，皆表示武帝朝對豪俠之士的有意打擊。

〔註241〕程浩〈從南陽漢代畫像磚石圖像看漢代任俠風尚〉指出河南南陽是現今漢代畫像磚石出土較多的地區，大陸至2008年12月於南陽地區發現漢代畫像石墓47座，「其中有『二桃殺三士』、『荊軻刺秦王』、『聶政自屠』、『專諸刺王僚』等俠義故事畫像的5座」；磚墓48座，「其中有『二桃殺三士』等俠義故事畫像的4座」，可見俠義故事是漢代流行的話題，並且受到相當的崇拜，以至於成為墓葬裝飾的一部分，載《開封大學學報》第22卷第4期（2008年），頁11。

刺秦，對此司馬遷讚美道：「自曹沬至荊軻五人，此其義或成或不成，然其立意較然，不欺其志，名垂後世，豈妄也哉」〔註242〕；至於游俠，司馬遷評價之：「救人於総振人不贍，仁者有乎；不既信，不倍言，義者有取焉」〔註243〕，他描寫魯地朱家「藏活豪士以數百，其餘庸人不可勝言」、「專趨人之急，甚己之私」，軹人郭解「振人之命，不矜其功」、善於替人排解糾紛，雒陽劇孟「周人以商賈爲資」，及其死「家無餘十金」，他們都成爲閭里間崇揚的人物〔註244〕，甚至能顯名於諸侯之間，如條侯周亞夫就曾說：「七國反，吾乘傳至此，不自意全。又以爲諸侯已得劇孟，劇孟今無動。吾據滎陽，以東無足憂者」〔註245〕，事實上刺客與游俠的行爲往往「不軌於正義」，但司馬遷認爲他們「其言必信，其行必果，已諾必誠，不愛其軀，赴士之阨困，既已存亡死生矣，而不矜其能，羞伐其德，蓋亦有足多者焉」〔註246〕，可以看出司馬遷對俠義精神的頌揚與肯定。

　　司馬遷身爲史官之後，他家學廣遠、學識淵博，又受到國君高度賞識，因此他以士自任，對國家、天下有著極大的使命與抱負，面對當時爭逐利益、虛飾仁義的社會風氣，他雖有心改變與矯正，卻遭逢宮刑導致身有殘缺，失去了發揮的舞台與機會，是以他一方面將自身抱負展現於《史記》的寫作當中，一方面亦不諱言自己對豪俠的欣慕，在他們身上寄託公平、正義的想望。從胸懷大志、慷慨報國到隱忍著書、立功盡孝，這些經歷深深的影響了司馬遷的思想，促使司馬遷從不同的角度看待義、利的問題，不單純將義利對立，而能從政治、經濟、社會、人情等方面建構出他獨特的義利觀點。

〔註242〕《史記》卷八十六〈刺客列傳〉，頁 2538。
〔註243〕《史記》卷一百三十〈太史公自序〉，頁 3318。
〔註244〕事詳《史記》卷一百二十四〈游俠列傳〉，頁 3184～3187。
〔註245〕《史記》卷一百六〈吳王濞列傳〉，頁 2831。
〔註246〕《史記》卷一百二十四〈游俠列傳〉，頁 3181。

第四章 司馬遷義利觀之開展

　　司馬遷的義利觀吸收先秦諸子義利思想而有所融會，並在生命體驗、個體價值和時代風氣等因素的影響下，呈現出一種兼容並蓄又深具特色的義利觀點。本章將分四小節——義利並重、斥責勢利、稱揚有義、義以爲上，層次分析司馬遷面對義利問題的態度與看法。

第一節　義利並重

　　班固批評司馬遷「述貨殖則崇勢利而羞賤貧」〔註1〕，姑且不論這樣的評斷是否公允，但它表現出司馬遷對於「利」的重視，不過在重利的同時，司馬遷又稱揚道德節義，是以在義利問題上可以知道司馬遷是義、利兩者兼重的，以下將分爲義者宜也、利就是義以及鼓勵求富三部分來檢視司馬遷對義、利的定義與思想。

一、義者宜也

　　司馬遷欣慕孔子並承繼孔子以來的儒家思想，其「考信於六藝，折中於夫子」，「以孔子之言論作爲褒貶人物的一個尺度」〔註2〕，對於儒家所強調的仁、義、禮、智、信、忠、孝等道德觀念，不但樂於接受並且將之展現在《史記》的撰寫中。〈孝文本紀〉寫漢文帝「蠲除肉刑，開通關梁，廣恩博施」之仁；〈魯周公世家〉寫周公「憤發文德」、「輔翼成王」之義；寫〈禮

〔註1〕　〔漢〕班固著，〔唐〕顏師古注《漢書》卷六十二〈司馬遷傳〉，頁2738。
〔註2〕　張大可〈論史記取材〉，《甘肅社會科學》1983年第5期，頁70。

書〉，記「三代之禮」以「協古今之變」，寫〈孟子荀卿列傳〉以「明禮義之統紀」〔註3〕；寫〈廉頗藺相如列傳〉記藺相如之智勇雙全；在〈吳太伯世家〉、〈鄭世家〉、〈晉世家〉、〈趙世家〉中敘季札、韓厥、荀息、肥義之信；在〈殷本紀〉、〈屈原賈生列傳〉、〈田單列傳〉中述比干、屈原、王蠋之忠；又鋪陳晉公子申生、秦公子扶蘇之孝於〈晉世家〉和〈李斯列傳〉中；讚美堯、舜、吳太伯、伯夷之讓於〈五帝本紀〉、〈吳太伯世家〉和〈伯夷列傳〉中。上述之例皆能說明司馬遷對於道德倫理的肯定與褒揚。值得注意的是，司馬遷對於「義」的理解與界定不僅只代表傳統之道德規範，從他支持「正義之戰」、主張「忍辱復仇」以及崇尚「不欺其志」的思想來看，他的「義」解釋爲「合宜的表現」會更爲的貼切。「義」字古作「儀」，「義之本訓謂禮容各得其宜，禮容得宜則善矣」〔註4〕，後世衍生出「義者，宜也」〔註5〕的解釋，而《史記》中的義字即包含了禮義道德以及適宜合宜的意思。

（一）爲義而戰

《論語・衛靈公》記衛靈公問陣於孔子，孔子答曰：「俎豆之事，則嘗聞之矣；軍旅之事，未之學也」〔註6〕，《孟子・盡心下》寫孟子批評「我善爲陳，我善爲戰」爲「大罪」，孔子避談戰爭，孟子非議戰爭，原因在於儒家認爲「國君好仁，天下無敵焉」〔註7〕，也就是仁義的力量足以穩定世事，所以儒家基本上是避免戰爭的；墨家學說起於社會低階層，而戰爭的主要攻擊者與犧牲者是平民百姓，故墨家直接在學說中提出「非攻」來駁斥戰爭；道家避世，講求「聖人之道，爲而不爭」〔註8〕、「無攻戰之亂，無殺戮之刑」〔註9〕，而戰爭的本質即是爭奪，因此道家對於戰爭當也是不肯定的。可以說先秦諸家中至少有三家是不希望興起戰爭的，司馬遷也認同這樣的思想，

〔註3〕　《史記》卷一百三十〈太史公自序〉，頁3314。

〔註4〕　〔東漢〕許慎著，〔清〕段玉裁注《說文解字注》，頁638。

〔註5〕　〔春秋〕左丘明著，（三國）韋昭注《國語》（台北：廣文書局，1972年），卷三〈周語下〉，頁68：「義，宜也」；〔漢〕戴聖編，陸貫逵總勘，高時顯、吳汝霖同輯校《名家斷句十三經古注・禮記》卷十六〈中庸〉，頁1078，引孔子曰：「義者宜也」、〔東漢〕劉熙著，〔清〕畢沅疏證，王先謙補《釋名疏證補》卷四〈釋言語〉，頁110：「義，宜也，裁制事物使合宜也」，皆爲「義」作「宜」解之例。

〔註6〕　〔南宋〕朱熹著《四書集註・論語》卷八〈衛靈公〉第十五，頁369。

〔註7〕　〔南宋〕朱熹著《四書集註・孟子》卷十四〈盡心章句下〉，頁887。

〔註8〕　〔春秋〕老聃著，〔魏〕王弼注《老子王弼注》下篇第八十一章，頁109。

〔註9〕　〔戰國〕莊周著，郭慶藩集釋《莊子集釋》卷〈達生〉第十九，頁636。

例如：他讚美古公亶父不願「殺人父子而君之」〔註10〕，而避地薰育戎狄，以及稱揚孝文帝與匈奴「俱棄細過，偕之大道，結兄弟之義，以全天下之元元之民」〔註11〕而和親止戰，不過司馬遷對戰爭沒有全然的否定，他認為戰爭亦可以是一種「除暴」的手段，而除暴是一種義的表現，所謂「有道伐無道」，對於能夠行義的人物，司馬遷做了很大的讚美，如：〈五帝本紀〉寫黃帝時「諸侯相侵伐，暴虐百姓」〔註12〕，其中又以蚩尤最為暴，「於是黃帝乃徵師諸侯，與蚩尤戰於涿鹿之野」〔註13〕，最後黃帝滅掉蚩尤成為天子，使百姓恢復寧居，是以司馬遷在〈太史公自序〉中稱頌黃帝的「厥美帝功」〔註14〕；又如：商湯伐夏桀，司馬遷先鋪陳夏朝末年諸帝之荒淫無道：「帝孔甲立，好方鬼神，事淫亂」〔註15〕、「桀不務德而武傷百姓，百姓弗堪」〔註16〕，再陳述「湯修德，諸侯皆歸湯」〔註17〕的民心歸向，最後帶出商湯征伐夏朝是眾望所歸；周文王、周武王之伐殷亦然，商朝末代君主紂王「好酒淫樂，嬖於婦人」〔註18〕，是以「百姓怨望而諸侯有畔者」〔註19〕，諸侯中西伯能夠修德行善，於是「諸侯多叛紂而往歸西伯」〔註20〕，西伯死後武王東伐殷商，殺商紂、妲己，「釋箕子之囚，封比干之墓，表商容之閭」，「封紂子武庚、祿父，以續殷祀，令修行盤庚之政」〔註21〕，結果「殷民大說」，周武王成為天子；後來秦以武力併天下，秦始皇與二世又是「先詐力而後仁義，以暴虐為天下始」〔註22〕之徒，是以「姦偽並起，而上下相遁，蒙罪者眾，刑戮相望於道，而天下苦之」〔註23〕，於是人民群起反抗，而「初作難，發於陳涉；虐戾滅秦，自項氏」〔註24〕，因此司馬遷在〈太史公自序〉中表達

〔註10〕《史記》卷四〈周本紀〉，頁114。
〔註11〕《史記》卷十〈孝文本紀〉，頁431。
〔註12〕《史記》卷一〈五帝本紀〉，頁3。
〔註13〕《史記》卷一〈五帝本紀〉，頁3。
〔註14〕《史記》卷一百三十〈太史公自序〉，頁3301。
〔註15〕《史記》卷二〈夏本紀〉，頁86。
〔註16〕《史記》卷二〈夏本紀〉，頁88。
〔註17〕《史記》卷二〈夏本紀〉，頁88。
〔註18〕《史記》卷三〈殷本紀〉，頁105。
〔註19〕《史記》卷三〈殷本紀〉，頁106。
〔註20〕《史記》卷三〈殷本紀〉，頁107。
〔註21〕《史記》卷三〈殷本紀〉，頁108。
〔註22〕《史記》卷六〈秦始皇本紀〉引賈誼〈過秦〉語，頁283。
〔註23〕《史記》卷六〈秦始皇本紀〉引賈誼〈過秦〉語，頁284。
〔註24〕《史記》卷十六〈秦楚之際月表〉，頁759。

他對項、陳二人之肯定，他說：「秦失其道，豪桀并擾；項梁業之，子羽接之」〔註25〕、「秦失其政，而陳涉發跡，諸侯作難，風起雲蒸，卒亡秦族。天下之端，自涉發難」〔註26〕，刻意突顯項、陳二人滅秦、反秦之功，並將之破格寫在本紀與世家之中〔註27〕；項羽雖然滅除暴秦，但其為人殘忍暴虐，楚漢之際，為謀權而殺宋義、逐義帝，破秦之後，「殺子嬰及秦諸公子宗族。遂屠咸陽，燒其宮室，虜其子女，收其珍寶貨財，諸侯共分之」〔註28〕，又將秦降卒二十餘萬皆阬之，所以司馬遷說：「子羽暴虐，漢行功德；憤發蜀漢，還定三秦；誅籍業帝，天下惟寧」〔註29〕，將劉邦攻伐項羽視為「扶義征伐」〔註30〕，是「撥亂誅暴，平定海內」〔註31〕的正義之舉。

（二）恩仇必報

《論語・公冶長》中，孔子讚美伯夷、叔齊「不念舊惡，怨是用希」〔註32〕，認為人當「以直報怨」〔註33〕，而非以怨報怨；孟子講：「君子不怨天，不尤人」〔註34〕，又說：「仁則榮，不仁則辱，今惡辱而居不仁，是猶惡濕而居下也」〔註35〕，並且稱讚舜對於想要謀殺他的弟弟「不藏怒焉，不宿怨焉，親

〔註25〕 《史記》卷一百三十〈太史公自序〉，頁3302。
〔註26〕 《史記》卷一百三十〈太史公自序〉，頁3310～3311。
〔註27〕 《史記》體例，〔南朝宋〕范曄著，〔唐〕李賢等注《後漢書》（北京：中華書局，1965年），卷四十上〈班彪傳〉中，頁1327，記班彪之言：「司馬遷序帝王則曰本紀，公侯傳國則曰世家，卿士特起則曰列傳。」不過項羽不帝卻列為本紀、陳涉不傳卻列為世家，對此〔明〕郝敬曰：「本紀、世家、列傳之義，竊比《春秋》。故項羽未帝，亦為本紀；陳涉忽亡，亦為世家。」見郝敬《史記愚按》卷三，轉引自張大可、安平秋、俞樟華主編《史記研究集成》第六卷《史記集評》，頁92。〔清〕袁枚亦曰：「《史記》有意褒貶。如進項羽為本紀，陳涉為世家。」見袁枚《隨園隨筆》（台北：台北書局，1957年），卷二〈史記體例未備〉頁3左。上述論點認為司馬遷藉由體例之安排以喻其對人物之褒貶之意，雖趙生群〈史記體例平議〉（上）提出辯駁：「作者對人物固然有褒有貶，但與體例編排無關」，載《南京師大學報》1993年第3期，頁63，但體例喻褒貶之說由來已久，說法亦有可信之處，故此處保留此說，其餘問題留待專家學者更深入之研究探討。
〔註28〕 《史記》卷六〈秦始皇本紀〉，頁275。
〔註29〕 《史記》卷一百三十〈太史公自序〉，頁3302。
〔註30〕 《史記》卷一百三十〈太史公自序〉，頁3303。
〔註31〕 《史記》卷十六〈秦楚之際月表〉，頁759。
〔註32〕 〔南宋〕朱熹著《四書集註・論語》卷三〈公冶長〉第五，頁194。
〔註33〕 〔南宋〕朱熹著《四書集註・論語》卷七〈憲問〉第十四，頁361。
〔註34〕 〔南宋〕朱熹著《四書集註・孟子》卷四〈公孫丑章句下〉，頁587。
〔註35〕 〔南宋〕朱熹著《四書集註・孟子》卷三〈公孫丑章句上〉，頁548。

愛之而已矣」〔註36〕；荀子說：「怨人者窮，怨天者無志」〔註37〕，並且稱誦
堯、舜在推舉賢人上能「外不避仇，內不阿親賢者」〔註38〕，由此可見儒家
以「仁」爲中心，不贊成人之相仇與互鬥。墨家講兼愛、非攻，《墨子·號
令》中記：「守入臨城，必謹問父老，吏大夫，諸有怨仇讎不相解者，召其
人，明白爲之解之」〔註39〕，顯示墨家將解除仇恨視爲重要的工作在執行。
道家尙無爲自然，以一種淡然的心態看待人世間的事件與情感，是以《莊子·
天道》中說：「知天樂者，無天怨，無人非，無物累，無鬼責」〔註40〕，《道
德經·第六十三章》中曰：「爲無爲，事無事，味無味。大小多少，報怨以
德」〔註41〕，對於怨怒、仇恨都坦然接受而後釋懷。法家重法講律令，戒私
鬥，禁游俠，因此對於復仇的行爲亦不認同。

　　《史記》所記載之復仇故事、事件甚多，大致可分爲宗法復仇、個人復仇、
家國復仇三方面〔註42〕，宗法復仇是指「復仇信念和宗法血緣關係結合起來的
復仇」〔註43〕，如：〈秦本紀〉中世父欲向犬戎報殺大父秦仲之仇〔註44〕、〈吳
太伯世家〉中吳王夫差伐越爲其父闔閭報仇〔註45〕、〈齊太公世家〉中齊襄
公滅紀，復九世之仇〔註46〕、〈趙世家〉中趙氏孤兒趙武殺屠岸賈報滅族之

〔註36〕〔南宋〕朱熹著《四書集註·孟子》卷十〈萬章章句上〉，頁729。
〔註37〕〔戰國〕荀子著，北大哲學系注釋《荀子新注》〈榮辱〉四，頁48。
〔註38〕〔戰國〕荀子著，北大哲學系注釋《荀子新注》〈成相〉二十五，頁499。
〔註39〕〔春秋〕墨翟著，〔清〕孫詒讓注，〔日〕小柳司氣太校訂《墨子閒詁》卷十
　　　　五〈號令〉，頁33。
〔註40〕〔戰國〕莊周著，郭慶藩集釋《莊子集釋》卷五中〈天道〉第十三，頁462。
〔註41〕〔春秋〕老聃著，〔魏〕王弼注《老子王弼注》下篇第六十三章，頁91。
〔註42〕林慧君將史記復仇故事分爲「爲己、爲親人」兩類。見林慧君《史記中的復
　　　　仇書寫》（台北：國立政治大學中等學校教師在職進修班碩士論文，2007年），
　　　　頁30～106；潘法寬則討論較廣泛而分爲「宗法、個人、家國、士林」四類。
　　　　見潘法寬《史記中的復仇故事和司馬遷的復仇觀》，頁3～5；陳玲則分爲「個
　　　　人、親族、君國」三類。見陳玲《論史記恩仇主題》（武漢：華中師範大學古
　　　　典文學碩士論文，2009年），頁11～16。由於司馬遷談論士林復仇是在「士
　　　　爲知己者死」的基礎之上，故此處去除士林一類，採用較爲周全的潘說作爲
　　　　標題來討論。
〔註43〕潘法寬《史記中的復仇故事和司馬遷的復仇觀》，頁3。
〔註44〕事詳《史記》卷五〈秦本紀〉，頁178～179。
〔註45〕事詳《史記》卷三十一〈吳太伯世家〉，頁1468～1469。
〔註46〕據《史記》卷三十二〈齊太公世家〉，頁1481：「（齊）哀公時，紀侯譖之周，
　　　　周烹哀公而立其弟靜，是爲胡公」，至齊襄公時伐紀，使紀搬離原來的所居地，
　　　　其間共經歷九位國君，故稱「復九世之仇」。

仇〔註47〕、〈伍子胥列傳〉寫伍子胥掘王墓、鞭王屍爲父兄報仇〔註48〕、〈魏
公子列傳〉寫如姬依信陵君之力報殺父之仇〔註49〕、〈李將軍列傳〉記李敢
擊衛青爲父親李廣報仇〔註50〕，以及霍去病爲舅父衛青報仇而射殺李敢、〈淮
南衡山列傳〉載淮南王劉安欲爲淮南厲王報仇。〔註51〕個人復仇指「因爲一
己私怨而採取的個體報復行爲」〔註52〕，如：〈晉世家〉中晉文公歸國繼位
後，出兵曹國以報曹共公不禮之仇〔註53〕、〈孫子吳起列傳〉寫孫臏計殺龐
涓以報其斷足黥面之仇〔註54〕、〈張儀列傳〉記張儀屢次謀楚，以報楚相鞭
笞之仇〔註55〕、〈范雎蔡澤列傳〉中范雎爲秦相後逼殺魏相魏齊、汙辱魏大
夫須賈以報前辱之仇。〔註56〕至於家國復仇，其「復仇形式已超越家族和個
人恩怨的範圍」〔註57〕，如：〈項羽本紀〉中項梁、項羽爲楚國及其先祖項燕
復仇、〈燕召公世家〉及〈樂毅列傳〉記燕昭王伐齊，報齊殺燕王噲之仇〔註58〕、
〈越王句踐世家〉中句踐臥薪嘗膽報吳滅國之仇〔註59〕、〈留侯世家〉寫張
良狙擊始皇、助漢反秦以報韓國被滅之仇〔註60〕、〈刺客列傳〉中荊軻爲燕
太子丹刺殺秦王，報秦幾滅燕之仇〔註61〕、〈匈奴列傳〉記漢武帝伐匈奴，
報高祖平城之恥與貽書呂后之辱。〔註62〕不同於先秦典籍的單純陳述史事，
司馬遷在書寫這些復仇事件時，往往在史實上「進行合理必要的想像與虛

〔註47〕 事詳《史記》卷四十三〈趙世家〉，頁1783～1785。
〔註48〕 事詳《史記》卷六十六〈伍子胥列傳〉，頁2172～2176。
〔註49〕 事詳《史記》卷七十七〈魏公子列傳〉，頁2380。
〔註50〕 事詳《史記》卷一百九〈李將軍列傳〉，頁2876。
〔註51〕 〈淮南衡山列傳〉中記淮南厲王爲孝文帝所誅，其子淮南王劉安後起而反抗朝
廷，故言其爲父報仇。事詳《史記》卷一百一十八〈淮南衡山列傳〉，頁3075
～3094。
〔註52〕 陳玲《論史記恩仇主題》，頁11。
〔註53〕 事詳《史記》卷三十九〈晉世家〉，頁1658～1659、1664。
〔註54〕 事詳《史記》卷六十五〈孫子吳起列傳〉，頁2162～2164。
〔註55〕 事詳《史記》卷七十〈張儀列傳〉，頁2280～2281。
〔註56〕 事詳《史記》卷七十九〈范雎蔡澤列傳〉，頁2401～2402、2413～2416。
〔註57〕 潘法寬《史記中的復仇故事和司馬遷的復仇觀》，頁4。
〔註58〕 事詳《史記》卷三十四〈燕召公世家〉，頁1555～1558，卷八十〈樂毅列傳〉，
頁2428。
〔註59〕 事詳《史記》卷四十一〈越王句踐世家〉，頁1740～1746。
〔註60〕 事詳《史記》卷五十五〈留侯世家〉，頁2033～2036。
〔註61〕 《史記》卷八十五〈刺客列傳〉，頁2526～2535。
〔註62〕 事詳《史記》卷一百十〈匈奴列傳〉，頁2895～2917。

構」、「透露一種悲壯昂揚、憤激蒼涼之情」〔註63〕，表達他「對復仇人物的偏愛」〔註64〕，由此可見司馬遷並不全然否定復仇的行爲，甚至可以說司馬遷對於能夠復仇雪恥的精神有著崇敬之意。

　　另一方面，司馬遷亦十分讚許能夠知恩圖報之人，縱使報答的方式不見得符合傳統之道德倫理。如：〈秦本紀〉載秦繆公之善馬被「岐下野人」給吃了，繆公不僅沒有責罰他們，還賜酒給他們，以其「君子不以畜產害人。吾聞食善馬肉不飲酒，傷人」。後來秦晉交戰，「三百人者聞秦擊晉，皆求從，從而見繆公窘，亦皆推鋒爭死，以報食馬之德」〔註65〕；〈項羽本紀〉中錄項伯爲報張良從前救命之恩，背負叛主的罪名前去警示張良，欲與其一同逃走〔註66〕；〈晉世家〉寫晉宰夫示眯明因受趙盾贈食之恩，當晉靈公欲殺趙盾時，他反擊靈公之囓狗與伏士〔註67〕；〈楚世家〉記楚靈王謀殺姪子奪得王位，在位時耽於逸樂，昏庸無能，導致眾叛親離，流落山野，芊尹申無宇之子申亥知道後，以「吾父再犯王命，王弗誅，恩孰大焉」之由，找到靈王，並善爲侍奉，靈王死時，申亥還以二女從死，并葬之〔註68〕；〈范雎蔡澤列傳〉寫范雎成爲秦相後，向秦昭王推薦曾經幫助他逃過魏國追殺的王稽和鄭安平，使王稽拜爲河東守、鄭安平命爲將軍，又「散家財物，盡以報所嘗困戹者」〔註69〕；〈袁盎鼂錯列傳〉中，吳國校尉司馬爲報答袁盎慷慨賜與侍兒之恩，灌醉吳國守軍，幫助袁盎逃離吳國。項伯身屬楚陣營、張良身屬漢陣營，因此項伯警示張良等於背叛己軍；晉宰夫示眯明、吳國校尉司馬分別幫助趙盾與袁盎逃過君王的殺害，卻也失去的忠於主上的德義；又楚靈王本身居位不正，申亥收留、侍奉靈王，雖不到助紂爲虐的程度，但在受到迫害的人們眼裡，似乎有些是非不分。綜上所論，可以得知司馬遷打破「以德報怨」、「助人爲善」的崇高道德指標，選擇更符合人性的「一飯之德必償，睚眥之怨必報」心態作爲他的道義思想。

（三）不欺其志

　　司馬遷十分重視「志達」，其父臨終前遺命「無忘吾所欲論著」〔註70〕，

〔註63〕潘法寬《史記中的復仇故事和司馬遷的復仇觀》，頁 5～7。
〔註64〕同上註，頁 25。
〔註65〕事詳《史記》卷五〈秦本紀〉，頁 188～189。
〔註66〕事詳《史記》卷七〈項羽本紀〉，頁 311～312。
〔註67〕事詳《史記》卷三十九〈晉世家〉，頁 1673～1674。
〔註68〕事詳《史記》卷四十〈楚世家〉，頁 1703～1708。
〔註69〕《史記》卷七十九〈范雎蔡澤列傳〉，頁 2415。
〔註70〕《史記》卷一百三十〈太史公自序〉，頁 3295。

司馬遷便終其一生以著史爲依歸，縱使受到最辱之刑——宮刑，他都隱忍苟活，只爲求著成《史記》，藏之名山，成其「孝之大者」，故司馬遷十分稱揚不欺其志的人物，哪怕其所爲之功效不彰亦然。司馬遷在〈刺客列傳〉贊中曰：「自曹沫至荆軻五人，此其義或成或不成，然其立意較然，不欺其志，名垂後世，豈妄也哉！」〔註 71〕言談中表達他對刺客行爲的認同與讚賞，原因在於刺客所爲雖不合於社會規範，但他們能夠「不欺其志」，眞切的面對他們內心所崇尚的道理，故能得到司馬遷的肯定。曹沫在魯、齊柯盟上，不顧禮法劫持齊桓公，要求他歸還魯國戰敗失地，以報答魯莊公在他「與齊戰，三敗北」後，「猶復以爲將」的信任與重用；專諸爲吳國公子光殺吳王僚篡位，以報公子光「善客待之」之行與「光之身，子之身也」之語；豫讓「漆身爲癩，呑炭爲啞」行乞於世，就爲了幫知伯報趙襄子「漆其頭以爲飲器」之辱；聶政爲嚴仲子刺殺韓相俠累，以報嚴仲子不恥下交之義；至於荆軻，雖知刺秦必敗，但面對以死激己的田光，他還是毅然出發。上述五人之外，〈晉世家〉中的刺客鉏麑，雖受晉靈公之託殺趙盾，但當他知道趙盾實爲敢諫之臣，便不欲下手行刺，而「殺忠臣，弃君命，罪一也」，遂觸樹而死。〔註 72〕不僅刺客能夠不欺其志，《史記》中還記有許多能夠遵從其心中節義以行事之人，如：聶政之姊聶榮，聶政殺人，怕拖累嚴仲子與聶榮，便自毀面貌，韓國掛聶政屍於市並懸賞他的身份，聶榮感於弟弟爲知己者死，不欲「畏歿身之誅，終滅賢弟之名」〔註 73〕，爲其弟正名，悲哀而死；又如漢初田橫，田橫爲齊王田氏之後，劉邦立爲皇帝，恐田橫爲亂海中欲招降之，「田橫乃與其客二人乘傳詣雒陽」〔註 74〕，快到雒陽時，田橫以自己亦曾雄霸一方，且曾烹酈商之兄酈食其，而無顏與其幷肩爲臣，遂自剄。田橫之客奉其頭見高祖，高祖以王者之禮葬之，「既葬，二客穿其冢旁孔，皆自剄，下從之」〔註 75〕，其餘海中從者聞田橫死，亦皆自殺；再如淮陰侯韓信，楚漢相爭時，韓信屢破楚軍，項王恐，便派武涉游說韓信叛漢，韓信以自己在項王麾下時，「官不過郎中，位不過執戟，言不聽，畫不用」〔註 76〕，當其投奔漢王，「漢王授我上將軍印，予我數萬眾，解衣衣

〔註 71〕《史記》卷八十五〈刺客列傳〉，頁 2538。
〔註 72〕《史記》卷三十九〈晉世家〉，頁 1674。
〔註 73〕《史記》卷八十六〈刺客列傳〉，頁 2525。
〔註 74〕《史記》卷九十四〈田儋列傳〉，頁 2648。
〔註 75〕《史記》卷九十四〈田儋列傳〉，頁 2648。
〔註 76〕《史記》卷九十二〈淮陰侯列傳〉，頁 2622。

我，推食食我，言聽計用」〔註77〕婉拒武涉之議，表達自己因受漢王賞識而遂
其志向、成其功名，故「雖死不易」的態度。司馬遷在撰寫上述人物與事件時，
不隱藏地表達他的稱慕之意，展現他不欺其志、不愧己心的處世思想。

二、利即是義

「利」字本義爲銛利，後來衍生有「利害」之義，《易・文言・乾卦》
進一步將利與德相結合，而有了「利者，義之和也」〔註78〕的意義，也就
是說「施利於他物，就符合『義』」〔註79〕，將之化用於政治之上，便是施
利於民。司馬遷的富民、利民思想，承繼自先秦儒家的富民之思，加上自墨
子而來的「愛人利人」的觀念，以及管仲「令順民心」的政治主旨，開展出
了「利即是義」的義利觀，其中可分爲利民爲先和利而有義兩部分來分說。

（一）利民為先

司馬遷崇尚德治，所謂德治，便是以仁義之心治國，他在〈漢興以來諸侯
王年表〉中勸誡人主「形勢雖彊，要之以仁義爲本」〔註80〕，又說「人道經緯
萬端，規矩無所不貫，誘進以仁義，束縛以刑罰」〔註81〕，〈魏世家〉、〈孟子荀
卿列傳〉兩次錄孟子對梁惠王「爲人君，仁義而已矣，何以利爲」之語，〈陳涉
世家〉中節賈誼過秦「仁義不施，而攻守之勢異也」之評〔註82〕，〈平準書〉中
道：「《書》道唐虞之際，《詩》述殷周之世，安寧則長庠序，先本絀末，以禮義
防於利」〔註83〕，在在說明他以仁義爲重的思想，而富民、利民即是仁義德治
中十分重要的一環，亦是司馬遷在《史記》中反覆陳說的一點。與荀子相同，
司馬遷觀察到「人生有欲」〔註84〕，這個欲望不僅是「人體安駕乘」、「目好五
色」、「耳樂鐘磬」、「口甘五味」、「情好珍善」〔註85〕的好好惡惡，還包括人生

〔註77〕《史記》卷九十二〈淮陰侯列傳〉，頁 2622。
〔註78〕陸貫達總勘，高時顯、吳汝霖同輯校《名家斷句十三經古注・周易》（台北：
　　　新文豐出版股份有限公司，1976 年），卷一，頁 3。
〔註79〕黃壽祺、張善文《周易譯注》（上海：上海古籍出版社，2001 年），卷一〈上
　　　經〉，頁 10。
〔註80〕《史記》卷十七〈漢興以來諸侯王年表〉，頁 803。
〔註81〕《史記》卷二十三〈禮書〉，頁 1157。
〔註82〕《史記》卷四十八〈陳涉世家〉，頁 1965。
〔註83〕《史記》卷三十〈平準書〉，頁 1442。
〔註84〕《史記》卷二十三〈禮書〉，頁 1161。
〔註85〕《史記》卷二十三〈禮書〉，頁 1158。

存於世的基本欲求。春秋戰國諸侯割據,「論秦之德義不如魯衛之暴戾者,量秦之兵不如三晉之彊也,然卒并天下」〔註86〕,究其原因在於天下戰火連年,民不聊生,「天下共苦戰鬪不休」,欲「求其寧息」,此時任何一個國家只要能夠結束戰爭,便符合百姓之心,而秦國在賢君明臣變法下國富而兵強,正逢「時機」,天下便爲秦所有;而後秦始皇貪暴,執政其間伐匈奴、修渠道、築長城、蓋阿房,大肆徵用民力,百姓忙於勞役,無暇於農勞,「寒者利裋褐而饑者甘糟糠」〔註87〕,二世即位後非但沒有息事以安百姓,反而「重之以無道」,「百姓困窮」,基本生存的糧食、安全皆不可得,於是起而抗秦,「是以陳涉不用湯武之賢,不藉公侯之尊,奮臂於大澤而天下響應者,其民危也」〔註88〕,司馬遷對這樣的歷史經驗總結出「人生有欲,欲而不得則不能無忿,忿而無度量則爭,爭則亂」〔註89〕的結論,在這種情況下不要說使百姓有禮行義,就是要維持天下安定都沒有可能,所以執政者有責任安養百姓,「牧民之道,務在安之而已」〔註90〕,利民成爲政治方針的一環,義與利因而結合,義即利民,求得民力也。至於利民之法,司馬遷在《史記》中提出「開源」與「節流」兩種方法,開源指的是因之、任之的「善因論」經濟政策,善因論是一種「反對封建國家對國民經濟的過多干預和控制,它的基本主張是放任」〔註91〕,唯有「極則玩巧,并兼茲殖,爭於機利,去本趨末」〔註92〕的行爲出現時,政府才以禮法「利道之」、「教誨之」、「整齊之」;開源之外,尚須節流,節流的對象是執政者,因爲執政者的豪奢會直接導致百姓的賦稅、勞役增加,所以司馬遷在《史記》中特別讚譽「取地之財而節用之,撫教萬民而利誨之」的帝嚳〔註93〕、「薄衣食,致孝于鬼神。卑宮室,致費於溝淢」的大禹〔註94〕,以及「即位二十三年來,宮室苑囿狗馬服御無所增益」漢孝文帝〔註95〕,表彰他們能以克己的方式

〔註86〕《史記》卷十五〈六國年表〉,頁685。
〔註87〕《史記》卷六〈秦始皇本紀〉引賈誼〈過秦〉語,頁283。
〔註88〕《史記》卷六〈秦始皇本紀〉引賈誼〈過秦〉語,頁284。
〔註89〕《史記》卷二十三〈禮書〉,頁1161。
〔註90〕《史記》卷六〈秦始皇本紀〉引賈誼〈過秦〉語,頁284。
〔註91〕石世奇〈司馬遷的善因論和對治生之學的貢獻〉,《北京大學學報》1989年第6期,頁64。
〔註92〕《史記》卷一百三十〈太史公自序〉,頁3306。
〔註93〕《史記》卷一〈五帝本紀〉,頁13。
〔註94〕《史記》卷二〈夏本紀〉,頁。
〔註95〕《史記》卷十〈孝文本紀〉,頁433。

來有利民生。

（二）利而有義

　　物質生活不虞匱乏，除了能夠讓百姓不群起爭利而天下安定，司馬遷在《史記》中還提出物質充盈的另一項優點——「人富而仁義附焉」的道德實現。他在〈貨殖列傳〉中引管子之語：「倉廩實而知禮節，衣食足而知榮辱」又曰：「禮生於有而廢於無」，清楚的揭示「仁義道德是建立在經濟基礎上的」〔註96〕，即讓民生之必須充足之後才有可能宣教以道德、明白於道德，司馬遷在〈平準書〉中舉當時之例，自漢興至武帝之七十餘年，由於政治傾向無為，「民則人給家足，都鄙廩庾皆滿，而府庫餘貨財。京師之錢累巨萬，貫朽而不可校。太倉之粟陳陳相因，充溢露積於外，至腐敗不可食」，富庶至極，「故人人自愛而重犯法，先行義而後絀恥辱焉」〔註97〕，因為生活富足美好，人們不希望打破這樣的情況，自然而然就能行仁由義；另一方面，有時候施行仁義是需要金錢作為後盾的，例如：陶朱公范蠡，他在幫助越王句踐「雪會稽之恥」後，擔心「蜚鳥盡，良弓藏；狡兔死，走狗烹」〔註98〕，於是「浮海出齊，變姓名」，之後范蠡不論徙於何地皆能致富其家，「十九年之中三致千金，再分散與貧交疏昆弟」〔註99〕，在自己富厚的同時，也造福知友鄉黨，是以司馬遷在〈越王句踐世家〉贊中，將范蠡與越王句踐並舉而稱揚之：「范蠡三遷皆有榮名，名垂後世。臣主若此，欲毋顯得乎！」〔註100〕還在〈貨殖列傳〉中稱許他為「富好行其德者」〔註101〕；鄭國「販賣賈人」弦高，一回運送牛群到周販售的途中，遇到秦國軍隊正向鄭國前進，情急之下「以十二牛勞秦師」〔註102〕，並對秦軍說：「聞大國將誅鄭，鄭君謹修守御備，使臣以牛十二勞軍士」〔註103〕，讓秦軍誤以為鄭國早已做好防備，「秦師驚而還，滅滑而去」〔註104〕，幫助毫無防備的鄭國躲過一劫；漢朝卜式「以田畜為事」，「親死，式有少弟，弟壯，式脫身出

〔註96〕張大可〈司馬遷的經濟思想述論〉，《學術月刊》1983年第10期，頁41。
〔註97〕《史記》卷三十〈平準書〉，頁1420。
〔註98〕《史記》卷四十一〈越王句踐世家〉，頁1746。
〔註99〕《史記》卷一百二十九〈貨殖列傳〉，頁3257。
〔註100〕《史記》卷四十一〈越王句踐世家〉，頁1756。
〔註101〕《史記》卷一百二十九〈貨殖列傳〉，頁3257。
〔註102〕《史記》卷三十九〈晉世家〉，頁1670。
〔註103〕《史記》卷五〈秦本紀〉，頁191。
〔註104〕《史記》卷三十九〈晉世家〉，頁1670。

分，獨取畜羊百餘，田宅財物盡予弟。式入山牧十餘歲，羊致千餘頭，買田宅。而其弟盡破其業，式輒復分予弟者數矣」〔註105〕，卜式不僅能夠顧及手足之情，還能「輸家助邊」，有救國之義，當武帝將擊匈奴，卜式上書，願輸家之半縣官助邊，而不求任何回報，司馬遷藉武帝之口頌揚卜式為長者。不論范蠡、弦高或是卜式，他們之所以能夠造福鄉里、友愛親朋亦或幫助國家，都是因為他們具有經濟能力，是以司馬遷曰：「君子富，好行其德」〔註106〕；再者，司馬遷還提出「小人富，以適其力」〔註107〕之說，小人，百姓也，他在〈貨殖列傳〉中談到：「千乘之王，萬家之侯，百室之君，尚猶患貧，而況匹夫編戶之民乎」，是以為了能得到財貨「閭巷少年，攻剽椎埋，劫人作姦，掘冢鑄幣，任俠并兼，借交報仇，篡逐幽隱，不避法禁，走死地如鶩」，「趙女鄭姬，設形容，揳鳴琴，揄長袂，躡利屣，目挑心招，出不遠千里，不擇老少」，「弋射漁獵，犯晨夜，冒霜雪，馳阬谷，不避猛獸之害」，人人竭盡所能「終不餘力而讓財矣」〔註108〕，雖然不是所有取財的過程都合於正道，但為了生計，卻不得不如此而為，倘若其人之經濟無虞、用度充足，那麼這些作姦犯科之事縱使無法絕跡，或許能夠減少一些亡命之徒，故司馬遷贊成人們追求財富之餘，更要求執政者當為民謀利、「藏富于民」。〔註109〕

三、鼓勵求富

在李陵事件中，司馬遷因為「沮貳師」、「誣上」而「深幽囹圄」之中，之後被處以宮刑。韓兆琦認為司馬遷原先被判處的是死刑，後自請為宮刑

〔註105〕《史記》卷三十〈平準書〉，頁 1431。
〔註106〕《史記》卷一百二十九《貨殖列傳》，頁 3255。
〔註107〕《史記》卷一百二十九《貨殖列傳》，頁 3255。
〔註108〕《史記》卷一百二十九《貨殖列傳》，頁 3271。
〔註109〕〔清〕吳翔寅曰：「太史公之言曰，『倉廩實而知禮節，衣食足而知榮辱』，此言藏富于民也。曰善治生者能擇人而任時，散財與貧交疏子弟，不責于人，此言富而好行其德者也。又述白圭之言曰，智不足以權變，明不足以決斷，仁不能以取予，強不能有所守，雖欲學吾術，終不告之。夫智也，明也，仁也，強也，皆治生之道，即治國之道。今以盜為道，而能治生以治其國，吾益未之前聞。且富者人之性情，所不學而俱欲者也。商賈求富，雖智盡能索，終不餘力以讓財矣，明矣。」見吳翔寅《曼陀羅花室文》卷一〈史記貨殖列傳書後〉，轉引自楊燕起、陳可青、賴長揚匯集《史記集評》，頁 613。

〔註110〕，無論最初判決爲何，從判決有爭議一事上來看，可以知道漢代的刑罰是可以透過管道——如金錢，來減輕或免責的；〈平準書〉中記有司轉述武帝之語：「議令民得買爵及贖禁錮免減罪」〔註111〕，還明定出價碼：「級十七萬，凡直三十餘萬金」〔註112〕，又《漢書‧景帝紀》載：「中元四年秋，赦徒作陽陵者死罪欲腐者許之」〔註113〕，《漢書‧武帝紀》亦載：「天漢四年秋，令死罪入贖錢五十萬，減死一等」〔註114〕，以及「太始二年九月，募死罪贖錢五十萬，減死一等」〔註115〕，證明金錢是可以減刑的，可是司馬遷「家貧，貨賂不足以自贖」，更傷感的是「交游莫救；左右親近，不爲一言」，連言語搭救都不肯，更遑論金錢支援了。因爲困窮而遭遇不幸，加上司馬遷本身的富民思想，使司馬遷在財貨、經濟等議題上有超乎以往史家的重視，並有其特出的觀點，例如：提出富利策略與讚美富達人物。

（一）提出富利策略

「富民，是司馬遷經濟思想的核心」〔註116〕，而民利之有無除了人自身努力之外，在君權統治的時代裡，國君的治國策略有著決定性的影響，司馬遷在《史記》中根據當時的社會條件，提出了許多發展經濟的途徑和方法，其中「四業並重」與「善因經濟」是諸項經濟策略中最爲特出者。重農抑商思想「首先由商鞅提出，後來荀況、韓非等又從理論上作了論證和發展」〔註117〕，到了西漢，重農抑商思想「得到了全國規模的貫徹執行」〔註118〕，高祖時，「令賈人不得衣絲乘車，重租稅以困辱之」〔註119〕，文帝曾曰：「農，天下之本，務莫大焉」〔註120〕，景帝亦曰：「欲天下務農蠶，素有畜積，以備災害」〔註121〕，

〔註110〕 韓兆琦〈司馬遷自請宮刑說〉：「司馬遷因替李陵說話而受了宮刑，這是人們都知道的常識，毫無疑問。但是不是一開始便判的宮刑，似乎尚不盡然。我認爲開始是判的死刑，是司馬遷自己請求改爲宮刑的」，載《北京師範大學學報》1988 年第 2 期，頁 46。

〔註111〕 《史記》卷三十〈平準書〉，頁 1422。

〔註112〕 《史記》卷三十〈平準書〉，頁 1423。

〔註113〕 〔漢〕班固著，〔唐〕顏師古注《漢書》卷五〈景帝紀〉，頁 147。

〔註114〕 〔漢〕班固著，〔唐〕顏師古注《漢書》卷六〈武帝紀〉，頁 205。

〔註115〕 〔漢〕班固著，〔唐〕顏師古注《漢書》卷六〈武帝紀〉，頁 206。

〔註116〕 朱枝富〈治國之道富民爲始——試析司馬遷的富民思想〉，《人文雜誌》1984 年第 6 期，頁 69。

〔註117〕 張守軍〈論西漢前期的重農抑商思想〉，《江淮論壇》1983 年第 5 期，頁 30。

〔註118〕 張守軍〈論西漢前期的重農抑商思想〉，頁 30。

〔註119〕 《史記》卷三十〈平準書〉，頁 1418。

〔註120〕 《史記》卷十〈孝文本紀〉，頁 428。

武帝時為了提高農業生產量,「以趙過為搜粟都尉」〔註122〕,趙過發明了代田法以及新式耕作工具,使農人「用力少而得穀多」〔註123〕,又大興水利以為灌溉道渠,「朔方、西河、河西、酒泉皆引河及川谷以溉田;而關中輔渠、靈軹引堵水;汝南、九江引淮;東海引鉅定;泰山下引汶水:皆穿渠為溉田,各萬餘頃」〔註124〕,大大地增加了農產的效率;重農的同時,武帝起用桑弘羊主持平準法以打擊富商大賈,承接自高祖以來的重農抑商政策。對此司馬遷提出反對,因為他發現工、商業的興起是一種「趨勢」,隨著人口越來越多,社會關係越來越複雜,已經很難回到「至老死,不相往來」的情況,他在〈貨殖列傳〉中引《周書》之語曰:「『農不出則乏其食,工不出則乏其事,商不出則三寶絕,虞不出則財匱少。』財匱少而山澤不辟矣。此四者,民所衣食之原也,原大則饒,原小則鮮」〔註125〕,農、工、商、虞成為「民所衣食之原也」,缺一不可,這是局勢的改變,無法禁止,是以他將四者並重而論,並舉例說明工商末業對於經濟的促進不低於農業,如:姜太公在營丘之地「勸其女功,極技巧,通魚鹽」,使「齊冠帶衣履天下,海岱之閒斂袂而往朝焉」;管仲「設輕重九府」,齊國大富,齊桓公因此九合諸侯;計然熟悉「平糶齊物」之法,貴買賤賣,幫助越王句踐復國稱霸,在在地顯示農業之外的行業都能夠促進經濟的繁榮。四業並重的思想表現出一種自由、多元的風氣,事實上這與司馬遷「善因經濟」理論是一脈相承的。人之求富,不學而能,「天下熙熙,皆為利來;天下壤壤,皆為利往」,求利是人之本性,司馬遷認為這樣的情性不能受到過度的抑制,不然不但不合於人性,禍亂亦將隨之而起,所以他主張最好的經濟政策是「因之」,其次是「利道之」、「教誨之」、「整齊之」,最下者是「與之爭」,他在〈平準書〉中舉漢初以黃老統治下的民生情況——「民則人給家足,都鄙廩庾皆滿,而府庫餘貨財」〔註126〕,為自己因順政策做了最好的證明,是以他主張「人各任其能,竭其力,以得所欲」、「各勸其業,樂其事」、「開關梁,弛山澤之禁」〔註127〕,讓經濟在自然的情況中進行。除了上述兩點,司馬遷還提出「因地制宜」與「節儉生財」的思想,司馬遷在游歷全國的過程中,對各地的物產與其相應之民風

〔註121〕 〔漢〕班固著,〔唐〕顏師古注《漢書》卷五〈景帝紀〉,頁151。
〔註122〕 〔漢〕班固著,〔唐〕顏師古注《漢書》卷二十四上〈食貨志上〉,頁1138。
〔註123〕 〔漢〕班固著,〔唐〕顏師古注《漢書》卷二十四上〈食貨志上〉頁1139。
〔註124〕 《史記》卷二十九〈河渠書〉,頁1414。
〔註125〕 《史記》卷一百二十九《貨殖列傳》,頁3255。
〔註126〕 《史記》卷三十〈平準書〉,頁1420。
〔註127〕 《史記》卷一百二十九《貨殖列傳》,頁3254。

做了詳細的觀察與記載〔註 128〕，「通過撰寫經濟地理，闡明各地經濟、人文特點，從而尋求改造、利用自然的途徑，進一步使人們更好地求貨益財，盡快富裕起來」。〔註 129〕至於「節儉生財」思想，司馬遷認為「繊嗇筋力，治生之正道也」，執政者節欲能減少百姓須負擔之賦稅與徭役，相對增加百姓自行營生的時間與機會，百姓節儉往往能為自己帶來更大的財富，司馬遷在〈貨殖列傳〉中舉了許多節約致富的例子，如：周人白圭「能薄飲食，忍嗜欲，節衣服」；「魯人俗儉嗇，而曹邴氏尤甚，以鐵冶起，富至巨萬」；「周人既繊，而師史尤甚，……能致七千萬」；「富人爭奢侈，而任氏折節為儉，力田畜。……富者數世」，由此可見節儉在生財一事上的力量是不可小覷的。

（二）讚美富達人物

　　由於富而有德的思想，以及身為士人當立名於世的觀念，司馬遷對於富達之人有意識的敬仰與讚美，而且不對身分地位作限制。〈貨殖列傳〉中司馬遷便讚揚了一批具有致富能力、能夠自富其家之人，如：周人白圭，白圭在商業經營上的長才是「樂觀時變」，所以常有「人棄我取，人取我與」之舉，他能夠洞析市場趨勢，早一步做好販售商品的準備，並且不貪於眼前的小利益，而能冀望更大的收益，等到獲利的時機成熟，便「趨時若猛獸摯鳥之發」；日常生活上白圭「能薄飲食，忍嗜欲，節衣服，與用事僮僕同苦樂」，行事合於「智、勇、仁、強」的美德，司馬遷因此嘆道：「蓋天下言治生祖白圭」。宣曲任氏的先祖是「督道倉吏」，秦末戰亂之時，人人皆爭相搶奪金銀珠寶，只有任氏眼光遠大而清醒的儲存人存活最重要的東西——糧食，後來當因戰亂而失耕，失耕而後無糧的情形出現，天下的財富便流向任氏之庫了。此外，任氏並不像時人般「爭奢侈」，反而「折節為儉，力田畜」，還將「非田畜所出弗衣食，公事不畢則身不得飲酒食肉」的原則立為家規，不但因此富者數世，成為閭里間的表率，還因富而得到皇帝的器重。受到帝王另眼相看者，還有烏氏倮和寡婦清的例子：「烏氏倮畜牧，及眾，斥賣，求奇繒物，閒獻遺戎王。戎王什倍其償，與之畜，畜至用谷量馬牛。秦始皇帝令倮比封君，以時與列臣朝請」〔註 130〕，寡婦清則是繼承其先祖之丹穴，「而擅其利數世，家亦不訾」，由於她「能守其業，用財自衛，不見侵犯。秦皇帝以為貞婦而客之，

〔註 128〕較大篇幅記載在〈夏本紀〉與〈貨殖列傳〉中，其餘散見於各篇章。

〔註 129〕朱枝富〈論司馬遷的經濟地理思想〉，《漢中師院學報》1993 年第 2 期，頁 12。

〔註 130〕《史記》卷一百二十九〈貨殖列傳〉，頁 3260。

為築女懷清臺。」〔註131〕烏氏倮是個「鄙人牧長」，巴蜀清則是「窮鄉寡婦」，他們的出身都不是高官重臣之後，但這兩個人不但能夠讓自己富厚，還能夠「禮抗萬乘，名顯天下」，是以得到司馬遷的稱揚。

與白圭、任氏、烏氏倮與寡婦清靠著商業經營而獲得財富不同，有一批人是靠著游說國君來搏取功名富貴，如：蘇秦、張儀和范雎。「蘇秦者，東周雒陽人也。東事師於齊，而習之於鬼谷先生」，早年他的游說事業並不順利，「兄弟嫂妹妻妾竊皆笑之」，不過他沒有灰心，「乃閉室不出，出其書遍觀之」，之後經歷游說周顯王、秦惠王、趙肅侯皆失敗，後來在燕文侯的資助下，逐漸取得各國諸侯的信任，最終約結了韓、魏、齊、楚，「於是六國從合而并力焉。蘇秦為從約長，并相六國。北報趙王，乃行過雒陽，車騎輜重，諸侯各發使送之甚眾，疑於王者」。〔註132〕司馬遷在〈蘇秦列傳〉贊中曰：「蘇秦起閭閻，連六國從親，此其智有過人者。吾故列其行事，次其時序，毋令獨蒙惡聲焉」〔註133〕，表達他對蘇秦的賞識而欲為他評價不如張儀一事有所翻案。「張儀者，魏人也」，他與蘇秦一樣曾「事鬼谷先生，學術」，其出身貧賤，還曾因此在游說楚國時受到楚相盜璧之冤，鞭笞幾死，張儀不屈不撓，後來在蘇秦的設計與幫助下到了秦國，得到秦惠王的賞識與重用，立為秦相。〔註134〕司馬遷在〈太史公自序〉中肯定張儀的能力，他說：「六國既從親，而張儀能明其說，復散解諸侯」〔註135〕，由上可知，雖然蘇、張二人憑藉縱橫游說之詞，「以傾亂人國」〔註136〕，是「真傾危之士」〔註137〕，但他們能積極進取，為自己的鋪展光明的前程，這樣的精神讓司馬遷不忍在《史記》撰寫中捨棄他們。與蘇秦、張儀同具顯貴之志者，還有范雎，司馬遷撰范雎，主要在「歷數其快意恩仇事」〔註138〕，但在范雎忍辱求生的過程中，亦能看

〔註131〕《史記》卷一百二十九〈貨殖列傳〉，頁3260。

〔註132〕事詳《史記》卷六十九〈蘇秦列傳〉，頁2241～2261。

〔註133〕《史記》卷六十九〈蘇秦列傳〉，頁2277。

〔註134〕事詳《史記》卷七十〈張儀列傳〉，頁2279～2284。

〔註135〕《史記》卷七十〈張儀列傳〉，頁2304。

〔註136〕〔明〕茅坤曰：「蘇秦、張儀二傳，並戰國縱橫游說之詞，適以傾亂人國，本不足睹覽，特其言利處則譁其害，言得處則蔽其失，亦自有聲躍人處，要之，同自陰符中出。」見《史記鈔》卷四一〈張儀傳〉，收入《四庫全書存目叢書》史部一三八，頁225。

〔註137〕《史記》卷七十〈張儀列傳〉，頁2304。

〔註138〕〔漢〕司馬遷著，〔明〕凌稚隆輯校，〔日〕有井範平補標《補標史記評林》卷七十九〈范雎蔡澤列傳〉引〔明〕凌約言語，頁12右：「太史公傳范雎，

到他對追求富貴的企望。〈范雎蔡澤列傳〉前半寫范雎從魏國逃出，以言辭說秦昭王而被重用爲秦相，得以報恩負仇；後半寫燕人蔡澤以「身與名俱全者，上也」〔註139〕游說范雎急流勇退，而范雎果眞謝病請歸，展現范雎對於功名富貴建立與保全之心態。「雎、澤雖非正人，然名遂身退，其智有足多者」〔註140〕，以智說國君而使其名遂於當時，此亦是司馬遷傳范雎的重要原因之一。

第二節　斥責勢利

「勢利」一詞在《史記》中出現兩次，一次是在〈張耳陳餘列傳〉中，寫「張耳、陳餘始居約時，相然信以死」，後來因「據國爭權，卒相滅亡」，司馬遷感嘆「何鄉者相慕用之誠，后相倍之戾也！」而對兩人的交情作出「豈非以勢利交哉？」〔註141〕的結論；另一次是在〈魏其武安侯列傳〉中，記魏其侯竇嬰與武安侯田蚡因「隆推儒術」，與喜好黃老的竇太后不合，竇太后便罷逐二人，田蚡「以王太后故，親幸」，縱使閒居在家，「數言事多效」，竇嬰卻因曾阻止梁王立爲景帝太子事得罪竇太后，失去有力的支持者，是以「天下吏士趨勢利者，皆去魏其歸武安，武安日益橫」。〔註142〕由此可以看出司馬遷用「勢利交」來形容人與人建築在利益上的交往。《史記》中有關勢利交的事例非常的多，表示司馬遷對於勢利之交特別留意，這即有可能與他自己的經歷有關，他曾在〈報任安書〉中寫到，自己曾因見武帝對貳師將軍李廣利及李陵出兵伐匈奴失利一事，「食不甘味，聽朝不怡」，便「欲效其款款之愚」，進言李陵「身雖陷敗彼，彼觀其意，且欲得其當而報漢」，沒想到這番慷慨之言，卻遭到「沮貳師」、「誣上」的罪咎，而當他「遂下於理」之時，「平日交遊」、「左右親近」皆因「貪生惡死，念親戚，顧妻子」而「莫救」、「不爲壹言」，因爲這樣的生命經驗，導致司馬遷在撰寫《史記》時，對這種由畏禍的人性所導致的「世態涼如水，人情薄如紙的社會風氣，不僅是『私心痛之』，而且是寄感慨于筆端，……以表達自己的憤憤不平之意和

　　則歷數其快意恩仇事，而曰：『一飯之德不忘，睚眥之怨必報』。」
〔註139〕《史記》卷七十九〈范雎蔡澤列傳〉，頁2421。
〔註140〕〔清〕尚鎔《史記辨證》卷七〈范雎蔡澤列傳〉，收入孫曉主編《二十四史研究資料彙編：史記》第五冊，頁239。
〔註141〕《史記》卷八十九〈張耳陳餘列傳〉，頁2586。
〔註142〕事詳《史記》卷一百七〈魏其武安侯列傳〉，頁2843。

批判抨擊之情」。〔註143〕司馬遷斥責勢利的內容可分為三部分來討論，第一部分為司馬遷藉由諸臣之死，表達對君王「鳥盡弓藏」自私利己的不滿；第二部分為司馬遷諷刺「偷合取容」之臣的唯利是圖；第三部分從人「以利相交」的普遍心態，表達司馬遷對勢利之交的無奈與感嘆。

一、鳥盡弓藏

　　自古君王起事爭天下不是僅靠一己之力，還須有眾多的跟隨者為其效力，為了使跟隨者死心塌地的追隨、用盡心力的付出，起事者往往提出優渥的條件——金銀珠寶、光明的未來——封官加爵作為誘因。當君王擁有天下之後他必須遵守之前的承諾，給予這些追隨者——功臣應得的賞賜，然而這在現實上產生矛盾，倘若實踐諾約，那麼君王的權力、財富就會被分散，假使不理會當時的承諾，便會成為受人詬病的失信者，此外，由於功臣與君王相識於未富貴之時，對於帝王的能力甚至弱點瞭若指掌，而成為君王的大患與威脅，故君王在功成名就之後常常以「鳥盡弓藏，兔死狗烹」的舉動對待功臣以保障自己的利益。司馬遷對君王此舉十分不以為然，而在《史記》中詳盡記述受迫害的臣子與其受害的經過，不然就是藉著旁人的打抱不平來突顯君王的寡情假意，以表達他對君王過河拆橋、罔顧道義行為的憤慨。

　　司馬遷在〈鄭世家〉贊中以「語有之，『以權利合者，權利盡而交疏』」〔註144〕，作為鄭厲公殺甫瑕（假）、晉惠公殺里克事的評論。鄭厲公時，鄭國大夫祭仲專擅國政，厲公暗中讓祭仲的女婿雍糾去刺殺他，沒想到事情敗漏，雍糾反被殺害，祭仲將厲公趕出國都，迎來昭公忽為鄭君。鄭子十四年（前 680），鄭厲公的隨眾劫持到鄭大夫甫假，要挾他幫助厲公復位，甫假說：「舍我，我為君殺鄭子而入君」，並與厲公立下盟約。甫假回到國都後，殺了鄭子及其二子而迎回厲公。厲公復位後便以「子之事君有二心矣」之由誅之。厲公之所以劫持甫瑕而後釋之，是因為他需要靠甫瑕之力奪回權位，當鄭子死、厲公即位，甫瑕失去了他的作用與價值，甚至成為厲公篡殺國君的證據，所以「厲公終背而殺之」。〔註145〕晉惠公名夷吾，為晉獻公子，晉獻公寵愛驪姬，驪姬生奚齊，獻公愛屋及烏想要廢太子申生而立奚齊，申生

〔註143〕朱枝富〈司馬遷對世態炎涼、人情「世道」的批判〉，《鹽城師專學報》1986年第 2 期，頁 77。

〔註144〕《史記》卷四十二〈鄭世家〉，頁 1777。

〔註145〕事詳《史記》卷四十二〈鄭世家〉，頁 1763～1764。

的地位因而受到了質疑，加上驪姬有意的挑撥，最後申生自殺，眾公子們紛紛出亡以避禍。獻公死後里克殺了奚齊及悼子，派人到翟國迎接重耳回國繼立王位，重耳拒絕之，於是里克又派使者到梁迎接夷吾，夷吾在呂省、郤芮的協助謀劃下，一方面以「晉河西之地」為酬勞，使秦國發兵護送夷吾入晉，一方面許諾里克「汾陽之邑」作為輔立的報答，於是夷吾入晉，立為晉君，是為惠公。惠公即位後不但沒有實現對秦國以及里克的諾言，還因為擔憂公子重耳仍流落在外，里克有可能與之結盟而推翻自己，故招來里克對他說：「微里子寡人不得立。雖然，子亦殺二君一大夫，為子君者不亦難乎？」里克回答道：「不有所廢，君何以興？欲誅之，其無辭乎？乃言為此！臣聞命矣。」說完後便伏劍自殺。〔註 146〕從〈晉世家〉所載之史料上來看，公子重耳才是里克、邳鄭輔立的首選，惠公對此應該心知肚明，況且里克對國家社稷十分關心，曾經諫晉獻公使太子申生伐東山一事，期望能保全太子〔註 147〕，對於這樣的人，惠公當然不容許他存活於世，再者惠公已立，里克已沒有功用，留下他反而是為自己篡立保全了人證，況且里克很有可能為了國家社稷而再次弒君輔立，即如元・金履祥所言：「按惠公之殺里克，前以掩奪國之嫌，後以防重耳以入」。〔註 148〕所以在〈鄭世家〉贊中，司馬遷將晉惠公與里克的交往歸納成與「甫瑕雖以劫殺鄭子內屬公，屬公終背而殺之」〔註 149〕相同的「權利之交」之中，並從中透露君王為保障自身利益的冷血無情。

　　劉邦是《史記》中所記誅殺功臣數量最多之人，推測原因是他的生命時間距司馬遷較近，另一方面他是先帝，故寫作上材料豐富，與文帝、景帝和武帝相較，比較不容易因書寫內容而「犯上」。劉邦出身草莽，其得天下有賴

〔註 146〕事詳《史記》卷三十九〈晉世家〉，頁 1650～1651。

〔註 147〕《史記》卷三十九〈晉世家〉，頁 1643、1643：「十六年，晉獻公作二軍。公將上軍，太子申生將下軍，趙夙御戎，畢萬為右，伐滅霍，滅魏，滅耿。還，為太子城曲沃，賜趙夙耿，賜畢萬魏，以為大夫。士蒍曰：『太子不得立矣。分之都城，而位以卿，先為之極，又安得立！』」獻公十七年，晉獻公又使太子申生伐東山，然而「率師，專行謀也；誓軍旅，君與國政之所圖也：非太子事也」，太子申生地位的動搖，〔明〕崔銑曰：「獻公耽於邪嬖，廢適立孽之謀內決久矣，金玦之佩，偏衣之衣，二代之役，國人咸知世子之將亡也」，即里克諫獻公不使申生征伐，實是為申生維護其太子之位。見〔漢〕司馬遷著，〔明〕凌稚隆輯校，〔日〕有井範平補標《補標史記評林》卷三十九〈晉世家〉引〔明〕崔銑語，頁 4 右。

〔註 148〕〔漢〕司馬遷著，〔明〕凌稚隆輯校，〔日〕有井範平補標《補標史記評林》卷三十九〈晉世家〉引〔元〕金履祥語，頁 7 右。

〔註 149〕《史記》卷四十二〈鄭世家〉，頁 1777。

智囊、強將的輔佐，當天下已定，「皇室要集權，功臣貴族要分權」、「某些功臣貴族的軍事才能及實力，令皇室坐臥不安」、「功臣貴族多次與匈奴等攜手反抗皇室」〔註150〕，而成為「漢的心腹大患」〔註151〕，故劉邦先發治人、下手為強，據明‧柯維騏統計，「當時異姓而王凡八：張耳、吳芮、彭越、黥布、臧荼、盧綰與兩韓信，惟耳以智全其軀，芮以忠延其世」〔註152〕，對此司馬遷發出「形勢雖強，要以仁義為本」〔註153〕之嘆，於是他在《史記》諸篇中仔細的記載了漢初劉邦去除功臣的事例與過程，藉以表達他對「王曰利」的不滿。劉邦生性好權利、多猜疑，楚漢相爭時，諸將為劉邦四處爭戰，卻得不到劉邦完全的信任，其一有機會便收回軍統大權〔註154〕，更遑論天下太平之際，劉邦對握有軍權、深具戰力的諸將倍是顧忌，梁王彭越、淮陰侯韓信和淮南王黥布便是在這樣的氛圍之下被奪去了性命。彭越在漢王劉邦得天下的過程中，不斷地提供協助——攻擊楚軍、收歸散卒、為漢游兵、絕楚後糧、給漢王食，使楚兵「疲而力分」〔註155〕，終而被破。漢五年（前 202）彭越受封為梁王，其後數年梁王皆入長安朝見，與高祖保持著良好的關係。漢十年（前 197）秋天兩人關係因高祖向梁徵兵，「梁王稱病，使將將兵詣邯鄲」產生了變化，當時梁王部將扈輒向其分析道：「王始不往，見讓而往，往則為禽矣。不如遂發兵反」，梁王沒有採用這項建議，持續「稱病」。就在此時梁王太僕做了讓梁王生氣之事，太僕害怕而逃走，並且向朝廷誣告「梁王與扈輒謀反」，梁王被補。〔註156〕梁王屢次稱病，究竟實情為何不得而知，但可以

〔註150〕文中三點為吉書時〈西漢功臣貴族的興亡〉歸納劉邦「向功臣貴族開刀」之因，載《北京師範大學學報》1992 年第 2 期，頁 60。

〔註151〕吉書時〈西漢功臣貴族的興亡〉，《北京師範大學學報》1992 年第 2 期，頁 60。

〔註152〕〔明〕柯維騏《史記考要》卷九，轉引自楊燕起、陳可青、賴長揚匯輯《史記集評》，頁 530。

〔註153〕《史記》卷十七〈漢興以來諸侯王年表〉，頁 803。

〔註154〕《史記》卷九十二〈淮陰侯列傳〉，頁 2613～1614、2619：「漢王遣張耳與信俱，引兵東，北擊趙、代。後九月，破代兵，禽夏說閼與。信之下魏破代，漢輒使人收其精兵，詣滎陽以距楚」，又「趙王耳、韓信往來救趙，因行定趙城邑，發兵詣漢。……六月，漢王出成皋，東渡河，獨與滕公俱，從張耳軍脩武。至，宿傳舍。晨自稱漢使，馳入趙壁。張耳、韓信未起，即其臥內上奪其印符，以麾召諸將，易置之。信、耳起，乃知漢王來，大驚。漢王奪兩人軍，即令張耳備守趙地。」

〔註155〕〔漢〕司馬遷著，〔明〕凌稚隆輯校，〔日〕有井範平補標《補標史記評林》卷九十〈魏豹彭越列傳〉引〔明〕茅坤語：「彭越與楚兵共相狙於梁，而楚亦疲而力分」，頁 2 右。

〔註156〕事詳《史記》卷九十〈魏豹彭越列傳〉，頁 2592～2594。

確信的是他並無反意，一來文中明文寫道梁王反事是太僕的無中生有，再從
司馬遷寫作筆法上來看，「兩稱病，作兩頓，寫梁王志不在反」〔註157〕，此外
司馬遷在〈季布欒布列傳〉中藉欒布對高祖的進言爲彭越之心做了見證：

> 方上之困於彭城，敗滎陽、成皋閒，項王所以（遂）不能〔遂〕西，
> 徒以彭王居梁地，與漢合從苦楚也。當是之時，彭王一顧，與楚則
> 漢破，與漢而楚破。且垓下之會，微彭王，項氏不亡。天下已定，
> 彭王剖符受封，亦欲傳之萬世。今陛下一徵兵於梁，彭王病不行，
> 而陛下疑以爲反，反形未見，以苛小案誅滅之，臣恐功臣人人自危
> 也。〔註158〕

高祖聽完欒布之語，不但赦免了欒布的死罪，還拜其爲都尉，可見得高祖認
同彭越的無辜，然而高祖沒有寬恕彭越，反而因他「功臣」的身分加以打壓，
將其貶爲蜀地青衣縣庶人。彭越向西前往青衣縣途中，遇見從長安來的呂后，
原以爲得到申訴的機會，沒想到呂后爲「防範其未然」而對彭越疑似謀反一
事火上澆油，黃震對此事評論道：「彭越有大功無反意，既以疑問掩捕論罪，
遷蜀青衣矣，呂氏又詐使人告其反族之，何忍哉！」〔註159〕眞實的反映出執
政者爲維護自身利益的不擇手段。

　　俗語有言：「韓信點兵，多多益善」，韓信是楚漢時善戰能將，更是楚敗
漢勝的關鍵人物之一。〈淮陰侯列傳〉中載韓信向劉邦分析楚漢優劣與戰略攻
勢，處處切中其要，「於是漢王大喜，自以爲得信晚。遂聽信計，部署諸將所
擊」〔註160〕，依著韓信的策劃與幫助，漢王在對外作戰上得到一系列的勝利
——降韓王、殷王〔註161〕，擄魏王〔註162〕，擒趙王〔註163〕，「拔魏趙，定燕

〔註157〕〔漢〕司馬遷著，〔明〕凌稚隆輯校，〔日〕有井範平補標《補標史記評林》
　　　　卷九十〈魏豹彭越列傳〉引〔清〕吳齊賢語，頁3右。
〔註158〕《史記》卷一百〈季布欒布列傳〉，頁2734。
〔註159〕〔宋〕黃震《黃氏日抄》卷四十六〈讀史一史記・魏豹彭越〉，頁575。
〔註160〕《史記》卷九十二〈淮陰侯列傳〉，頁2612。
〔註161〕同上註，頁2613：「（漢元年）八月，漢王舉兵東出陳倉，定三秦。漢二年，
　　　　出關，收魏、河南，韓、殷王皆降。合齊、趙共擊楚。四月，至彭城，漢兵敗
　　　　散而還。信復收兵與漢王會滎陽，復擊破楚京、索之閒，以故楚兵卒不能西」
〔註162〕同註160，頁2613：「（漢二年）其八月，以信爲左丞相，擊魏。魏王盛兵蒲
　　　　坂，塞臨晉，信乃益爲疑兵，陳船欲度臨晉，而伏兵從夏陽以木罌瓺渡軍，
　　　　襲安邑。魏王豹驚，引兵迎信，信遂虜豹，定魏爲河東郡。」
〔註163〕同註160，頁2616：「漢王遣張耳與信俱，引兵東，北擊趙、代。後九月，破
　　　　代兵，禽夏說閼與。信之下魏破代，漢輒使人收其精兵，詣滎陽以距楚。……

齊，使漢三分天下有其二」〔註164〕，不但擴充了漢軍的實力，減少了外在的敵人，更重要的是韓信用兵使「楚兵卒不能西」，箝制住項羽的攻勢，爲劉邦爭取發展的時間與空間，終能「以滅項籍」，因此「太史公於漢興諸將，皆列數其成功而不及其方略，以區區者不足言也；惟于信詳哉其言之。蓋信之戰，劉項之興亡繫焉」。〔註165〕然而「以淮陰不世之才，……漢高深畏其能，已非一日」〔註166〕，楚漢相爭之時，劉邦屢次奪取韓信兵權，雖在平齊之後封韓信爲齊王，亦不過爲權宜之計〔註167〕，待項羽敗亡，高祖立刻奪韓信軍權，並於漢五年（前202）正月，徙齊王信爲楚王〔註168〕，漢六年（前201）又以「人有上書告楚王反」爲由，對韓信進行另一波的打壓。說韓信造反，恐怕是一場陰謀。項羽在失去楚大將龍且後，曾派盱眙人武涉前去游說韓信叛漢助楚，韓信毫不遲疑地拒絕了武涉；武涉去後，齊國人蒯通前來游說韓信，這回韓信稍有猶豫，然終究「不忍倍漢，又自以爲功多，漢終不奪我齊，遂謝蒯通」，不過自此之後「信知漢王畏惡其能，常稱病不朝從」，並且在心中對漢王有了防備之心，在一次陳豨與其辭行的情形下，兩人共謀反叛。漢十一年（前196），陳豨果眞造反，韓信私底下亦開始部署，沒想到計畫被門客揭發，呂后便和蕭何商議，將韓信騙進宮中，「遂夷信三族」。〔註169〕司馬遷在〈淮陰侯列傳〉贊中評論韓信：

於是漢兵夾擊，大破虜趙軍，斬成安君泜水上，禽趙王歇。」

〔註164〕《史記》卷一百三十〈太史公自序〉，頁3315。

〔註165〕〔清〕方苞《望溪先生文集》（台北：臺灣中華書局，1965年），卷二讀史〈書淮陰侯列傳後〉，頁13左。

〔註166〕〔清〕金錫齡《劬書室遺集・讀史記淮陰侯傳論》，轉引自楊燕起、陳可青、賴長揚匯集《史記集評》，頁534。

〔註167〕《史記》卷九十二〈淮陰侯列傳〉，頁2621：「漢四年，遂皆降平齊。使人言漢王曰：『齊僞詐多變，反覆之國也，南邊楚，不爲假王以鎮之，其勢不定。願爲假王便。』當是時，楚方急圍漢王於滎陽，韓信使者至，發書，漢王大怒，罵曰：『吾困於此，旦暮望若來佐我，乃欲自立爲王！』張良、陳平躡漢王足，因附耳語曰：『漢方不利，寧能禁信之王乎？不如因而立，善遇之，使自爲守。不然，變生。』漢王亦悟，因復罵曰：『大丈夫定諸侯，即爲眞王耳，何以假爲！』乃遣張良往立信爲齊王，徵其兵擊楚。」

〔註168〕〈三王世家〉褚先生曰中，記漢武帝詢問王夫人欲將其子封於何處，王夫人答之雒陽，武帝不許，而後曰：「關東之國無大於齊者。齊東負海而城郭大，古時獨臨菑中十萬戶，天下膏腴地莫盛於齊者矣」，由此可見齊地之廣闊與富饒，是以劉邦急欲將之收回己有。見《史記》卷六十〈三王世家〉，頁2115。

〔註169〕事詳《史記》卷九十二〈淮陰侯列傳〉，頁2611～2629。

> 假令韓信學道謙讓，不伐己功，不矜其能，則庶幾哉，於漢家勳可
> 以比周、召、太公之徒，後世血食矣。不務出此，而天下已集，乃
> 謀畔逆，夷滅宗族，不亦宜乎！〔註170〕

看似批評韓信的「畔逆」，但從司馬遷撰寫此傳的內容和筆法來看，他其實是
要爲韓信之反抱屈，首先司馬遷在〈淮陰侯列傳〉中「全載蒯通語，正以見
淮陰之心乎爲漢，雖以通之說喻百端，終確然不變」〔註171〕，可見他「深明
信之不反也」〔註172〕，再讓韓信自身說出：「狡兔死，良狗亨；高鳥盡，良弓
藏；敵國破，謀臣亡。天下已定，我固當亨」〔註173〕，透露高祖的殺機，之
後又鋪寫高祖「見信死，且喜且憐之」的如釋重負，以婉曲的方式表達「信
以佐命元勳而死疑獄，高帝高后信寡恩矣」〔註174〕的思想，至於在贊中評韓
信「以夷滅爲宜，特以本朝所行，不得不如此立說」。〔註175〕

　　黥布在楚漢相爭中因控有戰略樞紐──九江而倍顯重要，「黥布據九江之
地，得以養其全力，徐制楚漢之命，故楚漢之重輕，視黥布之去就而已，此
天下之勢也」〔註176〕，所以在激烈的楚漢相爭中，楚、漢兩方皆極力爭取黥
布的同盟。漢三年（前204）劉邦派隨何前去游說黥布叛楚，黥布「陰許畔楚
與漢」，然而他對漢王尚有懷疑之處，故不願明顯表態，沒想到隨何立即在楚
使者面前高言：「九江王已歸漢，楚何以得發兵？」黥布立時毫無退路，便依
隨何之計殺楚使者，並起兵攻楚，正式成爲劉邦勢力團隊之一員。漢四年（前
203）七月，黥布被立爲淮南王，與劉邦共同對抗項羽軍；漢五年（前202），
黥布派人偷襲故地九江，「得數縣」；漢六年（前201），黥布與荊王劉賈潛入
九江，此次兩人順利的引誘楚軍大司馬周殷叛楚，更依周殷舒地之兵屠破六
縣，收九江之兵，「遂舉九江兵與漢擊楚，破之垓下」，垓下一役使項羽自刎

〔註170〕《史記》卷九十二〈淮陰侯列傳〉，頁2630。
〔註171〕〔清〕趙翼《陔餘叢考》（台北：世界書局，1960年），卷五〈史記四〉，頁2
　　　　左～3右。
〔註172〕〔清〕徐與喬著，〔清〕潘椿重訂《史漢初學辨體》（台北：文海出版社有限
　　　　公司，1974年），史部〈淮陰侯列傳〉引徐退山語，頁222。
〔註173〕《史記》卷九十二〈淮陰侯列傳〉，頁2627。
〔註174〕〔清〕劉何《清芬集‧書淮陰侯傳後》，轉引自楊燕起、陳可青、賴長揚匯集
　　　　《史記集評》，頁533。
〔註175〕〔清〕金錫齡《劬書室遺集‧讀史記淮陰侯傳論》，轉引自楊燕起、陳可青、
　　　　賴長揚匯集《史記集評》，頁535。
〔註176〕〔漢〕司馬遷著，〔明〕凌稚隆輯校，〔日〕有井範平補標《補標史記評林》
　　　　卷九十一〈黥布列傳〉引〔明〕屠隆語，頁3右。

死，於是漢終有天下，黥布被分封爲淮南王，之後數年黥布皆安分守己入朝請見，直到漢十一年（前 196）淮陰侯、梁王陸續被殺讓黥布心有餘悸，加上此時中大夫賁赫誣告黥布「謀反有端，可先未發誅也」，「淮南王布見赫以罪亡，上變，固已疑其言國陰事；漢使又來，頗有所驗，遂族赫家，發兵反」，高祖發兵與之相抗，黥布走越，最後被番陽人所殺。〔註 177〕司馬遷在〈黥布列傳〉中，安排了一段汝陰侯滕公向楚國令尹詢問黥布反叛原因的對談，令尹曰：「往年殺彭越，前年殺韓信，此三人者，同功一體之人也。自疑禍及身，故反耳」〔註 178〕，將黥布之反歸因於漢廷所迫，事實上就算黥布不謀反，高祖亦不會輕易放過他，做爲「常冠軍」、「功冠諸侯」的黥布對高祖而言是很大的壓力，難保那一天黥布聚兵而起，漢朝便風雲變色，因此縱使黥布沒有反叛漢廷，高祖亦將以彭越、韓信之誅相待。

甫瑕、里克、彭越、韓信和黥布皆曾有功於其主，卻因君主爲維護其自身利益而受到誅殺，司馬遷突出這些事件的描寫來爲功臣之死抱屈，從中亦反應出他對於君王鳥盡弓藏、兔死狗烹勢利行爲的不恥，與其「形勢雖強，要以仁義爲本」〔註 179〕的思想相互呼應。

二、偷合取容

臣下的利祿來自於上位者的賞賜，只要能夠得到君王的喜愛，功名利祿往往隨之而來，如：燕王盧綰因從小與高祖交好，縱使盧綰在楚漢相爭中沒有什麼功績，高祖有天下後卻立其爲燕王；又如：衛青、霍去病、李廣利家族的興起，衛青之姊衛子夫爲武帝之后，衛青受到武帝的愛屋及烏，連帶的雞犬升天〔註 180〕，衛皇后的蔭德還擴及姊姊與姪兒，子夫長姊被許配給太僕公孫賀，二姊「少兒故與陳掌通，上召貴掌」〔註 181〕，少兒之子霍去病

〔註 177〕事詳《史記》卷九十一〈黥布列傳〉，頁 2599～2606。
〔註 178〕《史記》卷九十一〈黥布列傳〉，頁 2604。
〔註 179〕《史記》卷十七〈漢興以來諸侯王年表〉，頁 803。
〔註 180〕郭瓊瑜《史記的褒貶義法》（台北：中國文化大學中國文學研究所碩士論文，1994 年），頁 229：「當衛子夫大幸時，衛青由侯家騎擢爲建章監；子夫封爲夫人時，衛青也躍爲大中大夫；子夫立爲皇后，衛青更由車騎將軍而封爲長平侯，尊爲大將軍，甚至三子襁褓封侯。在衛青步步高昇的敘述中，總有衛子夫的身影穿梭其間，……至下文終於藉甯乘之口，明白點出「將軍以功未甚多，身食萬戶，三子皆爲侯者，徒以皇后故也」，將衛青的平步青雲與其姊的貴爲皇后作了密切的聯結。」
〔註 181〕《史記》卷一百一十一〈衛將軍驃騎列傳〉，頁 2922。

則在十八歲時便成爲天子侍中，封爲冠軍侯。「及衛后色衰」〔註182〕，漢武帝又有了新寵李夫人，武帝「欲侯寵姬李氏」〔註183〕，於是用了與尊貴衛青、霍去病同樣的方法，遣李夫人兄弟李廣利參戰攻伐，使有戰功而能大加封賞。〔註184〕還有一種人雖然沒有外戚身分，但靠著「冠鵔入侍，傅粉承恩」〔註185〕，「說主耳目，和主顏色，而獲親近」〔註186〕，那就是「佞幸」。高祖時有籍孺，惠帝時有閎孺，「此兩人非有材能，徒以婉佞貴幸，與上臥起，公卿皆因關說」〔註187〕，因此「孝惠時，郎、侍中皆冠鵔鸃、貝帶」〔註188〕，希望藉著美好的外表吸引皇帝的注意。孝文帝時有鄧通，司馬遷形容鄧通「獨自謹其身以媚上而已」，「文帝嘗病癰，鄧通常爲帝唶吮之」，文帝因而「賞賜通巨萬以十數，官至上大夫」；又文帝使善相者替鄧通看相，相命師言鄧通當貧餓死，文帝立即「賜鄧通蜀嚴道銅山，得自鑄錢」〔註189〕，此後「鄧氏錢」布天下，鄧通「以鑄錢財過王者」〔註190〕，鍾惺曰：「唶癰，鄧通所以取寵於文帝；鑄錢，帝所以寵通也」〔註191〕，由此可見鄧通之受寵於文帝。武帝朝時佞幸有韓嫣與李延年，武帝尚爲膠東王時就與韓嫣「學書相愛」，韓嫣「善騎射，善佞」，他知道武帝想要伐匈奴，便事先練習胡人的兵器和作戰方法，「以故益尊貴，官至上大夫，賞賜擬於鄧通」，甚至「常與上臥起」；〔註192〕李延年與其妹皆爲倡，其妹爲武帝所幸，延年因此受召貴，由於他「善承意」，知「上方興天地祠，欲造樂詩歌弦之」，便幫武帝製作新樂

〔註182〕《史記》卷四十九〈外戚世家〉，頁1980。

〔註183〕《史記》卷一百二十三〈大宛列傳〉，頁3174。

〔註184〕〔宋〕黃震曰：「衛青者，奴隸鄭季之遺蘗，而霍去病其甥也，漢武帝以青之姊曰子夫者爲后，因生事夷狄，而官青曰大將軍，官去病爲驃騎將軍，公孫敖嘗脫衛青於難，亦官之至將軍，青之長姊嫁公孫賀，賀爲將軍，且至宰相，其餘侯者非兩將軍親戚，則其門下人也。他日貳師將軍亦以後宮故，生事大宛，而使之貴，帝平生窮兵黷武，使海內蕭然，觀其所由，往往爲榮宮妾地爾。」見黃震《黃氏日抄》卷四十六〈讀史一史記·衛將軍驃騎〉，頁578。

〔註185〕〔唐〕司馬貞《史記·佞幸列傳索隱》，頁3196。

〔註186〕《史記》卷一百三十〈太史公自序〉，頁3318。

〔註187〕《史記》卷一百二十五《佞幸列傳》，頁3191。

〔註188〕《史記》卷一百二十五《佞幸列傳》，頁3191。

〔註189〕事詳《史記》卷一百二十五《佞幸列傳》，頁3192。

〔註190〕《史記》卷三十〈平準書〉，頁1419。

〔註191〕〔漢〕司馬遷著，〔明〕凌稚隆輯校，〔日〕有井範平補標《補標史記評林》卷一百二十五〈佞幸列傳〉引〔明〕鍾惺語，頁3右。

〔註192〕《史記》卷一百二十五〈佞幸列傳〉，頁3194。

曲，「與上臥起，甚貴幸，埒如韓嫣也」，武帝因此賜他「佩二千石印」〔註193〕，「拜爲協律都尉」〔註194〕以尊寵之。〔註195〕

　　由於搏得帝王的喜愛就能享有榮華富貴，故爲人臣者，本身若無眞才實學，又生非外戚，無超卓之色，往往就會通過「阿諛苟合」以求媚上。司馬遷在《史記》中記載了許多阿意之人，如：〈孟子荀卿列傳〉中記戰國學者爲了求得名祿，便根據君主的喜好言說或著書，以求得上位者的賞賜。齊國人騶忌知道齊威王喜好音樂，便「以鼓琴見威王，威王說而舍之右室」〔註196〕，於是「封以下邳，號曰成侯」〔註197〕；騶忌之後有騶衍，他使用「作先合，然後引之大道」〔註198〕的手法，即先用怪誕的學說吸引國君的注意與興趣，再藉機向國君陳說仁義之理，此手法不但讓他在齊國受到重視，「適梁，惠王郊迎，執賓主之禮。適趙，平原君側行撤席。如燕，昭王擁彗先驅，請列弟子之座而受業，築碣石宮，身親往師之」〔註199〕；又如淳于髡，其人「滑稽多辯」〔註200〕、「博聞彊記，學無所主。……承意觀色爲務」〔註201〕，前去梁國干謁惠王，惠王與其「壹語連三日三夜無倦」，當「惠王欲以卿相位待之」，淳于髡雖「因謝去」，卻得到了「安車駕駟，束帛加璧，黃金百鎰」的禮遇。〔註202〕司馬遷對上述人物的批評展現在同一篇列傳中他對孟子的撰寫，他寫孟子進陳仁義之論不得重用，退而著書述志，以孟子「捨利取義」的作爲映襯騶忌等人爲求富貴「有意阿世俗苟合」，而斥責他們「以干世主，豈可勝道哉」。〔註203〕

〔註193〕《史記》卷一百二十五〈佞幸列傳〉，頁3195。

〔註194〕《史記》卷二十四〈樂書〉，頁1177。

〔註195〕虞雲國云：「《漢書・百官公卿表》所列作爲少府屬官的樂府，其長貳僅一令三丞，並無協律都尉。……延年正以『性知音』而受寵幸，武帝命他在太初改曆中擔任臨時性的『協音律』的任務，並授予可佩二千石的協律都尉，……正因爲是臨時性質的官職，更由于並不是少府屬官，因而可佩二千石印的特恩」，可見得協律都尉一官並非常設職，又都尉職俸不因領有二千石之多，顯示出武帝對李延年的寵愛超絕。見虞雲國〈李延年雜考〉，《上海師範大學學報》1991年第2期，頁61～62。

〔註196〕《史記》卷四十六〈田敬仲完世家〉，頁1889。

〔註197〕《史記》卷四十六〈田敬仲完世家〉，頁1890。

〔註198〕《史記》卷七十四〈孟子荀卿列傳〉，頁2345。

〔註199〕《史記》卷七十四〈孟子荀卿列傳〉，頁2345。

〔註200〕《史記》卷一百二十六〈滑稽列傳〉，頁3197。

〔註201〕《史記》卷七十四〈孟子荀卿列傳〉，頁2347。

〔註202〕事詳《史記》卷七十四〈孟子荀卿列傳〉，頁2347。

〔註203〕《史記》卷七十四〈孟子荀卿列傳〉，頁2346。

　　秦國大將王翦、蒙恬和宰相李斯，亦是司馬遷口中阿主之意的人物。「宿將」王翦，身負「夷六國」之功，還曾讓「始皇師之」〔註204〕；蒙恬世代皆有功於秦，因此「始皇甚尊寵蒙氏，信任賢之」，拜蒙恬爲內史。蒙恬功績絕偉，始皇二十六年（前221）他滅掉田齊，秦并天下後又「將三十萬眾北逐戎狄，收河南」，此外蒙恬還是長城工程的主要執行者，可以說不論對外征戰、對內國策，都得到始皇的青睞與重用〔註205〕；李斯自楚奔秦，靠著〈諫逐客書〉得到始皇的賞識，「卒用其計謀。官至廷尉。二十餘年，竟并天下」〔註206〕，亦即李斯實爲秦有天下最重要的決策者與推動者。王翦、蒙恬和李斯，都是當代之名將重臣，都對國家有莫大的功勳，然而司馬遷在記述他們豐功偉業的同時，亦不忘責備他們的「偷合取容」〔註207〕、「阿意興功」〔註208〕和「阿順苟合」。〔註209〕《史記》撰王翦出兵伐楚，心中想的不是爲國解決「荊兵日進而西」的問題，而是思索多索田宅以防「秦王坐而疑我」之嫌〔註210〕，且王翦身居高位，對於始皇的暴虐殘殺不但沒有建言阻止，反而帶兵領陣四處征伐，助紂爲虐，司馬遷因此「責王翦不能輔秦建德，固其根本」〔註211〕；至於蒙恬，司馬遷說他「遇誅固宜」，因蒙恬身爲名將，無視長期以來百姓在戰亂中的勞苦〔註212〕，「不以此時彊諫，振百姓之急，養老

〔註204〕《史記》卷七十三〈白起王翦列傳〉，頁2342。
〔註205〕事詳《史記》卷八十八〈蒙恬列傳〉，頁2565～2566。
〔註206〕《史記》卷八十七〈李斯列傳〉，頁2546。
〔註207〕《史記》卷七十三〈白起王翦列傳〉，頁2342。
〔註208〕《史記》卷八十八〈蒙恬列傳〉，頁2570。
〔註209〕郭瓊瑜《史記的褒貶義法》，頁45～46：「對於秦代名臣王翦、李斯、蒙恬三人，『太史公曰』一致發出強烈的責難，……批評重心亦一致對準三人以元老重臣的身份，不事彊補過，而阿順苟合，助虐百姓。從中可以看出，史遷認爲建德愛民方能鞏固政權的根本，嚴刑峻法與輕用民力終將招致傾覆的結局。王翦、李斯、蒙恬位尊權重，卻不能恪盡臣責，反而一味自保，致令『秦以不聞其過亡天下』。」
〔註210〕事詳《史記》卷七十三〈白起王翦列傳〉，頁2340。
〔註211〕〔清〕尚鎔曰：「遷責王翦不能輔秦建德，固其根本；責李斯不補主闕，嚴威酷刑；責蒙恬不能強諫，振急修和。且則翦以偷合取容，則斯以阿順苟合，責恬以阿意興功。真古之良史，可爲萬世馭將相之明鑒矣。」見尚鎔《史記辨證》卷七〈蒙恬列傳〉，收入孫曉主編《二十四史研究資料彙編：史記》第五冊，頁240。
〔註212〕〔明〕于慎行曰：「自蒙驁爲將，伐韓趙魏，取七十餘城；蒙武破楚，滅之；恬、毅兄弟又更將兵，孤人之子，寡人之妻，不知其幾矣，豈俟修築長城始結怨百姓哉！不知咎此，而曰『自吾先人至子孫，積功信于秦三世』，豈知積

存孤，務修眾庶之和」〔註213〕，反而竊合始皇對匈奴的積極出兵進攻與消極
築牆抵抗政策，是以「史公以阿意興功責之」〔註214〕；至於李斯，其從學之
初便認爲「詬莫大於卑賤，而悲莫甚於窮困」〔註215〕，是以其一生皆在追求
權位與財富。李斯首次拜見秦王，便「應秦王欲吞天下稱帝而治，迎其機而
道之也」〔註216〕，替始皇謀劃統一天下的計謀，又「始皇以詐力兼天下，志
得意滿，諱聞過失」，所以「李斯燔詩書，誦功德，以成其氣」。〔註217〕當始
皇三十七年（前 210）七月病逝於沙丘，李斯「貪生幸利」〔註218〕而同意了
趙高、胡亥的矯詔之計，幫助昏庸殘暴的胡亥登基爲秦二世。然而二世實非
明主，加之「挾天子以令諸侯」的趙高陰狠歹毒，秦國因此「法令誅罰日益
刻深，羣臣人人自危，欲畔者眾。又作阿房之宮，治道、馳道，賦斂愈重，
戍徭無已」〔註219〕，各地百姓紛紛起身抗秦，李斯起初忠直懇諫，二世反「誚
讓斯居三公位，如何令盜如此，李斯恐懼，重爵祿，不知所出，乃阿二世意，
欲求容」〔註220〕，於是上書迎合二世嚴刑峻法的政策，「書奏，二世悅。於是
行督責益嚴，稅民深者爲明吏」、「殺人眾者爲忠臣」，「刑者相半於道，而死
人日成積於市」〔註221〕，國政每況愈下，最後終至覆亡。司馬遷在〈李斯列
傳〉贊中責備李斯「不務明政以補主上之缺，持爵祿之重，阿順苟合，嚴威
酷刑，聽高邪說，廢適立庶。諸侯已畔，斯乃欲諫爭，不亦末乎」〔註222〕，
將秦國的滅亡歸究於李斯的好利貪權〔註223〕、阿順苟合，間接批判了李斯的

功正所以積怨哉！」見于慎行《讀史漫錄》卷二，收入《四庫全書存目叢書》
（台南：莊嚴文化事業出版有限公司，1996 年，史部二八五頁 472～473。
〔註213〕《史記》卷八十八〈蒙恬列傳〉，頁 2570。
〔註214〕〔清〕高塘《史記鈔》卷三〈蒙恬列傳贊〉，轉引自楊燕起、陳可青、賴長揚
匯集《史記集評》，頁 526。
〔註215〕《史記》卷八十七〈李斯列傳〉，頁 2539。
〔註216〕〔漢〕司馬遷著，〔明〕凌稚隆輯校，〔日〕有井範平補標《補標史記評林》
卷八十七〈李斯列傳〉引〔清〕吳齊賢語，頁 2 左。
〔註217〕〔北宋〕蘇轍《古史》卷五十六〈李斯列傳〉，收入《景印文淵閣四庫全書》
（臺北：臺灣商務印書館，1983～1986 年），第 371 冊，頁 634。
〔註218〕〔漢〕司馬遷著，〔明〕凌稚隆輯校，〔日〕有井範平補標《補標史記評林》
卷八十七〈李斯列傳〉引余有丁語，頁 6 右。
〔註219〕《史記》卷八十七〈李斯列傳〉，頁 2553。
〔註220〕《史記》卷八十七〈李斯列傳〉，頁 2554。
〔註221〕事詳《史記》卷八十七〈李斯列傳〉，頁 2553～2557。
〔註222〕《史記》卷八十七〈李斯列傳〉，頁 2563。
〔註223〕〔清〕徐枋曰：「究二世之所以弒，秦之所以亡，皆起于李斯持爵祿一念。」

勢利性格。

《史記》中對漢代諛臣記載得更爲詳盡，甚至可以分成三類，第一類，專意阿從無所作爲，第二類，順從主意助主爲非，第三類，阿主之意掩飾主非。第一類人看似品德不差，且往往能夠嚴以律己寬以待人，像是萬石君石奮一家、衛綰、直不疑和周仁。《史記》中記石奮「恭謹無與比」〔註224〕、「過宮門闕，萬石君必下車趨，見路馬必式焉」、「上時賜食於家，必稽首俯伏而食之，如在上前」〔註225〕；其子石建爲郎中令，「每五日洗沐歸謁親，入子舍，竊問侍者，取親中帬廁牏，身自浣滌，復與侍者，不敢令萬石君知，以爲常」〔註226〕，後萬石君過世，「建哭泣哀思，扶杖乃能行。歲餘，建亦死」〔註227〕；幼子石慶任內史時曾有過，亦能「肉袒請罪」〔註228〕，是以「萬石君家以孝謹聞乎郡國，雖齊魯諸儒質行，皆自以爲不及也」〔註229〕，除了石建、石慶外，石奮又有二子「皆以馴行孝謹，官皆至二千石」〔註230〕，一門五人皆有二千石之俸，景帝於是「號奮爲萬石君」，可以說是對石奮一家品格的認可與讚揚；衛綰的美德則是展現在爲官廉潔忠誠，「郎官有譴，常蒙其罪，不與他將爭；有功，常讓他將。上以爲廉，忠實無他腸」〔註231〕；塞侯直不疑「學老子言。其所臨，爲官如故，唯恐人知其爲吏跡也。不好立名稱」〔註232〕，他不對任何事情辯解，於是被稱爲長者；郎中令周仁，其爲人「陰重不泄」〔註233〕，能夠守口如瓶。上列諸人看似品行超卓，但司馬遷認爲他們「善言善行」是爲了博取上位者的喜愛，故在行文中對他們多有譏刺〔註234〕，石家父子一

見徐枋《居易堂集》（台北：臺灣學生書局，1973年），卷十〈書李斯傳後〉，頁278～279；又如〔漢〕司馬遷著，〔明〕凌稚隆輯校，〔日〕有井範平補標《補標史記評林》卷八十七〈李斯列傳〉引〔宋〕趙恒語，頁14左～右：「因瑕釁，以輔始皇成帝業，秦之成也，斯之功也，持爵祿之重云云，廢嫡立庶，秦之亡，斯之罪也。」

〔註224〕《史記》卷一百三〈萬石張叔列傳〉，頁2763。
〔註225〕同上註，頁2764。
〔註226〕同註224，頁2765。
〔註227〕同註224，頁2766。
〔註228〕同註224，頁2766。
〔註229〕同註224，頁2764。
〔註230〕同註224，頁2764。
〔註231〕同註224，頁2769。
〔註232〕同註224，頁2771。
〔註233〕同註224，頁2772。
〔註234〕〔清〕劉大櫆曰：「太史遷之傳石奮也，褒之乎？譏之乎？曰，譏之。曷以知

味恭敬謹慎，「至廷見，如不能言者」，卻對朝政「無能有所匡言」。衛綰雖然
「廉潔忠誠」，卻是因為「廉吏久，久更富」〔註235〕，其動機仍是希冀「歸於
富厚」。至於直不疑與周仁，司馬遷直接在〈萬石張叔列傳〉贊批評曰：「塞
侯微巧，而周文處讇君子譏之，為其近於佞也」〔註236〕，直指他們「蒙垢以
求名」、「穢跡以求利」〔註237〕，可見得司馬遷對於石家父子的孝謹、衛綰的
廉節、直不疑的不辯、周仁的蒙詬，皆認為是阿主的行為，而非真正的道德
實踐，故將之統歸於佞。〔註238〕

　　第一類人雖然「諛」、「佞」，但整體上其品德尚可稱為「篤行君子」，雖
「無他大略，為百姓言」，但也因此對國家、社會沒有太大的影響，與第二類
人相較似乎便沒有那麼可恨。第二類人不但順從主上的意願來處事，還常常
幫助主上做出不利國家、民生的策略，與司馬遷愛國愛民思想背道而馳，故
《史記》中對這些人多有譏刺，此類代表人物有叔孫通、桑弘羊、酷吏、張
騫。叔孫通在秦朝為待詔博士時就曾阿順二世之意以進言〔註239〕，「而通之希

其為諛也？曰，遷之報任安書曰：『人臣出萬死不顧一生之計，赴公家之難，
而全軀保妻子之臣媒孽其短，誠私心痛之。』彼石奮者，特全軀保妻子之臣
而已。且遷已明斥石慶之非矣，曰：『文深審謹，其位九歲，無能有所匡言。』
夫君之所求乎臣，臣之所為盡忠以事其上者，在匡君之違，言君之闕失，使
利及生民而已。若夫君之所可而因以為是，君之所否而因以為非，其所愛因
而趨承之，其所惡因而避去之，此廝役徒隸之所為，曾謂人臣而亦出于此。」
見劉大櫆《海峰文集》卷一論著〈讀萬石君傳〉，收入《續修四庫全書》（上
海：上海古籍出版社，2002年），一四二七・集部・別集類，頁321。
〔註235〕《史記》卷一百二十九〈貨殖列傳〉，頁3271。
〔註236〕《史記》卷一百三〈萬石張叔列傳〉，頁2744。
〔註237〕〔北宋〕蘇軾云：「直不疑買金償亡，不辨盜嫂，亦士之高行，然非人情，其
所以蒙詬受名，非不求名也，求名之至者也。太史公窺見之故，其贊曰：「塞
侯微巧，周文處穢，君子譏之為其近於佞也」，不疑蒙垢以求名，周文穢跡以
求利，均以為佞，佞之為言智也，太史公之論，後世莫曉，吾是以疏解之。」
見蘇軾著，〔南宋〕郎曄輯《經進東坡文集事略》（上海：上海商務印書館，
1936年），卷六十五〈直不疑蒙垢以求名說〉，頁334。
〔註238〕〔清〕吳汝綸評點《史記集評・萬石張叔列傳》（台北：臺灣中華書局，1970
年），頁1022：「此篇以佞字為主。」
〔註239〕當時正逢陳勝在山東揭竿反秦，二世召問諸博士，「博士諸生三十餘人前曰：
『人臣無將，將即反，罪死無赦。願陛下急發兵擊之。』二世怒，作色」，叔
孫通看見二世發怒，便上前道：「諸生言皆非也。夫天下合為一家，毀郡縣城，
鑠其兵，示天下不復用。且明主在其上，法令具於下，使人人奉職，四方輻
輳，安敢有反者！此特羣盜鼠竊狗盜耳，何足置之齒牙間。郡守尉今捕論，
何足憂」，二世聽了後很高興，「賜叔孫通帛二十匹，衣一襲，拜為博士」，然

世取容可概念矣」。〔註240〕叔孫通事漢王，不改其阿諛作風，漢王不喜儒服，
他便「服短衣，楚製」〔註241〕；劉邦取得天下後，「羣臣飲酒爭功，醉或妄呼，
拔劍擊柱，高帝患之。叔孫通知上益厭之也」，便提議由自己與學生們按劉邦
的需求制定朝規和禮儀，而制定和施行的結果讓劉邦很滿意，「迺拜叔孫通爲
太常，賜金五百斤」〔註242〕，然而天下剛經過戰亂，百姓生活尚未恢復，本
該諸事莫動，休養生息，叔孫通爲了取寵於高祖，便改制換儀，多有生事，
司馬遷對此相當不滿，便藉魯兩生之語譏刺之。〔註243〕高祖死後，叔孫通阿
諛的對象換作惠帝，他以另建宗廟和獻果宗廟爲惠帝誤建複道與離宮出游解
套，然而另建宗廟是增加百姓的徭役，帝王出宮的花費與人力亦所費不貲，
叔孫通爲討好惠帝，枉顧百姓的生活與國家的財政，是以司馬遷將叔孫通視
爲「諛儒」〔註244〕，並在〈劉敬叔孫通列傳〉中，突出叔孫通「歷仕委蛇，
周旋人情，純是軟熟圓通一派作用」〔註245〕的性格。張騫是漢武帝時人，武
帝欲連月氏共擊匈奴，張騫以郎中令的身分應募，出使西域，帶回許多西域
的見聞與地理知識，之後漢武帝出兵伐匈奴，張騫皆隨行，因其「知水草處，
軍得以不乏」〔註246〕，封爲博望侯。之後，因伐匈奴失利，張騫被貶爲庶人。
然而戰爭失利並沒有打消武帝開疆拓土之心，以及張騫封官進爵之志，「是後
天子數問騫大夏之屬」〔註247〕，張騫深明武帝好大喜功，「摹寫雄主妄想虛願

後將諸博士治罪、罷免。事詳《史記》卷九十九〈劉敬叔孫通列傳〉，頁 2720
～2721。

〔註240〕〔漢〕司馬遷著，〔明〕凌稚隆輯校，〔日〕有井範平補標《補標史記評林》
　　　　卷九十九〈劉敬叔孫通列傳〉凌稚隆語，頁 3 右：「二世雖暴虐，通已臣事之
　　　　矣，鼠竊之對，與指鹿何異？太史公首次此，而通之希世取容可概念矣。」
〔註241〕《史記》卷九十九〈劉敬叔孫通列傳〉，頁 2721。
〔註242〕《史記》卷九十九〈劉敬叔孫通列傳〉，頁 2722～2723。
〔註243〕〔清〕丁晏《史記餘論·劉敬叔孫通列傳》，轉引自楊燕起、陳可青、賴長揚
　　　　匯集《史記集評》，頁 542～543：「叔孫生諛臣耳，史公論其希世度務，道固
　　　　委蛇，又借魯兩生語形容之，譏刺深矣。」
〔註244〕〔清〕尚鎔曰：「通爲高祖籌時變，開公孫弘阿世之端。史于通多微詞，亦以
　　　　其爲諛儒也。」見尚鎔《史記辨證》卷八〈劉敬叔孫通列傳〉，收入孫曉主編
　　　　《二十四史研究資料彙編：史記》第五冊，頁 242～243。
〔註245〕〔清〕高塘曰：「特其歷仕委蛇，周旋人情，純是軟熟圓通一派作用，豈即所
　　　　謂知時變，識時務者耶？太史公贊語，若美若諷，餘味曲包。」見高塘《史
　　　　記鈔》卷四〈劉敬叔孫通列傳贊〉，轉引自楊燕起、陳可青、賴長揚匯集《史
　　　　記集評》，頁 542。
〔註246〕《史記》卷一百二十三〈大宛列傳〉，頁 3167。
〔註247〕《史記》卷一百二十三〈大宛列傳〉，頁 3168。

如見」〔註248〕，而再次受到重用，拜爲中郎將，出使烏孫，回到漢朝後受封
爲大行，官階和九卿同位。〔註249〕司馬遷雖不明言張騫之苟合，卻藉由文章
的鋪陳〔註250〕，表達通夷開邊導致「天下騷動，耗費鉅萬萬」，暗諷張騫爲「小
人逢君之惡者」。〔註251〕由於戰爭、開夷耗用繁費，原有的稅收無法支應開銷，
漢武帝因而雇用了一批「興利之臣」，展開了一連串的逐利政策：「以東郭咸
陽、孔僅爲大農丞，領鹽鐵事；桑弘羊以計算用事，侍中。咸陽，齊之大煮
鹽，孔僅，南陽大冶，皆致生累千金」〔註252〕，「然而，隨著形勢的變化，孔
僅等人主持的鹽鐵官營越來越不能滿足漢武帝的需要，……最終他就提拔大
農丞桑弘羊來主持大農」〔註253〕，雖然在桑弘羊諸政策的推動下，西漢財政
危機解除〔註254〕，卻導致「吏坐市列肆，販物求利」〔註255〕，即與民爭利的
行爲；武帝因經濟得到了支持，於是更不計代價恣意征伐，造成「漢武帝五
十年間因兵革而財用耗，因財用而刑法酷，沸四海而爲鼎，生民無所措手足，

〔註248〕〔漢〕司馬遷著，〔明〕凌稚隆輯校，〔日〕有井範平補標《補標史記評林》
　　　　卷一百二十三〈大宛列傳〉引〔明〕鍾惺語，頁 5 右：「摹寫雄主妄想虛願如
　　　　見，故一切鑿空之士，得以其說取之。」
〔註249〕事詳《史記》卷一百二十三〈大宛列傳〉，頁 3157～3169。
〔註250〕〔漢〕司馬遷著，〔明〕凌稚隆輯校，〔日〕有井範平補標《補標史記評林》
　　　　卷一百二十三〈大宛列傳〉凌稚隆語，頁 6 左：「自騫既失侯，至騫之他旁國
　　　　一段，與上天子既聞大宛一段暗相應，蓋前推武帝好大喜功之心，故欣然以
　　　　騫言爲然，遣使四出；後原張騫失位怏怏，遂致逢君之欲，而拜將中郎。君
　　　　臣病根，總來只一貪字爲累，便貽國家無窮之戚如是，太史公若隱而不發其
　　　　意了。」
〔註251〕〔宋〕黃震《黃氏日抄》卷四十六〈讀史一史記・大宛〉，頁 580：「甚矣！
　　　　小人逢君之惡何甚也，欲通西南夷，費多道不通，嘗罷之矣，張騫言可通大
　　　　夏，天子復欣然爲之，是窮民西南之禍，……自是沒士馬于萬里外，以取宛
　　　　馬，天下騷動，耗費鉅萬萬，騫又果何利于漢？嗚呼！甚矣！小人逢君之惡
　　　　者，不可曉也。」
〔註252〕《史記》卷三十〈平準書〉，頁 1428。
〔註253〕晉文〈桑弘羊與西漢鹽鐵官營〉，《江蘇大學學報》2010 年第 4 期，頁 39。
〔註254〕薛振愷〈試論漢武帝的斂財政策〉：「元封元年（前 110 年），桑弘羊爲治粟都
　　　　尉兼大農令并主管鹽鐵事，于是在全國各郡、縣皆設鹽鐵均輸官。這一年同
　　　　時出抬『平準』。『置平準于京師，都受天下委輸。』桑弘羊特別在這一年又
　　　　向武帝請示了一項重大政策，即：『又請令吏得入粟補官，及罪人贖罪。令民
　　　　能入粟甘泉各有差，以復終身，不告緡。』由於『不告緡』令下，史載這一
　　　　年『民不益賦而天下用饒』。同時平準、均輸也大見成效，武帝巡視郡國，費
　　　　用皆取自大農。西漢財政危機基本解除」，載《北京師範大學學報》1997 年
　　　　第 4 期，頁 86。
〔註255〕《史記》卷三十〈平準書〉，頁 1442。

迄至末年平準之置，則海內蕭然戶口減半」的景況〔註256〕，司馬遷在〈平準書〉中藉卜式之口曰：「烹弘羊，天乃雨」〔註257〕，明白表達對桑弘羊深切的憎惡。武帝與民爭利的結果，造成「海內之士耕不足糧饟，女子紡績不足衣服」〔註258〕，於是百姓起而「掘冢鑄幣」、「積貨逐利」，不法的情事越來越多，武帝因而任用了一批「酷吏」來整肅社會。司馬遷對酷吏的痛恨，讓他傳寫了一篇以「酷吏」為題的類傳。酷吏之所以為酷，其實亦是為了討好武帝，武帝以酷者為能，那麼臣子們便想盡辦法「武健嚴酷」，以博得武帝的賞識，〈酷吏列傳〉中記此類之臣，往往直言他們對君主的阿從附合，武帝好文學，張湯「決大獄，欲傅古義，乃請博士弟子治《尚書》、《春秋》補廷尉史，亭疑法。……所治即上意所欲罪，予監史深禍者；即上意所欲釋，與監史輕平者」〔註259〕；杜周為廷尉「其治大放張湯而善候伺。上所欲擠者，因而陷之；上所欲釋者，久繫待問而微見其冤狀，……專以人主意指為獄」〔註260〕，「可見，司馬遷評張湯、杜周等酷吏，實為漢武帝統治的忠實爪牙」〔註261〕，一味苛刻慘刻的結果是「百姓不安於生，騷動」，「小吏畏誅，雖有盜不敢發，恐不能得，坐課累府，府亦使其不言。故盜賊寖多，上下相為匿，以文辭避法焉」〔註262〕，司馬遷藉忠臣汲黯之口，說出酷吏一味順承的本質，他們只專意符合皇帝的心意，卻無益於國家社會，反而使「網密，多詆嚴，官事寖以秏廢。九卿碌碌奉其官，救過不贍」〔註263〕，是以司馬遷疾呼：「奉職循理，亦可以為治，何必威嚴哉？」〔註264〕又曰：「張湯死而民不思」〔註265〕，表達他對酷吏的否定與怨怒。

第三類人，他們阿主之意，不陳說對國家有益之事，還幫忙掩飾主上的錯誤，代表人物是公孫弘和主父偃。漢武帝好大喜功，對內大興土木、對外恣意征伐，造成國家財政吃緊、社會動蕩不安，然而朝中大臣多不敢進言勸

〔註256〕黃震《黃氏日抄》卷四十六〈讀史一史記・平準書〉，頁566。
〔註257〕《史記》卷三十〈平準書〉，頁1442。
〔註258〕《史記》卷三十〈平準書〉，頁1442～1443。
〔註259〕《史記》卷一百二十二〈酷吏列傳〉，頁3139。
〔註260〕《史記》卷一百二十二〈酷吏列傳〉，頁3153。
〔註261〕施丁〈司馬遷評歷史人物〉，《遼寧大學學報》1980年第1期，頁28。
〔註262〕《史記》卷一百二十二〈酷吏列傳〉，頁3151。
〔註263〕《史記》卷一百二十二〈酷吏列傳〉，頁3154。
〔註264〕《史記》卷一百一十九〈循吏列傳〉，頁3099。
〔註265〕《史記》卷三十〈平準書〉，頁1434。

諫，其原因在於武帝的專斷獨裁〔註 266〕，在這樣的情況下，大多數的臣子要不唯唯諾諾，要不就阿順奉承，更有甚者是幫助武帝掩過飾非。丞相公孫弘「少時爲薛獄吏，有罪，免家貧，牧豕海上」〔註 267〕，由這麼低的身分而能爬到丞相之高位，在於他能懂得武帝的心思，「每朝會議，開陳其端，令人主自擇，不肯面折庭爭」〔註 268〕，如一回朱買臣與公孫弘當廷議論置朔方郡一事，公孫弘「以爲罷敝中國以奉無用之地，願罷之」，沒想到武帝的心意與之相反，公孫弘見狀立刻謝罪道：「山東鄙人，不知其便若是，願罷西南夷、滄海而專奉朔方」〔註 269〕；他明白武帝喜好嚴刑峻法，但法令深酷不符合仁君的表現，於是遇到法律與官場事務，他便「緣飾以儒術」，故「上大說之」〔註 270〕；此外他「布被，食不重肉。后母死，服喪三年」〔註 271〕，德行上看來十分敦厚，因此武帝十分信任他，縱使「左右幸臣每毀弘，上益厚遇之」〔註 272〕，一回公孫弘生病，當時「淮南、衡山謀反，治黨與方急」，公孫弘「自以爲無功而封，位至丞相，宜佐明主塡撫國家，使人由臣子之道。今諸侯有畔逆之計，此皆宰相奉職不稱，恐竊病死，無以塞責」，於是上書武帝希望能讓他辭官歸家，武帝不但沒有准許他的辭職，還「賜告牛酒雜帛」，勉勵他鼓舞精神。〔註 273〕公孫弘能受武帝寵信如此，最主要的原因，恐怕是他「人主病不廣大」〔註 274〕的理論，這是他幫武帝伐匈奴、開四夷、通西域等舉措所想出的冠冕堂皇的藉口，爲其遮掩用度費靡之實，滿足君王自我的虛榮，司馬遷對公孫弘的行爲十分不齒，他在〈平津侯主父列傳〉中

〔註 266〕〔漢〕司馬遷著，〔明〕凌稚隆輯校，〔日〕有井範平補標《補標史記評林》卷一百三〈萬石張叔列傳〉引〔宋〕秦觀，頁 3 左～右：「武帝于大臣，如公孫賀、東方朔、枚皐、司馬相如、嚴助、主父偃之徒，莫非左右親幸者，而多以罪誅。慶爲相已非其分，而又以全終，豈其才智之足以自免哉！蓋武帝初立田蚡爲相，權移人主，田蚡既死，上懲其事，痛法以繩，故用之而克終者，椎鄙人而後可也。慶爲相時九卿更用事，不關決于慶，慶醇謹而已，此其所以見容于武帝也。」

〔註 267〕《史記》卷一百一十二〈平津侯主父列傳〉，頁 2949。

〔註 268〕同上註，頁 2950。

〔註 269〕同註 267，頁 2950。

〔註 270〕同註 267，頁 2950。

〔註 271〕同註 267，頁 2950。

〔註 272〕同註 267，頁 2950。

〔註 273〕事詳《史記》卷一百一十二〈平津侯主父列傳〉，頁 2949～2952。

〔註 274〕《史記》卷一百一十二〈平津侯主父列傳〉，頁 2950。

「摹寫平津侯暗以曲學阿世四字爲精神」〔註 275〕，在〈儒林列傳〉中則藉轅固生之口直言；「公孫子，務正學以言，無曲學以阿世」〔註 276〕，在「〈平準書〉又云『公孫弘以春秋之義繩臣下』云云，『張湯用峻文』云云，又以弘與湯並傳，其不滿於弘者又如此」。〔註 277〕另一個飾主之非的人物是與公孫弘同傳的主父偃，李景星《史記評議》曾對公孫弘與主父偃同傳做出五點分析〔註 278〕，其中一點即是兩人「心術之不純同」。主父偃的發跡是諫伐匈奴事，當時主父偃、徐樂、嚴安同時上說勸諫武帝，大肆征伐「靡敝國家，非所以子民也」，且「結怨匈奴，非所以安邊也」，武帝認爲他們說得很好，「上乃拜主父偃、徐樂、嚴安爲郎中」〔註 279〕；然而，當主父偃正式進入朝廷任官，他便換了一張嘴臉，他知道武帝時時不忘驅逐匈奴，於是在朝廷公卿「皆言不便」的情況，他「盛言朔方地肥饒，外阻河，蒙恬城之以逐匈奴，內省轉輸戍漕，廣中國，滅胡之本也」〔註 280〕，替武帝一直以來處心積慮「筑衛朔方」找到了「前車之鑑」，卻也展現出他「姦險無賴小人」的本質〔註 281〕；〈平津侯主父列傳〉後半寫主父偃貪受諸侯金事，襯托出他對富貴名利的想望，他亦自言：「丈夫生不五鼎食，死即五鼎烹耳」〔註 282〕，因而得知他的諫伐匈奴、立朔方郡，都是爲了能夠受到帝王的矚目而刻意爲之。

對司馬遷而言，作爲臣子有輔拂之責，必當「忠信行道，以奉主上」，要有直言進諫的勇氣，要能以誠懇忠直的態度爲國家、百姓謀福利，所以當他

〔註 275〕茅坤《史記鈔》卷七十七〈平津侯主父列傳〉，收入《四庫全書存目叢書》史部一三八，頁 380。

〔註 276〕《史記》卷一百二十一〈儒林列傳〉，頁 3124。

〔註 277〕〔漢〕司馬遷著，〔明〕凌稚隆輯校，〔日〕有井範平補標《補標史記評林》卷一百一十二〈平津侯主父列傳〉引〔宋〕趙恒語，頁 8 右。

〔註 278〕李景星《史記評議·平津侯主父列傳第五十二》（上海：上海古籍出版社，2008年），頁 204：「平津、主父之所以合傳者，約有五端：一爲齊人同，二先屈後伸同，三心術之不純同，四行事之詭譎同，五則主父之死，由于平津，以同始者，以不同終也。」

〔註 279〕《史記》卷一百一十二〈平津侯主父列傳〉，頁 2953～2960。

〔註 280〕《史記》卷一百一十二〈平津侯主父列傳〉，頁 2961。

〔註 281〕〔宋〕黃震《黃氏日抄》卷四十六〈讀史一史記·平津侯主父〉，頁 578：「主父偃姦險無賴小人，其致身青雲，特自速族滅之禍耳，何足污齒頰哉！惟諫伐匈奴一書，不當以人廢言，然他日勸朔方，俾襲蒙恬步者，即今日舉秦事，以諫匈奴之偃也何耶。」

〔註 282〕《史記》卷一百一十二〈平津侯主父列傳〉，頁 2962。

面對「力田不如逢年，善仕不如遇合」〔註283〕的朝廷現況時，他便藉著譏刺為了自身利益而偷合取容的諛臣、佞臣，來表達他對阿諛順從、罔顧是非舉動的不滿，由此可見司馬遷為人、為臣的痛惡勢利與忠義正直。

三、以利相交

從《史記》中可發現，司馬遷認為好利惡禍是人的普遍心態，他在〈平津侯主父列傳〉中藉主父偃「始吾貧時，昆弟不我衣食，賓客不我內門；今吾相齊，諸君迎我或千里」〔註284〕之例，表明以利相交的情況產生在各種社會關係──君臣、朋友、主客、親友、師生、同僚之中，君主為維護利益而鳥盡弓藏，臣子為謀取富貴而偷合取容，其餘之人亦往往以權利的有無為相合分的依據，面對利盡交疏，司馬遷有親身之經歷，天漢年間，他為李陵而得罪武帝，其親友因害怕受到牽連，「交遊莫救，左右親近不為壹言」，使得他「獨與法吏為伍，深幽囹圄之中」〔註285〕，故司馬遷在《史記》中對人之勢利屢屢嘆之〔註286〕，記錄行文又每每暗藏譏諷。以下就朋友、主客、親友、師生和同僚的以利相分合，見司馬遷對勢利之交的否定與感傷。

《史記》中同僚間的以利相交，從主父偃、竇嬰、灌夫、田蚡和韓安國身上可以一見端倪。主父偃因建言伐匈奴事而受到漢武帝的重視，元朔二年（前127）拜為齊相，後來齊王因害怕主父偃揭發他的姦事而自殺，加上主父偃「受諸侯金，以故諸侯子弟多以得封者」，武帝一怒之下，「乃遂族主父偃」。〔註287〕雖然司馬遷在列傳中將主父偃描寫成一個「姦險無賴小人」，但面對「主父偃當路，諸公皆譽之，及名敗身誅，士爭言其惡」的情形〔註288〕，司馬遷仍不禁為他嘆了聲：「悲夫」。魏其侯竇嬰為「孝文后從兄子」，七國之亂時得到孝景帝的賞識與重用拜為大將軍，而武安侯田蚡當時不過是郎

〔註283〕《史記》卷一百二十五〈佞幸列傳〉，頁3191。

〔註284〕《史記》卷一百一十二〈平津侯主父列傳〉，頁2962。

〔註285〕〔漢〕班固著，〔唐〕顏師古注《漢書》卷六十二〈司馬遷傳〉，頁2730。

〔註286〕〔清〕齊樹楷曰：「利盡交疏，太史公屢嘆之。〈孟嘗君傳〉、〈魏其武安傳〉、〈廉頗藺相如傳〉、〈衛將軍驃騎傳〉、〈平津主父傳〉、〈汲鄭傳〉皆同，其于此有深慨耶？項劉時諸侯之從去，亦寫之。異哉！」見齊樹楷《史記意‧鄭世家第十二》，轉引自楊燕起、陳可青、賴長揚匯集《史記集評》頁403。

〔註287〕事詳《史記》卷一百一十二〈平津侯主父列傳〉，頁2962。

〔註288〕《史記》卷一百一十二〈平津侯主父列傳〉，頁2962。

官，「往來侍酒魏其，跪起如子姓」〔註289〕，十分恭敬；後來竇嬰的靠山竇太后崩，改由景帝皇后王太后掌權，她的同母弟田蚡受到裙帶而位極丞相，失勢的竇嬰反過來要巴結田蚡，一回田蚡隨意地向灌夫說欲與竇嬰會面，竇嬰知道後，「與其夫人益市牛酒，夜灑埽，早帳具至旦。平明，令門下候伺。至日中，丞相不來」，「魏其夫妻治具，自旦至今，未敢嘗食」〔註290〕，灌夫連忙往田蚡家迎之，沒想到田蚡還倒在床上睡覺，根本不當邀約為一回事，前去赴宴時也是一派拖拖拉拉，姿態甚高，讓灌夫氣得「從坐上語侵之」；田蚡「親貴用事」，不僅竇嬰、灌夫對他刻意討好，《史記》中記韓安國也曾以「五百金物遺蚡」，田蚡便在皇帝面前說韓安國的好話，「即召以為北地都尉，遷為大司農」〔註291〕，建元六年（前135）田蚡成為丞相，韓安國則為御史大夫，典型的利益交換。就連看似知心好友的竇嬰和灌夫，他們的交往亦是在利己的前提之下——「魏其侯失勢」，「欲倚灌夫引繩批根生平慕之后棄之者」，而「灌夫亦倚魏其而通列侯宗室為名高」，實際上是「失勢相倚」〔註292〕，各得其利。同時在朝為官，卻因為權勢的高低而互相諂媚或侵軋，將富貴、權力作為同僚相待的依據與標準，對司馬遷而言他們都失去了做為一個士大夫該有的氣節，故在為其撰寫傳記時，不忘對他們的鄙行劣事記上一筆。

　　《史記》中展現主客勢利交者，有孟嘗君、廉頗、竇嬰、灌夫、汲黯、鄭當時、衛青與其門下客的例子。孟嘗君田文，其父田嬰為齊宣王庶弟，田嬰死後，田文「代立於薛，是為孟嘗君」〔註293〕，齊湣王任之為齊相，當此之時孟嘗君有食客三千人，司馬遷記其「傾天下之士」、「名聲聞於諸侯」，真是無限風光，然而因風頭太健，「齊王惑於秦、楚之毀，以為孟嘗君名高其主而擅齊國之權，遂廢孟嘗君」〔註294〕，被廢之時「諸客皆去」，後來依靠馮驩之力復位，賓客又回歸門下，孟嘗君因此欲對賓客：「唾其面而大辱之」，原以為馮驩會與他一起大唾賓客，沒想到馮驩卻反過來用「事之固然」的觀點，

〔註289〕《史記》卷一百七〈魏其武安侯列傳〉，頁2841。
〔註290〕《史記》卷一百七〈魏其武安侯列傳〉，頁2848。
〔註291〕《史記》卷一百八〈韓長孺列傳〉，頁2860。
〔註292〕〔漢〕司馬遷著，〔明〕凌稚隆輯校，〔日〕有井範平補標《補標史記評林》卷一百七〈魏其武安列傳〉引〔明〕鍾惺語，頁8右～9左：「灌夫邀丞相過魏其，卻不免勢利，……蓋夫與魏其，本以失勢相倚，故聞丞相來而喜。」
〔註293〕《史記》卷七十五〈孟嘗君列傳〉，頁2353。
〔註294〕《史記》卷七十五〈孟嘗君列傳〉，頁2361。

建議孟嘗君改變心態，他說：

> 生者必有死，物之必至也；富貴多士，貧賤寡友，事之固然也。君
> 獨不見夫趣市朝者乎？明旦，側肩爭門而入；日暮之後，過市朝者
> 掉臂而不顧。非好朝而惡暮，所期物忘其中。今君失位，賓客皆去，
> 不足以怨士而徒絕賓客之路。願君遇客如故。〔註295〕

廉頗與其門客亦有相類似的對話：

> 廉頗之免長平歸也，失勢之時，故客盡去。及復用爲將，客又復至。
>
> 廉頗曰：「客退矣！」客曰：「吁！君何見之晚也？夫天下以市道交，
>
> 君有勢，我則從君，君無勢則去，此固其理也，有何怨乎？」〔註296〕

廉頗所言之「市道交」，「即馮驩所論趨市者也」〔註297〕，司馬遷藉馮驩與廉頗
門客之口，表達他對「富者得執益彰，失執則客無所之」〔註298〕的感慨，這樣
的感觸在〈魏其武安侯列傳〉和〈汲鄭列傳〉中表現得更爲明白。竇嬰因爲
竇太后的關係而重於王室，雖然一度因立太子事與竇太后意見不合而受壓制
〔註299〕，但因竇嬰實在很有才能，七國之亂時景帝又起用竇嬰爲大將軍，平定
了吳、楚的叛亂，而封其爲魏其侯兼任太子傅，當此之時「諸游士賓客爭歸魏
其侯。孝景時每朝議大事，條侯、魏其侯，諸列侯莫敢與亢禮」。〔註300〕景帝
晚年，田蚡崛起，受封爲武安侯，竇嬰、田蚡因崇儒黜道得罪竇太后，田蚡有
王太后做後盾，聲勢依舊，竇嬰則不然，於是「天下吏士趨勢利者，皆去魏其
歸武安」〔註301〕，等到竇太后一死，皇帝對竇嬰「益疏不用，無勢，諸客稍稍
自引而怠傲，唯灌將軍獨不失故」。〔註302〕元光四年（前131）夏天，「丞相取
燕王女爲夫人，有太后詔，召列侯宗室皆往賀」〔註303〕，更可見世態之炎涼，

〔註295〕《史記》卷七十五〈孟嘗君列傳〉，頁2362。
〔註296〕《史記》卷八十一〈廉頗藺相如列傳〉，頁2448。
〔註297〕〔漢〕司馬遷著，〔明〕凌稚隆輯校，〔日〕有井範平補標《補標史記評林》
　　　　卷八十一〈廉頗藺相如列傳〉引〔明〕柯維騏語，頁6左。
〔註298〕《史記》卷一百二十九《貨殖列傳》，頁3255～3256。
〔註299〕《史記‧梁孝王世家》中記竇太后欲立幼子梁王爲景帝太子，竇嬰進言此舉
　　　　不合法度使竇太后「義格」，頁2082～2084，「太后由此憎竇嬰。竇嬰亦薄其
　　　　官，因病免除竇嬰門籍，不得入朝請。」事詳《史記》卷一百七〈魏其武安
　　　　侯列傳〉，頁2839。
〔註300〕《史記》卷一百七〈魏其武安侯列傳〉，頁2840。
〔註301〕《史記》卷一百七〈魏其武安侯列傳〉，頁2843。
〔註302〕《史記》卷一百七〈魏其武安侯列傳〉，頁2845。
〔註303〕《史記》卷一百七〈魏其武安侯列傳〉，頁2849。

武安侯起身向大家敬酒，「坐皆避席伏」，等到魏其侯向大家敬酒時，「獨故人避席耳，餘半膝席」，灌夫爲竇嬰出氣，便藉酒在宴會中鬧事，因而被逮捕。武帝將鬧事案放到朝廷上辯論，田、竇各言己意，朝廷諸臣皆不敢直言竇嬰爲是，加上王太后對武帝施壓，最後竇嬰和灌夫雙雙被田蚡害死。〔註304〕司馬遷刻意在傳中寫出竇嬰風光時「諸游士賓客爭歸魏其侯」、「諸列侯莫敢與亢禮」，以及衰敗時「諸客稍稍自引而怠傲」、朝廷諸臣皆莫敢爲竇嬰陳言的落差，眞實的反應出「勢利之足以移易是非」〔註305〕，以及門客、朝臣的趨炎附勢。汲黯和鄭當時的遭遇亦然，汲黯曾列爲於九卿，但因疾惡如仇、直言不諱，常使武帝「默然」、「大怒」、「變色而罷朝」，是以汲黯總是「不得久居位」；鄭當時即鄭莊，其爲人「以任俠自喜」、「客至，無貴賤無留門者」、「執賓主之禮，以其貴下人」，加上他能夠推己爲賢，進人於上，於是「山東士諸公以此翕然稱鄭莊」。〔註306〕鄭莊晚年，他所推薦之人許多皆犯罪逃亡，鄭莊因此受到牽連，贖爲庶人。司馬遷在〈汲鄭列傳〉中說：「鄭莊、汲黯始列爲九卿，廉，內行脩絜。此兩人中廢，家貧，賓客益落」〔註307〕，在傳末論贊中更深入分析：「夫以汲、鄭之賢，有勢則賓客十倍，無勢則否，況眾人乎！」〔註308〕還引用了下邽翟公「一死一生，乃知交情。一貧一富，乃知交態；一貴一賤，交情乃見」之語〔註309〕，來表達心中對汲、鄭二人遭遇的無限慨嘆。

　　學生向老師求道問學，本該尊師重道，但在司馬遷的記載下，學生對老師的尊重有時也取決於老師境遇的好壞、財富的多寡與權勢的大小。如：孔子與其徒周遊各國闡揚學說，然而在這長時間的奔走中，順利的時候少，不順的時候多，常常落魄如「喪家之狗」，而需「接淅而行」。一回孔子被圍困在陳蔡之間，「不得行，絕糧。從者病，莫能興。孔子講誦弦歌不衰。子路慍見曰：『君子亦有窮乎？』孔子曰：『君子固窮，小人窮斯濫矣』」〔註310〕，不僅子路面有慍色，司馬遷還加註「孔子知弟子有慍心」，一一的點他們問話，詳實的展現了人對好達惡窮的眞性情。《史記》中師生之間以利相交最經典的

〔註304〕事詳《史記》卷一百七〈魏其武安侯列傳〉，頁 2849～2853。
〔註305〕〔清〕曾國藩《求闕齋讀書錄》（台北：廣文書局，1969 年），卷三〈魏其武安侯列傳〉，頁 10 左。
〔註306〕《史記》卷一百二十〈汲鄭列傳〉，頁 3112。
〔註307〕《史記》卷一百二十〈汲鄭列傳〉，頁 3113。
〔註308〕《史記》卷一百二十〈汲鄭列傳〉，頁 3113。
〔註309〕《史記》卷一百二十〈汲鄭列傳〉，頁 3114。
〔註310〕事詳《史記》卷四十七〈孔子世家〉，頁 1930。

例子，非叔孫通與其學生莫屬了：

> 叔孫通者，薛人也。秦時以文學徵，待詔博士……漢二年，漢王從
> 五諸侯入彭城，叔孫通降漢王。……叔孫通之降漢，從儒生弟子百
> 餘人，然通無所言進，專言諸故羣盜壯士進之。弟子皆竊罵曰：「事
> 先生數歲，幸得從降漢，今不能進臣等，專言大猾，何也？」〔註311〕

漢高祖七年（前 200），叔孫通因制禮法有功，拜爲太常，他便藉這個機會向
漢高祖進言：

> 諸弟子儒生隨臣久矣，與臣共爲儀，願陛下官之。」高帝悉以爲郎。
> 叔孫通出，皆以五百斤金賜諸生。諸生迺皆喜曰：「叔孫生誠聖人也，
> 知當世之要務。〔註312〕

當叔孫通尚未推薦弟子們爲官時，弟子們見叔孫通獨享其利，而言其爲「專
言大猾」的投機人士，等到弟子們「悉以爲郎」時，叔孫通便成爲他們心中
的「聖人」，財富權勢竟成了道德評價的依據，難怪司馬遷會有「人富而仁義
附焉」〔註313〕的感嘆了。

《史記》中朋友間的以利相交最經典的例子，莫過於張耳與陳餘的交往，
其二人皆爲推翻秦朝暴政有功之能臣，可是司馬遷在〈張耳陳餘列傳〉中卻
對他們驅除暴政、扶持義軍的功業輕描帶過，而以「張耳陳餘之交爲精神眼
目」〔註314〕，突顯出他們「勢利傾奪，隙末成釁」〔註315〕的經過與結果。張、
陳初時爲「刎頸交」，他們一起逃過了秦國的追殺、陳國里門吏的羞辱，經歷
了陳王涉和趙王武臣的反秦運動，兩人同進共出、目標一致，看似情感深厚。
鉅鹿一戰，張耳與趙王歇被秦軍圍困在鉅鹿城中，「食盡兵少」，張耳幾次派
人去召陳餘軍隊來救援，「陳餘自度兵少，不敵秦，不敢前」〔註316〕，張耳又
派張黶和陳澤去責備陳餘，說：「始吾與公爲刎頸交，今王與耳旦暮且死，而
公擁兵數萬，不肯相救，安在其相爲死！」〔註317〕陳餘不得不派出寥寥五千

〔註311〕《史記》卷九十九〈劉敬叔孫通列傳〉，頁 2720～2721。
〔註312〕《史記》卷九十九〈劉敬叔孫通列傳〉，頁 2724。
〔註313〕《史記》卷一百二十九〈貨殖列傳〉，頁 3255。
〔註314〕〔明〕茅坤曰：「此篇以張耳陳餘之交爲精神眼目，故敘其始爲刎頸交，其後
　　　　瑕釁相殺處甚工。」見茅坤《史記抄》卷五十七〈張耳陳餘列傳〉，收入《四
　　　　庫全書存目叢書》史部一三八，頁 292。
〔註315〕〔唐〕司馬貞《史記‧張耳陳餘列傳索隱》，頁 2587。
〔註316〕《史記》卷八十九〈張耳陳餘列傳〉，頁 2579。
〔註317〕《史記》卷八十九〈張耳陳餘列傳〉，頁 2579。

人抗秦，結果全軍覆沒，還好後來「燕、齊、楚聞趙急，皆來救」，項羽大破秦軍，於是張耳與趙王歇得以脫困。事後張耳責備陳餘不肯相救，陳餘將派兵卻覆滅事相告，張耳不信，陳餘負氣解下將軍印綬推予張耳，表明自己不是貪戀權位，張耳愕然之下依其賓客的諫言，收下印綬，收歸了陳餘的軍隊，張、陳因而有了嫌隙。其後項羽滅秦，封賞從之入關的有功人員，張耳立為常山王，陳餘僅得到南皮旁三縣，更造成陳餘心中的不平衡，接著便是張耳、陳餘相互置對方於死地，先是陳餘向田榮借兵攻伐張耳，張耳兵敗投靠劉邦，陳餘成為趙國代王，漢二年（前205）漢王欲擊楚，向趙國約盟，陳餘要求：「漢殺張耳乃從」，漢三年（前204），韓信與張耳在泜水上斬殺陳餘。自張耳收取陳餘印綬，「兩人之交好不終，……逮後各以權勢相軋相傾」〔註318〕，追根究底即是二人「據國爭權」，進而相互傾軋，是以司馬遷以「勢利交」〔註319〕責備兩人的交往。

以利益為基礎的交往不僅存在於君臣、同僚、主客、師生、朋友這樣的「外人」關係上，甚至是親屬之間亦不能避免勢利的心態與眼光。蘇秦早年游說諸侯不得意，受困後回家，得到的不是家人的安慰，而是「兄弟嫂妹妻妾竊皆笑之」的恥辱，他們還不忘譏諷蘇秦說：「周人之俗，治產業，力工商，逐什二以為務。今子釋本而事口舌，困，不亦宜乎！」〔註320〕等到蘇秦「為從約長，并相六國」，蘇秦的家人立刻改換譏笑的態度，變得恭謹萬分：「蘇秦之昆弟妻嫂側目不敢仰視，俯伏侍取食」，蘇秦見此便笑著問他嫂嫂說：「何前倨而後恭也？」「嫂委地蒲服，以面掩地而謝曰：『見季子位高金多也』」〔註321〕，蘇秦嫂嫂毫不掩飾地陳說「位高金多」是其改變態度的關鍵，司馬遷詳細地描寫此一事件，是有意突顯出「此一人之身，富貴則親戚畏懼之，貧賤則輕易之，況眾人乎」〔註322〕的世俗價值觀。類似的情節亦發生在司馬相如身上。司馬相如原在梁地為客，梁孝王死後回到蜀地老

〔註318〕〔漢〕司馬遷著，〔明〕凌稚隆輯校，〔日〕有井範平補標《補標史記評林》卷八十九〈張耳陳餘列傳〉凌稚隆語，頁6左。
〔註319〕〔清〕林伯桐曾為張耳、陳餘怨懟彼此找出理應如此之原由，並認為「史公以利責之，似過矣」，由此可知司馬遷於〈張耳陳餘列傳〉中實有責備張、陳之意。見林伯桐《史記蠡測》，收入《叢書集成三編》（台北：新文豐出版公司，1996年），第九十五冊，頁83。
〔註320〕《史記》卷六十九〈蘇秦列傳〉，頁2241。
〔註321〕事詳《史記》卷六十九〈蘇秦列傳〉，頁2261～2262。
〔註322〕《史記》卷六十九〈蘇秦列傳〉，頁2262。

家，此時家道中落，窮困到無以爲生，便到臨邛依附縣令王吉。臨邛有一富人——卓王孫，一日卓王孫設宴宴請司馬相如，在宴會上司馬相如與卓王孫之女卓文君互有好感，「文君夜亡奔相如，相如乃與馳歸成都」〔註323〕，當時司馬相如窮到「家居徒四壁立」，卓王孫知道後大罵：「女至不材，我不忍殺，不分一錢也」〔註324〕，直到相如、文君因生計而賣酒市中，卓王孫感到丟臉，才不得已「分予文君僮百人，錢百萬，及其嫁時衣被財物」〔註325〕；後來司馬相如被武帝拜爲中郎將，帶著幣帛去賂通西南夷，經過蜀地，「蜀太守以下郊迎，縣令負弩矢先驅，蜀人以爲寵」〔註326〕，卓王孫看到這個情形立刻換了一副臉面，他「喟然而歎，自以得使女尙司馬長卿晚，而厚分與其女財，與男等同」〔註327〕，這是多麼大的落差啊！

司馬遷明白人性好利，他引諺語說：「天下熙熙，皆爲利來；天下壤壤，皆爲利往」〔註328〕，因此他視人們追逐利益的行爲如「淵深而魚生之，山深而獸往之」〔註329〕般自然，他還觀察到「富者得埶益彰，失埶則客無所之」〔註330〕的社會風氣，然而這不代表他同意這樣的行爲，他在《史記》中譴責鳥盡弓藏、偷合取容、以利相交等勢利行徑，將人的追求富厚與唯利是圖區隔開來，展現出他重視生活經濟之餘並沒有捨棄道德原則的思想。

第三節　稱揚有義

司馬遷肯定儒家禮樂制度以及其背後的倫理道德，他在《史記》中，「宣揚、讚美儒家所提倡的『父慈、子孝、兄良、弟悌、夫義、婦聽、長惠、君仁、臣忠』的社會倫理」〔註331〕，並且身體力行之，尤其是忠與孝，此二者受到司馬遷竭力地宣揚並展現在《史記》的撰寫上。〔註332〕但由於社會環境與個人經歷

〔註323〕《史記》卷一百一十七〈司馬相如列傳〉，頁3000。
〔註324〕同上註，頁3000。
〔註325〕同註323，頁3001。
〔註326〕同註323，頁3047。
〔註327〕同註323，頁3047。
〔註328〕《史記》卷一百二十九《貨殖列傳》，頁3256。
〔註329〕《史記》卷一百二十九《貨殖列傳》，頁3255。
〔註330〕《史記》卷一百二十九《貨殖列傳》，頁3255～3256。
〔註331〕王明信〈論司馬遷的倫理觀〉，《河北學刊》1991年第2期，頁105。
〔註332〕王明信云：「司馬遷對儒家倫理的身體力行，也突出地表現在忠與孝這兩方面。」見王明信〈論司馬遷的倫理觀〉，頁104。又郭煥珍云：「司馬遷極力宣揚忠、孝、仁、義等封建道德。」見郭煥珍〈從游俠列傳看司馬遷的道德

的影響，「司馬遷和正統派儒家的道德觀並不完全符合」〔註333〕，李陵事件中文武百官對他漠然相向、親朋好友對他見死不救，使得他對於信義之交抱持了極度的嚮往，是以他在《史記》中歌頌了許多有情有義、生死不渝的人際交往；再者，司馬遷受到皇帝與朝廷的懲處卻無力也不得反抗，使其在傳統儒家「君君，臣臣，父父，子子」思維之外，還開展出一種雖「不軌於正義」〔註334〕，卻能使「仁者有乎」、「義者有取」〔註335〕的「俠義」精神。以下以為臣以忠、相交以信、仗義任俠三部分來看司馬遷對人而有義的讚揚。

一、爲臣以忠

　　司馬遷在〈報任安書〉中，將臣之忠做了幾種等級分類：上之，要能「納忠效信，有奇策材力之譽，自結明主」；次之，要能「拾遺補闕，招賢進能，顯巖穴之士」；外之，要能「備行伍，攻城野戰，有斬將搴旗之功」；下之，要能「累日積勞，取尊官厚祿，以爲宗族交遊光寵」〔註336〕，可見得司馬遷認爲做爲人臣，最少要能夠依循國策、治民任勞，這一類的人如循吏，再上一等，可以依自己的才能對國君進諫忠言，或者是推薦能人善士給國君，以輔朝政，這一類的人即諫臣；最上一等是能爲國君排憂解難，犧牲生命亦在所不惜，這樣的人分布很廣，上自達官重臣，下至販夫走卒。司馬遷在《史記》中用了很大的篇幅讚美了這些人物與其行事。

（一）守法不阿

　　「法令者治之具」〔註337〕，臣子依法以治民，百姓依法而行事，則天下太平而無爭，這個道理說起來簡單，實行起來卻很困難，因爲人皆有私心，當面對自我利益與法律規定相衝突的時候，很少人能夠奉公守法、循理不私，是以司馬遷在《史記》中記載了這些「奉法循理」，「不伐功矜能」〔註338〕之人，甚至爲他們做了「類傳」〔註339〕，以表彰守法不阿之士，不奉承、不偏私、不擾民、不害民的正直與廉節。

　　　觀〉，《蘭州學刊》1983 年第 1 期，頁 71。
〔註333〕何世華〈論司馬遷的道德觀〉，《唐都學刊》1989 年第 3 期，頁 27。
〔註334〕《史記》卷一百二十四〈游俠列傳〉，頁 3181。
〔註335〕《史記》卷一百三十〈太史公自序〉，頁 3318。
〔註336〕〔漢〕班固著，〔唐〕顏師古注《漢書》卷六十二〈司馬遷傳〉，頁 2727。
〔註337〕《史記》卷一百二十二〈酷吏列傳〉，頁 3131。
〔註338〕《史記》卷一百三十〈太史公自序〉，頁 3317。
〔註339〕金苑《史記列傳義法研究》，頁 78：「類傳者，別立名目，以類相從。」

　　《史記》中有〈循吏列傳〉，傳中記孫叔敖、子產、公儀休、石奢、李離五人，他們對於吏治所行之事不盡相同，但有一點五人無別，就是「奉職循理」。孫叔敖不專山澤之利、不任意改變制度〔註340〕；子產諫鄭定公以修德代替祭禱，使百姓安於所治〔註341〕；公儀休「奉法循理，無所變更」，拒絕饋贈，不與民爭利〔註342〕；石奢「堅直廉正，無所阿避」，其父殺人，他以自殺解決不孝與不法的兩難，保全了法律的公正〔註343〕；李離則是無意「過聽殺人，自拘當死」，其拒絕了晉文公的赦免，依據法令接受死刑的懲罰。〔註344〕對這些人來說，依循法律來行事是他們做事的準則，不論法律是否威脅到他們的利益、生命。為了要襯托循吏的平正與廉明，司馬遷特別撰寫了〈酷吏列傳〉與之相互烘托。〈酷吏列傳〉記武帝時代十個「恃朝廷之法」〔註345〕而嚴酷苛暴的官吏，這些人「務巧佞之語，辯數之辭，非肯正為天下言，專阿主意。主意所不欲，因而毀之；主意所欲，因而譽之。好興事，舞文法，內懷詐以御主心，外挾賊吏以為威重」〔註346〕，在利益、權位之前，酷吏不惜蔑視法律，阿附主上，對這樣的官吏司馬遷因有切身之痛，對他們是很痛恨的，他在篇章中記百姓面對酷吏尹齊之死，憤恨不已，「仇家欲燒其屍，屍亡去歸葬」〔註347〕，回溯〈循吏列傳〉中子產之死，「丁壯號哭，老人兒啼，曰：『子產去我死乎！民將安歸』」〔註348〕，是多大的反差！是以司馬遷在〈循吏列傳〉贊中抒發：「奉職循理，亦可以為治，何必威嚴哉」〔註349〕的真摯心聲。

　　漢初能夠守法不阿之士有張釋之、周亞夫和竇嬰。〈張釋之馮唐列傳〉中，司馬遷著重記述張釋之處理「犯蹕」、「盜環」和「追止太子車」之事。「犯蹕」指的是有人從橋下闖出，無意驚犯了帝駕，文帝非常生氣，交付當時身為廷尉的張釋之判處；「盜環」事則是有人偷了高帝廟的祭物玉環，被逮後交付廷

〔註340〕事詳《史記》卷一百一十九〈循吏列傳〉，頁3099～3100。
〔註341〕同上註，頁3101。
〔註342〕同註340，頁3101～3102。
〔註343〕同註340，頁3102。
〔註344〕同註340，頁3102～3103。
〔註345〕〔清〕張雲璈曰：「然酷吏之所以為酷者，仍恃朝廷之法。」見張雲璈《簡松草堂文集》卷八〈讀酷吏傳〉，收入《續修四庫全書》一四七一·集部·別集類，頁225。
〔註346〕《史記》卷一百二十〈汲鄭列傳〉，頁3110。
〔註347〕《史記》卷一百二十二〈酷吏列傳〉，頁3151。
〔註348〕同註340，頁3101。
〔註349〕同註340，頁3099。

尉，兩次判決中，張釋之依法所判之刑罰都不符合文帝從嚴處理的心意，但張釋之不是出言提法抗辯，便是免冠頓首謝罪，皆不願就此加重犯人刑罰，兩個案件最後都是文帝承認廷尉處理得當作結。〔註350〕更能夠展現張釋之「質直不阿」〔註351〕態度的例子，是他處理太子與梁王不避駕事件，太子和梁王共車入朝，張釋之因此舉不合法，便追止太子車駕，並向皇帝彈劾此事，弄到最後讓文帝免冠謝罪曰：「教兒子不謹」。〔註352〕漢代法律規定「諸出入殿門，公車司馬門，乘軺傳者皆下，不如令，罰金四兩」〔註353〕，不管是對太子還是梁王，四兩的罰金都是「蠅頭小錢」，再者文帝是皇帝、太子是未來的國君，梁王亦是「竇太后（文帝后）少子也，愛之」〔註354〕，張釋之在這樣的基礎上「追止」、「奏之」，實在是拿自己的前途開玩笑，但張釋之選擇了「不偏不黨」，他不將自身利益、前程放在正義之前〔註355〕，正面衝擊皇室權威，私毫沒有妥協，甚至表現出就算得罪權力中心，亦要維護司法公正的決心，是以司馬遷不但爲他作傳以傳頌其事蹟，更在論贊中表達無限的欣慕與讚賞。〔註356〕條侯周亞夫是孝文帝駕崩前留給景帝的能將，司馬遷對他的評價是「守節不遜」〔註357〕，姑且不論周亞夫的脾氣好不好，至少他在行事上十分循法梗直，景帝因一己之私欲廢栗太子，周亞夫以太子無罪「固爭之」〔註358〕；竇太后想要立王皇后之兄——王信爲侯，景帝把此事拿上朝堂討論，周亞夫搬出高皇帝與朝臣之約「非劉氏不得王，非有功不得侯。不如約，天下共擊之」〔註359〕，

〔註350〕事詳《史記》卷一百二〈張釋之馮唐列傳〉，頁2754～2755。

〔註351〕〔清〕湯諧曰：「一邊寫二君質直不阿，一邊寫孝文從諫若流，君明臣良意象，洋溢楮上。……且二君獨有古名臣風度。」見湯諧《史記半解·張釋之馮唐列傳》，收入《四庫未收書輯刊》（北京：北京出版社，2000年），壹輯·拾貳冊，頁667。

〔註352〕《史記》卷一百二〈張釋之馮唐列傳〉，頁2753。

〔註353〕〔南朝宋〕裴駰《史記·張釋之馮唐列傳集解》引如淳語，頁2755。

〔註354〕《史記》卷五十八〈梁孝王世家〉，頁2083。

〔註355〕景帝對攔車事件真的記仇在心，即位後將張釋之貶爲淮南王相，事詳《史記·張釋之馮唐列傳》，頁2756。

〔註356〕林師礽乾〈史記張釋之傳縣人新詮〉：「張釋之是文帝時有古大臣之風的名臣。……（司馬遷）對官居廷尉，審案不以人主好惡定人罪罰，且使其君獲得『幾致刑措』美譽的張釋之，尤所向慕，因而在《史記》裏，也爲張釋之寫了一篇對他持議平允充滿景仰和稱揚的傳記」，載《國文學報》1998年第27期，頁102～103。

〔註357〕《史記》卷五十七〈絳侯周勃世家〉，頁2080。

〔註358〕事詳《史記》卷五十七〈絳侯周勃世家〉，頁2077。

〔註359〕《史記》卷五十七〈絳侯周勃世家〉，頁2077。

來阻止之；又景帝想封匈奴降王爲侯，周亞夫當廷立爭：「彼背其主降陛下，陛下侯之，則何以責人臣不守節者乎？」〔註360〕對於周亞夫依禮法力抗景帝和竇太后，方孝孺評其忠義之舉，「確乎有大臣之風」〔註361〕，這亦是司馬遷欲向後世呈現及讚美的周亞夫形貌。至於竇嬰，其爲竇太后之姪、栗太子之傅，在廢栗太子一事上，竇嬰亦曾數爭之；竇太后愛幼子梁王，有心欲讓梁王成爲景帝之嗣，一回景帝酒酣而言曰：「千秋之後傳梁王」，司馬遷以一「驩」字形容竇太后當下的心情，沒想到竇嬰卻立刻進諫曰：「天下者，高祖天下，父子相傳，此漢之約也，上何以得擅傳梁王！」全沒考慮竇太后的態度，太后氣得「除竇嬰門籍，不得入朝請」。〔註362〕是以司馬遷在〈魏其武安侯列傳〉中特別突出竇嬰守禮剛正、忠而不私的德行，可謂「眞忠臣也」。〔註363〕

（二）忠言直諫

《史記‧樂書》太史公曰：「余每讀《虞書》，至於君臣相敕，維是幾安，而股肱不良，萬事墮壞，未嘗不流涕也」〔註364〕，司馬遷意識到當君有聞於下、臣有諫於上時，國家便「維是幾安」，反之，則「萬事墮壞」，是以他很期盼「君臣如家人父子」般知無不言的相處情況，主父偃曾上書武帝曰：「明主不惡切諫以博觀，忠臣不敢避重誅以直諫」〔註365〕，這或許即是司馬遷自己心中之語。做爲臣下要「直言正論，非苟阿意順指」〔註366〕並不簡單，因爲陳進忠言的結果可能會惹怒君上，使得自己的權勢、利祿甚至生命受到威脅，所以司馬遷在《史記》中記錄到能夠忠言直諫之人時，往往透露出敬仰

〔註360〕《史記》卷五十七〈絳侯周勃世家〉，頁 2078。

〔註361〕〔明〕方孝孺《遜志齋集》卷五雜著〈條侯傳論〉（台北：臺灣商務印書館股份有限公司，1968 年），頁 125：「夫封無功者以亂先帝之法，納夷狄之叛臣以君爲臣不忠之心，此誠宰相之所宜爭也，亞夫爭之，豈爲過哉？彼景帝者私刻忍人也。欲封其后之兄，而亞夫不從，其心固有殺亞夫之端矣，特未得其名耳。及降王而不封，其怒宜愈甚，特無以屈其說，故忍而爲發。官甲楯之告，景帝方幸其有名以誅之，遂卒置之於死。求其所爲事，確乎有大臣之風，景帝罪之者私恨也。」

〔註362〕事詳《史記》卷一百七，頁 2839。

〔註363〕〔南宋〕倪思曰：「嬰不顧竇太后，引誼別微，眞忠臣也。」見倪思《班馬異同》卷二十〈竇嬰〉，收入《四庫全書存目叢書》（台南：莊嚴文化事業有限公司，1996 年），史部第一冊，頁 186。

〔註364〕《史記》卷二十四〈樂書〉，頁 1175。

〔註365〕《史記》卷一百一十二〈平津侯主父列傳〉，頁 2954。

〔註366〕〔西漢〕揚雄著，汪榮寶注疏《法言義疏》（台北：藝文印書館，1958 年），十七〈淵騫卷第十一〉，頁 677：「人臣之誼，宜直言正論，非苟阿意順指。」

之情，表現出他對於「直臣」的期待與自許。《史記》中所記之直臣有伍舉、蘇從、晏嬰、屈原、周昌、申徒嘉、季布、袁盎、鼂錯、田叔和汲黯。蘇從、伍舉為楚莊王臣，「莊王即位三年，不出號令，日夜為樂，令國中日：『有敢諫者死無赦！』」〔註367〕然而蘇從、伍舉仍舊連番進諫，他們「殺身以明君，臣之願也」的氣魄使莊王折服，於是「罷淫樂，聽政」，「任伍舉、蘇從以政」〔註368〕，人民大悅而國家富強。

晏嬰為齊國三朝重臣，在三朝中他都能對國君直諫，齊靈公九年（前573），齊、晉交戰，齊師敗，靈公欲逃跑，「晏嬰止靈公，靈公弗從。日：『君亦無勇矣！』」〔註369〕最後晉兵放火燒城而去；又莊公三年（前551），晉大夫欒盈因在晉國作亂失敗而奔齊，莊公厚客待之，不聽晏嬰和田文子的勸止，後來與欒盈共謀攻晉，導致兵敗而民心盡失，最後死於大臣崔杼之手〔註370〕；景公三十二年（前516），彗星見，景公因擔憂國家不保而嘆氣，當時群臣為阿諛景公而皆泣，晏嬰嘲笑他們，並諫言國家的存在與滅亡取決於仁政的施行與否，司馬遷在此事後補記「是時景公好治宮室，聚狗馬，奢侈，厚賦重刑，故晏子以此諫之」〔註371〕，將晏嬰直諫之勇與愛民之心表露無疑。

漢代能夠直言進諫之臣有周昌、申徒嘉、季布、袁盎、鼂錯、田叔、汲黯。周昌與高祖同為沛人，當高祖起義時，周昌便起而追隨之，其「為人彊力，敢直言」，當高祖問他：「我何如主也？」周昌可以毫無畏懼地直言：「陛下即桀紂之主也」〔註372〕，故連蕭何、曹參等丞相都要讓他三分。當時高祖愛戚姬欲廢太子立戚姬子，「大臣固爭之，莫能得」，周昌亦力諫之，此舉讓一向心高氣傲、盛氣凌人的呂后跪謝曰：「微君，太子幾廢」〔註373〕，周昌的梗直忠良讓司馬遷在〈張丞相列傳〉中表達「深惜昌之不為丞相」之憾

〔註367〕《史記》卷四十〈楚世家〉，頁1700。
〔註368〕《史記》卷四十〈楚世家〉，頁1700。
〔註369〕《史記》卷三十二〈齊太公世家〉，頁1496。
〔註370〕晏嬰曰：「莊公將伐晉，問于晏子，對曰：『不可，君得合而欲多，養欲而意驕，得合而欲多者危，養欲而意驕者困，今君任勇力之士，以伐明主，若不濟國之福也，不得而有功憂必及君』，公作色不悅，晏子辭不為臣，退而窮處，……莊公終任勇力之士，西伐晉，取朝歌及太行孟門茲於兌，暮而民散，身滅於崔氏。」見〔春秋〕晏嬰著，孫星衍校《晏子春秋》，收入《傳世藏書》（海口：海南國際新聞出版中心，1996年），子庫諸子一，頁174。
〔註371〕《史記》卷三十二〈楚世家〉，頁1504。
〔註372〕事詳《史記》卷九十六〈張丞相列傳〉，頁2677。
〔註373〕事詳《史記》卷九十六〈張丞相列傳〉，頁2677。

〔註374〕，可以說是對周昌的高度肯定。

申徒嘉爲文帝丞相，其「爲人廉直，門不受私謁」，當時文帝寵臣鄧通有踐越之禮，申徒嘉進諫文帝：「陛下愛幸臣，則富貴之；至於朝廷之禮，不可以不肅！」，文帝回答他：「君勿言，吾私之」，申徒嘉於是自行召鄧通問罪，責備鄧通曰：「夫朝廷者，高皇帝之朝廷也。通小臣，戲殿上，大不敬，當斬。吏今行斬之！」最後還是文帝拉下老臉幫鄧通求情，撿回一命。〔註375〕司馬遷在〈張丞相列傳〉贊中說：「申屠嘉可謂剛毅守節矣，然無術學」〔註376〕，雖然申徒嘉「無術學」，在漢代歷史上亦沒有什麼明顯的功績，但他剛毅守節的行爲，讓司馬遷將之與其他「備員」丞相區分開來〔註377〕，而在《史記》中留下了一席之地。

「季布者，楚人也。爲氣任俠」，高祖時拜爲郎中，孝惠帝時，擔任中郎將，由於「漢初定，故匈奴以驕」，竟然「書嫚太后，不遜」，朝廷一片嘩然，皆欲出兵伐匈奴，尤其是樊噲更狂言：「臣願得十萬眾，橫行匈奴中」，只有季布以「當時天下尚待恢復，不適宜再有戰爭」出面諫止出兵，而責備「樊噲可斬也」。〔註378〕議論朝政本來就是郎中之責〔註379〕，然而被季布評之「可斬」的樊噲不是普通人，他是高祖近臣，呂后妹夫，「比諸將最親」〔註380〕；

〔註374〕〔清〕湯諧曰：「（世人）不知史公微意，乃深惜周昌之不得爲丞相也。昌立朝廷則蕭、曹卑下，安太子則留侯同功，身價過蒼與嘉遠甚，使不左遷而得爲丞相，當孝惠高后時，必大有可觀者，……于《昌傳》則云，『與蕭、曹等俱封』；又云，『蕭、曹等俱卑下之』，又云，『上尤憚周昌』；又云，『上以留侯策即止，而昌廷爭之強』；又云，『呂后、大臣，素所敬憚』。是皆特筆，相形見昌遠勝于蒼，以此知其深惜昌之不爲丞相也。」見湯諧《史記半解‧張丞相列傳》，收入《四庫未收書輯刊》壹輯‧拾貳冊，頁658～659。

〔註375〕《史記》卷九十六〈張丞相列傳〉，頁2683～2684。

〔註376〕《史記》卷九十六〈張丞相列傳〉，頁2685～2686。

〔註377〕張大可：「漢初自申徒嘉以後之丞相只是『備員而已，無所能發明功名有著於當世者』，亦不加記載。」見張大可〈論史記取材〉，載《甘肅社會科學》1983年第5期，頁71。

〔註378〕事詳《史記》卷一百〈季布欒布列傳〉，頁2730～2731。

〔註379〕李大龍曾分析，無論郎中或是中郎將，在兩漢時期都是「光祿勳」的屬官，「不僅負責『宿衛宮殿門戶』，護衛皇帝出行，而且也具有議論朝政的職責。」見李大龍〈東漢王朝使匈奴中郎將略論〉，《中國邊疆史地研究》1994年第4期，頁101。

〔註380〕〈陳丞相世家〉中記「人有短惡噲者」，高帝聽信之，詔陳平、周勃殺樊噲，陳、周兩人商議：「樊噲，帝之故人也，功多，且又乃呂后弟呂嬃之夫，有親且貴，帝以忿怒故，欲斬之，則恐後悔。寧囚而致上，上自誅之」，等將樊噲

再者，樊噲之所以奮起要帶兵殺陣爲的是替呂后出一口氣，因此季布這番諫言可說是衝著呂后而來，「呂后爲人剛毅，佐高祖定天下，所誅大臣多呂后力」〔註381〕，可說是殺人不手軟，季布在這種情況之下，仍舊以國家恢復爲首要提出陳言，莫怪司馬遷在〈季布欒布傳中〉贊中稱許他爲「漢名將」。

　　袁盎爲文帝臣，《史記》中載其所諫之事眾多，有諫待弟之舉、諫宦者同車、諫行事冒險與諫愼夫人踐越禮節〔註382〕，袁盎的公直讓司馬遷反覆讚嘆他「常引大體忼慨」、「仁心爲質，引義忼慨」〔註383〕，是「敢犯顏色以達主義」〔註384〕的忠諫之臣。鼂錯亦爲文帝臣，〈袁盎鼂錯列傳〉主要記載他進言削諸侯事，文帝時諸侯坐大危及中央，鼂錯建言削藩，文帝沒有採納，到了景帝朝鼂錯受到重用，削藩一議實行，但結果卻是鼂錯爲此送掉了性命，司馬遷在傳中表達他對「彊本幹，弱枝葉」及鼂錯之言的肯定，並爲鼂錯「爲國遠慮」，而「不顧其身」表達讚嘆之意。〔註385〕

因至京城，高帝崩，樊噲又官復原職。由此可見樊噲與皇家的關係實爲密切。見《史記》卷五十六〈陳丞相世家〉，頁 2058～2059。

〔註381〕《史記》卷九〈呂太后本紀〉，頁 396。

〔註382〕諫待弟之舉事，起因是淮南厲王爲人驕橫，曾殺了辟陽侯，當時袁盎諫曰：「可適削地」以示懲罰，「上弗用。淮南王益橫」；「及棘蒲侯柴武太子謀反事覺」，牽連到淮南王，「上因遷之蜀，輜車傳送」，袁盎諫曰：「陛下素驕淮南王，弗稍禁，以至此，今又暴摧折之。淮南王爲人剛，如有遇霧露行道死，陛下竟爲以天下之大弗能容，有殺弟之名，柰何？」文帝沒有採納，後來淮南王果眞病死，「上輟食，哭甚哀」，袁盎又進言封淮南王三子，以寬慰文帝的愧疚之心；諫宦者同車事，指宦者趙同因受到文帝的寵信而與之同車，「孝文帝出，趙同參乘，袁盎伏車前曰：『臣聞天子所與共六尺輿者，皆天下豪英。今漢雖乏人，陛下獨奈何與刀鋸餘人載！』於是上笑，下趙同。趙同泣下車」；諫冒險行事，「文帝從霸陵上，欲西馳下峻阪。袁盎騎，並車擥轡。上曰：『將軍怯邪？』盎曰：『臣聞千金之子坐不垂堂，百金之子不騎衡，聖主不乘危而徼幸。今陛下騁六騑，馳下峻山，如有馬驚車敗，陛下縱自輕，柰高廟、太后何？』上乃止」；諫愼夫人踐越禮節事，「上幸上林，皇后、愼夫人從。其在禁中，常同席坐。及坐，郎署長布席，袁盎引卻愼夫人坐。愼夫人怒，不肯坐。上亦怒，起，入禁中。盎因前說曰：『臣聞尊卑有序則上下和。今陛下既已立后，愼夫人乃妾，妾主豈可與同坐哉！適所以失尊卑矣』」，上述事皆詳《史記》卷一百一〈袁盎鼂錯列傳〉，頁 2738～2740。

〔註383〕《史記》卷一百一〈袁盎鼂錯列傳〉，頁 2739、2748。

〔註384〕《史記》卷一百三十〈太史公自序〉，頁 3316。

〔註385〕郭瓊瑜《史記的褒貶義法》，頁 92：「史遷認爲，鼂錯的削藩主張是正確的，是『爲國遠慮』、『爲國家樹長畫』，從〈漢興以來諸侯王年表・序〉對『彊本幹，弱枝葉』的肯定，可知史遷本身亦贊同鼂錯之說。因此，對鼂錯許以『不

　　田叔的忠言直諫表現在「義不忘賢，明主之美以救過」。〔註386〕田叔原為趙王張敖郎中，受高祖賞識拜為漢中守。文帝即位後，問田叔以天下長者，田叔舉薦孟舒，然而孟舒不但曾捲入刺殺高祖風波中，其為雲中守時，還因守邊不力而被免官，但田叔從孟舒的行事中看到他忠於故主，「欲以身死之」，又能愛護軍士，使「士爭臨城死敵，如子為父，弟為兄」，在為國舉賢的前提下，不顧可能會造成文帝之反感，仍舊推而舉之。其後，田叔被派為魯相，魯王貪財又好獵，田叔勸諫之，終使魯王償民之財並節制出遊。〔註387〕司馬遷在《史記》中以孔子之語：「居是國必聞其政」來稱美田叔「義不忘賢，明主之美以救過」〔註388〕，以及「守節切直，義足以言廉，行足以屬賢，任重權不可以非理撓」〔註389〕的美德，突顯田叔「重義輕生」〔註390〕、「義忠於所事」〔註391〕的義行。

　　「汲黯乃太史公最得意人」〔註392〕，其為人「好直諫，守節死義」〔註393〕，「正衣冠立於朝廷，而羣臣莫敢言浮說」〔註394〕，一回武帝在朝堂上表明想要招攬、舉用儒生，汲黯對曰：「陛下內多欲而外施仁義，奈何欲效唐虞之治乎！」武帝當場臉色大變，拂袖罷朝，汲黯卻不願「從諛承意，陷主於不義」而妥協〔註395〕；此外「漢方征匈奴，招懷四夷。黯務少事，乘上閒，常言與胡和親，無起兵」，與武帝心意相背；又「匈奴渾邪王率眾來降，漢發車二萬乘。縣官無錢，從民貰馬。民或匿馬，馬不具。上怒，欲斬長安令」，汲黯制止曰：「長安

　　顧其身』的頌揚，與『毋為權首，反受其咎』的慨歎。」

〔註386〕《史記》卷一百四〈田叔列傳〉，頁2779。

〔註387〕事詳《史記》卷一百四〈田叔列傳〉，頁2775～2777。

〔註388〕《史記》卷一百四〈田叔列傳〉，頁2779。

〔註389〕《史記》卷一百三十〈太史公自序〉，頁3316。

〔註390〕〔唐〕司馬貞《史記・田叔列傳索隱》，頁2783：「田叔長者，重義輕生。張王既雪，漢中是榮。孟舒見廢，抗說相明。按梁以禮，相魯得情。子仁坐事，刺舉有聲。」

〔註391〕〔漢〕司馬遷著，〔明〕凌稚隆輯校，〔日〕有井範平補標《補標史記評林》卷一百四〈田叔列傳〉引〔宋〕趙恒語，頁3左：「居是國必聞其政，田叔居趙則正聞於趙，居魯則政聞於魯，其在魯則相也，義忠於所事，而能救其過，以成其主之賢名。」

〔註392〕〔清〕牛運震曰：「汲黯乃太史公最得意人」，見牛運震《史記評注》卷十一〈汲鄭列傳〉，收入張舜徽主編《二十五史三編》第一分冊《史記之屬》，頁860。

〔註393〕《史記》卷一百二十〈汲鄭列傳〉，頁3109。

〔註394〕《史記》卷一百三十〈太史公自序〉，頁3317。

〔註395〕事詳《史記》卷一百二十〈汲鄭列傳〉，頁3106。

令無罪，獨斬黯，民乃肯出馬」〔註396〕，殺了汲黯百姓肯不肯出馬這還說不定，但是他願意將武帝責備的焦點轉到自己身上，藉以直陳武帝「令天下騷動，罷弊中國而以事夷狄之人」〔註397〕的舉動，很直白的表達爲了正義與國家利益不惜一死的思想。汲黯因爲好直諫而數犯主之顏色，與〈汲鄭列傳〉中之張湯、李息等人成爲強烈的對比，更襯托出汲黯的「切直忠藎」〔註398〕，可謂是漢廷之第一流人物。〔註399〕

（三）社稷為重

司馬遷的忠義思想不僅展現在對國君的輔佐與建言，更擴大到整個國家社會，而產生「社稷爲重」的德義思想。司馬遷在《史記》中記錄了許多能夠以國家爲先，捐助家財之人，如：弦高和卜式，以及「只知有國，不知有己」的忠臣，如：廉頗和藺相如，更有爲國犧牲，無怨無悔的英雄，如：申包胥和李同，體現司馬遷忠於社稷的道德思想。

弦高是鄭國商人，有一回他要去周做買賣，經過滑地時遇見秦繆公發兵偷襲鄭國，他便用十二牛勞秦師，秦國軍隊以爲鄭國知道他們的偷襲而早有了防備，於是「滅滑而去」。〔註400〕弦高捐牛勞秦，有「存國之功」〔註401〕，故司馬遷在〈秦本紀〉、〈十二諸侯年表〉、〈晉世家〉和〈鄭世家〉中反覆陳述其事蹟。漢武帝時有善畜商人卜式，「是時漢方數使將擊匈奴，卜式上書，願輸家之半縣官助邊」〔註402〕，此外不願爲官亦對朝廷無所圖，武帝派人問他原因，他說：「天子誅匈奴，愚以爲賢者宜死節於邊，有財者宜輸委，如此

〔註396〕事詳《史記》卷一百二十〈汲鄭列傳〉，頁 3109～3110。

〔註397〕《史記》卷一百二十〈汲鄭列傳〉，頁 3109。

〔註398〕〔宋〕黃震《黃氏日抄》卷四十六〈讀史一史記‧汲鄭〉，頁 580：「汲黯論帝多欲，勸帝無起兵，諫帝迎渾邪王，切責張湯苛法，而拳拳願出入禁闥補過拾遺，切直忠藎，漢庭第一。」

〔註399〕〔清〕吳見思《史記論文‧汲鄭列傳》（上海：上海古籍出版社，2008 年），頁 71。

〔註400〕《史記》卷三十九〈晉世家〉，頁 1670。

〔註401〕〔西漢〕劉安《淮南子》（台北：廣文書局，1965 年），卷十八〈人間訓〉，頁 402：「穆公使孟盟舉兵襲鄭，過周以東，鄭之賈人弦高、蹇他相與謀曰：『師行數千里，數絕諸侯之地，其勢必襲鄭，凡襲國者，以爲無備也，今示以知其情，必不進』，乃矯鄭伯之命，以十二牛勞之，三率相與謀曰：『凡襲人者，以爲弗知，今已知之矣，守備必固，進必無功』，乃還師而反晉，……，鄭伯乃以存國之功賞弦高，高辭之。」

〔註402〕《史記》卷三十〈平準書〉，頁 1431。

而匈奴可滅也」〔註403〕；又元狩三年（前 120），「貧民大徙，皆仰給縣官，無以盡贍。卜式持錢二十萬予河南守，以給徙民」，武帝「於是以式終長者，故尊顯以風百姓」。〔註404〕〈平準書〉中，司馬遷不但以大篇幅記載卜式的義行，還兼舉「不佐國家之急」的富商大賈與之相較，更襯托出「身賸尊爵家累巨萬」之豪貴「有愧于牧豎多矣」。〔註405〕

　　歷史上有名的「將相和」，講的便是廉頗、藺相如「只知有國，不知有己」的故事。藺相如因爲「完璧歸趙」一事〔註406〕，從宦者令繆賢之客一躍而成爲上大夫。後來秦、趙有澠池之會，會上由於藺相如「請秦王擊缻」、「召趙御史書」、「請咸陽爲壽」，「使秦王王竟酒，終不能加勝於趙」〔註407〕，是以會罷歸國「以相如功大，拜爲上卿，位在廉頗之右」。〔註408〕對此廉頗非常不滿，認爲「藺相如徒以口舌爲勞」卻能位居自己之上，便宣言：「我見相如，必辱之」，「相如聞，不肯與會。相如每朝時，常稱病，不欲與廉頗爭列」〔註409〕，出入望見廉頗便引車避匿，藺相如的舍人認爲他怯懦，因此很看不起他，於是紛紛請求離去，藺相如便向他們解釋：

> 夫以秦王之威，而相如廷叱之，辱其羣臣，相如雖駑，獨畏廉將軍哉？顧吾念之，彊秦之所以不敢加兵於趙者，徒以吾兩人在也。今兩虎共鬬，其勢不俱生。吾所以爲此者，以先國家之急而後私讎也。
> 〔註410〕

李晚芳評曰：「觀其引避廉頗一段議論，只知有國，不知爲己，深得古人公爾

〔註403〕《史記》卷三十〈平準書〉，頁 1431。
〔註404〕《史記》卷三十〈平準書〉，頁 1432。
〔註405〕〔漢〕司馬遷著，〔明〕凌稚隆輯校，〔日〕有井範平補標《補標史記評林》卷三十〈平準書〉引〔明〕楊愼語，頁 7 右。
〔註406〕「趙惠文王時，得楚和氏璧。秦昭王聞之，使人遺趙王書，願以十五城請易璧」，趙王擔心秦國使詐，「求人可使報秦者，未得」，宦者令繆賢進藺相如爲易璧使者，行前，藺相如向趙王承諾「城入趙而璧留秦；城不入，臣請完璧歸趙。」到了秦國，「相如視秦王無意償趙城」，便假意要求秦王齋戒五日，暗中「使其從者衣褐，懷其璧，從徑道亡，歸璧于趙」，五日後，藺相如對秦王表明璧玉已送回趙國，秦王考慮到「今殺相如，終不能得璧也，而絕秦趙之驩，不如因而厚遇之」，於是放回藺相如，趙國的和氏璧亦因此得到了保全。事詳《史記》卷八十一〈廉頗藺相如列傳〉，頁 2439～2441。
〔註407〕《史記》卷八十一〈廉頗藺相如列傳〉，頁 2442。
〔註408〕《史記》卷八十一〈廉頗藺相如列傳〉，頁 2443。
〔註409〕《史記》卷八十一〈廉頗藺相如列傳〉，頁 2443。
〔註410〕《史記》卷八十一〈廉頗藺相如列傳〉，頁 2443。

國爾之意」〔註411〕，藺相如自陳之詞更點出他「先國家之急而後私讎」的心情，廉頗聽到這番話，倍感愧疚，向相如「肉袒負荊」以謝罪，最後兩人成爲刎頸之交。廉頗的負荊請罪一方面表現了他的羞惡之心，另一方面代表他與藺相如一樣，愛護國家甚於自己，這樣的態度在澠池之會前廉頗與趙王的對話當中表達得更爲清楚。趙王與藺相如出席秦約，「廉頗送至境，與王訣曰：『王行，度道里會遇之禮畢，還，不過三十日。三十日不還，則請立太子爲王。以絕秦望』」〔註412〕，廉頗話中之意，是爲使趙國不至於因國君落入秦國手中而受到脅迫，趙王若如期未還，則另立新王以安社稷，這番話可說是「非大膽識，不敢出此言，非大忠勇不敢任此事」〔註413〕，但廉頗終究力陳直言，故凌登第讚之曰：「廉將軍，與趙王訣數語，眞有古大臣風，所謂社稷爲重者也」。〔註414〕由上可知藺相如和廉頗皆能「先公後私」〔註415〕，「用徇其君」〔註416〕，而成爲司馬遷描寫和歌頌的對象。〔註417〕

　　申包胥和李同則是將忠於國家的精神發揮到極致。申包胥爲楚人，與伍子胥友好，當伍子胥逃亡時，曾謂申包胥曰：「我必覆楚」，申包胥則回答他：

〔註411〕〔清〕李晚芳：「人徒以完璧歸趙，澠池抗秦二事，絕稱相如，不知此一才辨之士所能耳，未足以盡相如，惟觀其引避廉頗一段議論，只知有國，不知爲己，深得古人公爾國爾之意。」見李晚芳著，〔日〕陶所池內校訂《讀史管見》（日本：浪華書林群玉堂翻刻本，日本安政三年，1856 年），卷二〈廉藺列傳〉，頁 73 左。

〔註412〕《史記》卷八十一〈廉頗藺相如列傳〉，頁 2442。

〔註413〕〔清〕李晚芳著，〔日〕陶所池內校訂《讀史管見》卷二〈廉藺列傳〉，頁 73 左～74 右：「人只知廉頗善用兵，能戰勝攻取爾，亦未足以盡廉頗；觀其與趙王訣，如期不還，請立太子以絕秦望之語，深得古人社稷爲重之旨，非大膽識，不敢出此言，非大忠勇不敢任此事。」

〔註414〕〔漢〕司馬遷著，〔明〕凌稚隆輯校，〔日〕有井範平補標《補標史記評林》卷八十一〈廉頗藺相如列傳〉引〔明〕凌登第語，頁 4 右：「廉將軍，與趙王訣數語，眞有古大臣風，所謂社稷爲重者也，世人俱稱相如抗秦之功，更無人賞識及此，可爲千古於邑。」

〔註415〕〔宋〕黃震《黃氏日抄》卷四十六〈讀史一史記‧廉頗藺相如〉，頁 574：「藺相如庭辱強秦之君，而引車避廉頗，廉頗以勇氣聞諸侯，而肉袒謝相如，先公後私，分棄前憾，皆烈丈夫也。」

〔註416〕《史記》卷一百三十〈太史公自序〉，頁 3314。

〔註417〕張大可、安平秋、俞樟華主編《史記研究集成》第三卷《史記題評與詠史記人物詩》，頁 236：「這篇（〈廉頗藺相如列傳〉）作品的思想意義，首先是描寫和歌頌了一批明顯帶有作家社會理想的人物，他們都才情卓越，品質崇高，忠心耿耿，無私無畏地把自己貢獻給了保衛國家的豪邁事業。」

「我必存楚」。後來伍子胥率吳兵攻入郢都，掘楚王墳，又辱其屍，申包胥使人責備他，但伍子胥絲毫沒有罷手的意思，「於是申包胥走秦告急，求救於秦。秦不許。包胥立於秦廷，晝夜哭，七日七夜不絕其聲」，最後秦哀公憐之，「遣車五百乘救楚擊吳」，楚國才得以保全。〔註418〕在〈伍子胥列傳〉中司馬遷肯定伍子胥「棄小義，雪大恥」的復仇行爲〔註419〕，同時讚美申包胥爲國挺身、求救於秦的義舉，展現司馬遷對於忠孝節義的重視與認同。趙人李同，爲邯鄲傳舍吏子，秦、趙邯鄲一戰，趙國情況危急，已達「炊骨易子而食」的程度，李同出面向平原君建言，希望他「令夫人以下編於士卒之間，分功而作，家之所有盡散以饗士」，平原君從之，而李同自率三千敢死之士赴前線作戰，李同自己戰死，卻使秦軍退兵三十里，爭取到楚、魏聯軍救援的時間，而「邯鄲復存」。〔註420〕司馬遷讚賞李同能以國家爲先，勸諫平原君，又能身先士卒，捨生救國，故將之附傳〔註421〕於〈平原君虞卿列傳〉中，使其忠勇事蹟得以流傳。

二、相交以信

漢武帝時，朝廷充斥著諛儒、酷吏和幸臣，使司馬遷深有「何知仁義，已饗其利者爲有德」之感〔註422〕，加之在李陵事件中，司馬遷看到了人性的自利畏禍，進而對人與人之間的交往有了極大的感嘆與關注，對他而言，人之交往當是建築在信義之上，故他對於能夠相交以信之人物，特意的記錄與褒揚，以寄託其欣慕之意。《史記》中能相交以信的人物有荀息和晉獻公、韓厥和趙朔、程嬰和公孫杵臼、解揚和晉景公、肥義和趙武靈王、周昌和漢高祖以及路中大夫和漢文帝。晉獻公寵愛驪姬，身前即想廢太子申生改立驪姬子奚齊。獻公二十六年（前651），晉獻公病重，臨死之前對荀息說：「吾以奚齊爲後，年少，諸大臣不服，恐亂起，子能立之乎？」荀息回答曰：「能」，

〔註418〕事詳《史記》卷六十六〈伍子胥列傳〉，頁2176～2177。
〔註419〕《史記》卷六十六〈伍子胥列傳〉，頁2183。
〔註420〕事詳《史記》卷七十六〈平原君虞卿列傳〉，頁2366～2369。
〔註421〕金苑《史記列傳義法研究》，頁79、81：「附傳者，附傳所載之人物，皆屬附記，因其事蹟與本傳相關，而性行多有可述，不可省略，若獨立名篇，又嫌蕪雜，史家即不能一一爲之立傳，故寄於他傳之中，使其事蹟可崇者，得以流傳，又無煩蕪之憾」，此論文中列表將李同歸類爲〈平原君虞卿列傳〉之附傳。
〔註422〕《史記》卷一百二十四〈游俠列傳〉，頁3182。

獻公又問：「何以爲驗？」荀息對曰：「使死者復生，生者不愧，爲之驗。」
〔註 423〕於是晉獻公便把奚齊囑託給荀息。當時荀息爲國相，主持國政。獻
公死後，晉大臣里克、邳鄭想要改立公子重耳，便試探著問荀息的想法，荀
息卻說：「吾不可負先君言。」〔註 424〕里克知道無法說服荀息，十月，便在
奚齊守喪之處殺死了他，此時獻公還未下葬。荀息聽到消息後打算以身殉
葬，其餘諸臣提出改立奚齊之弟——悼子的建議，於是荀息輔立悼子即位安
葬了獻公。十一月，里克在朝堂上又殺悼子，荀息爲此自殺而死。《史記》
在此處引用了一段君子曰：「《詩》所謂『白珪之玷，猶可磨也，斯言之玷，
不可爲也』，其荀息之謂乎！不負其言」〔註 425〕，雖然荀息終究不能保存奚
齊，但他盡了努力，並在失敗之時以生命愧謝晉獻公的託付，故司馬遷在〈鄭
世家〉贊中曰：「守節如荀息，身死而不能存奚齊」〔註 426〕，「以『守節』褒
美荀息，純粹從君臣之義與言出必信的觀點，讚美荀息的難能可貴」〔註 427〕，
可見司馬遷對於荀息的行爲是十分讚賞的。

　　晉景公三年（前 597），晉大夫屠岸賈欲誅趙氏，韓大夫韓厥事先知道這
個消息，便告訴趙朔，要他快逃走，趙朔不肯，而對韓厥說：「子必不絕趙祀，
朔死不恨」〔註 428〕，後來趙朔一族皆滅，僅留下一遺腹子——趙武。十五年
後晉景公因病而卜筮，卜象顯示是「大業之後不遂者爲祟」〔註 429〕，韓厥便
趁機托出趙武的存在，而後趙武夥同諸將攻殺屠岸賈，滅其族，恢復了趙氏
的封邑。司馬遷對韓厥信守承諾、延續趙祀有著極高的評價，他在〈韓世家〉
贊中說：「韓厥之感晉景公，紹趙孤之子武，以成程嬰、公孫杵臼之義，此天
下之陰德也。韓氏之功，於晉未覩其大者也。然與趙、魏終爲諸侯十餘世，
宜乎哉！」〔註 430〕將韓世家的傳國久遠歸功於韓厥陰德，此爲司馬遷對韓厥
的認可與讚美。

　　除了韓厥，程嬰與公孫杵臼亦爲保存趙氏孤兒的功臣，爲了使趙氏孤兒
躲過屠岸賈的追殺，他們擬造出趙氏孤兒——趙武已死的假象，再秘密輔其

〔註 423〕《史記》卷三十九〈晉世家〉，頁 1648～1649。
〔註 424〕《史記》卷三十九〈晉世家〉，頁 1649。
〔註 425〕《史記》卷三十九〈晉世家〉，頁 1649。
〔註 426〕《史記》卷四十二〈鄭世家〉，頁 1777。
〔註 427〕郭瓊瑜《史記的褒貶義法》，頁 259。
〔註 428〕《史記》卷四十三〈趙世家〉，頁 1783。
〔註 429〕《史記》卷四十三〈趙世家〉，頁 1784。
〔註 430〕《史記》卷四十五〈韓世家〉，頁 1878。

成長，當他們在討論工作分配時，公孫杵臼問：「立孤與死孰難？」程嬰回答曰：「死易，立孤難耳」，公孫杵臼於是說：「趙氏先君遇子厚，子彊爲其難者，吾爲其易者，請先死」。〔註431〕十五年後，趙氏孤兒長大、復仇，趙氏的地位又再次建立了起來。沒想到此時程嬰突然提出自殺的要求，他對趙武說：「昔下宮之難，皆能死。我非不能死，我思立趙氏之後。今趙武既立，爲成人，復故位，我將下報趙宣孟與公孫杵臼」〔註432〕，遂自殺。原來程嬰與公孫杵臼在接收趙朔遺孤之時，皆已抱持著必死的決心，只是當時必須有一人負責照護趙武成長，所以當趙武已成年並恢復趙氏的家門，則「今日事成，嬰不忍獨生耳」。〔註433〕此種不論生死，遵守信義之舉，讓司馬遷在〈趙世家〉中爲兩人留下的事蹟，並在〈韓世家〉贊中，高聲讚揚「程嬰、公孫杵臼之義」，以表達對他們的崇敬。

鄭襄公十一年（前594），楚國出兵宋國，宋國告急於晉，晉國當時與楚國勢不兩立，晉景公便想派兵救宋，但礙於楚國的強大不宜與其正面衝突，故尋得壯士解揚，付予他使宋國不投降楚國的任務；解揚途中被鄭國軍隊逮捕，鄭國與楚國爲同盟，故將之交給楚國，楚國軟硬兼施要他對宋國說反話，解揚假裝答應，但到了向宋國喊話之時，他還是傳達晉景公給他的命令，楚莊王大怒之下要殺了他，解揚坦然面對，曰：「君能制命爲義，臣能承命爲信。愛吾君命以出，有死無隕」，赴死之際轉頭對楚軍說：「爲人臣無忘盡忠得死者！」〔註434〕解揚事在〈十二諸侯年表〉、〈晉世家〉、〈鄭世家〉中都有出現，可見得司馬遷對他能固守與晉景公之約的嘉許。

趙武靈王初立公子章爲太子，後來武靈王得到了吳娃，對其萬分寵愛，吳娃有子公子何，武靈王因此廢了太子章而立公子何爲太子，等到吳娃死掉後，武靈王又重新憐惜起太子章，而有讓兩個兒子並立爲王的念頭，這個念頭讓公子章對王位一直有所覬覦。武靈王退位，公子何立爲惠文王，肥義受

〔註431〕《史記》卷四十三〈趙世家〉，頁1784。
〔註432〕《史記》卷四十三〈趙世家〉，頁1785。
〔註433〕〔漢〕司馬遷著，〔明〕凌稚隆輯校，〔日〕有井範平補標《補標史記評林》卷四十三〈趙世家〉引〔明〕何孟春語，頁4左～右：「嬰之自殺，爲死者有知也。死者誠有知，趙武後來之事宜無不知，而俟我報乎？如其無知也，而我何報乎！蓋趙武之事，嬰、杵共之，今日事成，嬰不忍獨生耳，知否非所計也。嗟夫，死生亦大矣，古人不肯欠人一死如此，其心之不苟安一日之生如此。」
〔註434〕《史記》卷四十二〈鄭世家〉，頁1769。

武靈王詔而爲輔政大臣。是時公子章被封爲代地的安陽君,「強壯而志驕,黨眾而欲大」,其相田不禮爲人又「忍殺而驕」,趙大臣李兌認爲此二人糝合一起「必有謀陰賊起,一出身僥倖」〔註435〕,便建議肥義將政權交給趙武靈王之叔——公子成,以防受到公子章的迫害,不過肥義拒絕了李兌的建議,認爲自己已經答應了趙武靈王輔政的要求,不能因爲自己恐有災禍便背棄與其之約定。然而肥義對於公子章與田不禮的陰謀是心知肚明的,他對趙大臣信期說:「自今以來,若有召王者必見吾面,我將先以身當之,無故而王乃入」。〔註436〕惠文王四年(前 295)當時已退位的趙武靈王——主父和惠文王游於沙丘,兩人分處不同的宮室,公子章假傳主父的命令召惠文王到來,肥義首先進去,一進室內公子章和田不禮的黨徒便將其殺害,惠文王得到反應的時間而與信期(高信)抵禦之,公子成和李兌又即時率領四邑之兵趕到,殺死了公子章和田不禮及其黨賊,安定了王室。肥義忠於與趙武靈王之約,面對欲傷害惠文王之人,「以身當之」,以己之生命成就輔王之信。

漢高祖有戚姬子如意,高祖擔憂自己死掉後如意無法保全,於是接受趙堯的進言,爲趙王如意「置貴彊相」,「御史大夫周昌,其人堅忍質直,且自呂后、太子及大臣皆素敬憚之」〔註437〕,故被高祖徙爲趙相以保趙王。高祖死後,呂太后果眞欲殺趙王,「其相周昌令王稱疾不行。使者三反,周昌固爲不遣趙王」〔註438〕,太后於是用調虎離山之計,先將周昌召至京師,「昌既徵,高后使使召趙王,趙王果來。至長安月餘,飲藥而死」,趙王死後,「周昌因謝病不朝見,三歲而死」。〔註439〕司馬遷說「周昌,木彊人也」〔註440〕,既然答應高祖存有趙王,便忠心守職,待趙王被殺,周昌亦以自己生命還報高祖,其心、其實可與「守節」之荀息相類等。

孝景帝前元三年(前 154),吳王濞、楚王戊反,「膠西、膠東、菑川、濟南皆擅發兵應吳楚。欲與齊,齊孝王狐疑,城守不聽,三國兵共圍齊。齊王使路中大夫告於天子」〔註441〕,景帝要路中大夫還告齊王曰:「善堅守,吾兵今

〔註435〕《史記》卷四十三〈趙世家〉,頁 1813。
〔註436〕《史記》卷四十三〈趙世家〉,頁 1814。
〔註437〕《史記》卷九十六〈張丞相列傳〉,頁 2678。
〔註438〕同上註,頁 2679。
〔註439〕同註 437,頁 2679。
〔註440〕同註 437,頁 2685。
〔註441〕《史記》卷五十二〈齊悼惠王世家〉,頁 2006。

破吳楚矣」〔註442〕；路中大夫回到齊國，發現齊國早就被三國包圍，路中大夫也因此落入三國將領之手，三國將領要求路中大夫「反言漢已破矣，齊趣下三國，不且見屠」〔註443〕，路中大夫假意答應，至城下，見齊王，卻曰：「漢已發兵百萬，使太尉周亞夫擊破吳楚，方引兵救齊，齊必堅守無下！」〔註444〕三國將領便殺了路中大夫。茅坤曰：「路中大夫有古烈士風」〔註445〕，即路中大夫能謹守爲漢景帝傳達旨意之約，爲能守約，縱使犧牲生命亦在所不惜。

三、仗義任俠

司馬遷在〈報任安書〉中講君子的五種美德，分別是「修身者智之府也，愛施者仁之端也，取予者義之符也，恥辱者勇之決也，立名者行之極也」〔註446〕，可見得他認爲「勇」的精神是做爲一個君子仁人必備的條件。至於「勇」的定義，司馬遷在〈管晏列傳〉中引孔子的話曰：「見義不爲無勇」〔註447〕，也就是說，見到符合道義之事，便應該挺身而出，仗義直行。司馬遷自己便是義勇之士，在漢廷伐匈奴失利，而朝廷一面倒指責李陵所領導之副師的情況下，慷慨爲李陵游說辯解，正義陳言的結果是司馬遷遭受下蠶室的刑罰，深幽囹圄之中，卻「交遊莫救，左右親近不爲壹言」〔註448〕，使得司馬遷冀望能如越石父般，得到像晏嬰般有義之士的拯救〔註449〕，董份曰：「史遷遭李陵之難，交游莫救，身受法困，故感游俠之義」〔註450〕，不無道理；再加上司馬遷曾遊訪各地，「他有意識地深入民間，『與燕趙豪傑交游』，廣泛地了解下層社會的生活，這促使他搜集、採訪了人世間的種種俠義故事」〔註451〕，並將之記載在《史記》當中。先天的氣質、後天的遭

〔註442〕《史記》卷五十二〈齊悼惠王世家〉，頁 2006。

〔註443〕同上註，頁 2006。

〔註444〕同註 442，頁 2006。

〔註445〕〔明〕茅坤《史記抄》卷二十六〈齊悼惠王世家〉，收入《四庫全書存目叢書》史部一三八，頁 168。

〔註446〕〔漢〕班固著，〔唐〕顏師古注《漢書》卷六十二〈司馬遷傳〉，頁 2727。

〔註447〕〔南宋〕朱熹著《四書集註・論語》卷一〈爲政〉第二，頁 147。

〔註448〕〔漢〕班固著，〔唐〕顏師古注《漢書》卷六十二〈司馬遷傳〉，頁 2730。

〔註449〕越石父因事入獄，晏嬰知越石父賢，「解左驂贖之」，並延之爲上客，事詳《史記》卷六十二〈管晏列傳〉，頁 2135。

〔註450〕〔漢〕司馬遷著，〔明〕凌稚隆輯校，〔日〕有井範平補標《補標史記評林》卷一百二十四〈游俠列傳〉引〔明〕董份語，頁 1 左。

〔註451〕李世萼〈司馬遷的俠義精神〉，《杭州師範學院學報》1998 年第 2 期，頁 26。

遇，以及四方的聽聞，司馬遷對仗義任俠之士有著特殊的情感與崇敬，他不吝嗇地在行文撰稿中為這些人物留下一方天地。《史記》中的仗義任俠之士，有示眯明、袁盎從史、程嬰、公孫杵臼、虞卿、平原君、魯仲連、信陵君、項伯和游俠。

示眯明是晉人，一回晉大夫趙盾到首山打獵，「見桑下有餓人。餓人，示眯明也」，趙盾給他食物，他只吃一半，問他原因，他說：「宦三年，未知母之存不，願遺母」，「盾義之，益與之飯肉」。〔註452〕後來示眯明成為晉宰夫，得知晉靈公欲在酒宴中攻殺趙盾，便在酒宴前警告趙盾曰：「君賜臣，觴三行可以罷」〔註453〕，並偷偷在暗處保護他。等靈公埋伏的士兵出而擊趙盾，示眯明即現身反擊之，使趙盾順利脫逃，趙盾問他為什麼救自己，示眯明說：「我桑下餓人」〔註454〕，不告訴趙盾姓名而去。示眯明受趙盾賜食之恩，見趙盾有難而救之，為趙盾反叛國君、流亡而去，示眯明可謂知恩圖報、俠義慷慨。與示眯明事相似的，還有漢朝從史營救袁盎事。漢臣袁盎曾為吳國相，「其為吳相時，嘗有從史嘗盜愛盎侍兒，盎知之，弗泄，遇之如故」，後來此事被揭發，從史亡歸，「袁盎驅自追之，遂以侍者賜之，復為從史」。吳楚之亂時，吳王想讓袁盎擔任反軍將領，袁盎不肯，吳王便欲殺之，「使一都尉以五百人圍守盎軍中」。巧的是盜愛盎侍兒的從史剛好被派去圍守袁盎，當時天氣寒冷，他準備了濃醇美酒，將士兵們灌醉，半夜裡喚醒袁盎，引導袁盎逃走，自己亦逃亡而去。〔註455〕

程嬰為趙朔之友，公孫杵臼為趙朔之門客，是時趙朔被屠岸賈殺害，留有一遺腹子，其二人便相約為趙朔存孤。為讓屠岸賈深信趙朔全族皆滅，程嬰出而舉發公孫杵臼匿有趙朔子，屠岸賈便殺了公孫杵臼與假趙氏孤兒，「然趙氏真孤乃反在，程嬰卒與俱匿山中」。〔註456〕忍辱躲藏十五年，在韓厥的幫助下，趙氏孤兒——趙武終殺屠岸賈復仇，並重新光大趙氏一族。當趙朔死時，程嬰、公孫杵臼大可理所當然的「樹倒猢猻散」，但他們不但沒有人死情義滅的心態，反而以自己的性命保存了趙朔之嗣。「匿孤報德，視死如歸，乃戰國俠士刺客所為」〔註457〕，是以程嬰、公孫杵臼有俠士之義，又「《春秋》

〔註452〕《史記》卷三十九〈晉世家〉，頁 1674。
〔註453〕《史記》卷三十九〈晉世家〉，頁 1674。
〔註454〕《史記》卷三十九〈晉世家〉，頁 1674。
〔註455〕事詳《史記》卷一百一〈袁盎鼂錯列傳〉，頁 2743。
〔註456〕《史記》卷四十三〈趙世家〉，頁 1784。
〔註457〕〔清〕梁玉繩《史記志疑》卷二十三〈趙世家〉，頁 474：「匿孤報德，視死

無屠岸賈滅趙事，而太史公鑿鑿言之」〔註458〕，可見得司馬遷對其二人俠義的稱頌。

　　虞卿與平原君之仗義任俠，展現在他們處理魏齊有難一事上。魏齊是魏國公子，同時也是魏國的宰相，他和魏中大夫須賈曾經屈打、污辱范睢，范睢一直記得此恨，後來他得到秦昭王的信任成為秦國宰相，便欲對二人報仇，范睢找到須賈，屈辱之，又向魏國喊話：「爭持魏齊頭來！不然者，我且屠大梁」〔註459〕，魏齊大為驚恐而逃到趙國平原君處藏匿。秦昭王得知這個情形，便想為范睢報其仇。於是秦王假意邀約平原君暢飲，將平原君騙至秦國，威脅他交出魏齊，平原君堅持不交出魏齊，而曰：「貴而為交者，為賤也；富而為交者，為貧也。夫魏齊者，勝之友也，在，固不出也，今又不在臣所」〔註460〕，秦昭王於是寫信給趙孝成王，要趙國交出魏齊，不然就拘留平原君並且攻打趙國，趙孝成王便包圍平原君家，情況十分緊急，魏齊連夜逃去見趙相虞卿，虞卿估計趙王不可能饒過魏齊，於是解下他的相印，與魏齊一起逃走，欲歸附信陵君，信陵君因為畏懼秦國，當下猶豫是不是要接見他們，雖然在侯嬴諫言下信陵君接納了兩人，但魏齊聽說信陵君起初不願見他，一怒之下自剄而死。之後趙王取魏齊頭換回了平原君。當虞卿與魏齊逃到魏國時很是窮困潦倒，魏齊死後虞卿更加不如意，最後以著書度過他的人生。不論平原君或是虞卿，他們與魏齊皆非深切之交，魏齊急而投奔，兩人不但沒有拒絕，甚至為他而威脅到生命；尤其是虞卿，他本為趙相，位高而權重，為不負魏齊的求援，捨棄了相位與其一同逃亡，對此司馬遷評曰：「庸夫知其不可，況賢人乎！」〔註461〕，倘若司馬遷真認為虞卿此種「捨利取義」的行為不可取，那麼他就不會將之與平原君並列於列傳之中，亦不會在〈范睢蔡澤列傳〉中將事情原委大書特書。可以想見的是，「庸夫知其不可，況賢人乎」之語是以一般人的角度來看待此事，就司馬遷而言，反而

　　　　如歸，乃戰國俠士刺客所為，春秋之世，無此風俗，則此事固妄誕不可信，
　　　　而所謂屠岸賈、程嬰、杵臼，恐亦無其人也。」
〔註458〕〔清〕趙佑曰：「《春秋》無屠岸賈滅趙事，而太史公鑿鑿言之，其稱程嬰、
　　　　公孫杵臼義甚高。」見趙佑《讀春秋存稿見》卷三〈屠岸賈事辨〉，收入《續
　　　　修四庫全書》（上海：上海古籍出版社，2002年），一四一‧經部‧春秋類，
　　　　頁 631。
〔註459〕《史記》卷七十九〈范睢蔡澤列傳〉，頁 2414。
〔註460〕《史記》卷七十九〈范睢蔡澤列傳〉，頁 2416。
〔註461〕《史記》卷七十六〈平原君虞卿列傳〉，頁 2376。

是佩服他能夠「知其不可而爲之」的精神，出言嘆其行不可，實是對虞卿表達憐惜之意。

與平原君同列「戰國四公子」的信陵君亦是豪俠之士。「魏安釐王二十年，秦昭王已破趙長平軍，又進兵圍邯鄲」〔註462〕，平原君去信魏王及信陵君求救，魏王不願捲入與秦戰爭，便派將軍晉鄙率兵十萬在外圍觀望，信陵君在無可奈何之下，便盜魏王兵符，矯殺將軍晉鄙，奪魏十萬軍，並「下令軍中曰：『父子俱在軍中，父歸；兄弟俱在軍中，兄歸；獨子無兄弟，歸養。』得選兵八萬人，進兵擊秦軍。秦軍解去，遂救邯鄲，存趙。」〔註463〕信陵君明知奪軍救趙的後果，將使他背負背魏王、殺將軍之名，而有愧於魏，但他仍舊「不獨生而令趙亡」〔註464〕，力救平原；加上他爲人「一心爲國」〔註465〕、「不恥下交」〔註466〕，使司馬遷撰〈魏公子列傳〉，「文二千五百餘字，而公子字凡一百四十餘，見極盡慨慕之意」。〔註467〕

「魯仲連者，齊人也。好奇偉俶儻之畫策，而不肯仕宦任職，好持高節。游於趙」〔註468〕，當時秦王剛破四十萬長平之軍，魏王使者新垣衍前來趙國說服趙王尊秦昭王爲帝。此時魯仲連正好游于趙，便向平原君請求面見新垣衍，以打消他帝秦的念頭。經過一番陳說，新垣衍放棄游說趙王尊秦，平原君爲表達感謝之意，便欲封賞魯仲連，魯仲連不受，並曰：「所貴於天下之士者，爲人排患釋難解紛亂而無取也。即有取者，是商賈之事也，而連不忍爲也」〔註469〕，便辭平原君而去，終身不復見。後二十餘年，齊燕對戰，燕將攻下齊國聊城，齊人便向燕王讒燬燕將，燕將「因保守聊城，不敢歸」，而「齊田單攻聊城歲餘，士卒多死而聊城不下。魯連乃爲書，約之矢以射城中，遺

〔註462〕《史記》卷七十七〈魏公子列傳〉，頁2379。
〔註463〕《史記》卷七十七〈魏公子列傳〉，頁2381。
〔註464〕《史記》卷七十七〈魏公子列傳〉，頁2379。
〔註465〕郭瓊瑜《史記的襃貶義法》，頁81：「信陵君之下士與求士，意在存魏，一心爲國，非徒豪舉自張，故其一生的進退生死，攸關魏國的安危存亡，並影響六國的興廢，不是孟嘗、平原、春申諸君可比，史遷因而許以『名冠諸侯』之襃美。」
〔註466〕《史記》卷七十七〈魏公子列傳〉，頁2385。
〔註467〕〔清〕湯諧《史記半解·信陵君列傳》，收入《四庫未收書輯刊》壹輯·拾貳冊，頁618：「文二千五百餘字，而公子字凡一百四十餘，見極盡慨慕之意。」
〔註468〕《史記》卷八十三〈魯仲連鄒陽列傳〉，頁2459。
〔註469〕同上註，頁2465。

燕將」〔註470〕，「燕將見魯連書，泣三日，猶豫不能自決」〔註471〕，最後在「與人刃我，寧自刃」的心情下自殺，燕失聊城。田單歸齊言魯仲連下聊城之功，齊欲爵之，「魯連逃隱於海上，曰：『吾與富貴而詘於人，寧貧賤而輕世肆志焉』」。〔註472〕司馬遷在〈魯仲連鄒陽列傳〉贊中曰：「魯連指意雖不合大義，然余多其在布衣之位，蕩然肆志，不詘於諸侯，談說於當世，折卿相之權」〔註473〕，又在〈太史公自序〉讚其「能設詭說解患於圍城，輕爵祿，樂肆志」〔註474〕，在在地褒揚魯仲連的「獨以義為重輕」〔註475〕，使其於後世得到「逃避爵賞，脫屣而去，戰國以來一人而已」的崇高讚譽。〔註476〕

「楚左尹項伯者，項羽季父也，素善留侯張良」〔註477〕，其為人任俠，常殺人，張良曾幫忙隱匿過他。楚漢相爭，楚之謀臣范增建議項羽趁早除去劉邦，項伯得知此事，「夜馳之沛公軍，私見張良，具告以事」〔註478〕，因當時張良為劉邦麾下，項伯「欲呼張良與俱去」，「毋從俱死也」〔註479〕，張良將此事告知劉邦，漢陣營因此有了防備，種下之後漢勝楚敗的因子。「項伯之私約，即丁公之私釋也，於漢為有恩，於楚為不忠」〔註480〕，項伯為報張良從前救命之恩，背負叛主的罪名前去警示張良，雖不忠於楚，卻不能抹滅他

〔註470〕《史記》卷八十三〈魯仲連鄒陽列傳〉，頁 2465。

〔註471〕同上註，頁 2469。

〔註472〕同註 470，頁 2469。

〔註473〕同註 470，頁 2479。

〔註474〕《史記》卷一百三十〈太史公自序〉，頁 3314。

〔註475〕〔漢〕司馬遷著，〔明〕凌稚隆輯校，〔日〕有井範平補標《補標史記評林》卷八十三〈魯仲連鄒陽列傳〉引〔元〕吳師道語，頁 9 左～10 右：「予謂仲連事皆可稱，而不肯帝秦一節尤偉，戰國之士以勢為強弱，而連獨以義為重輕，此其所以異耳。」

〔註476〕〔北宋〕蘇轍《古史》卷五十四〈虞卿魯仲連列傳〉，收入《景印文淵閣四庫全書》第 371 冊，頁 619：「戰國游談之士，非從即衡，說行交合，而寵祿附之，故事不厭詭詐，爭走於利，魯仲連辯過秦儀，氣凌髡衍，而從橫之利，不入于口，因事放言，切中機會，排難解紛，如決潰堤，不終日而成功，逃避爵賞，脫屣而去，戰國以來一人而已。」

〔註477〕《史記》卷七〈項羽本紀〉，頁 311。

〔註478〕《史記》卷五十五〈留侯世家〉，頁 2038。

〔註479〕《史記》卷七〈項羽本紀〉，頁 311。

〔註480〕〔漢〕司馬遷著，〔明〕凌稚隆輯校，〔日〕有井範平補標《補標史記評林》卷七〈項羽本紀〉引〔明〕陳懿典語，頁 9 左：「項伯之私約，即丁公之私釋也，於漢為有恩，於楚為不忠，於法為莫赦，漢王定天下斬丁公是矣，而封項伯何哉。」

急人之難的俠義心境。

　　游俠的身分與行事是倍受爭議的，然而司馬遷卻在《史記》中專篇撰寫〈游俠列傳〉頌揚之，這是因爲他認爲游俠：「其言必信，其行必果，已諾必誠，不愛其軀，赴士之阨困，既已亡死生矣，而不矜其能，羞伐其德」〔註481〕，雖然爲達到目的，游俠的行爲常常「不軌於正義」，但其行事卻比那些口語仁義之士更爲高尚，反映出司馬遷對於仗義任俠的重視與肯定。〈游俠列傳〉中所記名俠甚多〔註482〕，其中述敘較多，事蹟較完整的爲朱家、劇孟、郭解。朱家爲人「俠」，專門「振人不贍」、「趨人之急」，自己則「家無餘財，衣不完采，食不重味，乘不過軥牛」；他曾經救過季布，「及布尊貴，終身不見也」，故「自關以東，莫不延頸願交焉」。〔註483〕劇孟「以任俠顯諸侯」，吳楚反時，條侯周亞夫得知反叛軍沒有取得劇孟的支持，喜曰：「吳楚舉大事而不求孟，吾知其無能爲已矣」，劇孟行俠仗義，但死時家中連十金都沒有。〔註484〕郭解「少時陰賊」，長大後改過向善，「更折節爲儉，以德報怨，厚施而薄望」，「既以振人之命，不矜其功」；其姊之子強灌人飲而被殺，郭解得知實情，曰：「公殺之固當，吾兒不直」，「諸公聞之，皆多解之義，益附焉」；雒陽人有相仇者，諸邑中賢豪排解皆無效，郭解趁夜調停，「仇家曲聽解」，郭解去時交待莫使人知，曰：「且無用，待我去，令雒陽豪居其間，乃聽之」，不與雒陽賢豪爭功。〔註485〕〈太史公自序〉載：「救人於戹振人不贍，仁者有乎；不既信，不倍言，義者有取焉。作游俠列傳第六十四」〔註486〕，游俠行事合仁由義，莫怪司馬遷高呼「俠客之義又曷可少哉！」〔註487〕

　　司馬遷身爲漢廷一員而負有爲國爲民之責，是以他強調爲國以忠，歌頌了一批守法不阿、忠言直諫、社稷爲重之臣；因爲看到群臣「懷詐飾智以阿人主取容」，且「有勢則賓客十倍，無勢則否」，故強調相交以信，歌頌了歷來不計代價信守承諾之人；又因經歷李陵事件而墜入縲絏，孤立無援，是以他欣慕仗義任俠之士，歌頌了一群仗義任俠之士，從忠、信、俠的角度歌頌

〔註481〕《史記》卷一百二十四〈游俠列傳〉，頁3181。
〔註482〕共有朱家、田仲、王孟、劇孟、郭解、瞷氏、周庸、韓無辟、薛兄、韓孺、樊仲子、趙王孫、高公子、郭公仲、鹵公孺、兒長卿、田君孺等人。
〔註483〕事詳《史記》卷一百二十四〈游俠列傳〉，頁3184。
〔註484〕事詳《史記》卷一百二十四〈游俠列傳〉，頁3184。
〔註485〕《史記》卷一百二十四〈游俠列傳〉，頁3185～3187。
〔註486〕《史記》卷一百三十〈太史公自序〉，頁3318。
〔註487〕《史記》卷一百二十四〈游俠列傳〉，頁3183。

歷史上的義人、義舉，在在地顯示司馬遷對於道義的推崇與想望。

第四節 義以爲上

從司馬遷「斥責勢利」、「讚美有義」的義利觀點中，可以發現他對於道義的肯定與重視，因此當面臨義、利無法兼備、擇一而是的情況下，司馬遷最終選擇維護道義，這樣的思維可從他在《史記》中對捨利取義、捨死取義和捨生取義事例的取材與讚譽中得知，是以「義以爲上」成爲司馬遷義利觀的宗旨與核心。

一、捨利取義

《史記》中記載了許多能夠「禪讓」、「讓與」和「辭讓」〔註488〕天下之人，這些人物的共同特點在於能夠不以利益爲目的，而將人世間利益之大者──國家讓與他人，進而達到利人、利國、利天下的成效。司馬遷在撰寫這些人、事、物時，往往用形式或語言對其多加讚美，由此可見司馬遷面對道德與利益取捨問題時，是傾向捨利而取義的。以下將司馬遷捨利取義思想分成禪讓天下、避位讓國和辭讓不受三部分來探討。

（一）禪讓天下

「天之立君，本以爲民，豈共使一人肆于上以縱欲，此君民之常道，易之則非。全部《史記》，均發此意」〔註489〕，也就是說司馬遷認爲君者當愛民、

〔註488〕阮芝生認爲禪讓應包含「生讓、側陋、試可」三條件，而「凡以己所有與人曰讓，謂之『讓與』」，又「人以所有與己而己不受，亦可曰讓，謂之『辭讓』」，讓與、辭讓不見得包含禪讓之條件，又讓與、辭讓之意義兩不相同，故三者不可混而論之。見阮芝生〈論禪讓與讓國〉，收入《中央研究院第二屆國際漢學會議論文集》（歷史與考古組）上冊（台北：中央研究院，1989 年），頁 500。

〔註489〕〔清〕齊樹楷《史記意·晉世家第九》，轉引自楊燕起、陳可青、賴長揚匯集《史記集評》，頁 400：「堯舜之用人，爲天下得人，讓之者也。後人之用人，使爲己用。使爲己用，而其人又難用，遂多爲之術以行之，則御之而已。曰駕馭人材，曰驅使群力，太史公所謂御臣下者也。晉獻之賜耿賜魏，文公之三賞，悼公之逐不臣、修舊功、賜魏絳彩，皆御之者。始則托孤如苟息，繼則迎君弑君如趙盾，或臣下相殺如骨童、三郤，如韓、趙、魏之于范中行，皆御之失其道者也。失其道，雖欲御之，反復爭攘，而終于失國。何若一讓之爲愈。天之立君，本以爲民，豈共使一人肆于上以縱欲，此君民之常道，易之則非。全部《史記》，均發此意。」

利民，故其撰《史記》，以〈五帝本紀〉爲首，以「發明五帝德」使後世觀之。五帝中堯、舜愛民、利民之法是爲天下得賢人以治，而後讓之，即後世所謂的「禪讓」。堯據帝位，「知子丹朱之不肖，不足授天下」，於是訪尋天下賢人以繼位，諸侯舉薦「能和以孝」的舜，舜在經過測試後，被堯「薦之於天」。堯之所以捨子授舜，是因「授舜，則天下得其利而丹朱病；授丹朱，則天下病而丹朱得其利」，堯曰：「終不以天下之病而利一人」〔註490〕，是以最終授舜以天下。堯死後三年，待喪禮畢盡，「舜讓辟丹朱於南河之南」，然而「諸侯朝覲者不之丹朱而之舜，獄訟者不之丹朱而之舜，謳歌者不謳歌丹朱而謳歌舜」，在眾人的擁護之下，舜「之中國踐天子位焉，是爲帝舜」。〔註491〕舜六十一歲代堯踐帝位，他深知自己兒子商均「亦不肖」，而禹爲人「敏給克勤；其德不違，其仁可親，其言可信；聲爲律，身爲度，稱以出；亹亹穆穆，爲綱爲紀」〔註492〕，又能「勞身焦思」爲天下治水，「乃豫薦禹於天」；十七年後舜崩，「三年喪畢，禹亦乃讓舜子，如舜讓堯子。諸侯歸之，然後禹踐天子位」。〔註493〕堯、舜讓位之說自古即有爭議，以至後世多有專文討論堯舜禪讓之傳說〔註494〕，對於資料的歧異，司馬遷自言其「擇其言尤雅者」，代表他對資料有所選擇，在講論堯、舜事蹟時，司馬遷特別突顯他們不以自身利益爲重，而以生民百姓爲先的精神，所記人物之言，亦能「表現出傳位爲賢、棄私就公的胸懷」〔註495〕，體現司馬遷對於「公天下」的推崇與敬仰。

（二）避位讓國

《史記》中世家第一篇是〈吳太伯世家〉，列傳第一篇是〈伯夷列傳〉，這樣的安排並非偶然，「這是史公因推崇吳太伯讓國而特爲序列的」〔註496〕，

〔註490〕《史記》卷一〈五帝本紀〉，頁30。

〔註491〕《史記》卷一〈五帝本紀〉，頁30。

〔註492〕《史記》卷二〈夏本紀〉，頁51。

〔註493〕《史記》卷一〈五帝本紀〉，頁44。

〔註494〕見楊希牧〈再論堯舜禪讓傳說——古史研究方法論例之一〉，《食貨月刊》復刊1977年第7卷第7期，頁1～11；王仲孚〈堯舜傳說試釋〉，《歷史學報》1979年第7期，頁1～34。

〔註495〕郭瓊瑜《史記的褒貶義法》，頁280：「史遷均在重大政治舉措前後，安排決策人物的自言，藉其自身意念的表白，原原本本呈現是非善惡，不必經由論斷而褒貶自現。帝堯之言，表現出傳位爲賢、棄私就公的胸懷，禪讓天下，成爲千古美談。」

〔註496〕阮芝生〈論史記五體的體系關聯〉，《臺大歷史學報》1980年第7期，頁5。

又「遷本意取高讓不受利樂者爲列傳首，是也」。〔註497〕吳太伯、仲雍、季歷是周太王的三個兒子，季歷和他的兒子——昌，都是賢能而能利民之人，周太王想要傳位給昌，「於是太伯、仲雍二人乃犇荊蠻，文身斷髮，示不可用，以避季歷」，後「太伯之犇荊蠻，自號句吳。荊蠻義之，從而歸之千餘家，立爲吳太伯」〔註498〕，司馬遷讚美吳太伯能爲民尊賢且遵循父志而讓位於弟，故「嘉伯之讓，作〈吳世家〉第一」〔註499〕；「伯夷、叔齊，孤竹君二子也。父欲立叔齊，及父卒，叔齊讓伯夷。伯夷曰：『父命也。』遂逃去。叔齊亦不肯立而逃之」〔註500〕；後來聽說西伯欲伐紂，伯夷、叔齊扣馬而諫，西伯不聽，故周有天下後，「伯夷、叔齊恥之，義不食周粟，隱於首陽山，采薇而食之」〔註501〕，最後餓死在首陽山上。事實上伯夷、叔齊的身世經歷歷來有許多的疑問，甚至有學者懷疑他們並非歷史上的眞實人物，如：清代的梁玉繩就認爲《史記》中所載之伯夷、叔齊事蹟「俱非也」，列舉了十條證據說明伯夷、叔齊其人其事的虛妄〔註502〕，但司馬遷仍舊採記了「傳說」，還引孔子之說將其歸爲「古之仁聖賢人」之倫，又在傳文中以太公語讚美二人爲「義人」，在在展現司馬遷對伯夷、叔齊「末世爭利，唯彼奔義」的褒揚。除了吳太伯和伯夷，宋太子茲甫、和趙襄子亦有讓國於手足之舉，宋太子茲甫，其父爲桓公，「桓公病，太子茲甫讓其庶兄目夷爲嗣。桓公義太子意，竟不聽」〔註503〕，後來桓公卒，茲甫立爲襄公，「以其庶兄目夷爲相」〔註504〕，司馬遷於是在論贊中讚曰：「宋襄之有禮讓也」〔註505〕，「以其能讓庶兄目夷爲嗣也」。〔註506〕趙襄子有兄伯魯，爲趙國故太子，早死，襄子即位後，封伯魯之子爲代成君，襄子有子五人，然而「襄子爲伯魯之不立也，不肯立子，

〔註497〕〔南宋〕葉適《習學記言序目》（上冊）（北京：中華書局，1977 年），卷二十〈史記二〉，頁 281。

〔註498〕《史記》卷三十一〈吳太伯世家〉，頁 1445。

〔註499〕《史記》卷一百三十〈太史公自序〉，頁 3307。

〔註500〕《史記》卷六十一〈伯夷列傳〉，頁 2123。

〔註501〕《史記》卷六十一〈伯夷列傳〉，頁 2123。

〔註502〕〔清〕梁玉繩《史記志疑》卷二十七〈伯夷列傳〉，頁 535～536。

〔註503〕《史記》卷三十八〈宋微子世家〉，頁 1625。

〔註504〕《史記》卷三十八〈宋微子世家〉，頁 1625。

〔註505〕《史記》卷三十八〈宋微子世家〉，頁 1633。

〔註506〕〔漢〕司馬遷著，〔明〕凌稚隆輯校，〔日〕有井範平補標《補標史記評林》卷三十八〈晉世家〉凌稚隆語，頁 10 右：「言君子多宋襄於泓之敗，乃傷中國闕禮義，故多而褒之也，且以其能讓庶兄目夷爲嗣也。」

且必欲傳位與伯魯子代成君。成君先死，乃取代成君子浣立爲太子。襄子立三十三年卒，浣立，是爲獻侯。」〔註507〕值得注意的是〈宋微子世家〉中，宋宣公亦曾讓位於其弟穆公，穆公又還位於宣公之子，然而「宋之亂自宣公廢太子而立弟，國以不寧者十世」〔註508〕，任意的廢立造成國家繼位常法的混亂，宣、穆雖能捨利，卻造成天下大亂，不利民生，故不爲司馬遷所認同。

（三）辭讓不受

考《史記》所載夏以後對君位能辭讓不受者，有鄭公子去疾、楚公子西、楚公子閭、衛公子郢、曹子臧、吳季札。〔註509〕鄭公子去疾爲靈公之弟，靈公死後鄭人欲立去疾，去疾讓曰：「必以賢，則去疾不肖；必以順，則公子堅長」，公子堅爲「靈公庶弟，去疾之兄」〔註510〕，在去疾的堅持下公子堅立爲襄公，〈鄭世家〉中諸公子爲了爭權奪位，不惜殺人流血，相較之下去疾的尊賢守節便顯得難能可貴。楚公子子西爲楚平王庶弟，其爲人「有義」，平王在世時奪取自己的兒媳而娶之，並逼迫太子建逃亡出國，故平王死後，將軍子長以「太子珍少，且其母乃前太子建所當娶也」，欲立令尹子西爲王，子西拒絕曰：「國有常法，更立則亂，言之則致誅」〔註511〕，於是立太子珍，是爲昭王。昭王在位二十七年卒，其病重之時，欲「讓其弟公子申爲王，不可。又讓次弟公子結，亦不可。乃又讓次弟公子閭，五讓，乃后許爲王」〔註512〕，待昭王病逝，公子閭以「王病甚，捨其子讓群臣，臣所以許王，以廣王意也。今君王卒，臣豈敢忘君王之意乎」〔註513〕爲由，與子西、子綦共立昭王之子

〔註507〕《史記》卷四十三〈趙世家〉，頁1794、1796。

〔註508〕《史記》卷三十八〈宋微子世家〉，頁1633。

〔註509〕此根據阮芝生之説：「讓國不等於禪讓」刪節而來，排除《史記》中未提及者、時代晚於《史記》者，能夠「辭讓」者共有十例，其中魯隱公「有心還國而未成，其爲『讓國』只能説在有無之間」、衛叔武「攝政，居位不貪；但嚴格言之，不得爲讓國。臨危受命，守國以待，國本非其有」、燕王噲「非欲讓國，乃欲欺世盜名，終致敗亡」，又宋公子目夷辭讓事，「據世家，則茲父有意讓國而未成；據《左傳》則目夷辭國而不受」，本文因探討司馬遷的思想，故採〈宋世家〉之説，是以「辭讓不受」一節僅討論文中六例。見阮芝生〈論禪讓與讓國〉，收入《中央研究院第二屆國際漢學會議論文集》（歷史與考古組）上冊，頁490～501。

〔註510〕《史記》卷四十二〈鄭世家〉，頁1767～1768。

〔註511〕《史記》卷四十〈楚世家〉，頁1714。

〔註512〕《史記》卷四十〈楚世家〉，頁1717～1718。

〔註513〕《史記》卷四十〈楚世家〉，頁1718。

章，是為惠王。余有丁曰：「昭王舍其子而讓弟，正與宋宣公之讓同」〔註 514〕，楚昭王能夠不爭於利而讓，公子西、公子申、公子結、公子閭能夠順應常法而讓，於是成就了〈楚世家〉中一段叔姪、兄弟相互辭讓的嘉話。衛國太子蒯聵與靈公夫人南子有惡，靈公三十九年（前 496），蒯聵欲殺南子，事跡敗露，太子奔亡，靈公因而對其少子郢說：「我將立若為後」，子郢對曰：「郢不足以辱社稷，君更圖之」；靈公死後，南子命子郢為太子，然而子郢卻說：「亡人太子蒯聵之子輒在也，不敢當」〔註 515〕，於是衛國乃以輒為君，立為出公，司馬遷欣賞子郢之守份有禮，故其在〈仲尼弟子列傳〉中再次的彰明了此事。〔註 516〕有關曹子臧讓國的事蹟，司馬遷透過他心目中的君子——季札之口托出：「曹宣公之卒也，諸侯與曹人不義曹君，將立子臧，子臧去之，以成曹君，君子曰『能守節矣』」〔註 517〕，原來曹宣公死後，公子負芻殺了太子自立，諸侯們起而反抗並俘虜了曹成公負芻，欲改立子臧，子臧不願意受位，於是離開曹國，使曹成公得以復位。季札在陳述這段史事時，自己也遇到相同的問題，〈吳太伯世家中〉中記：

> 壽夢有子四人，長曰諸樊，次曰餘祭，次曰餘眛，次曰季札。季札
> 賢，而壽夢欲立之，季札讓不可，於是乃立長子諸樊，攝行事當國。
>
> 王諸樊元年，諸樊已除喪，讓位季札。〔註 518〕

季札不願繼位而曰：「有國，非吾節也。札雖不材，願附於子臧之義」〔註 519〕，於是跑到延陵去耕田隱居，諸樊只好繼位稱王。後來諸樊去世，「有命授弟餘祭，欲傳以次，必致國於季札而止，以稱先王壽夢之意，且嘉季札之義」〔註 520〕，「王餘眛卒，欲授弟季札。季札讓，逃去」〔註 521〕，吳人不得已

〔註 514〕〔漢〕司馬遷著，〔明〕凌稚隆輯校，〔日〕有井範平補標《補標史記評林》卷四十〈楚世家〉引〔明〕余有丁曰，頁 12 左～13 右：「按：昭王舍其子而讓弟，正與宋宣公之讓同，然公子閭受讓，而仍立其子，與穆公既立而後傳位於姪以致十世不寧者，相去遠矣。」

〔註 515〕《史記》卷三十七〈衛康叔世家〉，頁 1599。

〔註 516〕《史記》卷六十七〈孔子弟子列傳〉，頁 2193，記子郢讓位事：「初，衛靈公有寵姬曰南子。靈公太子蕢聵得過南子，懼誅出奔。及靈公卒而夫人欲立公子郢。郢不肯，曰：『亡人太子之子輒在。』於是衛立輒為君，是為出公。」

〔註 517〕《史記》卷三十一〈吳太伯世家〉，頁 1450。

〔註 518〕同上註，頁 1449～1450。

〔註 519〕同註 517，頁 1450。

〔註 520〕同註 517，頁 1451。

〔註 521〕同註 517，頁 1461。

以餘眛之子爲王。司馬遷對季札讚譽有加，〈吳太伯世家〉中寫「延陵季子之
仁心，慕義無窮，見微而知清濁。嗚呼，又何其閎覽博物君子也！」〔註522〕
〈游俠列傳〉中論延陵「不可謂不賢者」〔註523〕，〈張耳陳餘列傳〉則以延
陵季子捨利讓國之例，責備張耳、陳餘的勢利之交，又諸篇章中不直呼季札
之名，而詠嘆延陵季子之號，與曰「魏公子」有異曲同工之妙〔註524〕，在
在顯示司馬遷對於季札之譽。

二、捨死取義

　　司馬遷在〈報任安書〉中曾言：「人固有一死，或重於泰山，或輕於鴻毛」
〔註525〕，此即爲他陳述其生死抉擇的依準。「司馬遷認爲，人生一世，應該不
失時機地艱苦奮鬥，以期爲社會、國家作出一番貢獻，揚名聲、顯父母，使
自己列于『立德、立功、立言』的士君子之林」〔註526〕，所以他重視生命，
強調「忍辱發憤」以建立自我價值。〈太史公自序〉載司馬談在臨終前曾執遷
手而泣曰：「余死，汝必爲太史；爲太史，無忘無所欲論著矣。且夫孝始於事
親，中於事君，終於立身。揚名於後世，以顯父母，此孝之大者」〔註527〕，
所以司馬遷自進入士林後，便欲成爲一個有益家邦的臣子。天漢三年（前98）
〔註528〕，司馬遷遭遇李陵事件，下處蠶室，面對宮刑後的自己，他在〈報任
安書〉中屢次自言己身是「刑餘之人」、「掃除之隸」，又舉例：「昔衛靈公與
雍渠載，孔子適陳；商鞅因景監見，趙良寒心；同子參乘，爰絲變色；自古
而恥之」〔註529〕，來說明宦者的卑賤，然而他卻「隱忍苟活，函糞土之中而
不辭」〔註530〕，這並不是因爲他溺於人情之「貪生惡死」，反之，他認爲「勇

〔註522〕《史記》卷三十一〈吳太伯世家〉，頁1475。
〔註523〕《史記》卷一百二十四〈游俠列傳〉，頁3183。
〔註524〕〔明〕茅坤曰：「信陵君是太史公胸得意人。」見茅坤《史記抄》卷四十五〈信
　　　　陵君傳〉，收入《四庫全書存目叢書》史部一三八，頁236；又〔清〕徐與喬
　　　　曰：「平原君，亦趙公子也，傳首，則稱平原君趙勝。〈信陵君傳〉，不稱信陵
　　　　君，而曰魏公子。……凡傳中稱公子一百四十七。」見徐與喬著，〔清〕潘椿
　　　　重訂《史漢初學辨體》史部〈信陵君列傳〉，頁152，由此可知司馬遷因敬重
　　　　信陵君而不直呼其名，則延陵季子例亦可等同視之。
〔註525〕〔漢〕班固著，〔唐〕顏師古注《漢書》卷六十二〈司馬遷傳〉，頁2732。
〔註526〕韓兆琦〈司馬遷的人生觀、生死觀〉，《古典文學知識》1996年第4期，頁44。
〔註527〕《史記》卷一百三十〈太史公自序〉，頁3295。
〔註528〕〔南朝宋〕裴駰《史記·太史公自序集解》引徐廣語，頁3300。
〔註529〕〔漢〕班固著，〔唐〕顏師古注《漢書》卷六十二〈司馬遷傳〉，頁2727。
〔註530〕〔漢〕班固著，〔唐〕顏師古注《漢書》卷六十二〈司馬遷傳〉，頁2733。

者不必死節」，況且「人苟生之爲見，若者必死」〔註531〕，而他之所以自溺「闖茸之中」，是因爲《史記》一書尚未完成，「恨私心有所不盡，鄙沒世而文采不表於後也」〔註532〕，待書成之後「雖萬被戮，豈有悔哉」〔註533〕，由此可知司馬遷認爲生而有助於成義，那麼活下去就是必要之舉。捨死取義思想在《史記》中可分爲三大類，第一類爲捨死復國，第二類爲捨死復仇，第三類爲捨死立名，各類間往往有重疊的情況，分類方式以司馬遷書寫篇章的重點爲準則。

（一）捨死復國

《史記》中捨死復國的例子有商朝的微子與越國的句踐，他們都能夠在國家破滅之際，隱忍不死，最終光大自己的宗族與國家。

商紂王即位後「不明，淫亂於政」〔註534〕，微子開是紂王之兄，數諫之，紂王不聽，微子在「欲死之，及去，未能自決」的情形下詢問太師，太師建議他：「今誠得治國，國治身死不恨。爲死，終不得治，不如去」〔註535〕，微子採其說而去。後來「周武王伐紂克殷」，封紂之子武庚祿父承續殷祀，成王時，武庚與管叔、蔡叔起而爲亂，「周公乃命微子開代殷後，奉其先祀」〔註536〕，司馬遷對於微子不輕易犧牲生命，而終能爲國家延續後祀的行爲非常讚賞，他在〈太史公自序〉中說：「嘉微子問太師，作〈宋世家〉第八」〔註537〕，可見得司馬遷認爲能爲國家盡一己之力，縱使當下不以死殉節，他的節操仍舊是高尚的，因此他在〈宋微子世家〉傳末論贊中，採用孔子對微子、箕子和比干「殷之三仁」的讚美，表達他對微子捨死取義的讚揚。

吳王夫差因父親闔閭被越王句踐所殺，於是「日夜勒兵，且以報越」，句踐不聽范蠡勸告興師與戰，「吳王聞之，悉發精兵擊越，敗之夫椒。越王乃以餘兵五千人保棲於會稽。吳王追而圍之」〔註538〕，幾乎滅國，當此之時「句踐欲殺妻子，燔寶器，觸戰以死」〔註539〕，范蠡、文種阻止了他，而讓文種

〔註531〕《史記》卷二十三〈禮書〉，頁1163。
〔註532〕〔漢〕班固著，〔唐〕顏師古注《漢書》卷六十二〈司馬遷傳〉，頁2733。
〔註533〕〔漢〕班固著，〔唐〕顏師古注《漢書》卷六十二〈司馬遷傳〉，頁2735。
〔註534〕《史記》卷三十八〈宋微子世家〉，頁1607。
〔註535〕《史記》卷三十八〈宋微子世家〉，頁1607。
〔註536〕《史記》卷三十八〈宋微子世家〉，頁1621。
〔註537〕《史記》卷一百三十〈太史公自序〉，頁3308。
〔註538〕《史記》卷四十一〈越王句踐世家〉，頁1740。
〔註539〕《史記》卷四十一〈越王句踐世家〉，頁1740。

前往吳國求饒，表達「句踐請爲臣，妻爲妾」的意願，又買通吳國太宰伯嚭，讓夫差「卒赦越，罷兵而歸。」〔註540〕句踐自會稽脫困後，「苦身焦思，置膽於坐，坐臥即仰膽，飲食亦嘗膽，……身自耕作，夫人自織，食不加肉，衣不重采，折節下賢人，厚遇賓客，振貧弔死，與百姓同其勞」〔註541〕，「拊循其士民，欲用以報吳」〔註542〕，後來果眞大敗吳國，吳王自殺。司馬遷在〈越王句踐世家〉贊中曰：「及苗裔句踐，苦身焦思，終滅彊吳，北觀兵中國，以尊周室，號稱霸王。句踐可不謂賢哉！」〔註543〕讚美句踐能夠放棄一死了之的念頭，忍辱奮發，不但滅了吳國復仇雪恨，更重要的是能延續「禹之遺烈」，保存國家，使之強大。

（二）捨死復仇

復仇行爲起源甚早，上古神話如：《山海經》中精衛塡海〔註544〕和刑天復仇〔註545〕就是很好的例子，儘管這些故事是神話傳說，卻代表了復仇精神在社會上的顯現，瞿同祖《中國法律與中國社會》云：「在家族爲社會單位，個人完全隸數於家庭的時代，……每一個族人爲保護自己及其族人而戰鬥，……常因此而演變成家與家間、族與族間的大規模械鬥」〔註546〕，由此可見復仇意識的成立與普遍。西漢復仇行爲盛行〔註547〕，雖然這樣的行爲不合於國家法制，但在社會中卻不乏認可且贊同的，司馬遷亦認爲復仇雪恥是合義的表現，甚至比個人尊嚴更加重要，故在文中多有讚美之意。《史記》中捨死復仇之例有趙襄子和伍子胥，他們突破以愚勇成就小義——尊嚴的約束，隱忍謀劃，終能爲自己或父兄報仇。

〔註540〕《史記》卷四十一〈越王句踐世家〉，頁1741。
〔註541〕《史記》卷四十一〈越王句踐世家〉，頁1742。
〔註542〕《史記》卷四十一〈越王句踐世家〉，頁1743。
〔註543〕《史記》卷四十一〈越王句踐世家〉，頁1756。
〔註544〕〔晉〕郭璞傳，〔清〕郝懿行箋疏《山海經箋疏》（台北：漢京文化事業有限公司，1983年）〈北山經〉第三，頁104～141：「發鳩之山，其上多柘木，有鳥焉其狀如鳥，文首、白喙、赤足，名曰精衛。其鳴自詨，是炎帝之少女，名曰女娃。女娃游於東海，溺而不返，故爲精衛，常衙西山之木石以堙于東海。」
〔註545〕〔晉〕郭璞傳，〔清〕郝懿行箋疏《山海經箋疏》，〈海外西經〉第七，頁302：「形天與帝至此爭神，帝斷其首葬之常羊之山，乃以乳爲目，以臍爲口，操干戚以舞。」
〔註546〕瞿同祖《中國法律與中國社會》（北京：中華書局，1981年），頁66～67。
〔註547〕周天游《古代復仇面面觀》（西安：陝西人民教育出版社，1992年），頁20：「西漢時期，復仇活動十分頻繁，多次形成高潮。」

　　晉出公十一年（前 464），知伯領兵伐鄭，趙簡子因病不能成行，便派太子毋卹將而圍鄭。打仗期間，知伯喝醉了，「以酒灌擊毋卹」，毋卹之臣紛紛要求他殺知伯，毋卹回答曰：「君所以置毋卹，爲能忍」，但其實他心中對知伯十分怨憤。班師回朝後，知伯大概明白毋卹的憤怒，便叫趙簡子廢黜毋卹，趙簡子不從知伯之意，而「毋卹由此怨知伯」。「晉出公十七年，簡子卒，太子毋卹代立，是爲襄子」〔註 548〕，當時晉國政權實掌握在知伯手上，知伯因此越來越驕橫：「請地韓、魏，韓、魏與之。請地趙，趙不與，以其圍鄭之辱。知伯怒，遂率韓、魏攻趙。趙襄子懼，乃奔保晉陽」〔註 549〕，知伯夥同韓、魏「攻晉陽，歲餘，引汾水灌其城，城不浸者三版。城中懸釜而炊，易子而食。羣臣皆有外心」〔註 550〕，趙襄子在內憂外患的情況下，「乃夜使相張孟同私於韓、魏。韓、魏與合謀，以三月丙戌，三國反滅知氏，共分其地。」〔註 551〕趙襄子受到知伯的污辱，不能「請死之」，看似膽小怯懦，事實上是很有自知之明，以請地一事爲例，知伯請地韓、魏，二國不敢不予，由此可知趙襄子的勢力與知伯相較，判若雲泥，後來趙襄子在晉陽一役中利用知伯與韓、魏之間的矛盾〔註 552〕，使韓、魏倒戈親趙，「反滅知氏，共分其地」，替自己當年的屈辱討回公道。司馬遷在〈趙世家〉中詳細記載了這段史事，並在〈太史公自序〉中評之曰：「襄子困辱，乃禽智伯」〔註 553〕，突顯出趙襄子的忍辱復仇。

〔註 548〕《史記》卷四十三〈趙世家〉，頁 1793。
〔註 549〕《史記》卷四十三〈趙世家〉，頁 1794。
〔註 550〕《史記》卷四十三〈趙世家〉，頁 1795。
〔註 551〕《史記》卷四十三〈趙世家〉，頁 1795。
〔註 552〕《史記》卷四十四〈魏世家〉記中旗馮琴向秦昭王分析韓、魏情勢，以韓、魏倒戈趙國，共滅知伯一事爲例，其中提到：「當晉六卿之時，知氏最強，滅范、中行，又率韓、魏之兵以圍趙襄子於晉陽，決晉水以灌晉陽之城，不湛者三版。知伯行水，魏桓子御，韓康子爲參乘。知伯曰：『吾始不知水可以亡人之國也，乃今知之。』汾水可以灌安邑，絳水可以灌平陽。魏桓子肘韓康子，韓康子履魏桓子，肘足接於車上，而知氏地分，身死國亡，爲天下笑」，頁 1855，安邑爲魏都，平陽爲韓都，所以當知伯提及水可亡人國之時，魏桓子和韓康子都想到自己都城或許會成爲晉陽的翻版，因而有肘足相接的舉動。司馬光對此說得更明白：「趙襄子使張孟談潛出見二子，曰：『臣聞脣亡則齒寒。今智伯帥韓、魏而攻趙，趙亡則韓、魏爲之次矣』」，所以趙襄子得以順利的說服韓、魏與其共滅知伯。見〔北宋〕司馬光編著，〔元〕胡三省注《資治通鑑‧卷一‧周紀一》（北京：中華書局，1956 年），頁 13。
〔註 553〕《史記》卷一百三十〈太史公自序〉，頁 3310。

　　《史記・伍子胥列傳》的撰寫「以吳子胥報父仇爲主」。〔註554〕「伍子
胥者，楚人也，名員。員父曰伍奢。員兄曰伍尙」〔註555〕，伍奢是楚平王太
子建的太傅，因楚王奪娶太子婦之事與少傅無忌有隙，楚王聽信無忌讒言囚
伍奢，且派城父司馬奮揚往殺太子，無忌爲了趕盡殺絕，便對楚王說：「伍奢
有二子，皆賢，不誅且爲楚憂。可以其父質而召之，不然且爲楚患」〔註556〕，
於是楚王便令伍奢傳呼其二子，伍尙欲往，伍員欲奔他國「以雪父之恥」，最
後決定由伍尙「歸死」以從父命，而伍員出逃，負責「報殺父之讎」。伍奢與
伍尙被殺，伍子胥則輾轉到了吳國。伍子胥發現吳國公子光有篡位的野心，
於是推薦專諸幫助公子光得到王位，是爲吳王闔廬，「闔廬既立，得志，乃召
伍員以爲行人，而與謀國事」〔註557〕，伍子胥得到吳王的信任後，不斷地出
兵侵擾弒其父兄的楚國，闔閭三年（前512）和四年（前511），吳國攻下楚之
舒、六和灊；六年（前509），楚主動擊吳，伍子胥率軍「大破楚軍於豫章，
取楚之居巢」〔註558〕；九年（前506），吳軍順利攻下楚國首都郢，楚昭王出
亡，「及吳兵入郢，伍子胥求昭王。既不得，乃掘楚平王墓，出其尸，鞭之三
百，然後已」〔註559〕，伍子胥最終爲其父兄報了殺頭之仇。值得注意的是，
伍尙和伍員面對楚王傳呼的那段對話，在《公羊傳》和《穀梁傳》中都沒有
記載，所以司馬遷的資料可能來自《左傳》，然而《左傳》將伍子胥的奔逃描
寫爲其兄伍尙的策畫〔註560〕，伍子胥僅爲被動的接受，司馬遷對此做了改寫，
一方面將伍子胥的形象生動化，更重要的是藉伍子胥之口，說明「向令伍子
胥從奢俱死，何異螻蟻」之理，突顯伍子胥能「棄小義，雪大恥，名垂於後
世」之舉，最後歸結出司馬遷的心聲：「隱忍就功名，非烈丈夫孰能致此哉？」
〔註561〕

〔註554〕　〔漢〕司馬遷著，〔明〕凌稚隆輯校，〔日〕有井範平補標《補標史記評林》
　　　　　卷六十六〈伍子胥列傳〉引〔明〕鍾惺語，頁7右。
〔註555〕　《史記》卷六十六〈伍子胥列傳〉，頁2171。
〔註556〕　《史記》卷六十六〈伍子胥列傳〉，頁2172。
〔註557〕　《史記》卷六十六〈伍子胥列傳〉，頁2174。
〔註558〕　《史記》卷六十六〈伍子胥列傳〉，頁2175。
〔註559〕　《史記》卷六十六〈伍子胥列傳〉，頁2176。
〔註560〕　〔春秋〕左丘明著，〔日〕竹添光鴻箋《左傳會箋》第二十四〈昭公二十年〉，
　　　　　頁1612～1613：「棠君尙謂其弟員曰：『爾適吳，我將歸死，吾知不逮，我能
　　　　　死，爾能報，聞免父之命，不可以莫之奔也，親戚爲戮，不可以莫之報也，
　　　　　奔死免父，孝也，度功而行，仁也，擇任而往，知也，知死不辟，勇也，父
　　　　　不可棄，名不可廢，爾其勉之，相從爲愈』。」
〔註561〕　《史記》卷六十六〈伍子胥列傳〉，頁2183。

（三）捨死立名

《史記》中捨死立名的例子有淮陰侯韓信、季布。孔子曾曰：「君子疾沒世而名不稱焉」〔註562〕，意思是說君子擔心至死都不得好名聲，司馬遷的義利觀亦受到「立名」觀念的影響，認爲：

> 有才幹，日後能有更大作爲的，留下生命爭取以後，估計日後難得再有更大作爲，或者目前又的確關係著自己一生大節的時候，就犧牲性命以取當前。各有得失，二者權衡，取其大。這是司馬遷一貫的思想。〔註563〕

韓信和季布不輕易向生命低頭，他們不但爲自己在歷史上留名千古，最重要的是他們也對時代作出貢獻，是以成爲司馬遷稱揚的人物。

〈太史公自序〉載韓信「拔魏趙，定燕齊，使漢三分天下有其二，以滅項籍」〔註564〕，將韓信視爲漢朝能建立的關鍵人物，故爲其作〈淮陰侯列傳〉。然而韓信「始爲布衣時，貧無行，不得推擇爲吏，又不能治生商賈，常從人寄食飲，人多厭之者」〔註565〕，有一回韓信受到鄉里屠戶少年的譏諷：「若雖長大，好帶刀劍，中情怯耳」，又當眾污辱他：「信能死，刺我；不能死，出我袴下」，「於是信孰視之，俛出袴下，蒲伏。一市人皆笑信，以爲怯」〔註566〕，司馬遷在這裡描寫韓信細細打量了屠戶少年，分析刺與不刺的利害，然後做出屈服的決定，這是因爲司馬遷贊成韓信忍受胯下之辱〔註567〕，刻意將韓信的忍耐退讓與膽卻怕事分別開來。後來韓信投軍項梁而後從項羽，不得重用，於是亡楚歸漢，歷經進言漢王、收兵破楚，使楚兵不得西向、虜魏王豹、斬成安君陳餘、禽趙王歇，漢四年（前203）被立爲齊王，後徙爲楚王，受封淮陰侯。〈淮陰侯列傳〉贊載：「韓信雖爲布衣時，其志與眾異。其母死，貧無以爲葬，然乃行營高敞地，令其旁可置萬家」〔註568〕，說明韓信對自己有很

〔註562〕〔南宋〕朱熹著《四書集註・論語》卷八〈衛靈公〉第十五，頁378。

〔註563〕張大可、安平秋、俞樟華主編《史記研究集成》第三卷《史記題評與詠史記人物詩》，頁196。

〔註564〕《史記》卷一百三十〈太史公自序〉，頁3315。

〔註565〕《史記》卷九十二〈淮陰侯列傳〉，頁2609。

〔註566〕《史記》卷九十二〈淮陰侯列傳〉，頁2610。

〔註567〕韓兆琦〈司馬遷的人生觀、生死觀〉，頁47：「司馬遷同時認爲，在意義不大的時候，人決不應該隨意輕生，絕不能動不動地就『豁出去』拼命。爲此，他贊成韓信的忍受胯下之辱，他贊成伍子胥的棄小節，背父兄，去國遠逃；他也肯定季布的東藏西躲，甚至給人當奴隸以逃避劉邦的緝拿。」

〔註568〕《史記》卷九十二〈淮陰侯列傳〉，頁2629～2630。

大的期望，認爲自己終有一天能夠有萬家封邑，所以縱使很貧困而無力埋葬母親，卻仍舊挑選寬敞的高地安葬之，後來韓信果眞封王列侯。假使韓信當時不隱忍屠戶少年的挑撥與污辱，起而與之搏，那麼或許就不會有後來的淮陰侯韓信。

「季布者，楚人也。爲氣任俠，有名於楚」〔註569〕，季布起初爲項籍麾下，楚漢相爭時「數窘漢王」，項羽敗滅後，「高祖購求布千金，敢有舍匿，罪及三族」〔註570〕，季布不得已逃往濮陽周氏藏匿，在周氏的安排下「髡鉗季布，衣褐衣，置廣柳車中，并與其家僮數十人，之魯朱家所賣之。朱家心知是季布，迺買而置之田。誡其子曰：『田事聽此奴，必與同食』」〔註571〕，後來朱家到洛陽見汝陰侯滕公，請滕公爲季布在高祖求情，上迺赦季布。孝惠帝時，季布任官中郎將，其時「漢初定，故匈奴以驕」〔註572〕，「單于嘗書嫚太后」，呂后一氣之下打算征討匈奴，上將軍樊噲自告奮勇要率兵前討，「諸將皆阿呂后意，曰『然』」，只有季布冷靜的分析情勢而諫曰：「樊噲可斬也！夫高帝將兵四十餘萬衆，困於平城，今噲奈何以十萬衆橫行匈奴中，面欺！且秦以事於胡，陳勝等起。於今創痍未瘳，噲又面諛，欲搖動天下」〔註573〕，最後季布的諫言得到了採用，不但讓漢朝免於戰敗之危，也讓天下蒼生得到喘息的機會。〈季布欒布列傳〉中還以不惜一死以成義的欒布與季布相互映襯，「一則不輕死，一則不顧死，要皆畧有見於義者」〔註574〕，稱許季布能忍小辱以成大名，鄙棄「婢妾賤人感慨而自殺者」的行爲，做出「賢者誠重其死」的結論，是以司馬遷認爲假使活下來可以「不令己失時，立功名於天下」，那麼就要珍惜自己的生命，那怕受到莫大的屈辱。

司馬遷認爲做爲一個臣子，當「忠信行道，以奉主上」〔註575〕；做爲一個兒子，當「揚名於後世，以顯父母」。〔註576〕當司馬遷因李陵事件遭受宮刑，

〔註569〕《史記》卷一百〈季布欒布列傳〉，頁2729。

〔註570〕《史記》卷一百〈季布欒布列傳〉，頁2729。

〔註571〕《史記》卷一百〈季布欒布列傳〉，頁2729。

〔註572〕《史記》卷一百一十〈匈奴列傳〉，頁2895。

〔註573〕《史記》卷一百〈季布欒布列傳〉，頁2730～2731。

〔註574〕〔漢〕司馬遷著，〔明〕凌稚隆輯校，〔日〕有井範平補標《補標史記評林》卷一百〈季布欒布列傳〉引〔宋〕陳仁子語，頁4左：「一則不輕死，一則不顧死，要皆畧有見於義者，而遷且謂賤妾感慨自殺非能勇也，計畫無復之者，乃借以自述其隱忍苟活以成史書之意。」

〔註575〕《史記》卷一百三十〈太史公自序〉，頁3319。

〔註576〕《史記》卷一百三十〈太史公自序〉，頁3295。

轉職爲雖位尊權寵卻令他引以爲恥的「中書令」之後〔註577〕，他自認「已虧形爲掃除之隸，在闒茸之中」，無法再「廁下大夫之列，陪外廷末議」，失去了在朝廷上爲國建言、在孝道上揚聲父母的機會，所以他將所有的理想寄託在《史記》一書中〔註578〕，因此完成《史記》成爲司馬遷在經歷李陵事件之後，人生中最重要的事，他在〈報任安書〉中自陳：「所以隱忍苟活，函糞土之中而不辭者，恨私心有所不盡，鄙沒世而文采不表於後也」〔註579〕，司馬遷用眞實的行動表現了他對捨死取義思想的認同，呼應了他在《史記》中對能夠捨死取義之人的讚美。

三、捨生取義

司馬遷十分重視道德的實踐，他在〈太史公自序〉中大大讚嘆孔子著《春秋》，原因在於「夫春秋，上明三王之道，下辨人事之紀，別嫌疑，明是非，定猶豫，善善惡惡，賢賢賤不肖，存亡國，繼絕世，補敝起廢」〔註580〕，使君君、臣臣、父父、子子，是「王道之大者也」，故在《史記》中司馬遷對於能夠以生命維護道德、實踐道義之人皆表現出崇敬之意。另一方面，有一些人所作所爲不見得符合法律規範、道德倫理，然而他們卻能出於義氣與情誼，爲他人犧牲自己的生命，這樣的人物司馬遷亦對其多有頌揚。以下將《史記》

〔註577〕林師礽乾云：「太始元年（前96），（司馬遷）遇赦出獄，被任命爲中書令。『中書令』的官位比『太史公』高，俸祿也比『太史公』多，但這是由宦者充任的官職。在他人看來，也許是『尊寵任職』；但在司馬遷看來，自以爲『身殘處穢，動而見尤』，與宦者爲伍，『終不可以爲榮』，上辱祖先，下遭恥笑，『每念斯恥，汗未嘗不發背霑衣也』。」見林師礽乾〈太史公牛馬走析辨〉，《中國學術年刊》1999年第20期，頁111。

〔註578〕黎雪〈試論司馬遷以『三不朽』說爲中心價值觀〉：「從《太史公自序》和《報任安書》中，我們可以看出司馬遷的價值觀前後有所變化，這種變化是以李陵事件爲分界線的。就他本人來說，前期是以『立功』爲奮鬥目標的，後期則是以『立言』爲事業歸宿的；而就他在《史記》中對歷史人物和歷史事件的評價來看，則是崇尚『立德』，而以『立功』爲重心的」，載《固原師專學報》1986年第1期，頁1。徐興海〈論司馬遷的價值觀〉：「司馬遷借評價《春秋》，來闡述《史記》的寫作原則，……趨善留名，立德、立功、立言，以立德爲上，對社會有所貢獻，有所建樹」，載《陝西師大學報》1987年第3期，頁98～99。周一平〈司馬遷治史價值觀新探〉：「在司馬遷的揚名價值觀中，也強調了『揚名』的實質是爲社會做貢獻，爲社會做貢獻是揚名實現的根本條件」，載《學術月刊》1993年第9期，頁35。

〔註579〕〔漢〕班固著，〔唐〕顏師古注《漢書》卷六十二〈司馬遷傳〉，頁2733。

〔註580〕《史記》卷一百三十〈太史公自序〉，頁3297。

中捨生取義之例，分爲捨生成仁、捨生成忠、捨生成孝、捨生成悌、捨生成勇和爲知己死六類，加以舉例說明。

（一）捨生成仁

叔詹爲鄭文公之弟，鄭文公三十六年（前 637），晉公子重耳逃亡過鄭，鄭文公不聽叔詹之言，沒有以諸侯國太子之禮相待，是以鄭文公四十一年（前 632）晉楚交戰，鄭文公害怕已返回晉國繼位爲晉文公的公子重耳，責怪當年無禮之舉，便「助楚擊晉」，沒想到擔心的事情成眞：「四十三年，晉文公與秦穆公共圍鄭，討其助楚攻晉者，及文公過時之無禮也」〔註 581〕，當此之時鄭國逃亡公子蘭「事晉文公甚謹，愛幸之，乃私於晉，以求入鄭爲太子」〔註 582〕，不過叔詹反對公子蘭繼位：

> 晉於是欲得叔詹爲僇。鄭文公恐，不敢謂叔詹言。詹聞，言於鄭君曰：「臣謂君，君不聽臣，晉卒爲患。然晉所以圍鄭，以詹，詹死而赦鄭國，詹之願也。」乃自殺。鄭人以詹尸與晉。〔註 583〕

起初叔詹欲以禮待文公，以及後來自殺獻其屍，皆是站在國家的角度著想，表達出一種倘若死而有益於國、於民，那麼縱使失去生命，「求仁得仁，又何怨乎？」的崇高德義。與叔詹相同有仁愛之心者，還有魏國的魏咎，「故魏時封爲寧陵君。秦滅魏，遷咎爲家人」，陳勝起義時，「咎往從之」，後來被封爲魏王。之後秦將章邯包圍魏王守地臨濟，破城在即，「咎爲其民約降。約定，咎自燒殺」〔註 584〕，邵寶曰：「魏咎于身與民，可謂兩全之矣，全民以生，全身以死」〔註 585〕，魏咎擔憂章邯入城後對百姓大肆殺掠，故先與其約法三章，約定，自殺以不負陳王勝。司馬遷爲表揚魏咎之仁且忠，將之附記於〈魏豹彭越列傳〉中。

（二）捨生成忠

《史記》中捨生成忠的人物有比干、屈原、黃歇、王蠋、貫高、逢丑父、紀信、周苛、樅公、楚人石乞和齊人茀，是捨生取義類比例最高者，從中可

〔註 581〕《史記》卷四十二〈鄭世家〉，頁 1766。
〔註 582〕《史記》卷四十二〈鄭世家〉，頁 1766。
〔註 583〕《史記》卷四十二〈鄭世家〉，頁 1766。
〔註 584〕事詳《史記》卷九十〈魏豹彭越列傳〉，頁 2585～2590。
〔註 585〕〔明〕邵寶曰：「魏咎于身與民，可謂兩全之矣，全民以生，全身以死。」見邵寶《學史》卷二〈史記魏豹傳〉，收入《景印文淵閣四庫全書》（台北：臺灣商務印書館，1983～1986 年），第 371 冊，頁 349。

看出司馬遷對於臣事君以忠的重視與肯定。

王子比干爲商紂王之叔,商紂王爲國「淫亂不止」,是時西伯昌、九侯、鄂侯爲三公,「九侯有好女,入之紂。九侯女不喜淫,紂怒,殺之,而醢九侯。鄂侯爭之彊,辨之疾,并脯鄂侯。西伯昌聞之,竊嘆。……紂囚西伯羑里」〔註586〕,商紂王的庶兄微子開數諫紂王,不聽,微子去國,比干明知勸諫紂王是死路一條,仍曰:「爲人臣者,不得不以死爭」,乃彊諫紂王。紂王怒曰:「吾昔聞聖人心有七竅」〔註587〕,便剖比干,觀其心,商紂是歷史上有名的暴君,縱使知道紂王的荒淫暴虐,比干仍舊強諫不挫,用身死以全其忠,傳達出一種「知其不可而爲之」的理念,比干爲盡臣子忠義之舉,不懼權威,以死爭之,故司馬遷在〈宋微子世家〉贊中引孔子之語曰:「微子去之,箕子爲之奴,比干諫而死,殷有三仁焉」〔註588〕,將比干視爲殷商三仁人之一,表彰其爲國盡忠之義。

屈原名平,爲楚懷王左徒,因爲深受懷王重用而受到上官大夫的嫉妒與讒害,是以懷王「怒而疏屈平」,「屈平疾王聽之不聰也,讒諂之蔽明也,邪曲之害公也,方正之不容也,故憂愁幽思而作離騷」〔註589〕;後來「秦昭王與楚婚,欲與懷王會。懷王欲行」〔註590〕,屈原上書諫言秦是「虎狼之國」,勸懷王不應赴約,懷王不聽,最後客死於秦。懷王死後頃襄王繼位,頃襄王「內惑於鄭袖,外欺於張儀,疏屈平而信上官大夫、令尹子蘭」〔註591〕,由於屈原不斷在他的作品中抒「其主日夕愚弄于賊臣之手」〔註592〕的感慨,讓令尹子蘭和上官大夫得到「短屈原於頃襄王」的機會,屈原因而再次受到貶遷,這回屈原感到輔主無望,又不願以「皓皓之白而蒙世俗之溫蠖」,而選擇「赴常流而葬乎江魚腹中」。〔註593〕司馬遷十分佩服屈原的爲人與志節,在列

〔註586〕《史記》卷三〈殷本紀〉,頁106。

〔註587〕《史記》卷三〈殷本紀〉,頁108。

〔註588〕《史記》卷三十八〈宋微子世家〉,頁1633。

〔註589〕《史記》卷八十四〈屈原賈誼列傳〉,頁2482。

〔註590〕《史記》卷八十四〈屈原賈誼列傳〉,頁2484。

〔註591〕《史記》卷八十四〈屈原賈誼列傳〉,頁2485。

〔註592〕〔明〕李贄曰:「予讀《漁父》之詞,而知屈大夫非能言之而不能行也,蓋自不肯行也。人固有怨氣橫臆,如醉如夢,尋死不已者,此等是也。宗國顛覆,姑且勿論,彼見其主日夕愚弄于賊臣之手,安忍坐視乎?勢之所不能活者,情之所不忍活也,其與顧名義而死者異矣。雖在同節義之列,初非有見于節義之重,而欲搏一死以成名也,其屈大夫之謂歟。」見李贄《藏書》(上)(台北:臺灣學生書局,1974年),卷二十七〈名臣傳・屈原〉,頁435。

〔註593〕《史記》卷八十四〈屈原賈生列傳〉,頁2490。

傳中稱讚他志絜而行廉，因屈原生時「雖放流，眷顧楚國，繫心懷王，不忘欲反，冀幸君之一悟，俗之一改也」〔註594〕，當局面已無法改變時，他選擇投江自殺以維護自己對國家的忠誠，可謂「忠臣至死，猶繫心君國」〔註595〕，故司馬遷給他「雖與日月爭光可也」的至高評價。〔註596〕

　　春申君黃歇，因「游學博文」且善辯，受楚頃襄王令輔助太子完入質於秦，後頃襄王病，黃歇欲幫助太子回國繼位，又苦於秦國不放歸，於是他讓太子「變衣服爲楚使者御以出關」〔註597〕，自己留守館舍作爲掩護，估計太子走得夠遠了，便主動向秦昭王告罪曰：「楚太子已歸，出遠矣。歇當死，願賜死」〔註598〕，昭王本欲聽其自殺，後來在應侯范睢的陳情下逃過一死。太子完繼位爲考烈王之後，以黃歇爲相，受封爲春申君。司馬遷在〈春申君列傳〉贊及〈太史公自序〉中反覆申明「歇爲太子謀，若是之忠」的義舉〔註599〕，他說：「春申君之說秦昭王，及出身遣楚太子歸，何其智之明也！」〔註600〕又說：「以身徇君，遂脫彊秦，使馳說之士南鄉走楚者，黃歇之義」〔註601〕，不但顯示出司馬遷將黃歇做爲材料寫入《史記》的原因，更表達出司馬遷對黃歇忠義的肯定與讚賞。

　　《史記・田單列傳》除了撰奇人田單、奇事火牛陣之外〔註602〕，最重要的便是突出王蠋這個人物。〈田單列傳〉附傳中記齊燕交戰，燕人入齊，聽聞畫邑人王蠋之賢，欲網羅之，便下令「環畫邑三十里無入」〔註603〕，又使人對王蠋利誘進而脅迫，王蠋堅決拒絕，而曰：「忠臣不事二君，貞女不更二夫。齊王不聽吾諫，故退而耕於野。國既破亡，吾不能存；今又劫之以兵爲君將，是助桀爲暴也。與其生而無義，固不如烹！」於是「經其頸於樹枝，自奮絕

〔註594〕　《史記》卷八十四〈屈原賈誼列傳〉，頁2485。
〔註595〕　〔清〕李晚芳著，〔日〕陶所池內校訂《讀史管見》卷二〈屈原列傳〉：「忠臣至死，猶繫心君國，所謂身死而心不死也」，頁84右。
〔註596〕　《史記》卷八十四〈屈原賈生列傳〉，頁2482。
〔註597〕　《史記》卷七十八〈春申君列傳〉，頁2394。
〔註598〕　《史記》卷七十八〈春申君列傳〉，頁2394。
〔註599〕　〔漢〕司馬遷著，〔明〕凌稚隆輯校，〔日〕有井範平補標《補標史記評林》卷七十八〈春申君列傳〉引〔明〕穆文熙語，頁4左：「歇爲太子謀，若是之忠，而後迺進幸女，以絕楚嗣，則失其初心矣，豈亦平原君之利令智昏乎。」
〔註600〕　《史記》卷七十八〈春申君列傳〉，頁2399。
〔註601〕　《史記》卷一百三十〈太史公自序〉，頁3314。
〔註602〕　〔清〕吳見思《史記論文・田單列傳》，頁50：「田單，是戰國一奇人；火牛，是戰國一奇事，遂成太史公一篇奇文。」
〔註603〕　《史記》卷八十二〈田單列傳〉，頁2457。

脰而死」。〔註604〕田單因能復國而成為歷史上倍受崇揚的人物，司馬遷在〈田單列傳〉後補入王蠋事，是為表明「單于是乎不得獨有功，而蠋之死不獨大義之明，其功亦莫之先；此太史公之意也」〔註605〕，而王蠋之功便在於能夠忠於故國、毫不妥協，促使齊大臣反省自己而擁立襄王復國，此忠義之舉，使得司馬遷在列傳中為他留下了一席之地。

貫高為故趙王張耳之客，張耳死後，「子敖嗣立為趙王」。〔註606〕漢七年（前200），高祖從平城過趙，趙王「夕袒韝蔽，自上食，禮甚卑，有子婿禮」〔註607〕，但高祖對趙王卻態度輕慢無禮，趙相貫高等人很是氣憤，便欲刺殺高祖為趙王討回尊嚴，沒想到事發被逮，事情牽連到趙王，但無論吏卒如何用刑，貫高總說：「獨吾屬為之，王實不知」〔註608〕，高祖得知此事，便派貫高同鄉人泄公向貫高動之以情，希望他托出趙王的陰謀，貫高向泄公曰：「人情寧不各愛其父母妻子乎？今吾三族皆以論死，豈以王易吾親哉！顧為王實不反，獨吾等為之」〔註609〕，極力撇清趙王與刺殺的關聯。泄公報高祖，高祖「賢貫高為人能立然諾」〔註610〕，便赦免趙王，並欲釋放貫高，貫高知道趙王脫罪後，向泄公說：「所以不死一身無餘者，白張王不反也。今王已出，吾責已塞，死不恨矣。且人臣有篡殺之名，何面目復事上哉！縱上不殺我，我不愧於心乎？」〔註611〕於是自殺而死。司馬遷將貫高事附錄在〈張耳陳餘列傳〉後，以讚揚他「義不背君」〔註612〕，而為「天下俊桀」〔註613〕，表達

〔註604〕《史記》卷八十二〈田單列傳〉，頁2457。

〔註605〕〔南宋〕唐仲友曰：「天下之事，其成有所歸，其來有所因，所歸易見，所因難知。推見至隱，《春秋》之法也。復齊之功，人孰不曰田單？太史公以為是獨公之所歸；乃若所因，則單之勝以有王，王之立以有蠋之死也。故論單之善兵而反諸法章之立，言法章之立而反諸蠋之死；蠋之事固自附于〈伯夷〉者，《史記》數千載，而傳以伯夷為首，其益于名教多矣，不待以附蠋之而後明。附蠋于〈伯夷〉，人見其義而不知單之功實因于蠋，傳單而終之以蠋，則義與功兼明，庶幾為臣者知夫仗節死義，不特為區區之忠也。」見唐仲友《悅齋文鈔》卷九〈書秦少游書王蠋事後〉，收入《續修四庫全書》（上海：上海古籍出版社，2002年），一三一八·集部·別集類，頁254。

〔註606〕《史記》卷八十九〈張耳陳餘列傳〉，頁2582。

〔註607〕《史記》卷八十九〈張耳陳餘列傳〉，頁2583。

〔註608〕《史記》卷八十九〈張耳陳餘列傳〉，頁2584。

〔註609〕《史記》卷八十九〈張耳陳餘列傳〉，頁2584。

〔註610〕《史記》卷八十九〈張耳陳餘列傳〉，頁2585。

〔註611〕《史記》卷八十九〈張耳陳餘列傳〉，頁2585。

〔註612〕〔漢〕司馬遷著，〔明〕凌稚隆輯校，〔日〕有井範平補標《補標史記評林》卷八十九〈張耳陳餘列傳〉引〔明〕王維楨語，頁8左：「貫高之義不背君，

出司馬遷對他以身報君的肯定。

　　比干、黃歇的忠義，司馬遷直接在論贊中點明，王蠋和貫高之義則是從為其寫附傳事上，可看出司馬遷對他們的讚賞，除此之外，司馬遷還透過另一種形式來記錄能夠以死成其忠義之人，就是不論身分而在各種體例當中穿插他們的事蹟，如：對逄丑父、紀信、周苛、樅公、楚人石乞和齊人茀的記載，這些人地位皆不高，甚至為奴、為僕，但是他們表現出的忠心讓司馬遷有心在《史記》中留下他們的身影。〈項羽本紀〉記項羽圍滎陽，紀信喬裝漢王「乘黃屋車，傅左纛，曰：『城中食盡，漢王降』」，漢王趁機「與數十騎從城西門出，走成皋」〔註614〕，後來項王發現真相，燒殺紀信；又記周苛、樅公為漢守城，不願降楚而被烹殺事，周苛、樅公為漢御史大夫，守滎陽城，城被項王攻陷，兩人不願投降於楚，「項王怒，烹周苛，并殺樅公」。〔註615〕〈齊太公世家〉記一名茀的主屨之僕「忘失屨之鞭，而肯死君難」事〔註616〕，齊襄公「游姑棼，遂獵沛丘」，途中被彘豬所驚，「墜車傷足，失屨」〔註617〕，事後遷怒主屨者茀，鞭打他三百下；後來茀出宮，遇到有意叛變的無知等人，茀以鞭傷取得無知的信任，以為他願意協同謀反，茀立即回宮將襄公藏起，當無知等人攻進宮中，茀與襄公幸臣一起反擊，失敗而被殺。又記逄丑父為保護齊頃公，以身代君，幾乎送命之事，頃公十年（前589），齊伐魯、衛，逄丑父為齊頃公車右，齊國戰事失利，「丑父恐齊侯得，乃易處，頃公為右」〔註618〕，即與頃公交換身分，後來車駕被敵軍攔截，逄丑父故意叫頃公去取水，頃公因此得以順利逃脫，逄丑父則落入敵軍手中。〈伍子胥列傳〉記楚白公勝為父報仇失敗身亡，「石乞為主盡忠」而被烹殺事〔註619〕，石乞為白公勝從者，與白公起事欲殺楚惠王、令尹子西和司馬子綦，葉公聽聞後率國人攻

　　　　高祖之仁不戮忠，皆難事。」

〔註613〕《史記》卷八十九〈張耳陳餘列傳〉，頁2586。

〔註614〕《史記》卷七〈項羽本紀〉，頁326。

〔註615〕《史記》卷七〈項羽本紀〉，頁326。

〔註616〕〔漢〕司馬遷著，〔明〕凌稚隆輯校，〔日〕有井範平補標《補標史記評林》卷三十二〈齊世家〉引〔明〕凌約言語，頁4右：「茀忘失屨之鞭，而肯死君難，臣哉。」

〔註617〕《史記》卷三十二〈齊太公世家〉，頁1484。

〔註618〕《史記》卷三十二〈齊太公世家〉，頁1497。

〔註619〕〔漢〕司馬遷著，〔明〕凌稚隆輯校，〔日〕有井範平補標《補標史記評林》卷六十六〈伍子胥列傳〉引〔明〕凌約言語，頁6右：「白公為父報仇，石乞為主盡忠。」

白公，白公自殺，石乞被擄，葉公威脅他說出白公屍體所在，「不言將亨」，石乞回答說：「事成爲卿，不成而亨，固其職也」〔註620〕，終不肯說，最後被烹殺而死。上述諸人的出身、位階皆不高，但司馬遷仍在文章中詳細的爲他們的忠義事蹟作出描寫，在在地表彰了捨生以成忠之人。

（三）捨生成孝

司馬遷是個有孝思之人，他撰寫《史記》的原因之一，是爲了成就其父司馬談臨終「揚名於後世，以顯父母」之遺言，所以他在《史記》中對於爲了成就孝道而捨生之人，描寫上往往有著特別的感情，如對晉太子申生及秦公子扶蘇之例。

晉公子申生是晉獻公太子，獻公晚年寵愛驪姬，有意立驪姬之子奚齊爲太子，加上驪姬有意的挑撥〔註621〕，獻公便欲廢殺太子，申生因害怕驪姬的讒言而出逃至新城，有人勸申生向獻公說明事情的眞象，申生回答說：「吾君老矣，非驪姬，寢不安，食不甘。即辭之，君且怒之。不可」〔註622〕，勸他奔他國，申生亦不願意，「十二月戊申，申生自殺於新城」〔註623〕，司馬遷在〈衛康叔世家〉中明言，「太子申生不敢明驪姬之過」是「惡傷父之志」的孝行〔註624〕，而「申生以孝被禍，太史有深憫之意焉，故特書之」〔註625〕，不僅在〈晉世家〉中記事件本末、在〈衛世家〉中抒發議論，〈秦本紀〉、〈齊太公世家〉和〈陳杞世家〉中皆不斷提及申生之死〔註626〕，由此可見司馬遷對申生之孝的憐憫與宣揚。

〔註620〕《史記》卷六十六〈伍子胥列傳〉，頁2182。
〔註621〕《史記》卷三十九〈晉世家〉，頁1645，載驪姬使人在申生所薦之胙中下毒，「獻公從獵來還，宰人上胙獻公，獻公欲饗之。驪姬從旁止之，曰：『胙所從來遠，宜試之。』祭地，地墳；與犬，犬死；與小臣，小臣死」，故獻公誤以爲申生有歹念，而欲殺申生。
〔註622〕《史記》卷三十九〈晉世家〉，頁1645。
〔註623〕《史記》卷三十九〈晉世家〉，頁1646。
〔註624〕《史記》卷三十七〈衛康叔世家〉，頁1605。
〔註625〕〔漢〕司馬遷著，〔明〕凌稚隆輯校，〔日〕有井範平補標《補標史記評林》卷三十二〈齊世家〉引〔明〕陳仁錫語，頁6右：「申生以孝被禍，太史有深憫之意焉，故特書之。」
〔註626〕《史記》卷五〈秦本紀〉，頁186～187：「秋，繆公自將伐晉，戰於河曲。晉驪姬作亂，太子申生死新城，重耳、夷吾出奔」；《史記》卷三十二〈齊太公世家〉，頁1578：「是歲（齊桓公三十年），晉殺太子申生」，頁1489；《史記》卷三十六〈陳杞世家〉：「是歲（陳宣公三十七年），晉獻公殺其太子申生。」

　　扶蘇爲秦始皇長子，是始皇心中暗定的繼承人，但始皇生前一直沒有將此明令天下，故當他猝崩於沙丘平臺時，趙高、李斯與胡亥有機會篡改始皇遺詔，「更詐爲受始皇詔丞相，立子胡亥爲太子」〔註627〕，並去書邊境以「扶蘇爲人子不孝」爲由要扶蘇自裁〔註628〕，扶蘇泣，欲自殺，蒙恬認爲事情有詐，而阻止扶蘇從令，「扶蘇爲人仁，謂蒙恬曰：『父而賜子死，尚安復請！』即自殺。」〔註629〕與申生事相同，秦公子扶蘇爲孝捨生之事屢見於〈秦始皇本紀〉、〈李斯列傳〉和〈蒙恬列傳〉之中〔註630〕，在這些篇章中司馬遷將扶蘇描繪爲一個仁愛之人，當始皇以嚴刑峻法治國時，扶蘇諫之曰：「天下初定，遠方黔首未集，諸生皆誦法孔子，今上皆重法繩之，臣恐天下不安。唯上察之」〔註631〕，突顯出始皇與扶蘇截然不同的性格，將扶蘇的仁愛與秦國的暴虐切割開來，司馬遷的撰文立意，甚至讓李夢陽說出「扶蘇殺而秦滅」〔註632〕之語，由仁愛之心鋪陳出忠孝之義，將扶蘇的順從父命而死的悲壯事蹟在歷史上留存下來。

（四）捨生成悌

　　司馬遷在《史記》中特別記載了一對令人欽佩的兄弟——衛公子伋與公子壽。公子伋爲衛宣公太子，後來宣公得齊女，生了子壽與子朔，齊女與子朔讒惡太子，加上衛宣公奪了太子之妻，「心惡太子，欲廢之」，便計畫「使太子伋

〔註627〕《史記》卷六〈秦始皇本紀〉，頁 264。
〔註628〕《史記》卷八十七〈李斯列傳〉，頁 2551。
〔註629〕《史記》卷八十七〈李斯列傳〉，頁 2551。
〔註630〕《史記》卷六〈秦始皇本紀〉，頁 264：「趙高故嘗教胡亥書及獄律令法事，胡亥私幸之。高乃與公子胡亥、丞相斯陰謀破去始皇所封書賜公子扶蘇者，而更詐爲丞相斯受始皇遺詔沙丘，立子胡亥爲太子。更爲書賜公子扶蘇、蒙恬，數以罪，賜死」；《史記》卷二十七〈李斯列傳〉，頁 2551：「（李斯、趙高）詐爲受始皇詔丞相，立子胡亥爲太子。更爲書賜長子扶蘇曰：『……扶蘇爲人子不孝，其賜劍以自裁！……』封其書以皇帝璽，遣胡亥客奉書賜扶蘇於上郡。使者至，發書，扶蘇泣，入內舍，欲自殺。蒙恬止扶蘇，……扶蘇爲人仁，謂蒙恬曰：『父而賜子死，尚安復請！』即自殺」；《史記》卷二十八〈蒙恬列傳〉，頁 2567：「始皇至沙丘崩，祕之，群臣莫知。是時丞相李斯、公子胡亥、中車府令趙高常從。高雅得幸於胡亥，欲立之，又怨蒙毅法治之而不爲己也。因有賊心，乃與丞相李斯、公子胡亥陰謀，立胡亥爲太子。太子已立，遣使者以罪賜公子扶蘇、蒙恬死。」
〔註631〕《史記》卷六〈秦始皇本紀〉，頁 258。
〔註632〕〔漢〕司馬遷著，〔明〕凌稚隆輯校，〔日〕有井範平補標《補標史記評林》卷六〈秦始皇本紀〉引〔明〕李夢陽語，頁 18 左。

於齊而令盜遮界上殺之，與太子白旄，而告界盜見持白旄者殺之」〔註633〕，子伋同父異母的弟弟子壽知道這件事後，便對子伋說：「界盜見太子白旄，即殺太子，太子可毋行」，子伋卻回答他：「逆父命求生，不可」，子壽見阻止無效，「乃盜其白旄而先馳至界」，「而太子伋又至，謂盜曰：『所當殺乃我也。』盜并殺太子伋，以報宣公」〔註634〕，「衛宣公以婦人故，殺太子伋連及伋弟壽，以至禍亂數世，在列國中為最甚」〔註635〕，故司馬遷在〈衛康叔世家〉贊中以感嘆的語氣道：

> 余讀世家言，至於宣公之太子以婦見誅，弟壽爭死以相讓，此與晉太子申生不敢明驪姬之過同，俱惡傷父之志。然卒死亡，何其悲也！
> 或父子相殺，兄弟相滅，亦獨何哉？〔註636〕

一方面感嘆父子、兄弟之間以利相爭的醜惡，另一方面則是肯定子伋與子壽的「死所在則爭之」〔註637〕，二者互相襯托，更顯出子伋兄弟友悌之情的可貴。

（五）捨生成勇

司馬遷在《史記》中讚嘆兩位具備勇義之人，分別是晏嬰和藺相如，對於晏嬰他說：「假令晏子而在，余雖為之執鞭，所忻慕焉」〔註638〕，對於藺相如則曰：「相如一奮其氣，威信敵國，退而讓頗，名重太山，其處智勇，可謂兼之矣！」〔註639〕皆表達出無比的崇敬之意，原因便在於兩人皆能勇敢的面對失去生命，而就正義。

晏子，晏嬰也，為齊國大臣。其時，齊莊公與其大臣崔杼之妻私通，崔杼很憤怒，於是聚眾密謀弒公，齊莊公六年（前 789），趁著莊公藉探病之由到崔家私會崔妻，崔杼之徒包圍莊公，莊公想要爬牆而出，被射中大腿跌落

〔註633〕《史記》卷三十七〈衛康叔世家〉，頁 1593。
〔註634〕《史記》卷三十七〈衛康叔世家〉，頁 1593。
〔註635〕張大可、安平秋、俞樟華主編《史記研究集成》第三卷《史記題評與詠史記人物詩》，頁 113。
〔註636〕《史記》卷三十七〈衛康叔世家〉，頁 1605。
〔註637〕〔漢〕司馬遷著，〔明〕凌稚隆輯校，〔日〕有井範平補標《補標史記評林》卷三十七〈衛世家〉引〔明〕鍾惺語，頁 8 左：「伯夷、叔齊利所在則讓之，伋與壽，死所在則爭之，讓仁也，爭勇也，天倫之間，吾願為仁，而不忍言勇，雖然爭死，不難于讓國乎？孔子曰：『可以為難矣，仁則吾不知也』。」
〔註638〕《史記》卷六十二〈管晏列傳〉，頁 2137。
〔註639〕《史記》卷八十一〈廉頗藺相如列傳〉，頁 2452。

牆下，被殺身亡。當此之時，晏嬰在崔杼家門外又叫又罵：「君爲社稷死則死之，爲社稷亡則亡之。若爲己死己亡，非其私暱，誰敢任之！」〔註640〕後來門開了，晏嬰奔入，「枕公尸而哭，三踊而出」〔註641〕，晏嬰此舉是將自己的生命置之度外，因崔杼雖爲大臣，實掌握了齊國的朝政，齊惠公朝，崔杼受到寵信，此外，齊莊公、齊景公的冊立，他都是幕後黑手，是以崔杼在政治、社會上之影響力甚巨，對於這樣的人物，晏嬰不但不害怕，甚至言語譏諷之；面對弒君的崔杼其眾，亦能夠「伏莊公尸哭之，成禮然後去」〔註642〕，君臣之禮是義的內容，能夠盡臣子之職分爲君盡哀是義的表現，是以司馬遷對晏嬰發出衷心的感佩，而在〈管晏列傳〉贊中說：「方晏子伏莊公尸哭之，成禮然後去，豈所謂『見義不爲無勇』者邪？至其諫說，犯君之顏，此所謂『進思盡忠，退思補過』者哉！」〔註643〕從論贊這段話中，可以看出司馬遷對晏子的崇敬，這是因爲晏子能夠見義勇爲。

　　《史記·廉頗藺相如列傳》中記藺相如、廉頗、趙奢、李牧，四人串起趙國之興亡，表現出司馬遷對四人的重視與喜愛，「其中尤以藺相如最爲作者所激賞」。〔註644〕「藺相如者，趙人也，爲趙宦者令繆賢舍人」〔註645〕，是時秦昭王欲以十五城與趙交換和氏璧，然而其中多詐，因此找不出使秦的人選，繆賢向趙孝成王推薦藺相如令爲易璧使者，行前，藺相如向趙王承諾「城入趙而璧留秦；城不入，臣請完璧歸趙」。〔註646〕到了秦國，情形果如相如所料，秦王非眞心易璧，不過是虛應故事，便假意要求秦王齋戒五日，暗中「使其從者衣褐，懷其璧，從徑道亡，歸璧于趙」〔註647〕，五日後，藺相如當廷責備秦王無誠，秦王考慮到「今殺相如，終不能得璧也，而絕秦趙之驩，不如因而厚遇之」〔註648〕，於是放回藺相如，和氏璧亦因此得到了保全。藺相

〔註640〕《史記》卷三十二〈齊太公世家〉，頁1501。
〔註641〕《史記》卷三十二〈齊太公世家〉，頁1501。
〔註642〕《史記》卷六十二〈管晏列傳〉，頁2136。
〔註643〕《史記》卷六十二〈管晏列傳〉，頁2136～2137。
〔註644〕韓兆琦《史記博議》，頁374：「作者描寫和歌頌了一批明顯帶有自己社會理想的人物，他們都才情卓越、品質崇高、忠心耿耿、無私無畏地把自己貢獻給了保衛國家的豪邁事業，其中尤以藺相如最爲作者所激賞。」
〔註645〕《史記》卷八十一〈廉頗藺相如列傳〉，頁2439。
〔註646〕《史記》卷八十一〈廉頗藺相如列傳〉，頁2440。
〔註647〕《史記》卷八十一〈廉頗藺相如列傳〉，頁2441。
〔註648〕《史記》卷八十一〈廉頗藺相如列傳〉，頁2441。

如二次面對秦王，皆有「致身」之意〔註649〕，即將自身生命拋諸腦後，這實在是唯一且不得已之法，倘若章臺之見藺相如真與和氏璧撞得粉碎，至少趙國的尊嚴得到保全；又二次面見，秦王果烹藺相如，那犧牲的便只有相如而和氏璧早已完璧歸趙，這樣周密的思慮、無私的行動，難怪司馬遷在〈廉頗藺相如列傳〉中讚美藺相如「其處智勇，可謂兼之矣！」〔註650〕

（六）為知己死

從司馬遷斥責以利相交之人，可知他否定建立在利益之上的情誼，對他而言，最好的交往莫過於「知己之交」，是以司馬遷特別撰寫了〈管晏列傳〉來表彰「朋友之道」〔註651〕：「管、晏在春秋，功止烜赫一時，而兩傳只用虛括之筆揭出，不肯鋪敘霸顯事績，俱從交游知己上著筆，寄概良深」〔註652〕，此外，司馬遷在傳末論贊中更直言如果能夠有像晏嬰般的知己，「余雖為之執鞭，所忻慕焉」。〔註653〕故司馬遷在《史記》中對於「刎頸之交」無不大加讚美，他褒揚了魏國的侯嬴、漢初的欒布，並在〈刺客列傳〉中記錄了眾多「為知己死」、「為知己用」的歷史人物。

「魏有隱士曰侯嬴，年七十，家貧，為大梁夷門監者」〔註654〕，信陵君聽說他很有德行，不顧其卑微身分，親自將他迎回家中作為上客。侯嬴感念信陵君「不恥下交」，所以魏安釐王二十年（前257），秦昭王攻趙，趙平原君來信向信陵君求援時，侯嬴不但幫信陵君策劃藉由如姬取得軍符，還推薦他的友人朱亥擊殺老將晉鄙以奪魏軍，「公子過謝侯生。侯生曰：『臣宜從，老不能。請數公子行日，以至晉鄙軍之日，北鄉自剄，以送公子。』公子遂行」

〔註649〕〔清〕姚苧田《史記菁華錄》（上海：上海古籍出版社，2007年），頁120：「人臣謀國，只是『致身』二字看得明白，即智勇皆從此生，而天下無難處之事矣。玩相如完璧歸趙一語，當奉使時已自分璧完而身碎，璧歸趙而身不與之俱歸矣。此時只身庭見，若有絲毫冀幸之情，即一字說不出。看其侃侃數言，有倫有脊，故知其明于致身之義者也。」
〔註650〕《史記》卷八十一〈廉頗藺相如列傳〉，頁2452。
〔註651〕〔清〕湯諧《史記半解‧管晏列傳》，收入《四庫未收書輯刊》壹輯‧拾貳冊，頁609：「列傳首伯夷事，次管仲，世序故也。然伯夷、叔齊，所全者君臣父子兄弟之倫，而〈管晏傳〉獨于朋友之道三致意焉。」
〔註652〕〔清〕高塘《史記鈔》卷三〈蒙恬列傳贊〉，轉引自楊燕起、陳可青、賴長揚匯集《史記集評》，頁464。
〔註653〕《史記》卷六十二〈管晏列傳〉，頁2137。
〔註654〕《史記》卷七十七〈魏公子列傳〉，頁2378。

〔註655〕，等到信陵君到達晉鄙軍營之日，侯嬴果然面向北方刎頸而死。余中行曾評論過此事，他認為侯嬴以計殺晉鄙，「心必有不忍而不自安者，乃以死謝之耳」〔註656〕，亦即侯嬴自剄是因為對不起魏將軍晉鄙，而侯嬴計殺晉鄙是為了替信陵君得到救趙的兵力，可以說侯嬴是為了信陵君而獻出生命。司馬遷在〈魏公子列傳〉中詳細的記載此事，除了要突顯信陵君「能以富貴下貧賤，賢能詘於不肖」之德〔註657〕，亦是要表彰侯嬴「許以知己，則為之獻謀，為之捐軀，亦不惜矣」的全心相報。〔註658〕

「欒布者，梁人也。始梁王彭越為家人時，嘗與布游。……燕將臧荼舉以為都尉。臧荼後為燕王，以布為將」〔註659〕，後來臧荼造反，欒布被漢軍俘虜，彭越為他求情，「請贖布以為梁大夫」〔註660〕，並派他出使齊地。由於彭越功高勢大，高祖擔心自己受到威脅，「責以謀反，夷三族」〔註661〕，並懸掛彭越之頭於城下，詔曰：「有敢收視者，輒捕之」〔註662〕，欒布出使齊地而返，不顧皇命，先是「奏事彭越頭下」，又「祠而哭之」〔註663〕，當他被逮捕後，要求「願一言而死」，接著就當著高祖之面侃侃陳述彭越的冤屈，語罷而曰：「今彭王已死，臣生不如死，請就亨」。〔註664〕對於「欒公不劫於執而倍死」〔註665〕，張之象進一步闡析：「往時彭越有贖布之德，越之死，布祠而哭之，趣湯如歸，士為知己者死，固甘心也」〔註666〕，又司馬遷讚美欒布：「雖

〔註655〕《史記》卷七十七〈魏公子列傳〉，頁2381。
〔註656〕〔漢〕司馬遷著，〔明〕凌稚隆輯校，〔日〕有井範平補標《補標史記評林》卷七十七〈信陵君列傳〉引〔明〕徐中行語，頁3左～右：「或謂侯生自剄過乎，余曰『否』，自剄殆有説也，侯生度為公子竊符計，必殺晉鄙，鄙何辜也，心必有不忍而不自安者，乃以死謝之耳，不然誠報公子即死耳，何必數公子行至鄙軍日，而後自剄也。」
〔註657〕《史記》卷一百三十〈太史公自序〉，頁3314。
〔註658〕〔清〕李晚芳著，〔日〕陶所池內校訂《讀史管見》卷二〈信陵君列傳〉，頁49左。
〔註659〕《史記》卷一百〈季布欒布列傳〉，頁2733。
〔註660〕同上註，頁2733。
〔註661〕同註659，頁2733。
〔註662〕同註659，頁2733～2734。
〔註663〕同註659，頁2734。
〔註664〕同註659，頁2734。
〔註665〕《史記》卷一百三十〈太史公自序〉，頁3316。
〔註666〕〔漢〕司馬遷著，〔明〕凌稚隆輯校，〔日〕有井範平補標《補標史記評林》卷一百〈季布欒布列傳〉引〔明〕張之象語，頁3左：「往時彭越有贖布之德，越之死，布祠而哭之，趣湯如歸，士為知己者死，固甘心也。」

往古烈士，何以加哉！」〔註667〕可以說「士爲知己者死」正是司馬遷對於欒布、彭越之交的評價與認同。

高嵣曰：「刺客非聖賢之道」〔註668〕，然而「春秋戰國時代的刺客是爲大義所激發，履行『士爲知己者死』的使命，這是春秋戰國刺客特殊價值之所在，也是司馬遷爲他們作傳的原因」。〔註669〕〈刺客列傳〉中載曹沫、專諸、豫讓、聶政、荆軻五人事。「曹沫者，魯人也，以勇力事魯莊公。莊公好力。曹沫爲魯將，與齊戰，三敗北」〔註670〕，莊公不但沒有責備曹沫，「猶復以爲將」，曹沫感念莊公之善遇，便在魯、齊會盟於柯時，執匕首劫持齊桓公，要求他歸還所侵占之魯地。桓公允諾，「沫投其匕首，下壇，北面就羣臣之位，顏色不變，辭令如故」。〔註671〕「豫讓者，晉人也，……事智伯，智伯甚尊寵之」〔註672〕，後來智伯被趙、韓、魏合滅，其中「趙襄子最怨智伯，漆其頭以爲飲器」〔註673〕，豫讓因受到智伯國士般之對待，故欲以「國士報之」，於是「變名姓爲刑人，入宮塗廁」〔註674〕，「漆身爲厲，吞炭爲啞，使形狀不可知，行乞於市」，「殘身苦行」〔註675〕，企圖刺殺趙襄子，然而最終洩露形跡不得不自殺身亡，臨死之際，他唯一的請求是得趙襄子之衣擊之，「以致報讎之意」。〔註676〕「專諸者，吳堂邑人也」〔註677〕，其藉由伍子胥的推薦而得事吳公子光，「光既得專諸，善客待之」〔註678〕，公子光欲殺吳王僚以得王位，專諸感於公子光之善待，在宴請吳王的筵席上，將匕首置於魚腹中而進之，「既至王前，專諸擘魚，因以匕首刺王僚，王僚立死」〔註679〕，王之左右也立時殺了專諸，公子光因而得立爲吳王闔閭。「聶政者，軹深井里人也。殺人避仇，

〔註667〕《史記》卷一百〈季布欒布列傳〉，頁2735。
〔註668〕〔清〕高嵣《史記鈔》卷三〈刺客列傳贊〉，轉引自楊燕起、陳可青、賴長揚匯集《史記集評》，頁521：「刺客非聖賢之道，然以『立意較然，不欺其志』八字評之，亦無溢美。」
〔註669〕陳桐生〈論史記的心態描寫〉，《汕頭大學學報》2002年第4期，頁24。
〔註670〕《史記》卷八十五〈刺客列傳〉，頁2515。
〔註671〕同上註，頁2515。
〔註672〕同註670，頁2519。
〔註673〕同註670，頁2519。
〔註674〕同註670，頁2519。
〔註675〕同註670，頁2520。
〔註676〕同註670，頁2521。
〔註677〕同註670，頁2516。
〔註678〕同註670，頁2517。
〔註679〕同註670，頁2518。

與母、姊如齊，以屠為事」〔註680〕，濮陽嚴仲子與韓相俠累有仇，聽說聶政為「勇敢士也」，便登門請求聶政為其殺俠累，「嚴仲子至門請，數反，然後具酒自暢聶政母前。酒酣，嚴仲子奉黃金百溢，前為聶政母壽」〔註681〕，而後說出此行目的，聶政初以「老母在，政身未敢以許人也」為由不受禮，「然嚴仲子卒備賓主之禮而去」。〔註682〕聶母去世後，聶政深感自己「乃市井之人，鼓刀以屠；而嚴仲子乃諸侯之卿相也，不遠千里，枉車騎而交臣」〔註683〕，今日其母已逝，自己「將為知己者用」，於是聶政杖劍至韓，直入韓相府，「上階刺殺俠累」，又擔心自己的身分會連累嚴仲子與自己的姊姊，「因自皮面決眼，自屠出腸，遂以死」。〔註684〕「荊軻者，衛人也。其先乃齊人，徙於衛，……而之燕」〔註685〕，「荊軻既至燕，愛燕之狗屠及善擊筑者高漸離」〔註686〕，整日「飲於燕市」，無所事是，卻得到田光的引薦而為燕太子丹刺秦王之人選，太子丹「尊荊卿為上卿」，車馬飲食玩物皆「恣荊軻所欲，以順適其意」〔註687〕；為能順利刺秦王，荊軻先是為太子丹說服秦亡將軍樊於期獻出自己的頭顱，又得到趙人徐夫人的鋒利匕首，只待他的副手到來，即可前行，無奈太子丹急不可待，荊軻便在準備不充分的情況下前去秦國，結果不但沒有成功刺殺秦王，還送上自己的性命，臨死前，荊軻「自知事不就，倚柱而笑，箕踞以罵曰：『事所以不成者，以欲生劫之，必得約契以報太子也』」〔註688〕，最後被秦王左右所殺。司馬遷在〈刺客列傳〉贊中云：「自曹沫至荊軻五人，此其義或成或不成，然其立意較然，不欺其志，名垂後世，豈妄也哉！」〔註689〕明白的說明了不論五人之行事為何，成功與否，司馬遷都將他們「為知己者死」之志視為義行。除了傳中五名主人翁，司馬遷還特別對燕國老者——田光和善擊筑者——高漸離著意描寫。田光於燕並非達官顯要，太子丹拜見田光時，卻能「卻行為導，跪而蔽席」〔註690〕，倍加尊敬，是以田光以死激荊軻為燕刺秦

〔註680〕同註670，頁2522。
〔註681〕同註670，頁2522。
〔註682〕同註670，頁2522。
〔註683〕同註670，頁2523。
〔註684〕同註670，頁2524。
〔註685〕同註670，頁2526。
〔註686〕同註670，頁2528。
〔註687〕同註670，頁2531。
〔註688〕同註670，頁2535。
〔註689〕同註670，頁2538。
〔註690〕同註670，頁2530。

以完成太子所託，並表明不將此事外泄的決心。至於高漸離，他與荊軻交善，當知道荊軻亡於秦，爲幫荊軻復仇及完成使命，他「變名姓爲人庸保，匿作於宋子」〔註691〕，並在宋子家中展現擊筑絕技，「宋子傳客之，聞於秦始皇」，始皇愛其才，「重赦之，乃矐其目」，待較能接近始皇之時，「高漸離乃以鉛置筑中，復進得近，舉筑樸秦皇帝，不中。於是遂誅高漸離，終身不復近諸侯之人」。〔註692〕田光、高漸離皆非歷史上舉足輕重的人物，司馬遷卻爲他們在《史記》中留有一席之地，更可證明司馬遷對於刎頸之交的關注與愛戴。

　　綜上所論，可以知道司馬遷對於「義」的實行主張當仁不讓，因此面對與義相衝突的「利」的抉擇時，他不但能夠捨生取義，更能以義爲上，爲成義而屈辱苟活，是以他讚揚守節有義之人，痛斥無義趨利之舉，期許人人在合於禮法的節度內家富民足，這便形成司馬遷義利並重，摒除勢利而崇義慕道的義利雙成思想系統。

〔註691〕《史記》卷八十五〈刺客列傳〉，頁 2536～2537。
〔註692〕同上註，頁 2537。

第五章　司馬遷義利觀對後世之影響

　　《史記》一書作爲中國第一部正史，不但開創了紀傳體書寫體例，確立了各朝代撰史傳統，其中的內容與思想，更對後世之人的立身處事、價值觀點有著極大的影響，茅坤曾曰：

> 今人讀游俠傳，即欲輕生；讀屈原賈誼傳，即欲流涕；讀莊周、魯仲連傳，即欲遺世；讀李廣傳，即欲立鬥；讀石建傳，即欲俯躬；讀信陵、平原君傳，即欲養士。若此者何哉？蓋各得其物之情，而肆於心故也，而固非區區句字之激射者也。〔註1〕

從茅坤所言可以得知，《史記》之言語字句因貼合人情而移人之深，是以人們往往在有意識或不自覺中受到《史記》思想的感染。司馬遷的義利觀即是在這樣的情況下對後世造成深遠的影響，以下將從政治、經濟、修養與文學四方面來探討之。

第一節　政治方面

　　司馬遷政治思想的基本主軸爲愛國、愛民，故在政治目的上以爲國家、人民求得最大的福祉爲訴求，視天下安康、百姓富足爲「義行」，而國君、大臣是實踐義行的主要人物，因此司馬遷在《史記》中藉由讚頌仁君賢臣，表達他對德義之政、仁義之君、正義之臣的崇敬與期許。

〔註1〕〔漢〕司馬遷著，〔明〕凌稚隆輯校，〔日〕有井範平補標《補標史記評林》
　　　　卷首〈讀史總評〉引〔明〕茅坤語，頁51右～52左。

一、提供德政範例

　　司馬遷重義的思想，在政治上的具體表現便是崇尚德政，爲表達德政的重要性，其撰〈五帝本紀〉、〈夏本紀〉、〈殷本紀〉皆以德政之有無作爲一個朝代興盛或衰亡的依據。〔註2〕由於崇尚德政，司馬遷對於與德政背道而馳的暴君與暴政非常反對，故在《史記》中對暴虐無道者詳加載之並適時給予批評，如：寫夏朝末年諸君王皆淫亂無道，「自孔甲以來而諸侯多叛夏」〔註3〕，而夏桀「不務德而武傷百姓」〔註4〕；〈殷本紀〉中又細數商代末君紂的罪過：「拒諫」、「好酒淫樂，嬖於婦人」、「慢於鬼神」、「重刑辟」、「重用惡人」，是以司馬遷總結批評曰：「桀、紂失其道而湯、武作」〔註5〕，淺層面責備暴虐之君，深層面則寓含反抗暴政之意。對於暴君、暴政，司馬遷一反遵循君君、臣臣之禮的態度，主張起而抗之，因此他高度評價挺身抗秦的項羽、陳涉與荊軻，視他們的行爲爲解救「天下苦秦久矣」的義行。由於《史記》的典範與宣揚，後世的君王皆以實踐德政爲目標，無論是否能夠眞切的施行仁德，政治上總以德義昭示天下，形成中國德政倫理的傳統。東漢光武帝從王莽手中取回政權後，針對天下殘破、百姓虛耗的情形，提出「以柔道理天下」的原則，主張統治百姓採用安撫、懷柔的寬仁德政，史載：「光武長於民間，頗達情僞，見稼穡艱難，百姓病害，至天下已定，務用安靜，解王莽之繁密，還漢世之輕法」〔註6〕，此種清靜無爲的爲政原則，與司馬遷宣揚的儒道混合的休養生民一致無二。東漢末年，天下陷入混亂，曹操挾天子以令諸侯，取得政治的實權，面對割據、分崩的局面，曹操急欲穩定時局，接連發出四道求才令〔註7〕，雖說令中主軸是「唯才是舉」，不以道德爲依歸，但亦展現他

〔註2〕　韓兆琦、張大可、宋嗣廉《史記題評與詠史記人物詩》，頁6，分析〈五帝本紀〉曰：「作者將五帝的禪讓和治理歸結到了儒家的道德上面，故篇末總結說：『自黃帝至舜、禹皆同姓，而異其國號，以章其德。』用來說明民族歷史初始時期道德發展的趨勢和作者在歷史記述中的道德所繫」；頁10，分析〈夏本紀〉曰：「文章重點表現大禹之德，並將有夏一代的興亡歸結到德政上面」；頁11，分析〈殷本紀〉曰：「〈殷本紀〉全篇以『興衰』二字爲裘領，以德政之有無貫穿始終。」

〔註3〕　《史記》卷二〈夏本紀〉，頁88。

〔註4〕　《史記》卷二〈夏本紀〉，頁88。

〔註5〕　《史記》卷一百三十〈太史公自序〉，頁3310。

〔註6〕　〔南朝宋〕范曄著，〔唐〕李賢等注《後漢書》卷七十六〈循吏列傳〉，頁2457。

〔註7〕　四道求才令發出時間，分別爲建安八年庚申、建安十五年春、建安十九年十二月乙未以及建安二十二年八月，令文詳見〔晉〕陳壽著，〔宋〕裴松之注《三國

希冀爲百姓創造安定世局的決心，故《三國志》注引傅子之說，說明曹操因有「道、義、治、度、謀、德、仁、明、文、武」十勝之道〔註8〕，而能在爭天下中稱雄。蜀漢以漢正統自居，故其君臣爲政崇尙漢之德行，諸葛亮撰〈出師表〉諫後主：「宮中府中，俱爲一體，陟罰臧否，不宜異同」，「陛下亦宜自課，以諮諏善道，察納雅言，深追先帝遺詔」，劉備臨死前亦遺詔告誡劉禪：「勿以惡小而爲之，勿以善小而不爲。惟賢惟德，能服於人」〔註9〕，在在的突出以德義治國的標準。唐初，唐太宗李世民開創了貞觀之治，貞觀之治的形成與太宗的以德治國態度密不可分〔註10〕，太宗曾言：「爲君之道，必須先存百姓」〔註11〕，這與司馬遷興民之利的思想是一致的；武則天晚期至中宗朝，國家政權幾經轉移，社會情況動蕩不安，故玄宗即位後，便以「建久安之勢，成長治之業」爲目標〔註12〕，其政策皆以貞觀之治爲依準，而造就開元之治。明朝太祖朱元璋曾對皇太孫說：「吾治亂世，刑不得不重。汝治平世，刑自當輕」〔註13〕，又說：「禮法，國之紀綱。禮法定，則人志定，上下安」〔註14〕，可以知道太祖以重刑治國因應亂世，卻希望他的後代子孫在接下來的太平盛世中以禮義處之；清朝雖是異族統治，但其君主有意識的學習、融入中原文化，康熙便曾頒布《聖諭廣訓》以告天下「萬民爲中心」〔註15〕的

志・魏書》卷一〈武帝紀〉（北京：中華書局，1959 年），頁 24、32、44、49。

〔註8〕　〔晉〕陳壽著，〔宋〕裴松之注《三國志・魏書》卷十四〈郭嘉傳〉引傅子曰，頁 432，記曹操問郭嘉：「本初擁冀州之眾，青、並從之，地廣兵強，而數爲不遜。吾欲討之，力不敵，如何？」郭嘉以曹操有十勝應答之。

〔註9〕　〔晉〕陳壽著，〔宋〕裴松之注《三國志・蜀書》卷三十二〈先主備〉引《諸葛亮集載先主遺 5 詔敕後主之語，頁 891。

〔註10〕 周敦耀〈淺議貞觀之治的法治德治與官德〉：「貞觀之治與李世民的法治、德治合舉，以德治國的大方略密不可分，也與處處時時注重吏風官德密不可分」，載《廣西大學學報》2003 年第 25 卷第 3 期）頁 36。

〔註11〕 〔唐〕吳兢《貞觀政要》（台北：臺灣商務印書館，1966 年），卷一〈君道第一〉所載唐太宗語，頁 13 右。

〔註12〕 〔唐〕劉餗著，程毅中點校《隋唐嘉話》下（北京：中華書局，1979 年），頁 47：「今上（玄宗）既誅韋氏，擢用賢俊，改中宗之政，依貞觀故事。」

〔註13〕 〔清〕張廷玉等修《明史》（北京：中華書局，1974 年），卷九十三〈刑法一〉，頁 2283。

〔註14〕 〔明〕鄧士龍輯，許大齡、王天有主點校《國朝典故》（上）（北京：北京大學出版社，1993 年），卷九〈定民志第六〉，頁 183：「（明太祖）又嘗諭徐達曰：『禮法，國之綱紀。禮法立，則人志定，上下安。建國之初，此爲先務。爾等爲吾輔相，當守此道。毋謹於始而忽於終也』。」

〔註15〕 王文東〈論清代康熙的禮教觀及其政治倫理實踐〉：「《聖諭廣訓》一卷包括《聖

治國倫理。可以說以民爲主的德治思想已成爲政治內容之主軸，是明君賢主立身處世的準則與終身追求的目標。

　　至於德政的內容，基本上不脫司馬遷在《史記》中揭示者，即公天下、務節儉、守儀法、納忠言、用賢人、省民力、輕稅賦、錯刑罰、去戰爭，除了公天下之外，後世的德政範疇不出其餘八項。「務節儉、守儀法」是要求國君在生活行爲上克己復禮，「納忠言、用賢人」是希冀藉由賢臣的輔助幫助國君建立賢明政治，「省民力、輕稅賦、錯刑罰、去戰爭」則是根據百姓安生的希望對國君提出建言。從後來的歷史發展中可以發現，只要是順承司馬遷的德政內容以治國，則該朝往往便能成爲治世之朝。東漢光武帝劉秀，「雖身濟大業，競競如不及，故能明愼政體，總攬權綱，量時度力，舉無過事，退功臣而進文吏，戢弓矢而散馬牛，雖道未方古，斯亦止戈之武焉」〔註16〕，其人守儀法、用賢人、省民力、去戰爭，在從王莽手中取回混亂的天下之後，掩兵息武以禮而治，其後明帝、章帝一切遵奉光武制度，開創了東漢的「明章之治」。宋朝政治方針爲「強幹弱枝、重文輕故」，故在歷史上總是給人積弱不振的印象，事實上宋朝在對外武功上雖不能與漢唐並駕齊驅，但也因爲對外敵普遍採取金錢媾和的方式，加上講求儒家禮制，國家經濟、文化得到長足的發展。明成祖朱棣以燕王身份叛亂奪得建文帝帝位，即位後他又誅殺功臣、奪王削藩以鞏固政治權力，雖然他對皇室和大臣們殘酷殺戮，又頻繁對外征戰、往返西洋，但他對百姓的生活是十分重視且關心的，除了在中原各地鼓勵墾種荒閒田土，實行遷民寬鄉，督民耕作等方法以促進生產，並注意蠲免賑濟等措施，以防止農民破產，永樂十年（1412），成祖還下令「諭戶部，凡郡縣有司及朝使目擊民艱不言者，悉逮治」〔註17〕，務要做到「水旱朝告夕振，無有雍塞」〔註18〕，也因此成祖之世明朝達到「宇內富庶，賦入盈羨，米粟自輸京師數百萬石外，府縣倉廩蓄積甚豐，至紅腐不可食」之境〔註19〕，而締造「永樂盛世」之威名。清朝康熙、雍正、乾隆三朝合稱「康雍乾盛世」：

　　諭》十六條，是康熙所頒布的、以告天下萬民爲中心的倫理準則」，載《滿族研究》2003 年第 2 期，頁 47。
〔註16〕〔南朝宋〕范曄著，〔唐〕李賢等注《後漢書》卷一下〈光武帝紀第一下〉，頁 85。
〔註17〕〔清〕張廷玉等修《明史》，卷六〈成祖二〉，頁 90。
〔註18〕〔清〕張廷玉等修《明史》，卷七〈成祖三〉贊，頁 105。
〔註19〕〔清〕張廷玉等修《明史》，卷七十八〈食貨二〉，頁 1895。

> （康熙）親政之後，除了在軍事、政治和經濟上實行一系列富國利
> 民的政策外，康熙深知：「致治之道，首重人才」和「選賢任能，爲
> 治之大道」的道理。是以終其一生，在人才的網羅、培養和使用上
> 頗下苦心，「雖垂老而惓惓不息」。〔註20〕

康熙晚年倦於政事，因此吏治鬆弛，世風頹靡，雍正即位後大力整頓吏治，希望「振數百年之頹風，以端治化之本」，他自己勤於政事，即動靜食息之間，未嘗不孜孜以勤愼自勉，此外雍正亦廣泛利用人才幫助其治理國家，他曾言：「治天下惟以用人一事爲本，其餘皆枝葉事耳」〔註21〕，並破格對不同階層的人才進行選用，君臣一體治國，爲後來的乾隆盛世奠定了良好的基礎。乾隆初政，社會秩序穩定，生產財富充足，故對雍正以來相對嚴刻的政策有所改善，他在即位元年（1736）頒布的諭旨中宣稱：「政令繁苛，每事刻核，大爲閭閻之擾累。……朕即位以來，欲減去繁苛，與民休昔」〔註22〕，此外他不任意改動朝廷人事，盡量利用雍正朝之人才以推行新政策，減少國家的變動〔註23〕，有效能的將國家提升到文治武功之極盛。綜上所論，歷朝歷代出現盛世皆起因於君主之德政，而這些德政的範圍皆不出司馬遷《史記》之所示，可以說《史記》揭示了仁義之政的典型，而爲後世君王學習、效法之典範。

二、形成諍諫文化

中國士大夫歷來肩負國家興亡之責，是以中國政治史上有一套完整的監察制度，「大體上可分爲監官和諫官兩大系統」〔註24〕，諫官的主要功能在向君主進言，「以規諫過失的言論行爲」〔註25〕，諫議制度的形成，「早在周代，

〔註20〕 王梅〈康熙盛世與人才〉，《湖北大學學報》1986年第3期，頁66。

〔註21〕 中國第一歷史檔案館編《雍正朝漢文硃批奏摺彙編》（江蘇：江蘇古籍出版社，1989年），〈管雲貴總督事鄂爾泰奏陳所之滇黔大小文武各官情行以備採擇摺〉雍正四年八月初六，頁841。

〔註22〕 清高宗乾隆元年三月諭王大臣等之語，引自蕭一山《清代通史》（二）（台北：臺灣商務印書館，1962年），頁4。

〔註23〕 戴逸〈乾隆初政和寬嚴相濟的統治方針〉，《上海社會科學院學術季刊》1986年第1期，頁196。

〔註24〕 白自東〈中國歷代監察制度的演變〉，《西藏民族學院學報》1989年第4期，頁100。

〔註25〕 邱江波〈從輿論學角度看中國古代諍諫現象〉，《社會科學家》1991年第3期，頁43。

已設有保氏之官，負責諫諍君主之責，故諫駁之制，周時已啓其端」〔註26〕，到了秦漢「皆置諫大夫與給事中，惟或爲加官，或無常員，職掌亦止於議論應對而已」〔註27〕，司馬遷用他前瞻性的眼光，肯定忠臣直諫對國家行仁政的助益，在《史記》中大加讚美能夠以社稷爲重，守法不阿、忠言直諫之士，此舉不但開創了接賢納諫的實例、助長了犯顏直諫的風氣、促進了諫官制度的形成，並導致了忠直肯諫之典型的流傳。如：漢成帝時，帝欲立趙婕妤爲后，諫大夫劉輔以立后不當，冒死進諫而入繫縲絏〔註28〕；漢哀帝時，丞相孔光、大司空師丹、何武、大司馬傅喜忤旨免職，鮑宣犯顏諫諍，使其俱得復爲三公〔註29〕；東漢靈帝時，諫議大夫劉陶進言宦官之禍使天下大亂，最後被宦豎共讒下獄。〔註30〕劉輔之舉與司馬遷筆下晁錯諫文帝不恣意尊寵愼夫人相似，鮑宣之行則如馮唐，能以進賢爲重，至於劉陶，雖知宦官親貴於靈帝，仍勇於進諫，他的正義敢言比之汲黯貶公孫弘毫不遜色。魏晉南北朝時，雖然政治高壓，但仍舊有著大批的勇諫之士，如：魏明帝朝侍中高堂隆與楊阜，高堂隆一生志向在匡扶君王，「他數以宮室事切諫」，常常造成「帝不悅」的情形，但他不改其志，「在職三年，多所駁爭」〔註31〕；楊阜爲人剛正梗直，敢於諍諫，一回「魏明帝著繡帽，批縹紈半袖」會見楊阜，楊阜便曰：「此禮何法服邪！」又「每朝廷會議，阜常侃然以天下爲己任，數諫爭」〔註32〕；東晉著名諫臣有溫嶠和江逌，溫嶠與晉元帝太子善，「太子與爲布衣之交，數陳諷諫，又獻〈侍臣箴〉，甚有弘益」〔註33〕；江逌爲晉穆帝吏部郎中兼侍中，爲官直言，多所匡諫，「穆帝將修後池，起閣道，江逌上疏曰，……帝嘉其言而止。穆帝崩，山陵將用寶器，逌諫曰，……書奏，從之」〔註34〕，

〔註26〕 馬空羣《中國監察制度史》（台北：正中書局，1978 年），頁 89。

〔註27〕 馬空羣《中國監察制度史》，頁 89。

〔註28〕 〔漢〕班固著，〔唐〕顏師古注《漢書》卷七十七〈劉輔傳〉，頁 3251～3252。

〔註29〕 〔漢〕班固著，〔唐〕顏師古注《漢書》卷七十二〈鮑宣傳〉，頁 3087～3093。

〔註30〕 事詳〔南朝宋〕范曄著，〔唐〕李賢等注《後漢書》卷五十七〈劉陶傳〉，頁 1849～1850。

〔註31〕 事詳〔晉〕陳壽著，〔宋〕裴松之注《三國志·魏書》卷二十五〈高堂隆傳〉，頁 708～719。

〔註32〕 事詳〔晉〕陳壽著，〔宋〕裴松之注《三國志·魏書》卷二十五〈楊阜傳〉，頁 700～708。

〔註33〕 事詳〔唐〕房玄齡等修《晉書》（北京：中華書局，1974 年），卷六十七〈溫嶠傳〉，頁 1786。

〔註34〕 事詳〔唐〕房玄齡等修《晉書》卷八十三〈江逌傳〉，頁 2172～2174。

皆體現出忠臣們社稷為重、以國為先的正義與勇氣。至於魏晉三國時期最有名的進諫典範，莫過於蜀漢諸葛亮與其所作〈出師表〉，古人云：「讀諸葛孔明〈出師表〉而不墮淚者，其人必不忠」〔註35〕，諸葛亮作出師一表，一方面向後主表達他對漢室堅貞不移的心志，更重要的是懇諫後主親賢納諫、修明法度，以及推舉賢良、為國謀畫的用心，因忠君愛國而進陳忠言之舉，實與司馬遷在《史記》中所表露者一致無二。

　　「唐初因太宗喜臣下進諫，且頗能接納建言，而為言諫之官者，又多能犯言直諫，故言諫之風，盛極一時，為歷代所僅見」〔註36〕，其時著名的直諫之臣有魏徵、王珪、褚遂良、劉洎、岑文本、馬周、薛牧、孫伏伽、溫彥博、虞世南、姚思廉、高季輔、戴冑、張元素、張行成、李乾祐、柳範等，唐時君主對於諫議之言往往能從善如流、加以褒揚，如：《舊唐書》中〈王珪傳〉〔註37〕、〈魏徵傳〉〔註38〕、〈劉洎傳〉〔註39〕、〈褚遂良傳〉〔註40〕都能看到臣下敢言直陳而君主欣然接受的君臣父子形象，與司馬遷在《史記》中所塑造的楚莊王與伍舉、蘇從，以及漢文帝與張釋之、馮唐之典型如出一轍。宋代講氣節、重道統，士大夫以天下為己任，「先天下之憂而憂」，故在歷史上留有許多奏諫議的文書，如：范仲淹有〈奏上時務書〉〔註41〕和〈上執政書〉〔註42〕，前者提出變革文風、講求武備、注重人才、勉勵諫官、抑制恩蔭等主張，後者表達自己解決朝廷現階段問題的決心與方法；王安石有〈上仁宗皇帝言事書〉〔註43〕和〈上時政疏〉〔註44〕，前者批評北宋中葉官僚政治制度的腐敗現象，提出法先王之意，主張「改易更革」，後者重申培養人才、改革法度為當務之急，並提醒仁宗皇帝善用人才的理念；「神宗時，張舜民做諫官才七日，就上了六十封奏

〔註35〕〔南宋〕趙與時《賓退錄》（台北：廣文書局，1969年），卷九，頁324。

〔註36〕馬空羣《中國監察制度史》（台北：正中書局，1978年），頁165。

〔註37〕（後晉）劉昫等撰《舊唐書》（台北：臺灣中華書局，1965年），卷七十〈王珪傳〉，頁2527～2530。

〔註38〕（後晉）劉昫等撰《舊唐書》卷七十一〈魏徵傳〉，頁2545～2562。

〔註39〕（後晉）劉昫等撰《舊唐書》卷七十四〈劉洎傳〉，頁2607～2612。

〔註40〕（後晉）劉昫等撰《舊唐書》卷八十〈褚遂良傳〉，頁2729～2739。

〔註41〕收入〔北宋〕范仲淹《范文正公集》（台北：臺灣商務印書館，1979年），卷七〈奏上時務書〉，頁58～61。

〔註42〕〔北宋〕范仲淹《范文正公集》卷八〈上執政疏〉，頁62～69。

〔註43〕收入〔北宋〕王安石《臨川集》（台北：臺灣中華書局，1965年），卷三十九〈上仁宗皇帝言事書〉，頁1左～18右。

〔註44〕〔北宋〕王安石《臨川集》卷三十九〈上時政疏〉，頁18右～19左。

疏；徽宗時任伯雨做諫官半年，上疏一百零八封」〔註45〕；更不用說撰有「專取關國家盛衰，繫民生休戚，善可為法，惡可為戒，使前後有倫，精粗不雜」〔註46〕之《資治通鑑》的司馬光，「他為了趙宋王朝的長治久安，『傾輸胸腹之所有』，屢屢奏言，僅《司馬文正公傳家集》中所收錄的奏章就有一百七十八份」。〔註47〕宋代以後，由於諫察制度的腐壞〔註48〕和新興輿論的出現〔註49〕，朝廷言諫風氣逐漸勢微，「元無諫官之設置」〔註50〕，明政治專斷，不重視臣下建言，對言諫者往往施以廷杖，大加侮辱，如：明太祖時大理寺丞李仕魯，多次上書勸諫朱元璋不要崇佛、尊重儒學，激怒太祖，命人杖打，李仕魯最後死於階下〔註51〕；明武宗朱厚照專寵宦官劉瑾，正德元年（1506），劉瑾把大學士劉健、謝遷趕出京師，給事中艾洪、南京給事中戴銑、禦史薄彥徽等二十一人，上疏請求保留劉、謝二人，同時彈劾劉瑾等宦官，劉瑾在武宗面前添油加醋地進讒言，請得聖旨，將這二十一人全部逮捕，各廷杖三十〔註52〕，在這種動輒得咎的政治氛圍下，雖然仍有士人們能直言敢諫，但不可否認對整體諫上風氣有所壓抑與阻撓，加之以清代為外族統治，許多士人不願出仕作官，於是匡諫國政、砥勵志節的諫言逐漸轉從民間發出，如：明末清初深具民族愛國之思的王夫之、黃宗羲和顧炎武。王夫之曾以力圖挽救危局，卻壯志未酬，其以劉越石自喻〔註53〕，「把民族國家的利益放在第一位」〔註54〕，故其流世

〔註45〕 趙映誠〈中國古代諫官制度研究〉，《北京大學學報》第 37 卷第 3 期（2000年），頁 100。

〔註46〕 〔北宋〕司馬光《司馬文正集》（台北：臺灣中華書局，1965 年），卷一〈進資治通鑑表〉，頁 10 右。

〔註47〕 顧奎相〈論諫官司馬光〉，《遼寧大學學報》1985 年第 2 期，頁 86。

〔註48〕 白自東〈中國歷代監察制度的演變〉：「（宋朝）中期以後，在范仲淹與王安石的改革中，言官議論紛紜，黨爭經久不衰，政事為之掣肘。北宋末期與南宋以後，台諫官多為權臣控制，成為誣陷忠臣與排斥異己的工具」，《西藏民族學院學報》1989 年第 4 期，頁 103。

〔註49〕 邱江波〈從輿論學角度看中國古代諍諫現象〉中談到宋代報紙事業萌芽，諍諫形式受新輿論形態的衝擊，到了清代報紙的力量更勝於朝臣，頁 45。

〔註50〕 馬空羣《中國監察制度史》，頁 238。

〔註51〕 事詳〔清〕張廷玉等修《明史》（北京：中華書局，1974 年），卷一百三十九〈李仕魯傳〉，頁 3988～3989。

〔註52〕 〔清〕張廷玉等修《明史》卷三百四〈宦官一〉，7786～6687。

〔註53〕 〔清〕王夫之曰：「抱劉越石之孤憤，而命無從致；希張橫渠之正學，而力不能企。幸全歸於茲丘，固銜恤以永世。」見王夫之《王船山詩文集‧自題墓石》（台北：河洛圖書出版社，1975 年），頁 116。

〔註54〕 余光明〈王夫之的民族愛國思想〉，《湘潭大學社會科學學報》1982 年第 4 期，

之作品多總結明王朝滅亡的歷史教訓、全面揭露和批評三千年專制政治體制之弊病〔註55〕；黃宗羲在明亡後撰有《明夷待訪錄》，書中「完全站在明朝的立場上來總結當時政治舉措的得失」〔註56〕，而「其著作之目的在於『期之於後王』，等待天下進入『治世』後有王者取而用之」〔註57〕，對於治世深具期待；顧炎武與王夫之、黃宗羲同為「清初三大儒」，除致力於學術研究之外，還親身參與反清行動，顧炎武「滿懷深摯的愛國主義熱情，認真總結明王朝覆滅的歷史教訓，重新審視中國傳統社會的經濟、政治和思想文化」〔註58〕，將一腔熱血展現在《日知錄》一書中，其自言：「別著《日知錄》，上篇經術，中篇治道，下篇博聞，共三十餘卷。有王者起，將以見諸行事，以躋斯世於治古之隆」〔註59〕，可見其「國家興亡，匹夫有責」之思。與清初三大儒相較之下，清廷朝臣的諍諫表現便相形失色，偶有突出者如：光緒年間的「翰林四諫」——張佩綸、張之洞、寶廷、黃體芳，皆以剛正不阿、主持清議、議論時政、糾彈大臣出名；至於民間議政思想及內容則不斷擴大，清末民初梁啟超、康有為、譚嗣同等人以「保國」、「保種」、「保教」為宗旨〔註60〕，傳皇帝、辦報紙、組學會，在種種困境中努力實踐國富民安的理想，重視朝臣諍諫時政的意義。

　　自司馬遷塑造、讚揚守法直諫之士的形象，諍諫之風倍受肯定，歷代忠諫之士因而受到讚譽、留名青史，而忠諫背後的愛國主義更帶動了生生不息的政治反省與制度革新，可以說司馬遷開啟了一個因愛國而陳言的良好典範，進而造就出傳統中國社稷為重、愛民利民的政治氛圍。

　　　　　頁 30。
〔註55〕蕭萐父、許蘇民〈王夫之政論發微〉（一）：「王夫之的政治思想，肇因於對明王朝滅亡之歷史教訓的總結。……他對明王朝滅亡教訓的總結不是停留在對明代政治之得失的總結，而是對全不中國史上民族盛衰興亡原因的總結，也使他對專制君主政治的批評不是停留在『孤秦』、『陋宋』的批判，而是對三千年專制政體的批判」，載《船山學刊》2002 年第 2 期，頁 5。
〔註56〕魚宏亮〈晚明政治危機與明夷待訪錄的寫作動機〉，《清史研究》2003 年第 4 期，頁 84。
〔註57〕魚宏亮〈晚明政治危機與明夷待訪錄的寫作動機〉，頁 84。
〔註58〕許蘇民〈顧炎武思想的歷史地位和歷史命運〉，《雲南大學學報》2006 年第 1 期，頁 11。
〔註59〕〔清〕顧炎武《亭林詩文集·亭林文集》（台北：臺灣商務印書館，1968 年），卷四〈與人書二十五〉，頁 117。
〔註60〕葉德輝輯著《覺迷要錄》（台北，台聯國風出版社，1970 年），卷四逆蹟類一〈保國會章程〉第九條，頁 1 右：「本會同志講求保國、保種、保教之事以為論議宗旨。」

第二節　經濟方面

　　先秦儒家重義輕利，道家義利兼去，法家雖主動談利，但將利做爲控制臣下的手段，很偏頗的將利局限在國家、國君之利，墨家以利爲其學說之中心，細究其利，仍不脫德性與仁政的內容，故先秦諸家在談到利的時候，總是將之與義做比較、分先後，直到司馬遷撰《史記》，才以一種理性的法則將利中的經濟概念獨立出來，從人性、民生、政治等角度分析利的功能與效益，指出物質經濟的必需性與迫切性，進一步提出發展經濟的方法與途徑，這樣開創性的思想與主張，對後世正視人生之欲與提出促進經濟發展造成了莫大的助益與影響。

一、正視人生之欲

　　與司馬遷同時代的董仲舒，繼承並嚴格化孔孟的義利觀，提出「正其誼不謀其利，明其道不計其功」的義利思想〔註 61〕，用來遏止人民追求物質利益的行動，對此，司馬遷承繼荀子與管仲之思想，提出與之相對立的觀點，而曰：「富者，人之情性，所不學而具欲者也」〔註 62〕，並將物質利益視爲禮義道德的基礎，而有「禮生於有而廢於無」〔註 63〕之論，這樣的義利觀對後世掀起波濤，一方面激起衛道人士的批駁與攻擊，另一方面則促進了學者對於人生存條件的重視與省思。東漢班彪、班固父子首開批評司馬遷追求富利思想之例，他們在《漢書・司馬遷傳》中稱司馬遷「述貨殖則崇勢利而羞貧賤」〔註 64〕，認爲此爲《史記》之「蔽」，加上司馬遷曾嘲笑過那些「無巖處奇士之行，而長貧賤，好語仁義」的儒生〔註 65〕，說他們「亦足羞也」，造成後世「罕言利」的學者文人大爲不滿，尤其宋代程朱理學盛行，在道德與經濟思想上重義輕利，如：邵雍曰：「取以利不以義，然後謂之爭，小爭交以言，大爭交以兵，……則亂矣」〔註 66〕，又曰：「天下將治，則人必尚義也；天下將亂，則人必尚利也；尚義則謙讓之風行焉，尚利則攘奪之風行

〔註 61〕　〔漢〕班固著，〔唐〕顏師古注《漢書》卷五十六〈董仲舒傳〉，頁 2524。
〔註 62〕　《史記》卷一百二十九《貨殖列傳》，頁 3271。
〔註 63〕　《史記》卷一百二十九《貨殖列傳》，頁 3255。
〔註 64〕　〔漢〕班固著，〔唐〕顏師古注《漢書》卷六十二〈司馬遷傳〉，頁 2738。
〔註 65〕　《史記》卷一百二十九〈貨殖列傳〉，頁 3272。
〔註 66〕　〔北宋〕邵雍《皇極經世書》（台北：中國子學名著集成編印基金會，1978年），〈觀物內篇〉之四，頁 167。

焉」〔註67〕，將求利視爲天下動亂的根源；二程與朱熹皆視人欲爲惡，必欲去之，程顥曰：「蔽於人欲，則忘天理」〔註68〕，程頤注《周易・損卦》卦辭曰：「先王制其本者，天理也。後人流於末者，人欲也，損之義，損人欲以復天理而已」〔註69〕，又曰：「人心私欲故危殆，道心天理故精微。滅私欲，則天理明矣」〔註70〕，朱熹則是說：「人之一心，天理存，則人欲亡；人欲勝，則天理滅。未有天理人欲夾雜者，學者須要於此體認省察之」，將「存天理，去人欲」的思想發揮到極致。在這種情況下，學者對司馬遷的重利思想便多有批評，其中對司馬遷責難最深者莫過於金代王若虛，他說：「〈貨殖傳〉云：『無巖處奇士之行，而長貧賤，好語仁義，亦足羞也』。貧賤而羞，固已甚謬，而好語仁義者又可羞乎？遷之罪不容誅矣！」〔註71〕此外宋代葉適亦曾指出司馬遷在〈貨殖列傳〉中對商人大加讚揚，是「殘民害政之術」，使得「天下之人所以紛紛焉，至今不能成德就義而求至於聖賢」。〔註72〕雖然從道德角度出發，士人們以義爲重而否定司馬遷的重利思想，然而就現實社會情勢的角度，後世學者不得不認同司馬遷對於人欲解析，以及利益爲生之基礎而不得廢棄的觀點，如：班彪父子雖開啓批判司馬遷之風，但其《漢書》中撰有〈食貨志〉，篇中將《洪範》八政統整爲「食」與「貨」兩概念，並肯定「二者，生民之本」〔註73〕，內容可說脫胎於〈平準書〉與〈貨殖列傳〉；宋代王安石講「人之情，不足於財，則貪鄙苟得，無所不至」〔註74〕，要求滿足人情，李覯則嘗試分析利欲，他說：

> 利可言乎？曰「人非利不生，曷爲不可言？」欲可言乎？曰「欲者人之情，曷爲不可言？言而不以禮，是貪與淫，罪矣。不貪不淫而曰不可言，無乃賊人之生，反人之情，世俗之不喜儒以此。

〔註67〕〔北宋〕邵雍《皇極經世書》〈觀物內篇〉之七，頁222。
〔註68〕收入〔北宋〕程頤著《二程全書・遺書》（台北：臺灣中華書局，1965年），卷十一，頁5左。
〔註69〕輯入〔南宋〕朱熹編，〔清〕張伯行集解《近思錄》（台北：臺灣商務印書館，1967年），卷五〈克治〉，頁170。
〔註70〕〔北宋〕程灝、程頤著，〔南宋〕朱熹編《河南程氏遺書》（台北：臺灣商務印書館股份有限公司，1968年），卷二十四〈鄒德久本〉，頁342。
〔註71〕〔金〕王若虛《滹南遺老集・史記辨惑》卷十二〈議論不當辨〉，頁74。
〔註72〕〔南宋〕葉適《葉適集・水心別集》（北京：中華書局，1961年），卷六《史記》頁721。
〔註73〕詳見〔漢〕班固著，〔唐〕顏師古注《漢書》卷二十四上〈食貨志上〉，頁1117。
〔註74〕〔北宋〕王安石《臨川集》卷三十九〈上仁宗皇帝言事書〉，頁4左。

〔註72〕

亦即人非利不生，利欲爲人之所有不可去，就連二程都不得不承認「人無利，直是生不得，安得無利」〔註76〕，朱熹亦曾有「撙節財用」〔註77〕之言論，無法全然脫離物質財貨而漠視人民、國家之用度。明清以降，人們對於人有情欲的想法逐漸開化，不再將情欲與道義絕對相反看待，甚至回頭去反思宋明理學下「去欲就理」的思想，明代高拱在《問辨錄》〔註78〕中大力批判宋明理學家迂腐的超功利主義，他擬問：「《大學》何以言生財？」將《大學》與財貨相接，又藉機託出《洪範》講食貨，《大禹謨》講厚生，最後點出「理財，王政之要務也」的主張；明末清初的王夫之說：「飲食男女之欲，人之大共也」〔註79〕，又說：「厭棄物則，而廢人之大倫矣」〔註80〕；清代唐甄反對禁欲道德主義，主張「人亦孰不欲遂其情」，認爲合理、自然的欲求，如：好色、好游、好財、好宮室都是「人之恆情」〔註81〕，戴震則曰：「無私，仁也；不蔽，智也。非絕情欲以爲仁，去心知以爲智也。是故聖賢之道，無私而非無欲」〔註82〕，直接批駁傳統以來以絕情欲爲仁義的觀念。鴉片戰爭以後，面對西方列強的侵略，富國強兵成爲當時志士仁人的奮鬥目標，於是人們更積極主動的認識、分析物質利益與人心生存之關係，並且將之與政治社會結合起來，提出拯救國家民族的方法，如：清末主張「師夷長技以制夷」的魏源，他認爲民富與國富是相輔相成的，因爲貧窮「使人不暇顧廉恥，則國必衰」〔註83〕，展現他對人性好利的認識；康有爲亦認爲「天生人必有情欲」

〔註72〕 〔北宋〕李覯《李泰伯先生文集》（台北：文海出版社有限公司，1971年），卷二十九〈原文〉，頁873。

〔註76〕 〔北宋〕程灝、程頤著，〔南宋〕朱熹編《河南程氏遺書》卷十八〈劉元承手編〉，頁238。

〔註77〕 〔南宋〕朱熹《晦庵先生朱文公文集》（台北：臺灣商務印書館，1979年），卷第二十六〈上宰相書〉，頁416：「撙節財用在於塞侵欺滲漏之弊。」

〔註78〕 〔明〕高拱《問辨錄》卷一〈大學改本〉，收入《景印文淵閣四庫全書》（台北：臺灣商務印書館，1983～1986年），第二○七冊，頁8。

〔註79〕 〔清〕王夫之《詩廣傳》（台北：河洛圖書出版社，1974年），卷二〈陳風四論〉之四，頁61。

〔註80〕 〔清〕王夫之《讀四書大全說》（台北：河洛圖書出版社，1974年），卷八〈梁惠王下篇〉，頁974。

〔註81〕 〔清〕唐甄《潛書》（台北：河洛圖書出版社，1974年），下篇上〈善游〉，頁150～151。

〔註82〕 〔清〕戴震《孟子字義疏證》（北京：中華書局，1982年），卷下〈權〉，頁53～54。

〔註83〕 〔清〕魏源《古微堂內外集・內集》（台北：文海出版社，1969年），卷三〈治

〔註84〕，人欲自天生，在這樣的論點上，他提出裕民的理想，於是在清末改革聲中「建議實行四大政策以改進人民的經濟生活，即重視農業，提倡工商，嘉惠商業，恤窮扶貧」以合於人性之思〔註85〕；梁啓超則十分贊同〈貨殖列傳〉中「人富而仁義附焉」之論〔註86〕，並舉「俄羅斯人苛待猶太人，而國以日貧；高麗臣子無積蓄，而國以日削」之反例，說明滿足人民的需求能使國家強盛。上述理論的提倡，歸結到底，皆出於人性好利，不得則亂的觀點。縱使到了今日社會，國民所得的增加亦是各國政府努力追求的目標，因為所得的多寡關乎百姓的生活幸福感，而幸福感的提升有助於國家的穩定發展，可以說司馬遷在《史記》中統整、闡發先秦、兩漢人性好利的觀點，促使後世的士人學者對於人生存條件有所省思，直至近世不再將物質利益與道德倫理相對而視，而能正視人生存的物質需求，並認可利益有助於道德之實踐的功能，使自古以來的義利觀點更貼合人性、符合潮流。

二、促進經濟發展

　　司馬遷雖然不是經濟學者，但他自家學、師承、經歷得來的知識，以及富民強國的目標，使得他對於經濟局勢相當的注意，他將自己的經濟觀點抒發在《史記》中，成為首開經濟思想的歷史典籍，楊啓高就曾言：

> 歷史思想及於經濟，是書（《史記》）蓋為創舉。〈貨殖列傳〉對於漁獵、農林、工商、貨幣，敘之特詳；蓋開《漢書》以下〈食貨志〉之先河。後《三通》諸史考經濟制度，則承此思想之後勁矣。〔註87〕

篇十四〉，頁 163。

〔註84〕〔清〕康有為著，蔣貴麟主編《康南海先生遺著彙刊》（台北：宏業書局，1976年），卷九〈禮運注〉，頁 67。

〔註85〕馬洪林〈康有為經濟進代化的構想及其價值〉，《上海師範大學學報》1991年第 1 期，頁 64。

〔註86〕梁啓超曰：「周禮有保富之義，泰西尤視富人為國之元氣。何以故？國有富人，彼必出其資本興製造等事，以求大利，製造既興，則舉國貧民皆可以仰糊口於工廠，地面地中貨，賴以層出。一國之貨財，賴以流通，故君子重之。晚近西國好善之風日益盛，富人之捐百數十萬，以興學堂醫院等事者，無地不有，無歲不聞。豈其性獨異人哉？毋異保富之明效也。故日人富而仁義附哉！」見梁啓超《飲冰室文集》（台北：臺灣中華書局，1983年），第二冊〈史記貨殖列傳今義〉，頁 39～40。

〔註87〕楊啓高《史記通論·類聚·史學》，轉引自楊燕起、陳可青、賴長揚彙集《史記集評》，頁 616。

由於這些觀點十分切實與有益，故《史記》不但是歷代史書的典範，其中的經濟思想，更成爲了後世富利政策的指導書與指南針。司馬遷的經濟思想中有許多獨到的論點，包括主張自由經濟、兼重農虞工商、重視生產管理、留心財政貨幣等，這些觀點從人性好利、需利爲出發點，兼之以愛民、富民思想，逐步發展成爲「善因論」、「末致本守論」與「貧富莫奪論」〔註 88〕，而對後世的經濟思想產生重大的影響。

　　「『善因』論是一種和『輕重』論不同的宏觀經濟管理思想，他反對封建國家對國民經濟的過多干預和控制，它的基本主張是放任」〔註 89〕，先秦時即有善因論的出現，最顯著的例子便是道家清靜無爲的思想，漢初黃老亦有「言治道貴清靜而民自定」的言論〔註 90〕，司馬遷在這樣的基礎上，提出他的善因理論——要求執政者放棄過多的政策干預，順應百姓發展經濟。這樣的觀點在君主專制政體中很難成爲主流，因爲此論容易折損統治者的既得利益，不過在新舊王朝交替之際，新統治者往往會有檢討前朝朝政之弊的舉動，以示自己政權的合理與正義，連帶著發布輕徭薄賦、與民休息之政策，是以善因論雖非主流，但它一直存在於古代專制體制中，並對士人學者產生影響，明朝大臣丘濬的「聽民自爲論」〔註 91〕，就是司馬遷善因論的延伸與補充。所謂聽民自爲，就是把求財利的活動看作是百姓個人的事，國家不要干預和控制，更不要由國家機關直接從事求財利的經濟活動，舉例來說：在土地管理上，丘濬「反對復井田」、「肯定土地私有權」、「主張聽任大地主以外之人自由獲取、買賣土地」〔註 92〕；在工商貿易上，丘濬「反對國家直接經營工商業」，「反對國家對私人工商業的種種限制」，「主張公私流通當事人以平等的身份在市場上公平交易和競爭」。〔註 93〕丘濬的「聽民自爲」理論除了承繼

〔註 88〕「善因論」、「末致本守論」和「貧富莫奪論」辭彙之使用，參考自韋葦《司馬遷經濟記思想研究》（西安：陝西人民教育出版社，1995 年），頁 125、133、154。

〔註 89〕石世奇〈司馬遷的善因論和對治生之學的貢獻〉，《北京大學學報》1989 年第 6 期，頁 64。

〔註 90〕《史記》卷五十四〈曹相國世家〉，頁 2029。

〔註 91〕蘇倩〈邱濬的聽民自爲論及其國民經濟管理思想〉：「丘濬繼承歷史上重民思想的傳統，……丘濬認爲，只要國家不干擾和不妨礙社會經濟活動，一切可獲取財利的經濟事業，放手讓人們去從事經營。這樣，社會經濟就會繁榮起來，經濟一繁榮，百姓自然就會富足。百姓富足國家財源才有保證。這種思想，即概括爲『聽民自爲』」，載《湖北大學學報》1988 年第 3 期，頁 104。

〔註 92〕此爲蘇倩〈邱濬的聽民自爲論及其國民經濟管理思想〉中之分析歸類，頁 106。

〔註 93〕此爲韋葦《司馬遷經濟思想研究》（西安：陝西人民教育出版社，1995 年），

司馬遷的善因思想，另一方面也幫司馬遷作出了補充，原因是司馬遷在談順應自然經濟時，僅談到「富者，人之情性」，求財好利是人的天性，故國家順天應人，不干涉經濟活動最有利於人，而丘濬則在這個前提之下，進一步強調「天下之大，由乎一人之積」〔註94〕，將個人之利與社會、天下之利結合起來，故「人人各得其分，人人各遂其願，而天下可平矣」〔註95〕，爲司馬遷的善因論在國家治平上做出嚴密的論證。

「末致本守論」是司馬遷「治生」理論，「『治生』一詞，本意是治家人生業，即獲得和積累私人財富」〔註96〕，顧名思義，司馬遷主張以末業——工商業致財，以本業——農業守成，中國在經濟概念上本爲重農抑商，而司馬遷的末致本守理論，不但維繫了對農業的重視，更展現了工商業的價值，提高了工商業的社會地位；此外司馬遷曾言：「無財作力，少有鬥智，既饒爭時」〔註97〕，並且在〈貨殖列傳〉中大讚計然、范蠡、子貢、白圭、猗頓等商人的智謀與道德，讓古代商人的形象轉而成爲可敬的對象，並開啓了正視商人的視角，促進了發展商業的動力。如：東漢末王充云：「百工皆賢人也」〔註98〕，並以經商爲喻說明聖賢的「先知」〔註99〕；唐代理財名相劉晏，「他利用商業經營原則和商人的作用來推行各項財政改革措施」〔註100〕；北宋歐陽修因深明商業對上下位者皆有利，故在〈通進司上書〉中主張執政者當「與商賈共利」〔註101〕，學者李覯則是反對官府專賣而主張「一切通商，官勿賣

第四章《司馬遷經濟思想對後世的影響》中之分析歸類，頁131。

〔註94〕　〔明〕丘濬《大學衍義補》卷二十〈總論理財之道上〉，收入《四庫全書珍本》（台北：臺灣商務印書館，1971年），頁16左。

〔註95〕　〔明〕丘濬《大學衍義補》卷二十〈總論理財之道上〉，收入《四庫全書珍本》，頁16左。

〔註96〕　趙靖〈論所謂治生之學〉，《江淮論壇》1983年第6期，頁67。

〔註97〕　《史記》卷一百二十九〈貨殖列傳〉，頁3272。

〔註98〕　〔東漢〕王充《論衡》（台北：臺灣中華書局，1965年），卷二十七〈定賢篇〉，頁3右。

〔註99〕　〔東漢〕王充《論衡》卷二十六〈知實篇〉，頁14右～14左：「賢聖之知，事宜驗矣。賢聖之才，皆能先知；其先知也，任術用數，或善商而巧意，非聖人空知。……東郭牙善意，以知國情，子貢善意，以得貨利。聖人之先知，子貢、東郭牙之徒也。與子貢、東郭同，則子貢、東郭之徒亦聖也。」

〔註100〕　談敏〈農本工商末思想的歷史演變〉，《上海社會科學院學術季刊》1985年第4期，頁115。

〔註101〕　〔北宋〕歐陽修《歐陽文忠公集‧居士集》（台北：臺灣商務印書館，1965年），卷四十五〈通進司上書〉，頁333。

買，聽其自爲」〔註102〕，王安石在變法十分重視運用商業經營原則來推行均輸、市場等經濟改革措施，甚至認爲「商賈之事，曲折難行」的保守派學者蘇軾，都曾上書批評使「農末皆病」的政策〔註103〕；南宋葉適發出重商的言論，主張「通商惠工，以國家之力扶持商賈，流通貨幣」〔註104〕，反對傳統的「重本抑末」，即只重農業、輕視工商的政策；明初大儒桂彥良曾建議國君在各行各業中延攬人才，他說：「古之俊才，或隱於耕釣版築，或出於商賈屠酤，皆足以興邦而名世」〔註105〕，肯定行商販賈者治國處世的能力，白鹿洞書院主事胡居仁亦曾曰：「農工商賈皆有用處，皆有益於世」〔註106〕；桂彥良、胡居仁的理論尚稱保守，更激進者如何心隱與李贄：

> 他們或者期待工商業者與封建士人一樣「人超之」、「人爲之」，最後
> 超然上升至「至聖」的至高無上地位。或者公開宣稱工商富人的發
> 財致富是「天之所與」的天經地意行爲，斷言「雖聖人不能無勢利
> 之心」，甚至把孔子與七十弟子之間的聖門關係，也看作是一種商品
> 交易行爲，……與追求財利的工商富人相提並論。〔註107〕

何、李二人的思想已超越司馬遷「四業並重」之論，甚至有商業凌駕於農業之上的趨勢。清代晚期因政治上內憂外患，尤其是鴉片戰爭的失敗，不但擊潰了清朝的軍事力量，也動搖了民族自信心，知識份子開始檢討傳統思想並提出改革而得出「向西方學習」的結論，一開始是盲目的仿傚西方製造炮艦、軍器和機械，直到一八七○末期，工商業在社會眼光中不但不輸於農業，甚至成爲救國危亡的重要途徑〔註108〕，這想必是司馬遷在倡言農、工、商、虞同

〔註102〕〔北宋〕李覯《李泰伯先生文集》卷十六〈富國策第十〉，頁498。

〔註103〕詳見〔北宋〕蘇軾著，孔凡禮點校《蘇軾文集》（三）（北京：中華書局，1986年），卷三十五〈乞免五穀力勝稅錢箚子〉，頁990。

〔註104〕〔南宋〕葉適《習學記言序目》（上冊）卷十九〈史記一〉，頁273。

〔註105〕〔明〕桂彥良〈上太平治要十二條〉收入〔明〕陳子龍等編《皇明經世文編》（三）（台北：國風出版社，1964年），卷七，頁193～194。

〔註106〕〔明〕胡居仁《居業錄》（一）（台北：臺灣商務印書館，1966年），卷五〈古今第五〉，頁63。

〔註107〕談敏〈農本工商末思想的歷史演變〉，《上海社會科學院學術季刊》1985年第4期，頁117。

〔註108〕胡寄窗云：「人們終於了解到商務的重要並大加宣傳，以爲這才是使一個國家轉弱爲強、轉貧爲富的最好途徑。因此至八十年代中期，對外從事『商戰』成爲最時髦和普遍接受的方針。」見胡寄窗《中國經濟思想簡編》（北京：中國社會科學出版社，1981年），頁451。

爲「衣食之原」時，始料未及的。

「貧富莫奪論」來自於司馬遷：「原大則饒，原小則鮮。上則富國，下則富家。貧富之道，莫之奪與，而巧者有餘，拙者不足」〔註109〕之語，其思想本源仍爲善因論。司馬遷認爲「富者，人之情性，所不學而俱欲者也」，「千乘之王，萬家之侯，百室之君，尙猶患貧，而況匹夫編戶之民乎！」〔註110〕就因爲追求富利是人的天性，連王侯封君都害怕貧窮，己所不欲，勿施於人，若執政者剝奪百姓的財富，實在是違背天理人情，況且富人之所以成富，不見得都是靠著「爵邑奉祿弄法犯姦而富」〔註111〕，許多人是刻苦自勵，「任其能，竭其力」〔註112〕，「盡椎埋去就，與時俯仰，獲其贏利」的〔註113〕，如：治生之祖白圭日常生活「能薄飲食，忍嗜欲，節衣服，與用事僮僕同苦樂」〔註114〕，宣曲任氏自身「折節爲儉，力田畜」〔註115〕，其後世子孫皆遵守「非田畜所出弗衣食，公事不畢則身不得飲酒食肉」的家規〔註116〕，加上富者中不乏「富好行其德者」，如：致金濟窮的范蠡、富而尊師的子貢、獻牛救國的弦高，在在顯示「人富而仁義附焉」之例，在這些因素之下，司馬遷不認爲富人可恨、可憎，因此他在《史記》中爲富人辯護，而對後世「反抑商賈」和「反抑兼併」產生了深遠的影響。宋代寶元年間，朝廷對西夏用兵，軍旅支出龐大，國家財政窘困，歐陽修因此上書言事，希望「革弊救時」，其言包括「通過通漕運、盡地利、權商賈、輕賦役的措施，來解決國家財用不足的問題」〔註117〕，其中「權商賈」主是建議國家減少國家專賣貨物的數量，允許商販個人買賣，而國家對其收稅，以促進貨物流通，增進稅收。北宋司馬光在反動王安石變法運動時，針對王安石的「摧抑兼併，均濟貧乏」〔註118〕的改革方針提出反駁，他認爲人之有窮

〔註109〕《史記》卷一百二十九〈貨殖列傳〉，頁 3255。
〔註110〕同上註，頁 3271。
〔註111〕同註 109，頁 3281。
〔註112〕同註 109，頁 3254。
〔註113〕同註 109，頁 3281。
〔註114〕同註 109，頁 3259。
〔註115〕同註 109，頁 3280。
〔註116〕《史記》卷一百二十九〈貨殖列傳〉，頁 3280。
〔註117〕田巨峰〈歐陽修的改革思想〉，《松遼學刊》1986 年第 2 期，頁 61。
〔註118〕胡寄窗分析王安石改革的當務之急，其一爲「『形勢之家』與中小地主間的矛盾。當時所謂『形勢之家』，包括官僚地主及『富工』、『豪賈』。官僚地主集團自己的兼營商業，並勾結富工豪賈，不僅對佃農及小商業者從事殘酷的剝削和壓榨，連中小地主階層也成了被侵奪的對象。因此如何『摧抑兼併，均濟貧乏』

富之分，不是政府剝削造成，而是由於的人的才智與勤儉與否〔註 119〕，這種理論與司馬遷的想法十分相近，此外，司馬光還提出富人、貧人「彼此相資以保其生」的理論〔註 120〕，並指出「貧者既盡，富者亦貧」〔註 121〕，則「若不幸國家有邊隅之警，興師動眾，凡粟帛軍須之費，將從誰取之」的隱憂〔註 122〕，可看出司馬光維護富人權益而反抑兼併之舉。南宋功利主義者葉適〔註 123〕，他與司馬遷思想相通之處在於反對國家聚斂與批判輕末思想之上，葉適責備歷史上以經濟政策為國君充盈國庫之臣，表達他對國家斂財於百姓的不滿，他說：「王政之壞，始於管仲而成於鞅、斯，……桑弘羊之於漢，又管仲、商鞅所不忍為。至唐之衰，取民無所不盡，又有弘羊所不屑為壞之也」〔註 124〕，又對於商業，葉適「曾引用了許多歷史事實以證明在春秋以前不存在抑末思想，並總結說：『夫四民交致其用而後治化興，抑末厚本，非正論也』」〔註 125〕，直白地反抗自古以來重農抑商的思想。自宋以後，「重本抑末」和「抑制兼併」的傳統思維受到更多的質疑與反對，社會經濟逐漸開放自由，某種程度展現了司馬遷在〈貨殖列傳〉中順其自然、莫之與奪的經濟思想。

第三節　修養方面

　　司馬遷講究人格的修養，對於成就道義不惜捨利取義、捨死取義，甚至

　　　　成為他改革的重要內容之一。」見胡寄窗《中國經濟思想簡編》，頁 306。

〔註 119〕〔北宋〕司馬光在《溫國文正公文集》（台北：臺灣商務印書館，1965 年），卷第四十一〈乞罷條例司常平使疏〉，頁 332：「夫民之所以貧富者，由其材性愚智不同。富者智識差長，憂深思遠，寧勞筋苦骨，惡衣菲食，終不肯取債於人，故其家常有贏餘而不至狼狽也。貧者皆窳偷生，不為遠慮，一醉日富，無復贏餘，急則取債於人，積不能償，至於鬻妻賣子，凍餒填溝壑而不知自悔也。」

〔註 120〕〔北宋〕司馬光在《溫國文正公文集》卷第四十一〈乞罷條例司常平使疏〉，頁 332。

〔註 121〕〔北宋〕司馬光在《溫國文正公文集》卷第四十一〈乞罷條例司常平使疏〉，頁 332。

〔註 122〕〔北宋〕司馬光在《溫國文正公文集》卷第四十一〈乞罷條例司常平使疏〉，頁 332。

〔註 123〕侯家駒《中國經濟思想史》（台北：中華文化復興運動推行委員會，1982 年），頁 328：「兩宋功利派頗多健將，惟於經濟思想上，北宋以李覯最為出色，南宋則以陳亮、葉適為主。」

〔註 124〕摘錄於〔宋〕黃震《黃氏日抄》卷六十八〈讀文集水心文・管子〉，頁 759。

〔註 125〕胡寄窗《中國經濟思想簡編》，頁 351。

捨生取義，但他也強調「利」可分爲許多層面，其中生存所須之利是不可忽視或捨棄的，此外，在義、利不衝突的情況下，求利有助於義的實踐，對於士大夫而言，求利的途徑便是入朝仕進，藉由爲官所得的財富與力量幫助社會、國家更爲安定富庶，司馬遷這種義利相兼的修養論對後世造成的影響，可從「主動求取利益」與「傾心治國益世」兩方面來探討。

一、主動求取利益

　　《孟子・滕文公上》中載孟子與陳相之言，主要在批駁「爲神農之言」的許行學說，許行主張「必種粟而後食」，認爲人人都應該自給自足，哪怕是國君、天子亦當爲之，故其與其徒「皆衣褐，捆屨、織席以爲食」。〔註126〕孟子則認爲這個世界「有大人之事，有小人之事」〔註127〕，所謂大人之事是君子之事，主勞心，是治人；小人之事是百姓之事，主勞力，是治於人，也就是不是所有人都應該自治生業，這樣言論將君子、小人劃出階層，十分符合封建體制的需求，而受到普遍的認可，故古代士人主要致力於進德修業，「不治家人生業」。司馬遷身爲漢代士人，卻不認爲君子、士人的地位是無條件特別崇高，他在《史記・游俠列傳》中將「鄉曲之俠」和「閭巷之儒」相比較，俠客能「救人於緦，振人不贍」〔註128〕，閭巷之儒僅「讀書懷獨行君子之德」〔註129〕，而得出俠客勝於儒者的結論，由此可知司馬遷認爲人要能夠展現自己的價值，生而爲人「若至家貧親老，妻子軟弱，歲時無以祭祀進醵，飲食被服不足以自通，如此不慚恥，則無所比矣」〔註130〕，也就是說，縱使是道德之士、飽學之人，仍要對自己的生活、家庭負責，更何況「倉廩實而知禮節，衣食足而知榮辱」，「禮生於有而廢於無」，「君子富，好行其德」，物質利益是實踐道德倫理的基礎，是以不能偏廢。司馬遷重利的態度，雖然自班固起而批評，但不能否認的是，司馬遷的義利兼重觀點比起傳統士大夫「重義輕利」思想更貼近人性，使得後世士人不論養身或治民的層面上，皆能正視物質利益，甚至能夠主動治生，「道食兼重」。

　　自西漢經學大師董仲舒「正其誼不謀其利，明其道不計其功」之論問世，

〔註126〕〔南宋〕朱熹著《四書集註・孟子》卷五〈滕文公章句上〉，頁607。
〔註127〕〔南宋〕朱熹著《四書集註・孟子》卷五〈滕文公章句上〉，頁610。
〔註128〕《史記》卷一百三十〈太史公自序〉，頁3318。
〔註129〕《史記》卷一百二十四〈游俠列傳〉，頁3181。
〔註130〕《史記》卷一百二十九〈貨殖列傳〉，頁3272。

以及漢武帝「罷黜百家，獨尊儒術」，以政治力量干預學術傾向之後，儒家重
義輕利思想快速漫延，桓寬《鹽鐵論》云：「君子懷德，小人懷土。賢士徇名，
貪夫死利」〔註131〕，將取利視為小人的行徑，又說：「示民以利，則民俗薄。
俗薄則背義而趨利，趨利則百姓交於道而皆於市」〔註132〕，慨然否定利的功
能；東漢時尤重氣節，士大夫皆以立德為依歸，然而，縱使是在禮法謹然的
風氣中，還是有人能從人性為出發點來省思義利問題，東漢哲學大師王充在
他的《論衡》中說：「修身行道，仕得爵祿富貴，得爵祿富貴則去貧賤矣。不
以其道去貧賤如何？毒苦貧賤，起為奸盜，積聚貨財，擅相官秩，是為不以
其道」，又說：「夫富貴者人之所欲也，不以其道得之不居也，故君子之於爵
祿，有所辭有所不辭」〔註133〕，他與司馬遷一樣肯定人生有欲，欲而不得則
「起為奸盜」，故贊成讀書人努力以正道，即讀書仕進，以取得爵祿富貴。

　　宋代以降，肯定「利」之存有與必須者漸多，他們以批判前人重義不重
利的思想來突出、解釋「利」的重要性，如：北宋王安石作〈楊墨〉〔註134〕，
批墨子「摩頂放踵以利天下」為「不仁」，楊朱「利天下拔一毛而不為」是「不
義」，並謂「是以學者之事必先於己，其為己有餘而天下之勢可以為人矣，則
不可不為人。故學者之於學也，始不在於為人，而卒以能為人也」，正視自身
之利益需求；南宋葉適亦批評董仲舒「仁人正誼不謀利，明道不計功，此語
初看極好，細看全疏濶，……後世儒者，行仲舒之論，既無功利，則道義者
乃無用之虛語爾」〔註135〕，隱含利為義的基礎思想；至於北宋李覯的義利觀
點，可以說直承司馬遷而來，李覯倡言利、欲之天性人情，而視孟子言論為
偏激之辭。值得注意的是，宋代理學興起，許多學者根據義利問題提出「天
理」、「人欲」存去之辯，但就算是理學道統大家的程顥與程頤，都承認「人
無利，直是生不得，安得無利？」〔註136〕，就連「聖人於利，不能全不較論」，
只是「不至妨義耳」。〔註137〕至此，可以說不排除生存之利而談修道行德，已

〔註131〕〔西漢〕桓寬著，〔清〕張敦仁考證《鹽鐵論》（台北：世界書局，1958年），
　　　　　第十八〈毀學〉，頁21。
〔註132〕〔西漢〕桓寬著，〔清〕張敦仁考證《鹽鐵論》第一〈本議〉，頁1。
〔註133〕〔東漢〕王充《論衡》卷九〈問孔〉，頁3左～右。
〔註134〕〔南宋〕佚名《歷代名賢確論》卷三十七〈楊墨〉錄〔北宋〕王安石評〈楊
　　　　　墨之道〉，收入《景印文淵閣四庫全書》（台北：臺灣商務印書館，1983～1986
　　　　　年），第687冊，頁269～271。
〔註135〕〔南宋〕葉適《習學記言序目》（上冊）卷二十三〈漢書三〉，頁324。
〔註136〕〔北宋〕李覯《李泰伯先生文集》卷二十九〈原文〉，頁873。。
〔註137〕〔北宋〕程頤《二程全書・外書》卷七〈胡氏本拾遺〉，頁4左。

成爲大多數士人學者之共識。

　　明清以後，隨著貿易的更爲暢行，讀書人的思想更爲先進前衛，明代李贄說：「夫欲正義，是利之也；若不謀利，不正可矣」〔註138〕，將謀利視爲理所當然，明末陳第則曰：「義乃道理，利乃貨財也」〔註139〕，又曰：「義即在利之中，道理即在貨財之中」〔註140〕，肯定義理在「貨財之中」；清初顏元更是激進，他說：「世有耕種而不謀收獲者乎？世有荷網持鈎而不計得魚者乎？……蓋正誼便謀利，明道便計功」〔註141〕，又說：「全不謀利計功，是空寂，是腐儒」〔註142〕，反將不謀功利視爲錯誤、劣行，他還在《四書正誤》中〔註143〕，矯正董仲舒「正其誼不謀其利，明其道不計其功」的偏頗，直指董氏此句經朱熹列爲「白鹿洞書院教條」之一，間接虛擲後世無數知識分子的才智，無法爲國族之富強壯大做出更大的貢獻，肇下漢族積弱積貧而兩度爲異族征服的禍端；之後有王夫之曰：「立人之道曰義，先人之用曰利。出義入利，人道不立；出利入害，人用不生」〔註144〕，嚴復曰：「義利合，民樂從善，而治化之進不遠」〔註145〕，皆將利作爲知義、行義的必要條件，綜上而論，司馬遷以士人身份關注、肯定利益議題，得到了後世士人學者的認同與承繼，在歷史的洪流中終不掩滅。

　　受到傳統「重義輕利」和「學而優則仕」思想的影響，知識份子對「治生」問題關注甚微，直到司馬遷在〈貨殖列傳〉中指出許多讀書人「無嚴處奇士之行，而長貧賤，好語仁義」的弊病〔註146〕，才使得後世士人開始檢討

〔註138〕〔明〕李贄《李溫陵集》（台北：文史哲出版社，1971年），卷九雜述〈無爲說〉，頁493。

〔註139〕〔明〕陳第《一齋集・松軒講義》〈義利辨〉收入《四庫禁燬書叢刊》（北京：北京書版社，2000年），集部第五十七冊，頁261。

〔註140〕〔明〕陳第《一齋集・松軒講義》〈義利辨〉收入《四庫禁燬書叢刊》集部第五十七冊，頁261。

〔註141〕〔清〕鍾陵《顏習齋先生言行錄》（台北：臺灣商務印書館，1966年），卷下〈教及門〉第十四，頁43。

〔註142〕〔清〕鍾陵《顏習齋先生言行錄》卷下〈教及門〉第十四，頁43。

〔註143〕〔清〕顏元《四書正誤》卷一〈大學〉，收入《叢書集成三編》（台北：新文豐出版公司，1996年），第十冊，頁295～297。

〔註144〕〔清〕王夫之著，王孝魚點校《尚書引義》（北京：中華書局，1962年），卷二〈禹貢〉，頁36。

〔註145〕〔清〕嚴復著，王栻主編《嚴復集》（北京：中華書局，1986年），第四冊〈原富〉按語，頁858～859。

〔註146〕《史記》卷一百二十九〈貨殖列傳〉，頁3272。

省思治生之學，起而在修養德行的同時亦自營生計。宋元之際的許衡便反對傳統觀念中「士人不治家人生業」的觀點，他說：「爲學者治生最爲先務，苟生理不足，則於爲學之道有所妨」〔註147〕，提出治生是讀書人首先要做的事，至於如何治生呢？許衡說：「治生者，農、工、商、賈而已」〔註148〕，明確指出「若以教學與作官規圖生計，恐非古人之意也」〔註149〕，一方面肯定自司馬遷而來的「四業並重」思想，一方面把教學、作官的動機單純化，排除因收賄貪汙、巧取豪奪的方式以求得生計之法。明清之際，張履祥和張英在耕讀相兼上有重要的理論問世。張履祥爲明清時著名理學家，明亡後拒不出仕，靠教書與田產度日，這使他在農業經營和土地管理上所有研究，其著有〈補農書〉、〈賃耕末議〉和〈授田額〉等討論治生問題之專著。〔註150〕張履祥贊成許衡學者當以治生爲先的觀點，而言：「學者以治生爲急」〔註151〕，至於如何治生，錢穆認爲大體有「出家、行醫、務農、處館、苦隱、游幕、經商」〔註152〕這幾種，可見張履祥亦跳脫傳統讀書人以仕宦爲謀生的唯一途徑思考模式。張英爲康熙朝重臣，他曾撰寫〈恒產瑣言〉〔註153〕「來教誡子孫認識『守田』的重要意義」〔註154〕，他套用孟子「有恒產者有恒心」之言〔註155〕，說明人需有經濟基礎才能有更大發展的道理，至於選擇地產作爲治生之本，在於地產不易損壞、不憂水火盜賊之患、收益風險極小、地租收入

〔註147〕〔元〕許衡《魯齋遺書》卷十三〈通鑑〉，收入《北京圖書館古籍珍本叢刊》（北京：書目文獻出版社，1988年），91集部：金元別集類，頁435。

〔註148〕〔元〕許衡《魯齋遺書》卷十三〈國學事蹟〉，收入《北京圖書館古籍珍本叢刊》91集部：金元別集類，頁443。

〔註149〕〔元〕許衡《魯齋遺書》卷十三〈國學事蹟〉，收入《北京圖書館古籍珍本叢刊》91集部：金元別集類，頁443。

〔註150〕張天杰〈張履祥遺民與儒者的雙重身份及其人生抉擇〉：「他（張履祥）撰寫總結杭嘉西湖一帶農業生產經驗與農業管理思想的著作——《補農書》，還有在《賃耕末議》、《授田額》等相關論著中討論田制、租賃，這些都具有濟世的現實意義」，載《湖南大學學報》第23卷第6期（2009年），頁40。

〔註151〕〔清〕蘇惇元記張履祥轉化許衡之言而曰：「許魯齋有言『學者以治生爲急』」，來論證自己「治生以稼穡爲先」的理論。見蘇惇元《張楊園先生年譜》（台北：廣文書局，1971年），〈大清順治四年丁亥先生年三十七〉，頁12右。

〔註152〕錢穆《國史大綱》，頁850～851。

〔註153〕〔清〕張英《恒產瑣言》，收入《百部叢書集成初編》（台北：藝文出版社，1968年），三十五《藝海珠塵·匏集》，頁1～13。

〔註154〕郭長華〈張英家訓思想初論〉，《湖北大學學報》第32卷第1期（2005年），頁109。

〔註155〕〔南宋〕朱熹著《四書集註·孟子》卷五〈滕文公章句上〉，頁598。

又比商業或借貸正當，此爲他與許衡、張履祥的不同之處，不過三人以士人之姿而重視自我營生的作爲，可以說不同程度的接受了司馬遷不爲無作力、長貧賤之士的思想。

二、傾心治國益世

〈太史公自序〉載司馬談在臨終前曾殷殷囑咐司馬遷努力爲官、著史，所以司馬遷自進入士林後，便欲成爲一個有益家邦的臣子，天漢三年（前98），司馬遷遭遇李陵事件，下處蠶室，面對宮刑後的自己，他在〈報任安書〉中屢次自言己身是「刑餘之人」、「掃除之隸」，然而他卻「隱忍苟活，函糞土之中而不辭」，「自湛溺累解紲之辱」〔註156〕，是因爲《史記》一書尚未完成，所以他「忍辱發憤」，藉由撰寫《史記》，一方面建立自我價值，更重要的是承繼自《春秋》以來以褒貶喻時政的筆法，「明三王之道，下辨人事之紀，別嫌疑，明是非，定猶豫，善善惡惡，賢賢賤不肖，存亡國，繼絕世，補敝起廢」〔註157〕，爲漢之治提供一個遵循的依據。司馬遷的積極治國益世的精神，成爲後代士人不論窮達皆以國家爲先的典範，尤其是仕途困窘、國家危急之時，士人或「著書以明志」，或「起論以救國」，不以獨善其身爲滿足，而以「不仕無義」爲依歸。

唐代詩人中「詩聖」杜甫和「詩仙」李白皆爲積極仕進之士，杜甫年幼即以「致君堯舜上，再使風俗淳」爲志〔註158〕，可惜他舉試不第，向皇帝獻賦、向貴人投贈都沒有受到重視，此後杜甫將憂國憂民之思轉化爲詩歌作品，如：在〈兵車行〉〔註159〕、〈麗人行〉〔註160〕中批評時政、諷刺權貴，以「三吏」、「三別」反應安史之亂百姓流離失所、飽受徭役之苦〔註161〕，尤其是晚年在湖南的生活，杜甫有感於「斯文憂患餘，聖哲垂象繫」〔註162〕，「他要

〔註156〕〔漢〕班固著，〔唐〕顏師古注《漢書》卷六十二〈司馬遷傳〉，頁2733。

〔註157〕《史記》卷一百三十〈太史公自序〉，頁3297。

〔註158〕〔唐〕杜甫著，〔清〕錢謙益注《杜工部集註》（台北：新文豐出版股份有限公司，1979年），卷一〈奉贈韋丞丈二十二韻〉，頁1右。

〔註159〕〔唐〕杜甫著，〔清〕錢謙益注《杜工部集註》卷一〈兵車行〉，頁7左。

〔註160〕〔唐〕杜甫著，〔清〕錢謙益注《杜工部集註》卷一〈麗人行〉，頁19左～20右。

〔註161〕「三吏」指的是〈新安吏〉、〈潼關吏〉、〈石壕吏〉，因皆有「吏」字，故合稱爲三吏；「三別」指的是〈新婚別〉、〈垂老別〉、〈無家別〉，因皆有「別」字，故合稱爲三別。收入《杜工部集註》卷二，頁23左～27右。

〔註162〕〔唐〕杜甫著，〔清〕錢謙益注《杜工部集註》卷八〈宿鑿石浦〉，頁11左。

像司馬遷在〈報任安書〉中說的那樣，把自己的詩視爲憂患中的發憤之作」〔註163〕，一方面以詩歌抒解病苦生活，更重要的是將當時社會的景況描摹下來，希冀執政者能體恤民情、救民水火，是以他在病中仍掙扎作詩，耕筆不輟，展現他對興朝濟世的熱切與對生靈塗炭的悲憫，而獲得後世詩聖、詩史之尊稱。詩仙李白青年時鑽研道術、喜好遊歷，「開元十三年，李白二十五歲。他懷著對自己才能和政治前途的高度自信，『仗劍去國，辭親遠遊』」〔註164〕，然而他的遭遇與杜甫一樣，皆不得上位者的重用，但李白依舊「撫劍夜吟嘯，雄心日千里」〔註165〕，除了在安史之亂後應邀成爲永王李璘的幕僚，亦將一腔的熱情展現在詩歌當中，他對自己充滿信心，常將自己比喻成「斗轉而天動，山搖而海傾」的大鵬鳥〔註166〕，說「大鵬一日同風起，扶搖直上九萬里。假令風歇時下來，猶能簸卻滄溟水」〔註167〕，將政治上的不得意看作是一時的，而他終究能像東晉謝安一樣，「但用東山謝安石，爲君談笑靜胡沙」〔註168〕，輕而易舉地爲國家平定戰亂、安定民生，明白的表達他對自身能力的肯定與欲爲國效力的眞心。

北宋時，遼與西夏輪番侵邊，范仲淹等人起而改革，史稱「慶曆新政」，然而變法終究失敗，新黨中堅歐陽修等皆因此被貶，但歐陽修沒有因此頹然喪志，有鑑於當時：

> 故老遺俗，往往垂絕，無能道說者，史官秉筆之士，或文采不足以
> 耀無窮，道學不足以繼述作，使五十有餘年間，廢興存亡之跡，奸
> 臣賊子之罪，忠臣義士之節，不傳於後世，來者無所考焉。〔註169〕

他「慨然以自任」，起筆撰寫《五代史記》，其「褒貶義例，仰師《春秋》，由遷、固而來」〔註170〕，欲以撰史的形式，褒貶的筆法，對北宋執政者做出一番諷喻，並寄託他對北宋長治久安的想望，此與司馬遷著《史記》之原由可

〔註163〕 樊維綱〈「斯文憂患餘，聖哲垂象繫」──杜甫在湖南的詩歌創作〉，《杭州師院學報》1984 年第 4 期，頁 28。

〔註164〕 馬積高、黃鈞編《中國古代文學史》（二）（台北：萬卷樓圖書股份有限公司，1998 年），頁 99。

〔註165〕 〔唐〕李白《李太白集》（台北：臺灣商務印書館，1968 年），卷十一〈贈張相鎬二首〉其二，頁 109。

〔註166〕 〔唐〕李白《李太白集》卷一〈大鵬賦〉，頁 2。

〔註167〕 〔唐〕李白《李太白集》卷十〈上李邕〉，頁 70。

〔註168〕 〔唐〕李白《李太白集》卷八〈永王東巡歌十一首〉其二，頁 30。

〔註169〕 〔北宋〕陳師錫《五代史記·序》（台北：臺灣中華書局，1965 年），頁 1 右。

〔註170〕 〔北宋〕陳師錫《五代史記·序》，頁 1 右。

說是極為相似。南宋愛國詩人陸游也曾受到司馬遷的影響，陸游之子在〈渭南文集跋〉中說：「先太史之文，於古則《詩》、《書》、《左氏》、《莊》、《騷》、《史》、《漢》，於唐則韓昌黎，於本朝則曾南豐，是所取法」〔註171〕，其亦自言：「載筆敢言宗《史》、《漢》」〔註172〕，陸游作為宋詩史上一代大家，曾經轉益多師，其中《史記》是他師法的重要對象之一，其中的治國益世思想更是對陸游影響深遠。在南宋的對外政策中，陸游一直是堅定的主戰派，這與執政者的思想背道而馳，故其一直受到當權的忽視、同僚的排擠，但陸游的愛國之情至死不渝，他不斷的表達自己「一身報國有萬死」的決心〔註173〕，哀嘆自己還未替國家取回故土卻「鏡中衰鬢已先斑」〔註174〕的傷感，縱使「病骨支離紗帽寬」，「位卑未敢忘憂國」，病重之際仍將忠義表率的《出師表》「夜半挑燈更細看」〔註175〕；可嘆的是終陸游一生，南宋皆無法恢復中原、返其舊都，於是他在〈示兒〉詩中諄諄交待：「死去原知萬事空，但悲不見九州同。王師北定中原日，家祭無忘告乃翁」〔註176〕，真切地承襲了司馬遷積極用事、愛國愛君之思。

司馬遷審視政治、關懷民生的思想與作為，也影響了明末清初的經世致用之學。滿清以外族身份入關據有中原，時明朝遺臣中頗有砥行勵節而不願降清之士，如：清初三大儒顧炎武、王夫之和黃宗羲，面對國仇家恨，他們先是投入反清復明的行動當中，像是黃宗羲曾聚集故鄉子弟數百人組成「世忠營」，抵抗清兵南下，顧炎武也曾率義兵在昆山抗擊清軍，王夫之則是參與過衡山方廣寺的抗清活動，然而他們的反抗行動皆歸失敗，在復國無望又不欲接受清廷招降的情況之下，明朝遺民開始藉由撰著明代歷史，總結、省思明王朝滅亡的原因，故明末清初學者大都躬身研究明史，如：黃宗羲著有《行朝錄》〔註177〕、《明儒學案》〔註178〕，顧炎武著有《聖安本紀》〔註179〕、《明

〔註171〕〔南宋〕陸子遹〈渭南文集跋〉收入〔清〕陸心源編《皕宋樓藏書志・續志》（十五）（台北：廣文書局，1968年），卷八十七集部，頁3859。

〔註172〕〔南宋〕陸游著，錢仲聯校注《劍南詩稿校注》（上海：上海古籍出版社，1985年），卷五十三〈書志示子聿〉頁3125。

〔註173〕同上註，卷十四〈夜泊水村〉，頁1136。

〔註174〕同註172，卷十七〈書憤〉，頁1346。

〔註175〕同註172，卷七〈病起書懷〉，頁578。

〔註176〕同註172，卷八十五〈示兒〉，頁4542。

〔註177〕〔清〕黃宗羲《行朝錄》，收入《中國野史集成》（成都：巴蜀書社，1993年），第32冊，頁236～262。

〔註178〕〔清〕黃宗羲《明儒學案》（北京：中華書局，1985年）。

季實錄》〔註180〕，王夫之著有《永曆實錄》〔註181〕，還有談遷的《國榷》
〔註182〕、張岱的《石匱書》〔註183〕和《石匱書後集》〔註184〕、計六奇的《明
季北略》〔註185〕和《明季南略》〔註186〕，他們從爬梳歷史的過程中分析明
朝政治的利弊，並「試圖通過著書立說，寄託自己的政治理想和故國感情」
〔註187〕，此與司馬遷之著史立說的原由一致不二。司馬遷從愛國忠君、立身
行孝出發，生發造福國家生民、建立自身價值的觀念，本來這些目標都能藉
由立朝為官而實現，然而宮刑之辱導致司馬遷無法再立朝堂、當廷論事，故
其報國立身之思轉而成為撰著《史記》之力，從而對後世為國效力的形式有
所開展，更促發了更多優秀的文學、史學作品，延續了中國士人治國益世為
己任的思想。

第四節　文學方面

　　司馬遷在《史記》中從不隱藏他厭惡勢利之人、崇拜俠義之士的情感，
他運筆行文之際往往對勢利之人加以嘲諷，對俠義之士則大加讚美，這樣的
筆法與態度對後世的文學起了重要的影響，一是讓諷刺文學有所深化，二是
開創了俠義小說之源。

一、深化諷刺文學

　　諷刺筆法由來已久，如：《詩經‧魏風》中的〈伐檀〉〔註188〕、〈碩鼠〉

〔註179〕〔清〕顧炎武《聖安本紀》（台北：臺灣商務印書館，1973年）。
〔註180〕〔清〕顧炎武《明季實錄》（台北：華文出版社，1968年）。
〔註181〕〔清〕王夫之《永曆實錄》，收入《中國野史集成》（成都：巴蜀書社，1993年），第34冊，頁206～318。
〔註182〕〔清〕談遷著，張宗祥校點《國榷》（北京：中華書局，1958年）。
〔註183〕〔清〕張岱《石匱書》（上海：上海古籍出版社，2002年）。
〔註184〕〔清〕張岱《石匱書後集》（上海：上海古籍出版社，2002年）。
〔註185〕〔清〕計六奇《明季北略》，收入《中國野史集成》（成都：巴蜀書社，1993年），第36冊，頁1～420。
〔註186〕〔清〕計六奇《明季南略》，收入《中國野史集成》（成都：巴蜀書社，1993年），第36冊，頁421～750。
〔註187〕姜勝利〈清初的經世致用史學思想〉，《天津社會科學》（1991年第3期），頁67。
〔註188〕（西周）佚名著，〔西漢〕鄭玄箋《毛詩》卷五〈魏風‧伐檀三章章九句〉，收入《名家斷句十三經古注‧毛詩》（台北：新文豐出版股份有限公司，1976

〔註189〕，是百姓對執政者任意剝削、欺壓的揭露與嘲諷，〈邶風‧新臺〉〔註190〕、〈陳風‧株林〉〔註191〕、〈齊風‧南山〉〔註192〕，則分別對衛宣公、陳靈公和齊襄公荒淫無道的行為加以批評；先秦諸子中，孔子撰有《春秋》，「善善惡惡，賢賢賤不肖」〔註193〕，采善貶惡，一字褒貶；孟子、莊子喜愛以故事說理，《孟子‧離婁下》有「齊人有一妻一妾」〔註194〕、《莊子‧外物》篇有「儒以詩禮發冢」〔註195〕之寓言故事；屈原「疾王聽之不聰也，讒諂之蔽明也，邪曲之害公也，方正之不容也，故憂愁幽思而作離騷」〔註196〕，逐步建立起「刺譏以匡世」的諷刺目的。到了漢代，漢賦靡麗浮誇的面貌下，隱藏著對時政的諷諫勸善。到了《史記》之時，不但承繼了自先秦以來的刺譏以匡世的精神，還將此文學筆法發揮得豐富多彩。例如：司馬遷以仁義為出發點，否定勢利、自私之人物與行為，故其貶損鳥盡弓藏之君、責備偷合取容之臣和慨嘆以利相交之人，他除了在文章中直言鋪寫這些人物的自私自利，像是〈張耳陳餘列傳〉贊中，直陳張、陳交往因利相背，是「勢利之交」；又如寫酷吏張湯「所治即上意所欲罪，予監史深禍者；即上意所欲釋，與監史輕平者」〔註197〕，表述酷吏為求富貴而阿主逢迎之醜態，此外他還使用了婉約曲折、隱微遙深的筆法來展現「實錄」精神，衛仲璠〈司馬遷諷刺語言的藝術〉〔註198〕一文將司馬遷的諷刺語言概括為「主觀認識的評議或諷刺語言」、「客觀的人物描繪諷刺語言」和「超越語言之外的諷刺語言」三類，後來的關於司馬遷諷刺筆法之研究討論皆不脫這三項之範圍。〔註199〕司馬遷之

年），頁212。

〔註189〕同上註，卷五〈魏風‧碩鼠三章章八句〉，頁212。

〔註190〕同註188，卷二〈邶風‧新臺三章章四句〉，頁184～185。

〔註191〕同註188，卷七〈陳風‧株林二章章四句〉，頁222～223。

〔註192〕同註188，卷五〈齊風‧南山四章章六句〉，頁208。

〔註193〕《史記》卷一百三十〈太史公自序〉，頁3297。

〔註194〕事詳〔南宋〕朱熹著《四書集註‧孟子》卷八〈離婁章句下〉，頁717～719。

〔註195〕事詳〔戰國〕莊周著，郭慶藩集釋《莊子集釋》卷〈外物〉第二十六，頁927～928。

〔註196〕《史記》卷八十四〈屈原賈生列傳〉，頁2482。

〔註197〕《史記》卷一百二十二〈酷吏列傳〉，頁3139。

〔註198〕衛仲璠〈司馬遷諷刺語言的藝術〉，《文史哲》1958年第2期，頁53～62。

〔註199〕如：李寅浩分《史記》諷刺手法為五：「直敘」、「輕描淡寫」、「文起於此而意在彼」、「事托古而實諷今」、「褒此以貶彼」，皆屬衛說主觀認識之類，見李寅浩《史記文學價值與文章新探》（台北：國立臺灣師範大學國文研究所博士論文，1991年），頁513～526；林珊湘歸類《史記》「太史公曰」之貶刺技巧為

所以運用諷刺筆法來行文，原因之一在於他所批評者有很大一部分是「當世」之人事，《漢書‧司馬遷傳》講《史記》：「其言秦漢詳矣」〔註200〕，張大可統計《史記》記漢史「無論篇目和字數均過了全書之半」〔註201〕，由於觸及議題敏感，如：〈匈奴列傳〉主旨寫匈奴與漢帝國的政治外交關係，文內卻隱含了「指斥漢武帝連年征伐、擾民生事，又不擇任賢將良相」〔註202〕，只為滿足一己之私的怨怒，又如：〈魏其武安侯列傳〉中盡寫田蚡之豪暴驕貴，傳末贊中則曰：「武安之貴在日月之際」〔註203〕，暗指田蚡之貴重來自於同母姊王太后，何足道哉！故不得不採用隱約之詞來表述史事。李長之在《司馬遷之人格與風格》一書中說：「我認為在中國文人中最精於罵人藝術的，恐怕沒有超過司馬遷的了」〔註204〕，肯定司馬遷卓越的諷刺技巧；李寅浩《史記文學價值與文章新探》一文中，則以司馬遷承孔子春秋之旨、論司馬相如賦：「雖多虛辭濫說，然其要歸引之節儉，此與詩之風諫何異？」〔註205〕以及贊滑稽列傳：「豈不亦偉哉！」〔註206〕三點為司馬遷「必深於諷刺之道」作了進一步的論證〔註207〕，由此可見司馬遷《史記》的諷刺技巧已臻於高點，此外《史記》中以諷刺筆法寄託作者對政治、世風的關注與心聲，亦成為後世諷刺文學的主要內容之一。

　　魏晉南北朝，由於時代動亂，政治高壓，知識份子治國救世的行為受到

三：「直言貶抑」、「以美為諷」、「微言譏刺」，亦皆屬衛說主觀認識之類，見林珊湘《史記「太史公曰」之義法研究》（台南：國立成功大學中國文學研究所碩士論文，2003 年），頁 52～59；紀玉娜以衛說為基礎，再稍加細分說明，「主觀說明」下分為「直接評議說明」、「各類人物代言」、「運用典故評論」；「客觀呈現」下分為「尖銳的對比」、「微妙的反諷」、「巧妙的影射」、「奇特的反覆」，見紀玉娜《史記諷刺藝術研究》，頁 60～79，故說後來之研究不脫衛說之範疇。

〔註200〕〔漢〕班固著，〔唐〕顏師古注《漢書》卷六十二〈司馬遷傳〉，頁 2737。
〔註201〕張大可〈從司馬遷寫當代史看他的政治觀〉：「《史記》一百三十篇，五十二萬六千五百字，其中專載漢史的有六十二篇，兼及漢史的有十三篇，共七十五篇。這七十五篇純言漢史的字數約二十五、六萬。《史記》通貫二千二百餘年事，而只有一百年左右的當代漢史，無論篇目和字數均過了全書之半」，載《西北民族學院學報》1984 年第 1 期，頁 110。
〔註202〕林珊湘《史記「太史公曰」之義法研究》，頁 59。
〔註203〕《史記》卷一百七〈魏其武安侯列傳〉，頁 2856。
〔註204〕李長之《司馬遷之人格與風格》，頁 362。
〔註205〕《史記》卷一百一十七〈司馬相如列傳〉，頁 3073。
〔註206〕《史記》卷一百二十六《滑稽列傳》，頁 3203。
〔註207〕李寅浩《史記文學價值與文章新探》，頁 513。

打壓，於是諷刺便成爲當世士人們抒發己思的重要手法，如：阮籍寫《詠懷》詩八十二首，透過比興、寄託等手法，隱晦地揭露最高統治集團的惡行，諷刺虛僞的禮法之士；至於當時盛行的志人、志怪小說，則已有諷刺小說的雛形，如：《太平廣記・漢世老人》揭示和嘲笑統治階層爲富不仁的本質〔註208〕；《太平廣記・公羊傳》則是諷刺不學無術、阿諛奉承的人〔註209〕；《太平廣記》中的〈蔣濟〉〔註210〕和〈張闓〉〔註211〕皆用鬼吏影射官僚，揭露他們用裙帶關係、金錢賄賂，而「虧法濟私」、貪污納賄的事實。到了唐代，作家們有意識的主動向《史記》學習，柳宗元曾說過：「退之所敬者，司馬遷、揚雄」〔註212〕，韓愈自己也說：「漢朝全莫不能爲文，獨司馬相如、太史公、劉向、揚雄爲之最」〔註213〕，故韓愈爲文「上規姚姒，渾渾無涯，下逮莊、騷、太史所錄」〔註214〕，其所撰〈毛穎傳〉，除了「整個文章從格式到語氣都是故意地模仿《史記》」〔註215〕，文章諷刺皇帝刻薄寡恩的態度更是與司馬遷一脈相承；此外，與韓愈並稱韓柳的柳宗元也是很推崇司馬遷的，清・方苞〈書史記十表後〉中曰：「韓、柳書經子後語氣韻，亦近之，皆其淵源之所漸也」〔註216〕，王世懋說：「韓、柳之文，何有不從《左》、《史》來者？彼學而成，爲韓爲柳」〔註217〕，章學誠亦曰：「韓、柳諸公，力追《史》、《漢》敘事」〔註218〕，其寓言多以諷刺手法表達他內心之思，如：以〈捕蛇者說〉〔註219〕和〈種樹郭橐駝傳〉〔註220〕譏刺苛政害民。散文之外，唐代傳奇筆記

〔註208〕〔北宋〕李昉等編《太平廣記》（台北：明倫出版社，1971年），卷一百六十五〈廉儉〉附〈吝嗇・漢世老人〉，頁1207。

〔註209〕〔北宋〕李昉等編《太平廣記》卷二百六十〈嗤鄙三・公羊傳〉，頁2026。

〔註210〕〔北宋〕李昉等編《太平廣記》卷二百七十六〈夢一・蔣濟〉，頁2177。

〔註211〕〔北宋〕李昉等編《太平廣記》卷三百二十一〈鬼六・張闓〉，頁2546～2547。

〔註212〕〔唐〕柳宗元著，〔南宋〕廖瑩中輯注《河東先生集》（台北：廣文書局，1968年），卷三十四〈答韋珩示韓愈相推以文墨事書〉，頁15左。

〔註213〕〔唐〕韓愈《昌黎先生文集》卷十八〈答劉正夫書〉，頁462。

〔註214〕〔唐〕韓愈《昌黎先生文集》卷十八〈答劉正夫書〉卷十二〈進學解〉，頁309。

〔註215〕韓兆琦《史記博議》，頁300。

〔註216〕〔清〕方苞《望溪先生文集》卷二讀史〈書史記十表後〉，頁8左。

〔註217〕〔明〕王世懋《藝圃擷餘》，收入《叢書集成初編》（上海：上海商務印書館，1936年），第四〇一冊，頁5。

〔註218〕〔清〕章學誠《章氏遺書》（台北：漢聲出版社，1973年），卷八〈墓銘辨例〉，頁169。

〔註219〕〔唐〕柳宗元《河東先生集》卷十六〈捕蛇者說〉，頁14左～16左。

〔註220〕〔唐〕柳宗元《河東先生集》卷十七〈種樹郭橐駝傳〉，頁2右～4右。

小說「把批判的鋒芒集中指向黑暗的官場，指向科舉與仕宦」〔註221〕，如：《玄怪錄・吳全素》，藉陰間昏官將人誤奪陽壽，又以引路還陽來敲詐勒索，嘲諷人世間的庸官貪吏〔註222〕；《枕中記》〔註223〕和《南柯太守傳》〔註224〕則著力描寫主人公在夢境裡的飛黃騰達、盡享榮華，以諷刺當時文人的汲汲營營、熱中仕進與達官顯要的庸碌無能、奢侈荒淫。經過唐代作家們「有意為小說」，以及宋元說話人的累積與演繹，明清之際出現了許多針砭醜惡的世態人情的作品，如：「三言」、「二拍」和《金瓶梅》等，而《儒林外史》的出現更是將古代諷刺文學推向了一個新的高峰，成為諷刺小說的典範〔註225〕，值得注意的是，《史記》對《儒林外史》有著深切的影響，由於吳敬梓欣賞並主動的向《史記》詩法〔註226〕，所以《儒林外史》除了具有自《史記》以來「委婉曲折」的諷刺筆法，其在寫作內容和寫作態度上，都有著《史記》的影子。首先，《儒林外史》「以揭發八股取士這一科舉制的種種弊害為中心和出發點，進而暴露了封建末世黑暗糜爛的真相」〔註227〕，其中包括對黑暗迂腐的官僚制度與實則以金錢買名聲的「假名士、假詩人」的揭露與斥責，《史記》中雖沒有批評漢代取士制度，但司馬遷描寫了許多統治者依自身喜好而封賞、謫貶的事例，如：李廣利、田蚡的封爵及廉頗、李廣的不遇，至於靠偷合取榮求得功名利祿的奸佞之臣，司馬遷更是不惜筆墨在《史記》中一貶再貶，如：武帝時臣公孫弘，司馬遷在〈樂書〉和〈齊悼惠王世家〉中以其諫言族殺汲黯和主父偃事表達他的慘刻，在〈平準書〉和〈儒林列傳〉中以其倡言「以

〔註221〕齊裕焜、陳惠琴《鏡與劍——中國諷刺小說史略》（台北：文津出版社，1995年），頁29。
〔註222〕〔唐〕牛僧孺編《玄怪錄》，（台北：文史哲出版社，1989年），頁91～94。
〔註223〕出自〔北宋〕李昉等編《太平廣記》卷八十二，題為〈呂翁〉，頁527～528。
〔註224〕出自〔北宋〕李昉等編《太平廣記》卷四百七十五，題為〈昆蟲三・淳于棼〉，頁3910～3915。
〔註225〕魯迅云：「迨吳敬梓《儒林外史》出，乃秉持公心，指摘時弊，機鋒所向，尤在士林；其文又戚而能諧，婉而多諷，于是說部中乃始有足稱諷刺之書。」見魯迅著，人民出版社編輯《魯迅全集》（北京：人民文學出版社，1981年），卷九〈中國小說史略〉，頁220。
〔註226〕趙逵夫〈論史記的諷刺藝術及其對儒林外史的影響〉：「吳敬梓的堂兄吳檠在〈為敬軒三十初度作〉一詩中說吳敬梓『涉獵群經諸史函』，平步青《霞外攟屑》卷九說吳敬梓著有『《史記志疑》，未成書』。由此可見，吳敬梓對《史記》，是認真研究過的。他的《史記志疑》雖未最後寫成，但經過這一研究，必然會從《史記》中取得不少東西」，載《甘肅社會科學》1981年第4期，頁72。
〔註227〕馬積高、黃鈞主編《中國古代文學史》（四）（台北：萬卷樓圖書股份有限公司，1998年），頁320。

春秋之義繩臣下」和援儒爲法說明他對漢武帝的阿附，並在〈汲鄭列傳〉中藉大忠臣汲黯之口責備公孫弘的陰險狡詐，這樣還不夠，司馬遷另寫了〈平津侯主父列傳〉來諷刺他的「曲學阿世」〔註228〕，可見得《史記》與《儒林外史》在內容上有其相似之處；再者二書皆以「實錄」爲其寫作精神，此點表現在二者諷刺的對象和內容皆寫實不虛，《史記》所論載的是「歷史」，既爲史當爲實，而《儒林外史》中的人物雖不見得實有其人，但書中所述皆爲當代社會之實情，是以二書皆有揭露世情以顯後世的企圖。《儒林外史》一書在諷刺文學上有著承先啓後的意義，它不僅集前代諷刺內容與技巧之大成，並「對晚清的譴責小說產生了深刻的影響」〔註229〕，譴責小說以揭露現實爲主要描寫內容，其出現在內憂外患頻仍的晚清，故它們「具有強烈的批判傾向，表現出鮮明的愛國立場與民主思想」〔註230〕，這與司馬遷著《史記》以匡世的愛國、愛民思想是一致的。綜上而論，諷刺筆法自先秦發跡至司馬遷達到一個巔峰，不但展現出成熟的譏刺技巧，還確立了以政治、世風爲主要譏刺內容的趨勢，《儒林外史》承《史記》而開啓了諷刺藝術另一個里程碑，並開拓出小說史上新的道路——譴責小說，《史記》在此中之貢獻實功不可沒。

二、啓迪俠義文學

「俠」一詞最早見於《韓非子·五蠹》，指的是「以武犯禁」之人，他們「聚徒屬，立節操，以顯其名而犯五官之禁」〔註231〕，是以韓非批評俠者「行劍攻殺，暴憿之民也，而世尊之曰磏勇之士；活湊匿姦，當死之民也，而世尊之曰任譽之士」。〔註232〕韓非眼中俠行劍攻殺、活湊匿姦的惡行，到了《史記》中轉而成爲「士爲知己者死」、「不愛其軀，赴士之阸困」和「救人於縬振人不贍」的義舉，又《史記》中所記載之「俠氣」，不僅見於刺客與游俠，也存在於延陵季子、信陵君這種「貴族之俠」，或是魯仲連、藺相如這種「朝臣之俠」，他們依自己的身份、能力以行義任俠，並透過司馬遷對他們的撰寫，

〔註228〕〔明〕茅坤《史記鈔》卷七十七〈平津侯主父列傳〉，收入《四庫全書存目叢書》史部一三八，頁380。

〔註229〕王祖獻〈談談儒林外史和譴責小說的思想傾向〉，《江淮論壇》1984年第6期，頁102。

〔註230〕王祖獻〈論譴責小說的發生及其發展〉，《江淮論壇》1988年第5期，頁84。

〔註231〕〔戰國〕韓非著，陳奇猷校注《韓非子集釋》卷十九〈五蠹〉第四十九，頁1078。

〔註232〕〔戰國〕韓非著，陳奇猷校注《韓非子集釋》卷十八〈六反〉第四十六，頁948。

對後世造成了莫大的影響，如：俠義、公案、武俠小說的形成。事實上自《史記》與《漢書》後，「俠」便不見於正史之中，就連《漢書》中提及俠，亦主要強調他們「不入於道德」〔註233〕、不合於禮義的一面。然而在君權統治時代，百姓受到統治者的欺壓往往有苦難言、有冤難伸，而俠的行為與精神正符合人們期待被拯救的心態，而逐漸轉變為超乎道德和法律的社會正義力量，故雖「游俠」看似從正史中消失了，但俠的精神卻在歷朝歷代中被廣大的平民百姓所歌頌，而俠義小說就在這樣的情形之下發展起來。唐初社會盛行游俠，盧照鄰、駱賓王都描寫過俠客〔註234〕，到了晚唐，由於「藩鎮割據混亂，多招納俠客死士以為黨羽；社會黑暗，無力反抗的一般民眾也容易對豪俠行為的幻想，這是豪俠故事盛行的社會原因」〔註235〕，於是出現了許多「豪俠」傳奇作品，如：《傳奇》〔註236〕一書中所記之《聶隱娘》〔註237〕、《韋自東》〔註238〕、《昆崙奴》〔註239〕，《原化記》〔註240〕一書中所記之《車中女子》〔註241〕、《崔慎思》〔註242〕，以及袁郊的《紅線傳》〔註243〕和杜光庭的《虬髯客》〔註244〕，聶隱娘以自身武功為知己躲過刺殺、昆崙奴義助有情人終成眷屬、虬髯客傳中人物皆為豪俠仗義人物，這些故事不僅表達了俠義的內容，還宣揚了主人翁超乎尋常的武功，成為「中國武俠小說的開端」。〔註245〕宋代話本小說流行，「宋話本中的『樸刀』、『杆棒』類作品，不少就是描寫豪

〔註233〕〔漢〕班固著，〔唐〕顏師古注《漢書》卷九十二〈游俠傳〉，頁3699。

〔註234〕盧照鄰所撰之詠俠詩如：〈詠史〉之一、〈詠史〉之四、〈結客少年場行〉、〈長安古意〉、〈劉生〉，收入〔唐〕盧照鄰著《盧照鄰集》（台北：源流文化出版社，1983年），頁8～10、19、22；駱賓王所撰之詠俠詩如：〈送鄭少府入遼共賦俠客遠從戎〉、〈於易水送人一絕〉，收入〔唐〕駱賓王著《駱臨海集箋注》（上海：上海古籍出版社，1985年），頁90～91、178。

〔註235〕馬積高、黃鈞主編《中國古代文學史》（二），頁313。

〔註236〕〔唐〕裴鉶《傳奇》，後收入〔北宋〕李昉等編《太平廣記》。

〔註237〕〔北宋〕李昉等編《太平廣記》卷一百九十四〈聶隱娘〉，頁1456～1459。

〔註238〕〔北宋〕李昉等編《太平廣記》卷一百九十四〈韋自東〉，頁2820～2822。

〔註239〕〔北宋〕李昉等編《太平廣記》卷一百九十四〈崑崙奴〉，頁1452～1454。

〔註240〕〔唐〕皇甫氏《原化記》，後收入〔北宋〕李昉等編《太平廣記》。

〔註241〕〔北宋〕李昉等編《太平廣記》卷一百九十三〈車中女子〉，頁1450～1451。

〔註242〕〔北宋〕李昉等編《太平廣記》卷一百九十四〈崔慎思〉，頁1456。

〔註243〕〔唐〕袁郊《紅線傳》，後收入〔北宋〕李昉等編《太平廣記》卷一百九十五〈紅線〉，頁1460～1462。

〔註244〕〔唐〕杜光庭《虬髯客》，後收入〔北宋〕李昉等編《太平廣記》卷一百九十三〈虬髯客〉，頁1445～1448。

〔註245〕馬積高、黃鈞主編《中國古代文學史》（二），頁313。

傑義士行俠仗義的俠義小說。……〈花和尚〉、〈武行者〉、〈徐京落草〉、〈王溫上邊〉、……〈青面獸〉、〈李從吉〉等，……它們成了《水滸傳》的直接源頭」。〔註246〕明代施耐庵的《水滸傳》是俠義小說「承先啓後」的作品，故事裡講一百○八好漢「快意恩仇，見義勇爲」、「仗義疏財，存交重義」、「劫富濟貧，鋤強扶弱」、「替天行道，輔國安民」的俠義之舉。〔註247〕清代時出現了石玉昆的《三俠五義》〔註248〕，書中以明清以來包拯審案的情節爲基礎，加入了虛構的「三俠」和「五義」，以三俠五義輔保包拯除暴安良、懲奸除惡爲情節主線編綴成書，類似小說還有《施公案》〔註249〕、《彭公案》〔註250〕等；另外有文康的《兒女英雄傳》，小說中的女主角何玉鳳，是一個除暴安良、嫉惡如仇、智勇雙全的俠女，因父親遭朝廷大員殺害，她無處伸冤，便帶著母親浪跡江湖，一路上對於不平之事拔刀相助，塑造出一個英氣外發的女俠形象。〔註251〕

　　清末民初，由於「社會劇變的影響和刺激」、「『小說界革命』的巨大震撼」、和「俠義小說自身也到了非變不可的地步」〔註252〕，俠義小說向武俠小說過渡，「尤其是從二十年代起，舊武俠小說大量出現，由此到1950左右是舊派武俠小說的全盛期。大致上又可分爲兩期：二十年代和三、四十年代」。〔註253〕二十年代武俠作者主要有向愷然、趙煥亭、姚民哀和顧明道。向愷然是舊派武俠小說的奠基者〔註254〕，他的代表作品有《江湖奇俠傳》〔註255〕和《近代俠義英雄傳》〔註256〕，前者以湖南省平江、瀏陽兩縣爭地武鬥爲經，以崑崙、

〔註246〕黃華童〈論水滸傳在中國俠義小說發展史上的地位〉，《浙江師大學報》第25卷第2期（2000年），頁6。

〔註247〕黃華童〈論水滸傳在中國俠義小說發展史上的地位〉，頁6。

〔註248〕〔清〕石玉昆《三俠五義》（台北：河洛圖書出版社，1980年）。

〔註249〕〔清〕佚名《施公案》（台北：三民書局，2008年）。

〔註250〕〔清〕貪夢道人《彭公案》（北京：華夏出版社，1995年）。

〔註251〕〔清〕文康《兒女英雄傳》（台北：三民書局，1983年）。

〔註252〕袁良俊〈清末民初俠義小說向武俠小說的蛻變〉，《海南師範學院學報》第16卷第1期，（2003年），頁17～18。

〔註253〕章培恒〈從游俠到武俠——中國俠文化的歷史考察〉，《復旦學報》1994年第3期，頁80。

〔註254〕范伯群《中國現代通俗文學史》（北京：北京大學出版社，2007年），頁302：「我們之所以說不肖生（向愷然之筆名）爲民國武俠小說奠基，就是因爲他跳出了清代的俠義公案小說的窠臼，眞正爲民國武俠小說自立了門戶。」

〔註255〕不肖生（向愷然）《江湖奇俠傳》（台北：聯經出版事業公司，1984年）。

〔註256〕不肖生（向愷然）《近代俠義英雄傳》（台北：聯經出版事業公司，1984年）。

崆峒兩派劍俠分頭參與助拳爲緯，引發出無數緊張刺激、生動有趣的故事情節來；後者以王五和霍元甲爲主要人物，寫其愛國深情和民族正氣，勾畫出一代氣貫長虹、鐵骨錚錚的英雄豪傑。趙煥亭是北派武俠鼻祖〔註 257〕，在武俠成就上，與向愷然合稱「南向北趙」〔註 258〕，趙煥亭著有《奇俠精忠全傳》〔註 259〕，此書以清代乾隆、嘉慶年間平苗定邊和鎮壓川、陝、鄂三省教亂爲背景，描寫了主角楊遇春率領一班俠客義士的一系列奇中遇奇、險中見險的驚心動魄的事跡。姚民哀則不僅寫武俠，還「將武俠與幫會融合在一起，創作出他的獨特風格的『會黨小說』」〔註 260〕，姚民哀武俠小說理念的特點，是「著力探討『俠德』，區分『惠民濟物』的眞俠和『暴勇好鬥』的『光蛋』。他推崇以『義』制『勇』，抑暴扶弱」〔註 261〕，其最著名的作品爲《山東響馬傳》。〔註 262〕顧明道的寫作領域觸及言情與武俠兩類，「其武俠小說常藉俠客形象以寄寓除暴安良、振興華夏之理想」〔註 263〕，寫武俠之餘，亦常「以情補武」〔註 264〕，如：他的代表作品《荒江女俠》〔註 265〕，就是寫女俠方玉琴爲父報仇，受崑崙山劍仙指點，練成武功劍術，與其師兄岳劍秋形影相隨，縱橫江湖，鏟姦除惡的故事。

「從五十年代起，在香港和臺灣形成了新派武俠小說」〔註 266〕，雖然此時期的武俠作家與作品眾多，「然而到現在爲止，眞能代表新派武俠小說的特點與發展方向的，是梁羽生、金庸和古龍」。〔註 267〕金庸曾在《歷史人物與武俠人物》之演講中提到：「談到武俠，我認爲武俠小說應該正名，改爲俠義小說，雖然有武功有打鬥，其實我自己眞正喜歡的武俠小說，最重要的不在武功，而在俠氣──人物中的俠義之氣，『有俠有義』」〔註 268〕，是以他的小說

〔註 257〕孔慶東〈北派武俠鼻祖：趙煥亭〉，《文史參考》2010 年第 3 期，頁 52。
〔註 258〕范伯群《中國現代通俗文學史》，頁 303：「有關民初的武俠小說的評價，一直將向愷然與趙煥亭並列，故有『南向北趙』之稱。」
〔註 259〕趙煥亭《奇俠精忠全傳》（成都：巴蜀書社，1990 年）。
〔註 260〕范伯群《中國現代通俗文學史》，頁 312。
〔註 261〕孔慶東〈會黨專家姚民哀〉（下），《文史參考》2010 年第 7 期，頁 52。
〔註 262〕姚民哀《山東響馬傳》（上海：世界書局，1929 年）。
〔註 263〕楊劍龍、徐俊〈創製世間至高至潔之文──論顧明道的通俗小說創作〉，《鄭州輕工業學院學報》第 4 卷第 3 期（2003 年），頁 40。
〔註 264〕范伯群《中國現代通俗文學史》，頁 324。
〔註 265〕顧明道《荒江女俠》（台北：聯經出版事業公司，1985 年）。
〔註 266〕章培恒〈從游俠到武俠──中國俠文化的歷史考察〉，頁 81。
〔註 267〕章培恒〈從游俠到武俠──中國俠文化的歷史考察〉，頁 81。
〔註 268〕金庸《金庸散文集》（北京：作家出版社，2006 年），頁 235～236。

呈現出與司馬遷俠義之思一脈相承的觀點，如：「爲俠者一諾千金，不負於人」〔註269〕、「路見不平，拔刀相助，扶危濟困，不畏強暴」〔註270〕、「爲國爲民，義貫長虹」。〔註271〕梁羽生對武俠的分析與金庸相似，他說：「武是一種手段，俠是一種目的。所以，俠是最重要的，武是次要的。一個人可以完全沒有武功，但是不可以沒有俠義」〔註272〕，而「梁氏俠客的一個鮮明的特點就是俠不與官合作，視權勢如草芥」〔註273〕，與司馬遷《史記》游俠中獨立、自由之風格相同。古龍武俠小說中的俠客與前述二者相較，更加「放蕩不羈，游戲江湖」，在小說中，他特別突出「『士爲知己者死』的朋友之『義』」〔註274〕，強調「男人間那種肝膽相照、至死與共的義氣，有時候甚至比愛情更偉大，更感人」〔註275〕，而這樣的情操亦是司馬遷反覆頌讚之義，如：〈刺客列傳〉的撰寫即是爲歌詠「知己之交」。綜上而論，雖各個時期的俠義故事有其偏重及附加的元素，但俠義的主題不脫司馬遷《史記》所言，由此可見司馬遷的俠義之思對後世義、俠、武思想的啟發與創建。

　　《史記》中豐富而特出的義利觀點，不但促使《史記》一書生動多彩，更引領了後世的世情風俗與時代潮流，對中國歷史與文化有著重大和深遠的影響，可以說吾人的生活已然受到司馬遷義利觀的浸滲和薰陶，而與之密不可分。

〔註269〕賀君〈史記游俠列傳對新派武俠小說的影響〉，收入安平秋等主編《史記論叢》（第四集）（蘭州：甘肅人民出版社，2008 年），頁 345。
〔註270〕賀君〈史記游俠列傳對新派武俠小說的影響〉，頁 346。
〔註271〕同註 270，頁 346。
〔註272〕劉維群《梁羽生傳》（武昌：長江文藝出版社，1999 年），頁 310。
〔註273〕同註 270，頁 347。
〔註274〕同註 270，頁 348。
〔註275〕同註 270，頁 348。

第六章 結 論

　　義利之辨作爲一個自先秦以來的熱門議題，先秦諸子皆有意、無意的對它提出了評論與見解，儒家的重義先義、墨家的義利一元、道家的超越利害以及法家的重視實利，皆不同程度的對司馬遷造成了影響，使司馬遷在先秦諸子的義利思想的基礎之上，對其加以融合，進而有所創新，形成他個人特色十足的義利觀點。

　　除了對先秦諸子的承繼，司馬遷的生命經驗、處世思維與生活環境亦是造就他義利觀的重要原因。司馬遷作爲史學家司馬談之後，自小受到良好的史官教育培育，加上先祖曾爲天文學、經濟學、軍事學、歷史學的專門人才，使得司馬遷在面對義利取捨時能夠不同於傳統讀書人般呆板，而能用不同的面向、實際的觀點去討論、了解義與利的關係與利害；在讀書的過程中，司馬遷因父親之故得以與漢廷大儒學習、討教，當時朝廷推崇儒術，大儒董仲舒「正其誼不謀其利，明其道不計其功」義爲至上的思想盛行，司馬遷受其薰陶亦表現出對道德倫理的重視。司馬談去世後，司馬遷接掌太史令一職，並很快的得到武帝的重用與親信，然而天漢三年（前 98）的李陵事件，扼殺了他立於朝堂、論事輔政的志願，百官的冷眼漠視讓他體認到人性的好利惡禍，使得他重新省思「正義」的內容，並對法律之外的「俠義」產生莫大的欣慕。司馬遷之所以熱衷政治、正義直言，是因爲他自栩爲「士」，漢初戰國遺風尚存，漢代知識份子多有承襲戰國士風者，司馬遷自幼飽讀詩書，受先秦文化之洗禮，有意無意的向戰國之士有所效法，況且其身處之武帝朝正由政治安定、經濟富庶轉向爲大興軍戎、財政緊縮的情況，故司馬遷起而以治國平天下爲己任，並欲以建立功名的方式肯定自我價值，期望得到君主的重

用與賞識，爲了國家、尊嚴與自我價值，縱使犧牲生命亦在所不惜。除了自身的因素，社會環境對司馬遷義利觀的塑造也不可小覷。漢初政治上採無爲而治、與民休息的策略，來因應自秦末以來的動亂局勢與疲弊民生，到了武帝的時候，經濟達到「京師之錢累巨萬，貫朽而不可校。太倉之粟陳陳相因，充溢露積於外，至腐敗不可食」的境地，社會上「眾庶街巷有馬，阡陌之閒成羣，而乘字牝者儐而不得聚會，守閭閻者食粱肉，爲吏者長子孫，居官者以爲姓號」，由於有充裕財富的支持，武帝急欲擴張版圖、建功立業，連年的出兵四夷、大興土木使得國家財稅吃緊，因而加重人民賦稅，導致一連串的社會問題，朝廷諸臣又多阿諛媚上、偷合取容，不能對武帝有所勸諫，縱使偶有直言進諫之臣，又多受到忽視、不得重用，這些情形皆促使司馬遷省思義利之間的平衡問題。

在先秦諸子與生活背景的堆疊之下，司馬遷產生了極具自我風格的義利觀，本論文分析《史記》其中義利觀得到以下研究成果：

一、義利並重

對於「義」，司馬遷的解釋很人性化，他認爲「合宜」之事便是義，所以保衛國家、推翻暴政的戰爭是義，捍衛尊嚴、復仇雪恥的行爲是義，實踐志向、達成目標的意念是義，發展經濟、富利民生的舉措亦是義，很明顯的，司馬遷的義包含了利的成分，他甚至認爲先利而後有義，從利爲人生存之所需以及富而好禮的角度來強調利的重要，並將富民、利民的責任賦予執政者，使求利歸屬於政治的一環，此外，司馬遷自己亦提出眾多的富利策略，讚美古今的富達人物，將利的現實作用與良好影響展現在世人眼前，告訴人們求利之舉並不可恥。

二、斥責勢利

值得注意的是，司馬遷所讚揚的利是「大利」，是國家、百姓之利，是不妨礙他人生存、權益之利，至於損人利己的私利、勢利，司馬遷是十分痛恨與不齒的。他在《史記》中暗諷鳥盡弓藏的君主，譏刺偷合取容的朝臣，感嘆以利相交的世風，批評他們爲了維護自身的權勢殺害功臣、不論是非逢迎主上以求利祿，和有利則交、失利則分的交往態度，在在地顯示他對於汲汲營營滿足私己之利之人的不滿。

三、稱揚有義

　　與斥責勢利相對的是稱揚有義，司馬遷撰寫《史記》時，常常對有義之人賦予深切的讚美與褒揚，包括忠義自任之臣，誠信相待的交往，以及仗義任俠之人，充份體現了司馬遷對於君臣有義、朋友有信和見義勇爲的認同與肯定。

四、義以爲上

　　由於司馬遷深具道德之思，所以當他面對義利取捨時，他選擇依循道義、以義爲上而捨利取義、捨生取義，比較特別的是，司馬遷認爲假使犧牲生命並不能成就道德、實踐志向，那麼就不應該一死了之，而應捨死以取義，襯托出他對德義的重視與堅持，這是司馬遷的獨特之處。

　　司馬遷的義利觀之所以特出、創新，是因司馬遷跳脫先秦諸子從理論上討論道德倫理與物質利益的取捨，而將義與利放到時代、環境、生活、人性中進行檢視，從合情、合理、合人性的角度對義、利作出界定與評論，故能經得起時間的考驗而獲得後人的肯定，進而對後世政治、經濟、修養、文學各方面造成影響。政治上，司馬遷仁義德治之政與君臣有義之思，爲歷朝君主德治和臣下諍諫塑立了良好的典範；經濟上，司馬遷分析人性對利的需求以及提出的各式經濟策略，讓後世治國者、輔政者正視人生之欲，並將發展經濟納爲統治方針的重要一環；修養上，司馬遷的重視實利與建功立業之思，啓發後來讀書人不僅能言仁義，亦能重視治生之學，此外將入世治國視爲士人之業，不單獨善其身；文學上，司馬遷在《史記》中以隱微言語諷諫時政，以期成就仁君賢主的手法，深化了諷刺的方法與技巧，使諷刺文學在漢代達到高峰，而篇中對於刺客、游俠和任俠之士的推崇與描寫，更開展出後來的俠義文學，爲中國文學增添了類別與題材。

　　本論文經過歸納、整理與闡發，嘗試爲司馬遷《史記》中義、利的內容做出梳理與解釋，並架構出一相對客觀公允的義利觀系統，以及爲司馬遷《史記》義利觀對後世思想之影響做出繫聯，此爲本論文之價值，期望此項研究成果能對後來之相關研究有所助益。

參考文獻

一、古籍文獻

（一）經

1. 〔西周〕佚名著,〔西漢〕鄭玄箋:《毛詩》,收入《名家斷句十三經古注》（台北:新文豐出版股份有限公司,1976 年）。

2. 〔春秋〕左丘明著,〔日〕竹添光鴻:《左傳會箋》（台北:天工書局,1998 年）。

3. 〔春秋〕佚名著,陸貫逵總勘,高時顯、吳汝霖同輯校《周易》,收入《名家斷句十三經古注》（台北:新文豐出版股份有限公司,1976 年）。

4. 〔西漢〕董仲舒著,蘇俞義證:《春秋繁露義證》（台北:河洛圖書出版社,1974 年）。

5. 〔西漢〕戴聖編,陸貫逵總勘,高時顯、吳汝霖同輯校《禮記》（台北:新文豐出版股份有限公司,1976 年）。

6. 〔東漢〕劉熙著,〔清〕畢沅疏證,王先謙補:《釋名疏證補》（北京:中華書局,2008 年）。

7. 〔東漢〕許慎著,〔清〕段玉裁注:《說文解字注》（台北:黎明文化事業股份有限公司,1974 年）。

8. 〔魏〕何晏集解,〔梁〕皇侃義疏:《論語集解義疏》（台北:臺灣商務印書館,1966 年）。

9. 〔南宋〕朱熹:《四書集註》（台北:漢京文化事業有限公司,1983 年）。

10. 〔明〕丘濬:《大學衍義補》,收入《四庫全書珍本》（台北:臺灣商務印書館,1971 年）。

11. 〔明〕高拱:《問辨錄》,收入《景印文淵閣四庫全書》（台北:臺灣商務

印書館，1983～1986 年）。

12. 〔清〕王夫之著，王孝魚點校：《尚書引義》（北京：中華書局，1962 年）。

13. 〔清〕王夫之：《詩廣傳》（台北：河洛圖書出版社，1974 年）。

14. 〔清〕王夫之：《讀四書大全說》（台北：河洛圖書出版社，1974 年）。

15. 〔清〕顏元：《四書正誤》，收入《叢書集成三編》（台北：新文豐出版公司，1996 年）。

16. 〔清〕戴震：《孟子字義疏證》（北京：中華書局，1982 年）。

17. 〔清〕康有爲著，樓宇烈整理：《春秋董氏學》（北京：中華書局，1990 年）。

（二）史

1. 〔春秋〕左丘明著，〔三國〕韋昭注：《國語》（台北：廣文書局，1972 年）。

2. 〔西漢〕司馬遷著，〔南朝宋〕裴駰集解，〔唐〕司馬貞索隱，〔唐〕張守節正義：《史記》（北京：中華書局，1959 年）。

3. 〔西漢〕劉向輯，何建章注釋：《戰國策注釋》（北京：中華書局，1990 年）。

4. 〔東漢〕班固著，〔唐〕顏師古注：《漢書》（北京：中華書局，1965 年）。

5. 〔南朝宋〕范曄著，〔唐〕李賢等注：《後漢書》（北京：中華書局，1965 年）。

6. 〔晉〕皇甫謐：《高士傳》（北京：中華書局，1965～1966 年）。

7. 〔晉〕陳壽著，〔宋〕裴松之注：《三國志》（北京：中華書局，1959 年）。

8. 〔唐〕房玄齡等修：《晉書》（北京：中華書局，1974 年）。

9. 〔唐〕吳兢：《貞觀政要》（台北：臺灣商務印書館，1966 年）。

10. 〔唐〕劉餗著，程毅中點校：《隋唐嘉話》（北京：中華書局，1979 年）。

11. 〔後晉〕劉昫等撰：《舊唐書》（台北：臺灣中華書局，1965 年）。

12. 〔北宋〕司馬光編著，〔元〕胡三省注：《資治通鑑》（北京：中華書局，1956 年）。

13. 〔北宋〕蘇轍：《古史》，收入《景印文淵閣四庫全書》（台北：臺灣商務印書館，1983～1986 年）。

14. 〔南宋〕晁公武：《郡齋讀書志》（台北：廣文書局，1967 年）。

15. 〔南宋〕佚名：《歷代名賢確論》，收入《景印文淵閣四庫全書》（台北：臺灣商務印書館，1983～1986 年）。

16. 〔南宋〕倪思：《班馬異同》，收入《四庫全書存目叢書》（台南：莊嚴文化事業有限公司，1996 年）。

17. 〔明〕邵寶：《學史》，收入《景印文淵閣四庫全書》（台北：臺灣商務印

書館，1983～1986 年）。

18. 〔明〕凌稚隆輯校，〔日〕有井範平補標：《補標史記評林》（台北：蘭臺書局，1968 年）。

19. 〔明〕茅坤：《史記鈔》，收入《四庫全書存目叢書》（台南：莊嚴文化事業有限公司，1996 年）。

20. 〔明〕李贄：《藏書》（台北：臺灣學生書局，1974 年）。

21. 〔明〕于慎行：《讀史漫錄》，收入《四庫全書存目叢書》（台南：莊嚴文化事業有限公司，1996 年）。

22. 〔明〕鄧士龍輯，許大齡、王天有主點校：《國朝典故》（北京：北京大學出版社，1993 年）。

23. 〔清〕談遷著，張宗祥校點：《國榷》（北京：中華書局，1958 年）。

24. 〔清〕張岱：《石匱書》（上海：上海古籍出版社，2002 年）。

25. 〔清〕張岱：《石匱書後集》（上海：上海古籍出版社，2002 年）。

26. 〔清〕黃宗羲：《行朝錄》，收入《中國野史集成》（成都：巴蜀書社，1993 年）。

27. 〔清〕黃宗羲：《明儒學案》（北京：中華書局，1985 年）。

28. 〔清〕顧炎武：《聖安本紀》（台北：臺灣商務印書館，1973 年）。

29. 〔清〕顧炎武：《明季實錄》（台北：華文出版社，1968 年）。

30. 〔清〕王夫之：《永曆實錄》，收入《中國野史集成》（成都：巴蜀書社，1993 年）。

31. 〔清〕計六奇：《明季北略》，收入《中國野史集成》（成都：巴蜀書社，1993 年）。

32. 〔清〕計六奇：《明季南略》，收入《中國野史集成》（成都：巴蜀書社，1993 年）。

33. 〔清〕吳見思：《史記論文》（上海：上海古籍出版社，2008 年）。

34. 〔清〕徐與喬著，〔清〕潘椿重訂：《史漢初學辨體》（台北：文海出版社有限公司，1974 年）。

35. 〔清〕湯諧：《史記半解》，收入《四庫未收書輯刊》（北京：北京出版社，2000 年）。

36. 〔清〕姚苧田：《史記菁華錄》（上海：上海古籍出版社，2007 年）。

37. 〔清〕張廷玉等修：《明史》（北京：中華書局，1974 年）。

38. 〔清〕李晚芳著，〔日〕陶所池內校訂：《讀史管見》（日本：浪華書林群玉堂翻刻本，日本安政三年 1856 年）。

39. 〔清〕鍾陵：《顏習齋先生言行錄》（台北：臺灣商務印書館，1966 年）。

40. 〔清〕牛運震：《史記評注》，收入張舜徽主編《二十五史三編》（長沙：岳麓書社，1994 年）。

41. 〔清〕王鳴盛：《十七史商榷》（台北：藝文印書館，1965 年）。

42. 〔清〕趙佑：《讀春秋存稿見》，收入《續修四庫全書》（上海：上海古籍出版社，2002 年）。

43. 〔清〕梁玉繩：《史記志疑》（台北：臺灣學生書局，1970 年）。

44. 〔清〕蘇惇元：《張楊園先生年譜》（台北：廣文書局，1971 年）。

45. 〔清〕陸心源編：《皕宋樓藏書志》（台北：廣文書局，1968 年）。

46. 〔清〕吳汝綸評點：《史記集評》（台北：臺灣中華書局，1970 年）。

47. 〔清〕尚鎔：《史記辨證》，收入孫曉主編《二十四史研究資料彙編》（成都：巴蜀書社，2011 年）。

48. 〔日〕瀧川龜太郎：《史記會注考證》（台北：文史哲出版社，1993 年）。

（三）子

1. 〔春秋〕文子著，王利器疏：《文子疏義》（北京：中華書局，2000 年）。

2. 〔春秋〕老聃著，〔魏〕王弼注：《老子王弼注》（台北：河洛圖書出版社，1974 年）。

3. 〔春秋〕墨翟著，〔清〕孫詒讓著，〔日〕小柳司氣太校訂：《墨子閒詁》（台北：驚聲文物供應公司，1970 年）。

4. 〔春秋〕管仲著，安井衡纂詁：《管子纂詁》（台北：河洛圖書出版社，1976 年）。

5. 〔春秋〕晏嬰著，孫星衍校：《晏子春秋》，收入《傳世藏書》（海口：海南國際新聞出版中心，1996 年）。

6. 〔戰國〕申不害：《申子》，收入《傳世藏書》（海口：海南國際新聞出版中心，1996 年）。

7. 〔戰國〕商鞅著，朱師轍解詁：《商君書解詁定本》（台北：華正書局，1975 年）。

8. 〔戰國〕慎到：《慎子》（北京：中華書局，1965～1966 年）。

9. 〔戰國〕莊周著，郭慶藩集釋：《莊子集釋》（台北：華正書局，1987 年）。

10. 〔戰國〕荀子著，北大哲學系注釋：《荀子新注》（台北：里仁書局，1983 年）。

11. 〔戰國〕韓非著，陳奇猷校注：《韓非子集釋》（台北：華正書局，1987 年）。

12. 〔秦〕呂不韋編，陳奇猷校釋：《呂氏春秋校釋》（台北：華正書局，1988 年）。

13. 〔西漢〕劉安著：《淮南子》（台北：廣文書局，1965 年）。

14. 〔西漢〕桓寬著，〔清〕張敦仁考證：《鹽鐵論》（台北：世界書局，1958 年）。

15. 〔西漢〕揚雄著，汪榮寶注疏：《法言義疏》（台北：藝文印書館，1958 年）。

16. 〔東漢〕王充：《論衡》（台北：臺灣中華書局，1965 年）。

17. 〔晉〕郭璞傳，〔清〕郝懿行箋疏：《山海經箋疏》（台北：漢京文化事業有限公司，1983 年）。

18. 〔北宋〕李昉等編：《太平廣記》（台北：明倫出版社，1971 年）。

19. 〔北宋〕邵雍：《皇極經世書》（台北：中國子學名著集成編印基金會，1978 年）。

20. 〔北宋〕程顥、程頤著，〔南宋〕朱熹編：《河南程氏遺書》（台北：臺灣商務印書館，1968 年）。

21. 〔南宋〕洪邁：《容齋隨筆》（台北：臺灣商務印書館，1966 年）。

22. 〔南宋〕朱熹著，〔南宋〕黎靖德編：《朱子語類》（台北：正中書局，1973 年）。

23. 〔南宋〕朱熹編，〔清〕張伯行集解：《近思錄》（台北：臺灣商務印書館，1967 年）。

24. 〔南宋〕葉適：《習學記言序目》（北京：中華書局，1977 年）。

25. 〔南宋〕趙與時：《賓退錄》（台北：廣文書局，1969 年）。

26. 〔南宋〕黃震：《黃氏日抄》（京都：中文出版社，1979 年）。

27. 〔明〕胡居仁：《居業錄》（台北：臺灣商務印書館，1966 年）。

28. 〔明〕何良俊：《四友齋叢說》（北京：中華書局，1959 年）。

29. 〔清〕唐甄：《潛書》（台北：河洛圖書出版社，1974 年）。

30. 〔清〕張英：《恒產瑣言》，收入《百部叢書集成初編》（台北：藝文印書館，1968 年）。

31. 〔清〕袁枚：《隨園隨筆》（台北：台北書局，1957 年）。

32. 〔清〕趙翼：《陔餘叢考》（台北：世界書局，1960 年）。

33. 〔清〕林伯桐：《史記蠡測》，收入《叢書集成三編》（台北：新文豐出版公司，1996 年）。

34. 〔清〕吳承志：《橫陽札記》（台北：廣文書局，1977 年）。

35. 〔清〕張文虎：《舒藝室隨筆》（上）（台北：大華印書館，1968 年）。

36. 〔清〕石玉昆：《三俠五義》（台北：河洛圖書出版社，1980 年）。

37. 〔清〕文康：《兒女英雄傳》（台北：三民書局，1983 年）。

38. 〔清〕佚名:《施公案》(台北:三民書局,2008 年)。

39. 〔清〕貪夢道人:《彭公案》(北京:華夏出版社,1995 年)。

(四)集

1. 〔西漢〕賈誼著,王洲明、徐超校注:《賈誼集校注》(北京:人民文學出版社,1996 年)。

2. 〔唐〕盧照鄰:《盧照鄰集》(台北:源流文化出版社,1983 年)。

3. 〔唐〕駱賓王:《駱臨海集箋注》(上海:上海古籍出版社,1985 年)。

4. 〔唐〕李白:《李太白集》(台北:臺灣商務印書館,1968 年)。

5. 〔唐〕杜甫著,〔清〕錢謙益注:《杜工部集註》(台北:新文豐出版股份有限公司,1979 年)。

6. 〔唐〕韓愈:《昌黎先生文集》(上海:上海古籍出版社,1994 年)。

7. 〔唐〕柳宗元著,〔南宋〕廖瑩中輯注:《河東先生集》(台北:廣文書局,1968 年)。

8. 〔唐〕牛僧儒編:《玄怪錄》(台北:文史哲出版社,1989 年)。

9. 〔北宋〕范仲淹:《范文正公集》(台北:臺灣商務印書館,1979 年)。

10. 〔北宋〕歐陽修:《歐陽文忠公集》(台北:臺灣商務印書館,1965 年)。

11. 〔北宋〕李覯:《李泰伯先生文集》(台北:文海出版社有限公司,1971 年)。

12. 〔北宋〕司馬光:《司馬文正集》(台北:臺灣中華書局,1965 年)。

13. 〔北宋〕司馬光:《溫國文正公文集》(台北:臺灣商務印書館,1965 年)。

14. 〔北宋〕王安石:《臨川集》(台北:臺灣中華書局,1965 年)。

15. 〔北宋〕程頤:《二程全書》(台北:臺灣中華書局,1965 年)。

16. 〔北宋〕蘇軾著,〔南宋〕郎曄輯:《經進東坡文集事略》(上海:上海商務印書館,1936 年)。

17. 〔北宋〕蘇軾著,孔凡禮點校:《蘇軾文集》(北京:中華書局,1986 年)。

18. 〔北宋〕秦觀:《淮海集》(台北:臺灣商務印書館,1979 年)。

19. 〔北宋〕張耒:《張右史文集》(台北:臺灣商務印書館,1965 年)。

20. 〔金〕王若虛:《滹南遺老集》(台北:臺灣商務印書館,1979 年)。

21. 〔南宋〕陸游著,錢仲聯校注:《劍南詩稿校注》(上海:上海古籍出版社,1985 年)。

22. 〔南宋〕朱熹:《晦庵先生朱文公文集》(台北:臺灣商務印書館,1979 年)。

23. 〔南宋〕唐仲友:《悅齋文鈔》,收入《續修四庫全書》(上海:上海古籍

出版社,2002 年)。

24. 〔南宋〕呂祖謙:《東萊集》,收入《景印文淵閣四庫全書》(台北:臺灣商務印書館,1983～1986 年)。

25. 〔南宋〕葉適:《葉適集》(北京:中華書局,1961 年)。

26. 〔南宋〕葉適:《水心別集》(台北:新文豐出版股份有限公司,1989 年)。

27. 〔南宋〕眞德秀:《文章正宗》(台北:臺灣商務印書館,1975 年)。

28. 〔元〕許衡:《魯齋遺書》,收入《北京圖書館古籍珍本叢刊》(北京:書目文獻出版社,1988 年)。

29. 〔明〕方孝孺:《遜志齋集》(台北:臺灣商務印書館,1968 年)。

30. 〔明〕李贄:《李溫陵集》(台北:文史哲出版社,1971 年)。

31. 〔明〕王世懋:《藝圃擷餘》,收入《叢書集成初編》(上海:上海商務印書館,1936 年)。

32. 〔明〕陳第:《一齋集》,收入《四庫禁燬書叢刊》(北京:北京書版社,2000 年)。

33. 〔明〕陳子龍等編:《皇明經世文編》(台北:國風出版社,1964 年)。

34. 〔清〕顧炎武:《亭林詩文集》(台北:臺灣商務印書館,1968 年)。

35. 〔清〕王夫之:《王船山詩文集》(台北:河洛圖書出版社,1975 年)。

36. 〔清〕徐枋:《居易堂集》(台北:臺灣學生書局,1973 年)。

37. 〔清〕方苞:《望溪先生文集》(台北:臺灣中華書局,1965 年)。

38. 〔清〕劉大櫆:《海峰文集》,收入《續修四庫全書》(上海:上海古籍出版社,2002 年)。

39. 〔清〕章學誠:《章氏遺書》(台北:漢聲出版社,1973 年)。

40. 〔清〕張雲璈:《簡松草堂文集》,收入《續修四庫全書》(上海:上海古籍出版社,2002 年)。

41. 〔清〕魏源:《古微堂內外集》(台北:文海出版社,1969 年)。

42. 〔清〕曾國藩:《求闕齋讀書錄》(台北:廣文書局,1969 年)。

43. 〔清〕嚴復著,王栻主編:《嚴復集》(北京:中華書局,1986 年)。

44. 〔清〕康有爲著,蔣貴麟主編:《康南海先生遺著彙刊》(台北:宏業書局,1976 年)。

45. 〔清〕王國維:《王國維先生全集》(台北:台灣大通書局,1976 年)。

二、今人專著 (依作者姓名筆劃爲序)

1. 中國第一歷史檔案館編:《雍正朝漢文硃批奏摺彙編》,(南京:江蘇古籍出版社,1989 年)。

2. 向愷然：《江湖奇俠傳》（台北：聯經出版事業公司，1984 年）。

3. 向愷然：《近代俠義英雄傳》（台北：聯經出版事業公司，1984 年）。

4. 朱東潤：《史記考索》（武漢：武漢大學出版社，2009 年）。

5. 牟宗三：《中國哲學十九講》（台北：臺灣學生書局，1983 年）。

6. 余英時：《中國知識階層史論》（台北：聯經出版事業公司，1980 年）。

7. 余英時：《士與中國文化》（上海：上海人民出版社，1987 年）。

8. 吳怡：《中國哲學發展史》（台北：三民書局，1984 年）。

9. 吳進安：《墨家哲學》（台北：五南圖書出版公司，2003 年）。

10. 李孝定編述：《甲骨文字集釋》（台北：中央研究院歷史語言研究所，1965 年）。

11. 李長之：《司馬遷之人格與風格》（台北：漢京文化事業有限公司，1983 年）。

12. 李景星：《史記評議》（上海：上海古籍出版社，2008 年）。

13. 周天游：《古代復仇面面觀》（西安：陝西人民教育出版社，1992 年）。

14. 周世輔：《中國哲學史》（台北：三民書局，1990 年）。

15. 周虎林：《司馬遷與其史學》（台北：文史哲出版社，1980 年）。

16. 金庸：《金庸散文集》（北京：作家出版社，2006 年）。

17. 侯家駒：《中國經濟思想史》（台北：中華文化復興運動推行委員會，1982 年）。

18. 侯家駒：《先秦法家統制經濟思想》（台北：聯經出版事業公司，1985 年）。

19. 范伯群：《中國現代通俗文學史》（北京：北京大學出版社，2007 年）。

20. 胡寄窗：《中國經濟思想簡編》（北京：中國社會科學出版社，1981 年）。

21. 胡適：《中國哲學史大綱》（台北：臺灣商務印書館，1981 年）。

22. 韋葦：《司馬遷經濟思想研究》（西安：陝西人民教育出版社，1995 年）。

23. 孫中原：《墨學通論》（瀋陽：遼寧教育出版社，1993 年）。

24. 秦彥士：《諸子學與先秦社會》（石家莊：河北人民出版社，2003 年）。

25. 郭沫若：《十批判書》（台北：古楓出版社，1986 年）。

26. 郭沫若：《郭沫若全集》（北京：科學出版社，2002 年）。

27. 陳癸淼：《墨辯研究》（台北：台灣學生書局，1977 年）。

28. 陳桐生：《中國史官文化與史記》（台北：文津出版社，1993 年）。

29. 陳桐生：《史記與諸子百家之學》（合肥：安徽大學出版社，2006 年）。

30. 陳啓天：《中國法家概論》（台北：臺灣中華書局，1970 年）。

31. 陳問梅：《墨學之省察》（台北：台灣學生書局，1988 年）。

32. 陳鼓應：《管子四篇詮釋》（北京：商務印書館，2006 年）。

33. 馬空羣：《中國監察制度史》（台北：正中書局，1978 年）。

34. 馬積高、黃鈞編：《中國古代文學史》（台北：萬卷樓圖書股份有限公司，1998 年）。

35. 姚民哀：《山東響馬傳》（上海：世界書局，1929 年）。

36. 姚蒸民：《法家哲學》（台北：東大圖書公司，1986 年）。

37. 張大可：《司馬遷評傳》（南京：南京大學出版社，1994 年）。

38. 張大可、安平秋、俞樟華主編：《史記研究集成》叢書（北京：華文出版社，2005 年）。

39. 張傳開、汪傳發：《義利之間——中國傳統文化中的義利觀之演變》（南京：南京大學出版社，1997 年）。

40. 張鵬一編：《太史公年譜》（北京：北京圖書館出版社，1999 年）。

41. 張躍：《致富論——中國古代義利思想的歷史發展及其對日本義利觀的影響》（北京：中國社會科學出版社，2001 年）。

42. 梁啓超：《墨經校釋》（台北：台灣中華書局，1968 年）。

43. 梁啓超：《墨子學案》（台北：新文豐出版股份有限公司，1975 年）。

44. 梁啓超：《飲冰室文集》（台北：臺灣中華書局，1983 年）。

45. 梁啓超：《要籍解題及其讀法》（台北：華正書局有限公司，1989 年）。

46. 梁啓雄：《荀子柬釋》（台北：河洛圖書出版社，1974 年）。

47. 勞思光：《新編中國哲學史》（台北：三民書局，1981 年）。

48. 湯一介：《在非有非無之間》（台北：正中書局，1995 年）。

49. 黃俊傑：《孟學思想史論》（台北：東大圖書公司，1991 年）。

50. 黃偉合、趙海琦：《善的衝突——中國歷史上的義利之辨》（安徽：安徽人民出版社，1992 年）。

51. 黃壽祺、張善文：《周易譯注》（上海：上海古籍出版社，2001 年）。

52. 黃錦鋐：《新譯莊子讀本》（台北：三民書局，1974 年）。

53. 楊光熙：《司馬遷的思想與史記編纂》（濟南：齊魯書社，2006 年）。

54. 楊燕起：《史記的學術成就》（北京：北京師範大學出版社，1996 年）。

55. 葉德輝輯著：《覺迷要錄》（台北：台聯國風出版社，1970 年）。

56. 葛榮晉：《中國哲學範疇導論》（台北：萬卷樓圖書有限公司，1993 年）。

57. 趙煥亭：《奇俠精忠全傳》（成都：巴蜀書社，1990 年）。

58. 鄭鶴聲：《司馬遷年譜》（上海：商務印書館，1931 年）。

59. 齊裕焜、陳惠琴：《鏡與劍——中國諷刺小説史略》（台北：文津出版社，

1995 年）。

60. 劉光義：《司馬遷與老莊思想》（台北：臺灣商務印書館，1986 年）。

61. 劉維群：《梁羽生傳》（武昌：長江文藝出版社，1999 年）。

62. 劉澤華主編：《中國政治思想史》〔先秦卷〕（杭州：浙江人民出版社，1996 年）。

63. 蔡仁厚：《孔孟荀哲學》（台北：臺灣學生書局，1984 年）。

64. 蔡仁厚：《中國哲學史大綱》（台北：臺灣學生書局，1988 年）。

65. 蔡元培：《中國倫理學史》（台北：中央文物供應社，1956 年）。

66. 魯迅著，人民出版社編輯：《魯迅全集》（北京：人民文學出版社，1981 年）。

67. 魯迅：《且介亭雜文二集》（台北：風雲時代出版公司，1990 年）。

68. 蕭一山：《清代通史》（台北：臺灣商務印書館，1962 年）。

69. 蕭公權：《中國政治思想史》（台北：聯經出版事業公司，1982 年）。

70. 蕭黎：《司馬遷評傳》（長春：吉林文史出版社，1985 年）。

71. 賴明德：《司馬遷之學術思想》（台北：洪氏出版社，1983 年）。

72. 錢穆：《國史大綱》（台北：臺灣商務印書館，1995 年）。

73. 謝雲飛：《韓非子析論》（台北：東大圖書公司，1980 年）。

74. 韓兆琦：《史記選注匯評》（台北：文津出版社，1993 年）。

75. 韓兆琦：《史記博議》（台北：文津出版社，1995 年）。

76. 韓兆琦：《史記通論》（桂林：廣西師範大學出版社，1996 年）。

77. 瞿同祖：《中國法律與中國社會》（北京：中華書局，1981 年）。

78. 瞿林東：《中國史學史綱》（北京：北京出版社，1999 年）。

79. 羅光：《中國哲學大綱》（台北：台灣商務印書館，1969 年）。

80. 顧明道：《荒江女俠》（台北：聯經出版事業公司，1985 年）。

三、學位論文（依出版先後為序，若出版年相同，則依作者姓名筆劃定先後）

1. 張添丁：《司馬遷春秋學》（台北：國立政治大學中國文學研究所博士論文，1985 年）。

2. 林哲君：《司馬遷的地理思想與觀念》（台北：國立臺灣大學地理研究所碩士論文，1988 年）。

3. 金苑：《史記列傳義法研究》（台北：國立政治大學中國文學研究所博士論文，1989 年）。

4. 李寅浩：《史記文學價值與文章新探》（台北：國立臺灣師範大學國文研究所博士論文，1991 年）。

5. 郭瓊瑜：《史記的褒貶義法》（台北：中國文化大學中國文學研究所碩士論文，1994 年）。

6. 王曉霞：《墨子思想探研》（台北：國立台灣師範大學國文研究所碩士論文，1996 年）。

7. 鄭圓鈴：《司馬遷黃老理論研究》（台北：國立臺灣師範大學國文研究所碩士論文，1997 年）。

8. 林珊湘：《史記「太史公曰」之義法研究》（台南：國立成功大學中國文學研究所碩士論文，2003 年）。

9. 胡豔惠：《史記之春秋書法研究》（台南：國立成功大學中國文學研究所碩士論文，2004 年）。

10. 余英華：《司馬遷爭讓觀研究》（蕪湖：安徽師範大學中國古代文學碩士論文，2006 年）。

11. 杜建蓉：《司馬遷、桑弘羊經濟思想比較研究》（呼和浩特：內蒙古大學中國古代史碩士論文，2006 年）。

12. 楊飛：《墨子義論發微》（保定：河北大學中國哲學碩士論文，2006 年）。

13. 劉嘉玲：《史記悲劇人物探析》（台北：國立臺灣師範大學國文學系在職進修班碩士論文，2006 年）。

14. 林慧君：《史記中的復仇書寫》（台北：國立政治大學中等學校教師在職進修班碩士論文，2007 年）。

15. 陳肖梅：《司馬遷之儒學觀及其在政治思想上的實踐》（台北：臺北市立教育大學應用語言文學研究所碩士論文，2007 年）。

16. 楊佳霖：《荀子義利思想之研究》（嘉義：國立嘉義大學中國文學系碩士班論文 2007 年）。

17. 李秋蘭：《史記敘事之書法研究》（台南：國立成功大學中國文學研究所博士論文，2008 年）。

18. 沈麗華：《司馬遷史記悲劇意蘊探析》（台北：玄奘大學中國語文系在職專班碩士論文，2008 年）。

19. 林雅眞：《史記體例及章法結構之研究》（台北：國立政治大學中等學校在職進修班碩士論文，2008 年）。

20. 黃嘉蘭：《論司馬遷的通古今之變》（彰化：國立彰化師範大學國文研究所碩士論文，2008 年）。

21. 陳玲：《論史記恩仇主題》（武漢：華中師範大學古典文學碩士論文，2009 年）。

22. 黃郁芸：《史記典範人物類型研究——以建業型、超越型、悲劇型為範圍》（台北：輔仁大學中文研究所碩士論文，2009 年）。

23. 馮小強：《中國傳統義利思想及其現代視野》（上海：復旦大學經濟系碩士論文，2009 年）。

24. 潘法寬：《史記中的復仇故事和司馬遷的復仇觀》（日照：曲阜師範大學中國古代文學碩士論文，2009 年）。

25. 紀玉娜：《史記諷刺藝術研究》（武漢：華中師範大學中國古代文學碩士論文，2010 年）。

26. 陳文媛：《史記貨殖列傳研究》（台北：玄奘大學中國語文學系碩士在職專班論文，2010 年）。

27. 秦鐵柱：《漢代義利觀與社會實踐》（濟南：山東師範大學專門史碩士論文，2010 年）。

四、單篇論文（依出版先後為序，若出版年相同，則依作者姓名筆劃定先後）

1. 衛仲璠：〈司馬遷諷刺語言的藝術〉，《文史哲》1958 年第 2 期。

2. 楊希牧：〈再論堯舜禪讓傳說——古史研究方法論例之一〉，《食貨月刊》復刊第 7 卷第 7 期（1977 年）。

3. 王仲孚：〈堯舜傳說試釋〉，《歷史學報》1979 年第 7 期。

4. 阮芝生：〈論史記五體的體系關聯〉，《臺大歷史學報》1980 年第 7 期。

5. 施丁：〈司馬遷評歷史人物〉，《遼寧大學學報》第 1 期，1980。

6. 趙逵夫：〈論史記的諷刺藝術及其對儒林外史的影響〉，《甘肅社會科學》1981 年第 4 期。

7. 余光明：〈王夫之的民族愛國思想〉，《湘潭大學社會科學學報》1982 年第 4 期。

8. 吳汝煜：〈史記與公羊學——史記散論之五〉，《徐州師院學報》1982 年第 2 期。

9. 張大可：〈史記殘缺與補竄考辨〉，《蘭州大學學報》1982 年第 3 期。

10. 陳可青：〈司馬遷的史學思想及其階級性〉，收入陝西人民出版編輯部編：《司馬遷與史記論集》（西安：陝西人民出版社，1982 年）。

11. 陳鼓應：〈墨家的社會思想〉，《中國哲學史研究》1982 年第 2 期。

12. 趙生群：〈司馬談作史考〉，《南京師院學報》1982 年第 2 期。

13. 張大可：〈論史記取材〉，《甘肅社會科學》1983 年第 5 期。

14. 張大可：〈司馬遷的經濟思想述論〉，《學術月刊》1983 年第 10 期。

15. 張守軍：〈論西漢前期的重農抑商思想〉，《江淮論壇》1983 年第 5 期。

16. 郭煥珍：〈從游俠列傳看司馬遷的道德觀〉，《蘭州學刊》1983 年第 1 期。

17. 趙靖：〈論所謂治生之學〉，《江淮論壇》1983 年第 6 期。

18. 王祖獻：〈談談儒林外史和譴責小說的思想傾向〉，《江淮論壇》1984 年第 6 期。

19. 朱枝富：〈治國之道富民爲始—試析司馬遷的富民思想〉，《人文雜誌》1984 年第 6 期。

20. 吳光：〈試論黃老之學的理論特點與歷史作用〉，《浙江學刊》1984 年第 3 期。

21. 吳汝煜：〈司馬遷的儒道思想辨析〉，《人文雜誌》1984 年第 3 期。

22. 肖黎：〈論司馬遷的經濟思想〉，《中南民族大學學報》1984 年第 1 期。

23. 施丁：〈司馬遷生年考——兼及司馬遷入仕考〉，《杭州大學學報》第 14 卷第 3 期（1984 年）。

24. 張大可：〈從司馬遷寫當代史看他的政治觀〉，《西北民族學院學報》1984 年第 1 期。

25. 樊維綱：〈「斯文憂患餘，聖哲垂象繫」——杜甫在湖南的詩歌創作〉，《杭州師院學報》1984 年第 4 期。

26. 朱枝富：〈論司馬遷的義利觀〉，《中國社會科學院研究生院學報》1985 年第 6 期。

27. 談敏：〈農本工商末思想的歷史演變〉，《上海社會科學院學術季刊》1985 年第 4 期。

28. 顧奎相：〈論諫官司馬光〉，《遼寧大學學報》1985 年第 2 期。

29. 王梅：〈康熙盛世與人才〉，《湖北大學學報》1986 年第 3 期。

30. 田巨峰：〈歐陽修的改革思想〉，《松遼學刊》1986 年第 2 期。

31. 朱枝富：〈司馬遷對世態炎涼、人情「世道」的批判〉，《鹽城師專學報》1986 年第 2 期。

32. 黎雪：〈試論司馬遷以『三不朽』說爲中心價值觀〉，《固原師專學報》1986 年第 1 期。

33. 戴逸：〈乾隆初政和寬嚴相濟的統治方針〉，《上海社會科學院學術季刊》1986 年第 1 期。

34. 施丁：〈司馬遷游歷考〉，收入劉乃和主編：《司馬遷和史記》（北京：北京出版社，1987 年）。

35. 徐興海：〈論司馬遷的價值觀〉，《陝西師大學報》1987 年第 3 期。

36. 王祖獻：〈論譴責小說的發生及其發展〉，《江淮論壇》1988 年第 5 期。

37. 宋超：〈從史、漢貨殖傳看兩漢義利觀的演變〉，《求索》1988 年第 5 期。

38. 張岱年：〈漢代獨尊儒術的得失〉，《清華大學學報》第 3 卷第 2 期（1988年）。

39. 韓兆琦：〈司馬遷自請宮刑說〉，《北京師範大學學報》1988 年第 2 期。

40. 蘇倩：〈邱濬的聽民自爲論及其國民經濟管理思想〉，《湖北大學學報》1988年第 3 期。

41. 石世奇：〈司馬遷的善因論和對治生之學的貢獻〉，《北京大學學報》1989年第 6 期。

42. 何世華：〈論司馬遷的道德觀〉，《唐都學刊》1989 年第 3 期。

43. 阮芝生：〈論禪讓與讓國〉，收入《中央研究院第二屆國際漢學會議論文集》（歷史與考古組）〔上冊〕（台北：中央研究院，1989 年）。

44. 白自東：〈中國歷代監察制度的演變〉，《西藏民族學院學報》1989 年第 4期。

45. 干學平，黃春興：〈荀子的正義理論〉，收入戴華、鄭曉時主編：《正義及其相關問題》（台北：中央研究院中山人文社會科學研究所，1991 年）。

46. 王明信：〈論司馬遷的倫理觀〉，《河北學刊》1991 年第 2 期。

47. 李宗桂：〈董仲舒義利觀揭旨〉，《齊齊哈爾師範學院學報》1991 年第 4期。

48. 邱江波：〈從輿論學角度看中國古代諍諫現象〉，《社會科學家》1991 年第 3 期。

49. 姜勝利：〈清初的經世致用史學思想〉，《天津社會科學》1991 年第 3 期。

50. 馬洪林：〈康有爲經濟進代化的構想及其價值〉，《上海師範大學學報》1991 年第 1 期。

51. 張國鈞：〈先秦儒墨道法義利論的理論得失〉，《學術論壇》1991 年第 6期。

52. 張國鈞：〈論先秦義利論的理論地位〉，《中國社會科學院研究生院學報》1991 年第 3 期。

53. 虞雲國：〈李延年雜考〉，《上海師範大學學報》1991 年第 2 期。

54. 吉書時：〈西漢功臣貴族的興亡〉，《北京師範大學學報》1992 年第 2 期。

55. 楊燕起：〈司馬談的歷史貢獻〉，《北京師範大學學報》1992 年第 2 期。

56. 王福利：〈試論司馬遷的道德觀〉，《徐州師院學報》1993 年第 1 期。

57. 朱枝富：〈論司馬遷的經濟地理思想〉，《漢中師院學報》1993 年第 2 期。

58. 周一平：〈司馬遷治史價值觀新探〉，《學術月刊》1993 年第 9 期。

59. 張宏斌：〈司馬遷與俠義精神〉，《渭南師專學報》1993 年第 3 期。

60. 趙生群：〈史記體例平議〉（上），《南京師大學報》1993 年第 3 期。

61. 李大龍:〈東漢王朝使匈奴中郎將略論〉,《中國邊疆史地研究》1994 年第 4 期。

62. 余文軍:〈墨子思想研究述評〉,《杭州大學學報》第 24 卷第 3 期（1994年）。

63. 陳俊民:〈中國知識分子的功利意識〉,收入《中國哲學研究論集》（台北:臺灣商務印書館,1994 年）。

64. 陳桐生:〈司馬遷師承董仲舒說質疑〉,《山西師大學報》第 21 卷第 4 期（1994 年）。

65. 章培恒:〈從游俠到武俠——中國俠文化的歷史考察〉,《復旦學報》1994年第 3 期。

66. 許凌雲:〈司馬遷思想的時代特色〉,《史學史研究》1994 年第 2 期。

67. 翟振業:〈試比較屈原與司馬遷的義利觀〉,《寶雞文理學院學報》,1994年第 1 期。

68. 韓雲波:〈試論先秦游俠〉,《貴州大學學報》1994 年第 2 期。

69. 方光華:〈試論漢代儒學的復興〉,《西北大學學報》1995 年第 1 期。

70. 舒大剛:〈易墨義利觀〉,《周易研究》1996 年第 2 期。

71. 韓兆琦:〈司馬遷與先秦士風之終結〉,《古典文學知識》1996 年第 3 期。

72. 韓兆琦:〈司馬遷的人生觀、生死觀〉,《古典文學知識》1996 年第 4 期。

73. 賈行憲:〈本富為上奸富為下——史記義利觀論略〉,《十堰大學學報》1997年第 2 期。

74. 薛振愷:〈試論漢武帝的斂財政策〉,《北京師範大學學報》1997 年第 4 期。

75. 李世萼:〈司馬遷的俠義精神〉,《杭州師範學院學報》1998 年第 2 期。

76. 林師礽乾:〈史記張釋之傳縣人新詮〉,《國文學報》1998 年第 27 期。

77. 張祥濤:〈試論史記的義利觀〉,《人文雜志》1998 年第 2 期。

78. 寧東俊:〈司馬遷的義利觀〉,《華夏文化》1998 年第 4 期。

79. 林師礽乾:〈太史公牛馬走析辨〉,《中國學術年刊》1999 年第 20 期。

80. 馬云志:〈論墨子的義利觀〉,《蘭州學刊》1999 年第 2 期。

81. 江文貴:〈論史記中人情世態描繪的特點及其成因〉,《鄭州大學學報》第 32 卷第 2 期（1999 年）。

82. 李炳海:〈離合緣貴賤聚散見交情——史記人際交往畫面蠡測〉,《中州學刊》1999 年第 5 期。

83. 張躍:〈論西漢時期的義利觀〉,《中國社會科學院研究生院學報》1999年第 3 期。

84. 黃華童：〈論水滸傳在中國俠義小說發展史上的地位〉，《浙江師大學報》第 25 卷第 2 期（2000 年）。

85. 黃靜：〈司馬遷的義利觀〉，《晉陽學刊》2000 年第 1 期。

86. 楊寧寧：〈論司馬遷的復仇表現與超越〉，《廣西民族學院學報》第 22 卷第 6 期（2000 年）。

87. 趙映誠：〈中國古代諫官制度研究〉，《北京大學學報》第 37 卷第 3 期（2000 年）。

88. 陳桐生：〈論史記的心態描寫〉，《汕頭大學學報》2002 年第 4 期。

89. 蕭萐父、許蘇民：〈王夫之政論發微〉〔一〕，《船山學刊》2002 年第 2 期。

90. 王文東：〈論清代康熙的禮教觀及其政治倫理實踐〉，《滿族研究》2003 年第 2 期。

91. 周敦耀：〈淺議貞觀之治的法治德治與官德〉，《廣西大學學報》第 25 卷第 3 期（2003 年）。

92. 魚宏亮：〈晚明政治危機與明夷待訪錄的寫作動機〉，《清史研究》2003 第 4 期。

93. 袁良俊：〈清末民初俠義小說向武俠小說的蛻變〉，《海南師範學院學報》第 16 卷第 1 期（2003 年）。

94. 楊劍龍、徐俊：〈創製世間至高至潔之文——論顧明道的通俗小說創作〉，《鄭州輕工業學院學報》第 4 卷第 3 期（2003 年）。

95. 韓兆琦：〈司馬遷筆下的正直敢言與行俠尚義〉，《社會科學戰線》2003 年第 1 期。

96. 梁建民：〈論司馬遷的義利觀〉，《咸陽師範學院學報》第 19 卷第 3 期（2004 年）。

97. 張強：〈司馬遷與西漢學術思想〉，《學海》2004 年第 6 期。

98. 郭長華：〈張英家訓思想初論〉，《湖北大學學報》第 32 卷第 1 期（2005 年）。

99. 許青春：〈法家義利觀探微〉，《中南大學學報》2006 年第 6 期。

100. 許蘇民：〈顧炎武思想的歷史地位和歷史命運〉，《雲南大學學報》2006 年第 1 期。

101. 張立海：〈淺論司馬遷的俠義精神〉，《陝西師範大學繼續教育學報》2006 年第 23 期。

102. 彭昊：〈司馬遷對先秦儒家義利觀的繼承與創新〉，《湖南師範大學社會科學學報》第 35 卷第 2 期（2006 年）。

103. 李朝輝：〈歷史學家的經濟倫理思考〉，《船山學刊》2007 年第 2 期。

104. 孫鍵：〈義利觀影響下的朋友關係〉，《寧夏社會科學》2007 年第 6 期。

105. 賀君：〈史記游俠列傳對新派武俠小說的影響〉，收入安平秋等主編：《史記論叢》〔第四集〕（蘭州：甘肅人民出版社，2008 年）。

106. 程浩：〈從南陽漢代畫像磚石圖像看漢代任俠風尚〉，《開封大學學報》第 22 卷第 4 期（2008 年）。

107. 李峰：〈史漢類傳比義〉，《渭南師範學院學報》第 24 卷第 1 期（2009 年）。

108. 池萬興：〈論管仲對司馬遷的影響〉，《管子學刊》2009 年第 2 期。

109. 張天杰：〈張履祥遺民與儒者的雙重身份及其人生抉擇〉，《湖南大學學報》第 23 卷第 6 期（2009 年）。

110. 孔慶東：〈北派武俠鼻祖：趙煥亭〉，《文史參考》2010 年第 3 期。

111. 孔慶東：〈會黨專家姚民哀〉〔下〕，《文史參考》2010 年第 7 期。

112. 晉文：〈桑弘羊與西漢鹽鐵官營〉，《江蘇大學學報》2010 年第 4 期。